MARXISMO E A OPRESSÃO ÀS MULHERES:
RUMO A UMA TEORIA UNITÁRIA

LISE VOGEL

MARXISMO E A OPRESSÃO ÀS MULHERES:

RUMO A UMA TEORIA UNITÁRIA

Tradução:
Equipe de Tradução do Grupo de Estudos sobre Teoria da Reprodução Social (GE-TRS): Camila Carduz Rocha, Carla Benitez, Clara Saraiva, Gabriela Azevedo, Lívia de Cássia Godoi Moraes, Mariana Shinohara Roncato, Patrícia Cotta, Patrícia Rocha Lemos, Rhaysa Ruas

1ª edição

EXPRESSÃO POPULAR

São Paulo - 2022

Copyright © Lise Vogel 2022.
Copyright © 2022, by Editora Expressão Popular Ltda.

Traduzido de: Vogel, Lise. *Marxism and the opression of women: toward a unitary theory.*
New introduction by Susan Ferguson and David McNally. Leiden/Boston: Brill, 2013.
Primeira publicação: 1983, EUA, Rutgers University Press.

Tradução: Equipe de Tradução do Grupo de Estudos sobre Teoria da Reprodução Social (GE-TRS): Camila Carduz Rocha, Carla Benitez, Clara Saraiva, Gabriela Azevedo, Lívia de Cássia Godoi Moraes, Mariana Shinohara Roncato, Patrícia Cotta, Patrícia Rocha Lemos e Rhaysa Ruas
Produção editorial: Lia Urbini
Revisão de tradução: Rhaysa Ruas, Camila Carduz Rocha e Aline Piva
Revisão: Lia Urbini e Cecília da Silveira Luedemann
Projeto gráfico, capa e diagramação: Zap Design
Impressão e acabamento: Paym

Dados Internacionais de Catalogação-na-Publicação (CIP)

V878m   Vogel, Lise
         Marxismo e a opressão às mulheres: rumo a uma teoria unitária / Lise Vogel ; tradução da Equipe de Tradução do Grupo de Estudos sobre Teoria da Reprodução Social (GE-TRS): Camila Carduz Rocha... [et al.] – 1.ed. – São Paulo : Expressão Popular, 2022.
         455 p.

         Tradução de: Marxism and the opression of women: toward a unitary theory .
         ISBN 978-65-5891-079-4

         1. Marxismo feminista. 2. Opressão às mulheres. 3. Feminismo socialista. 4. Libertação das mulheres. 5. Trabalho doméstico. 6. Mulheres e comunismo. 7. Marx, Karl, 1818-1883. 8. Engels, Friedrich, 1820-1895. I. Rocha, Camila Carduz. II. Título.

         CDU 335.4:396
         CDD 335.4082

Elaborada pela bibliotecária: Eliane M. S. Jovanovich - CRB 9/1250

Todos os direitos reservados.
Nenhuma parte desse livro pode ser utilizada ou reproduzida sem a autorização da editora.

1ª edição: novembro de 2022
1ª reimpressão: março de 2025

EDITORA EXPRESSÃO POPULAR
Alameda Nothmann, 806, Campos Elíseos
CEP 01216-001 – São Paulo – SP
atendimento@expressaopopular.com.br
www.expressaopopular.com.br
 ed.expressaopopular
 editoraexpressaopopular

SUMÁRIO

Nota editorial 9

Apresentação das tradutoras 11
Equipe de Tradução do Grupo de Estudos sobre Teoria da Reprodução Social (GE-TRS)

Capital, força de trabalho e relações de gênero:
Introdução de *Marxismo e a opressão às mulheres*
na série Historical Materialism 55
Susan Ferguson e David McNally

Agradecimentos 95

Prefácio à edição de 1983 97

Prefácio à edição brasileira 101

1 – Introdução 105

PARTE 1 – FEMINISMO SOCIALISTA

2 – Uma década de debate 123

3 – Feminismo socialista e a Questão da Mulher 151

PARTE 2 – MARX E ENGELS

4 – Primeiras abordagens 167

5 – Marx: os anos de maturidade 191

6 – Engels: uma formulação inadequada 221

PARTE 3 – O MOVIMENTO SOCIALISTA

7 – A Segunda Internacional 255

8 – Rumo à revolução 273

PARTE 4 – DA QUESTÃO DA MULHER
À LIBERTAÇÃO DAS MULHERES

9 – Um duplo legado 307

10 – A reprodução da força de trabalho 321

11 – Para além do trabalho doméstico 347

Apêndice: Trabalho doméstico revisitado 391

Referências 419

Índice Remissivo 441

Em memória de minha mãe,
Ethel Morell Vogel, minha tia,
Anna Vogel Colloms, e meu pai,
Sidney Vogel M.D.

NOTA EDITORIAL

Sempre que possível, as citações de textos traduzidos anteriormente para o português foram incorporadas nesta edição, principalmente no caso das obras de Marx, Engels e Lenin. As referências completas da edição brasileira mencionada aparecem entre colchetes, após seu correspondente em inglês, na seção Referências, ao final do livro. A opção nos ajuda a preservar o máximo possível a correspondência entre o texto alemão/russo e o português, evitando uma segunda camada de mediação que uma tradução desses textos com base no inglês nos traria.

No entanto, dado o estágio atual dos debates sobre gênero, é perceptível como algumas traduções já estabelecidas trazem as marcas de algumas escolhas que hoje nos soam problemáticas.

Se por um lado não podemos cometer anacronismos e colocar palavras do século XXI na boca dos autores do século XIX e XX, por outro, em muitos casos é possível exercitar soluções tradutórias que respondam tanto às necessidades de fidelidade ao original quanto às de transformação de padrões linguísticos que reforçam opressões. Sendo assim, cabe o alerta em relação à leitura: alguns termos compartilhados por Vogel e os demais autores podem apresentar distintas traduções.

NOTA EDITORIAL

Nos casos em que não pudemos acessar traduções brasileiras anteriores, a tradução é realizada pelo próprio coletivo de tradutoras que responde por esse trabalho na presente edição, e as referências finais não apresentam nenhuma indicação de edição brasileira.

APRESENTAÇÃO DAS TRADUTORAS

Equipe de Tradução do Grupo de Estudos sobre Teoria da Reprodução Social (GE-TRS): Camila Carduz Rocha, Carla Benitez, Clara Saraiva, Gabriela Azevedo, Lívia de Cássia Godoi Moraes, Mariana Shinohara Roncato, Patrícia Cotta, Patrícia Rocha Lemos e Rhaysa Ruas

Considerações iniciais: sobre o processo de tradução

É com grande alegria e muita esperança que apresentamos ao público brasileiro *Marxismo e a opressão às mulheres: rumo a uma teoria unitária,* de Lise Vogel. Este livro lança as bases para o campo que hoje se delineia como Teoria da Reprodução Social (TRS). Antes de prosseguir na sua apresentação, entretanto, queremos contar um pouco da história desta tradução.

Na contramão das conformações subjetivas em tempos neoliberais – ultraindividualistas, competitivas e pretensamente meritocráticas –, que também afetam as iniciativas coletivas, dos espaços acadêmicos à militância social e política, em abril de 2019 se iniciou a articulação generosa e horizontal de um grupo de estudos e debates de recepção da TRS no Brasil, o Grupo de Estudos sobre Teoria da Reprodução Social (GE-TRS). Esta tradução é fruto desse espaço que, impulsionado inicialmente por mulheres do Rio de Janeiro e de São Paulo, reuniu feministas marxistas de diversas partes do país que vinham buscando, de maneira solitária e contra-hegemônica em seus respectivos lugares sociais, diálogos que permitissem explicar a realidade social em sua diversidade para transformá-la e superá-la.

Se, por um lado, naquele momento, um dos principais desafios à transformação social estava na construção de unidade na luta anticapitalista, hiperfragmentada, de outro, do ponto de vista teórico, o desafio era elaborar uma explicação da realidade que fosse capaz de considerar, sem hierarquias, tanto as dimensões de exploração e expropriação quanto de opressão, alienação e dominação, incluindo a formação de identidades e subjetividades múltiplas. Havia um sentimento comum de que as ferramentas analíticas até então existentes não davam conta de uma explicação unitária da totalidade social, ora hierarquizando, ora ocultando uma ou outra dimensão da realidade que nos parecia fundamental. Formado em sua maioria por mulheres com inserção acadêmica, mas também com atuação política nas mais diversas articulações feministas, negras, de sindicatos, partidos e movimentos sociais, o GE-TRS sempre esteve neste entrelugar acadêmico e militante, o que em muito condiz com a práxis orientadora de uma perspectiva feminista revolucionária.

Podemos afirmar que o ponto alto de consolidação do grupo se deu com o frutífero diálogo presencial que este organizou com Cinzia Arruzza e Tithi Bhattacharya, no já tradicional Colóquio Internacional "Marx e o Marxismo", ocorrido em agosto de 2019, em Niterói/RJ. Naquele espaço foi possível que as questões suscitadas nos debates coletivos realizados até então fossem incorporadas pelas autoras na discussão realizada durante o evento. Foi um momento importante de reflexão sobre a formação do campo e sua recepção no Brasil e sobre as possibilidades de contribuição do grupo no adensamento da Teoria a partir da periferia do capitalismo, com indagações sobre raça e o genocídio das populações negras e originárias – maioria da classe trabalhadora em países como o nosso –, além de temas como o (neo)colonialismo e a dependência.

Apresentação das tradutoras

Em pouco tempo, o grupo se conformou como um espaço de troca de acúmulos teóricos e construção de sínteses, sem se amoldar à rigidez de grupos formais de estudos e sem perder de vista a concretude política que deve orientar tais ideias, constituindo-se de maneira auto-organizada e de acordo com as demandas e interesses de suas integrantes. Nestes mais de três anos de existência, o GE-TRS, que hoje comporta mais de 130 mulheres, vem colhendo os frutos das articulações e parcerias construídas nesse espaço e que vão desde as reuniões de estudo, difusão de materiais e organização de debates e cursos, até a contribuição na elaboração de teses, artigos e traduções.

Para viabilizar a tradução do livro que, agora, você tem em mãos, organizamos uma equipe de trabalho interna ao GE-TRS. Somos nove mulheres e foram mais de nove meses trabalhando, cuidadosamente, na tradução e revisão do texto. Somos trabalhadoras de diferentes áreas, pesquisadoras, militantes, algumas negras, algumas mães, todas responsáveis pelo cuidado de seus familiares e que não puderam parar as suas vidas para se dedicar exclusivamente a este trabalho. Ainda assim, dedicamos nosso tempo possível para a sua realização, com a convicção de que esta obra traduzida no Brasil será, sem dúvida, um instrumento indispensável em nossa luta por uma outra sociedade.

O acúmulo do trabalho remunerado precarizado com o trabalho dentro de casa, das tarefas domésticas aos cuidados com crianças e idosos acomete todos os dias as nossas rotinas e ao longo do processo de tradução deste livro não foi diferente. Em janeiro e fevereiro de 2022, quando vivemos mais um pico de contaminação por covid-19 pela variante ômicron, quase todas nós adoecemos com nossos filhos (de 1 a 8 anos) e familiares. Vivemos a apreensão da demora da chegada da vacina para as crianças pequenas. Tivemos que reajustar prazos, e contar com o apoio e solidariedade entre nós. Somos, portanto, parte da

APRESENTAÇÃO DAS TRADUTORAS

parcela da população que sobrecarrega o trabalho reprodutivo em seus corpos e suas vidas, e se este trabalho coletivo foi possível, foi graças também à parceria com a Expressão Popular, uma editora militante, comprometida com as lutas da classe trabalhadora em sua heterogeneidade e diversidade.

Curiosamente, o que vivemos expressa, em grande parte, o conteúdo do que Lise Vogel quer nos ensinar, portanto, nada melhor do que quem vive e estuda tal dinâmica traduzir, revisar e publicar as palavras e interpretar os sentidos do que a autora escreveu há quase quatro décadas. Na obra, a autora contribui para o desenvolvimento de uma teoria unitária da reprodução social na sociedade capitalista, quando centralmente nos revela o quanto a tarefa de produzir e reproduzir, cotidiana e geracionalmente, a vida e, por consequência, a mercadoria força de trabalho, é um trabalho – ainda que muitas vezes não assim reconhecido – imprescindível para a acumulação e expansão capitalistas. Esse trabalho "invisível", precarizado e superexplorado está, predominantemente, sob a responsabilidade de determinados corpos femininos, particularmente racializados e situados territorialmente.

Vogel sistematiza as bases teóricas que possibilitam a necessária superação de perspectivas duais ou triádicas para pensar a relação entre exploração, opressão, dominação e alienação e, neste sentido, a importância da produção de uma teoria unitária das relações sociais capitalistas. Por teoria unitária, entendemos uma teoria que nem considere o capitalismo como um conjunto de leis puramente econômicas nem explique sua relação com o racismo e o sexismo como se estes pertencessem a sistemas autônomos e externos ao modo de produção capitalista, mas que se volte ao desafio de entender como a dinâmica de acumulação de capital historicamente produziu e continua a produzir, reproduzir, transformar e renovar relações hierárquicas e opressivas como um pressuposto de sua existência, sem expressar estes mecanismos em termos estritamente econômicos ou automáticos/funcionalistas (Arruzza, 2015, p. 38).

Acreditamos que este é um ponto de partida fundamental para a reconstrução de uma teoria da sociedade marxiana que não deixe de explicar as questões ligadas às opressões, identidade e subjetividade, e que implique, portanto, uma práxis verdadeiramente revolucionária. Para isso, indo mais adiante do que a grande maioria daquelas com as quais debatia no final dos anos 1970 e início dos anos 1980, a autora constrói sua proposta por meio de um retorno à crítica da economia política tal como desenvolvida por Marx em *O capital*. Ao fazer este movimento, Vogel inova ao deslocar a centralidade de perspectivas trans-históricas sobre o patriarcado e que partiam da categorização da divisão sexual do trabalho ou do olhar restrito do trabalho doméstico e da família nuclear como o cerne da opressão às mulheres.

Finalizada esta breve introdução, gostaríamos de situar-lhes o percurso deste texto de apresentação. Em um *primeiro* momento, realizamos uma contextualização conjuntural, desde o Brasil, marcada por três momentos importantes da obra de Lise Vogel: o início dos anos 1980, quando da sua publicação original; o contexto do ano de 2013, quando da sua reedição em língua inglesa; e o ano de 2022, com suas urgências políticas e que tem nessa edição brasileira um elemento importante de oxigenação. Para isso, fazemos uma breve contextualização histórica do erigir de uma práxis feminina libertadora e revolucionária no país, identificando, sem qualquer pretensão exaustiva, importantes dimensões desse processo e marcos que contribuíram para esse florescimento, evidenciando, desde aí, o legado que nos inspira a, no *segundo* momento do texto, tratar do contexto de recepção da TRS no Brasil, identificando a potencialidade de articular esse acúmulo feminista negro, originário, popular, socialista com esta proposta de rearticulação teórica-política.

APRESENTAÇÃO DAS TRADUTORAS

Movimentos de mulheres, feminismo socialista e a construção de uma teoria unitária no Brasil

Na apresentação da reedição de 2013 deste livro pela série do Historical Materialism[1] da Haymarket Books, Ferguson e McNally, dois proeminentes autores da TRS, fazem uma reconstrução do estado da arte do campo feminista-socialista nos EUA, Canadá e Europa Ocidental e dos principais debates que permearam a articulação entre feminismo e marxismo nas décadas de 1960 e 1970, situando, assim, o ponto de partida da obra de Vogel. Além disso, demonstram, por meio do contexto de escalada do neoliberalismo e da pós-modernidade na década de 1980, os motivos pelos quais a primeira edição deste livro, publicado em 1983, não encontrou um momento auspicioso para o debate naqueles países, já que houve um retrocesso nas conquistas dos direitos sociais e trabalhistas, impactando fortemente as organizações de esquerda, somados ao rechaço às chamadas "grandes narrativas" e o culto ao particular, que obstaculizaram os comprometimentos políticos emancipatórios e revolucionários.

Entretanto, como demonstram os autores, em um cenário pós-crise de 2007-2008, a conjuntura parecia ter mudado. O aprofundamento da crise estrutural do capital[2] e a resposta

---

[1] As conferências do Historical Materialism em Londres, o espaço da revista e da série editorial se configuraram como importante centro de reflexão e produção teórica da tradição marxista transnacional, congregando debates históricos, teóricos e urgentes de nosso tempo. Acreditamos que tanto o resgate da obra de Vogel quanto o campo de convergência que dá origem à TRS partem significativamente deste espaço, por meio de releituras importantes da obra de Marx e do marxismo.

[2] Partimos da apreensão de que a crise do capital não se resume a sua face cíclica ou meramente financeira, mas que é uma crise civilizatória e humanitária, cujas dimensões vão para além da dimensão econômica, passando também pelas dimensões de crise política (do Estado burguês), social, energética, alimentar, hídrica, ecológica, de transtorno climático, ou seja, uma crise da sociedade

APRESENTAÇÃO DAS TRADUTORAS

de resistência e organização da classe trabalhadora às suas expressões de violência, austeridade e mais perdas de direitos sociais e trabalhistas passaram a exigir novamente o esforço de construção de teorias mais abrangentes, que possibilitassem explicar a realidade social em sua totalidade (Gonçalves, 2014). Diante desse cenário, Marx e o marxismo foram reconvocados tanto nas ruas quanto nas universidades, e se formou um campo de convergência entre aquelas e aqueles intelectuais militantes interessados na construção de uma teoria unitária capaz de explicar a unidade dialética das relações de exploração e opressão – em particular entre gênero, raça e classe. Entendemos que a republicação da obra de Vogel, em 2013, se dá neste contexto, de conformação deste campo de convergência que se convencionou chamar TRS.

Mesmo com avanços significativos na resistência e reorganização política e teórica internacional da classe trabalhadora, continuamos, na década de 2020, a sentir o aprofundamento da crise estrutural e seus rebatimentos nas condições de vida e trabalho do proletariado. A pandemia da covid-19 escancarou ainda mais a falência do capitalismo, em sua fase imperia-

---

na sua totalidade. Para Bhattacharya (2019a), a resposta do capital para o enfrentamento de suas crises cíclicas passa por reestruturar não só as relações de produção, mas também as de reprodução, por meio da reconfiguração internacional das relações de trabalho capitalistas e da organização da vida da classe trabalhadora. Assim, ao tentar comprimir as condições de trabalho e reprodução social para dar lastro a uma maior produção de lucro, reforça, igualmente, as identidades de gênero, as divisões raciais, as divisões territoriais e certas ideologias sobre as famílias da classe trabalhadora. O ônus da crise de acumulação é descarregado nas mulheres dos setores mais pauperizados, em sua maioria racializadas como negras, indígenas e imigrantes. Portanto, para a TRS, a crise estrutural do capital é também uma crise reprodutiva-social, isto é, o acirramento das contradições entre as necessidades de ampliação da produção de valor e as condições de produção da vida humana, e em especial da força de trabalho, a única mercadoria que produz valor.

APRESENTAÇÃO DAS TRADUTORAS

lista e neoliberal, para a maioria da população mundial e, especialmente, para os setores pauperizados e precarizados da classe trabalhadora, em sua heterogeneidade e diversidade de raça, identidade de gênero, sexualidade e territorialidade. Observamos também a reemergência e a intensificação da extrema-direita em várias partes do mundo, e, como Marx (2011 [1852]) explicitou, as faces bárbaras da burguesia em tempos de crise: todo tipo de autoritarismo político e de misticismo religioso é reavivado, ao passo que toda e qualquer pauta progressista recua e retrocede.

No Brasil, de um modo geral, a construção de uma reflexão sobre as relações racial-generificadas de exploração, opressão e dominação não foi resultado de um debate teórico publicado e lido amplamente nos meios nacionais ou em grupos de intelectuais e militantes. Ao contrário, é fruto de uma prática de resistência oral, corporal e comunitária cotidiana à experiência colonial, imperialista e à organização do capitalismo dependente. Essa práxis negra e originária, que em si identifica e explicita a unidade dessas relações, conforma a insubordinação e luta ancestral do nosso povo e se revela profundamente protagonizada por mulheres.

Desde o século XVI, mulheres negras insubmissas à escravização, a exemplo de Aqualtune e Dandara, destituídas de seus territórios, nomes e configurações familiares, lideraram nos quilombos não apenas um caminho para a liberdade, mas a construção de um modo de produção da vida alternativo à nascente sociabilidade capitalista, capaz de desafiar suas estruturas coloniais. Configurando sociedades complexas do ponto de vista político e econômico e altamente diversas do ponto de vista étnico e cultural, os quilombos resistiram durante séculos como um modo de produção que não era regido pelos mesmos pressupostos que o modo de produção feudal ou o capitalista (em gestação) e, assim, alternativo ao regime escravista (Moura, 2021 [1987]). Nesses espaços, que se perpetuam enquanto um *continuum* histórico (Nascimento, 1982), as mulheres experimentaram relações sociais em que seus corpos e territórios não eram propriedades de senhores e o afeto e a reprodução passaram a ter, portanto, outros sentidos. De um modo similar, nas suas tribos, mulheres originárias conheciam os cuidados coletivos das crianças, que não se resumiam à responsabilização de uma unidade familiar específica e, nela, à figura da mãe, o que confere, mesmo hoje, um outro sentido a tais relações. Ao acessar essa história, portanto, queremos destacar que o saber e a base da organização política negra, originária e periférica historicamente se constituiu para a maior parte da classe trabalhadora brasileira por meio da troca intergeracional e comunitária, guiada pela prevalência da produção da vida e do bem viver.[3]

Localizar, portanto, a tradição teórica feminista-socialista no Brasil não pode se reduzir a posicionar cronologicamente textos de reflexão sobre o capitalismo e a opressão às mulheres. É preciso considerar análises como a de Werneck (2010), por exemplo, que situa o processo de resistência intergeracional das mulheres negras destacando sua relação com tradições de matriz africana, indígena e afro-indígena. Na metáfora das ialodês, a agência das mulheres negras em resistência contínua na historicidade brasileira é explicável e se torna compreensível a partir da sua cosmogonia, da oralidade e das práticas corporais que informaram e informam essa atuação política.

---

[3] Nesse sentido, no presente, a reivindicação dos territórios indígenas e quilombolas no Brasil demarca a existência de lutas anticapitalistas – de uma relação com a terra e o território, com a organização das relações sociais inconciliáveis com a produção capitalista de mercadorias (sejam essas mercadorias o próprio espaço ou alimentos, elementos indispensáveis à sobrevivência, ou outros não fundamentais).

Apresentação das tradutoras

Ainda, se nos centros urbanos de meados do século XIX, a resistência à escravização e à sociabilidade capitalista aconteceu, por exemplo, a partir de mulheres como Luiza Mahin, que mobilizaram também a escrita como forma de resistência no encontro entre malês e trabalhadores imigrantes brancos, o que se tornaria cada vez mais frequente no século XX, não se pode ignorar o longo histórico de exclusão da classe trabalhadora brasileira dos espaços de ensino formal. Para além da taxa de analfabetismo de pessoas com 15 anos ou mais no Brasil em 1950 ser de 50,6% (Inep, Mapa do Analfabetismo, 1997) – permanecendo assim para o conjunto da população negra em 1985 (Carneiro, 2020 [1985], p. 18) –, importa refletir sobre práticas que antecedem a difusão dos jornais, por exemplo.

Há que se considerar, ainda, que o período pós-abolição foi marcado por políticas de Estado racistas voltadas ao embranquecimento da população (Nascimento, 1978), que tinham como alvo prioritário os corpos e a capacidade reprodutiva de mulheres negras e originárias. Ao mesmo tempo que a imigração em massa de europeus, adotada como política de Estado, possibilitou a difusão de formas de resistência típicas da classe trabalhadora dos países do centro do capitalismo – isto é, de uma práxis sindical e partidária, anarquista e socialista, impulsionando projetos conjuntos de resistência e emancipação, como a potencialização de greves e organizações trabalhistas –, serviu como poderoso instrumento de divisão racial da força de trabalho e fragmentação política no país, dando origem também a movimentos negros conservadores e a organizações de trabalhadores brancos explícita ou implicitamente racistas.

Em um cenário de intensa e contínua repressão a todas as formas de manifestação e organização popular, podemos compreender as dificuldades de organização e unidade da classe trabalhadora brasileira e como as práticas sub ou não documentadas de resistência às relações sociais capitalistas desde a colonização informam sua memória e cultura. E é por este prisma – das dificuldades diante das estratégias estatais de genocídio e sua utilização para a fragmentação, o apassivamento e o disciplinamento da classe trabalhadora – que procuramos compreender as contradições e potencialidades do diverso e heterogêneo movimento de mulheres que fixamos, portanto, como ponto inicial desta análise.

A etapa seguinte desse processo se descortinou com as lutas ocorridas nas décadas de 1910 e 1930, no contexto do fim da República Velha e posterior ascensão da ditadura do Estado Novo varguista a partir de 1937. Nessa nova quadra histórica, a fundação do Partido Comunista do Brasil (PCB) em 1922 se conjugou, ainda que contraditoriamente e de maneira ambígua, à formação do que podemos identificar hoje como o embrião de uma tradição feminista socialista no Brasil,[4] muito no bojo da difusão dos debates feministas

---

[4] Essa formação, suas lutas e protagonistas estão subdocumentadas e são de difícil mapeamento. Seja pela já mencionada especificidade histórica com a existência de uma prática de destruição de arquivos, seja pelo sexismo racista dentro e fora dos meios socialistas e comunistas – que, ao mesmo tempo, defendiam a necessidade de fazer as mulheres participar mais ativamente de atividades partidárias para afastá-las do conservadorismo, e lhes reservava um papel subalterno no interior do partido –, há um número baixo de registros escritos sobre sua atuação política. Essas mulheres comunistas tiveram em comum a participação em greves e a defesa da liberação das mulheres, o que, contudo, não se apoiou necessariamente na construção de uma orientação teórica propriamente feminista-socialista, tradição que de fato só vai se consolidar, mesmo no centro do capitalismo, a partir das lutas da década de 1960. Essa práxis feminista no interior da tradição socialista brasileira certamente influenciou inúmeras mobilizações e o curso da história brasileira em diversos momentos, estando presente em uma miríade de mobilizações populares e orientando em um sentido profundamente anticapitalista e emancipatório a política brasileira.

passível de ser localizada na década anterior e da atuação de suas membras nos anos que se seguiram.[5] Importante também destacar a articulação orgânica entre a luta pelo direito ao voto feminino e a luta por direitos trabalhistas das mulheres, cujo marco inicial foi a greve geral de 1917[6] e que envolveu intensa participação de trabalhadoras brancas e negras que em muito transbordavam os limites da luta por direitos políticos formais, indo em direção à conquista de melhorias nas condições de reprodução social, como mostra recente pesquisa de Fraccaro (2018).

No intervalo democrático entre a ditadura varguista encerrada em 1945 e a empresarial-militar iniciada em 1964, lutas protagonizadas por mulheres trabalhadoras se desenrolaram intensamente. Independente do seu registro enquanto movimentos feministas socialistas e com hesitação acerca dos termos dessa relação, movimentos sociais e demais agremiações políticas partidárias, sindicais e coletivos diversos de luta da classe trabalhadora se constituíram na prática, com a reivindicação de uma agenda que se contrapunha às relações sociais capitalistas e preconizava a igualdade de

---

[5] Ao longo das décadas iniciais do PCB, por exemplo, houve importantes tensionamentos feitos por mulheres militantes em relação ao posicionamento teórico-político adotado pelo Partido, cenário que se repetia com frequência nas demais organizações da classe trabalhadora, brancas, negras ou mistas. Entretanto, devemos considerar que a atuação de protagonistas importantes nesse processo – como Patrícia Galvão, a Pagu, Zuleika Alembert, primeira mulher a integrar seu Comitê Central e Laudelina de Campos Melo, mulher negra pioneira na atuação sindical junto às trabalhadoras domésticas – se deu apenas a partir de meados da década de 1930 e mais intensamente nas décadas de 1940 e 1950.

[6] O ano de 1917 também assistiu à divulgação do manifesto da "União das Costureiras, Chapeleiras e Classes Anexas", que trazia uma discussão dos problemas envolvendo a classe trabalhadora com base em uma perspectiva das mulheres. O movimento operário de inspiração anarquista foi um importante lócus dessa interlocução no período em questão.

gênero. A título de exemplo, na década de 1940 se registram movimentos de mulheres que lutavam contra a carestia, pelos direitos das mulheres e da infância e pelo direito à moradia (Teles, 1993, p. 48-50). A "Marcha de Panela Vazia", que aconteceu em 1953, é um dos episódios importantes de participação das mulheres organizadas em protestos populares reivindicando acesso a bens e serviços essenciais, não necessariamente ligados às instituições políticas tradicionais (Pinto, 2003, p. 44).

Essas lutas tiveram importantes repercussões no campo da formulação teórica no interior das universidades brasileiras, a despeito do cenário já descrito e da ínfima participação feminina nesses espaços. Assim, na década de 1960, como nos países do centro do capitalismo, mas enfrentando uma realidade ditatorial e de diminuta circulação e produção científica de obras feministas (e sua desvalorização), a elaboração acadêmica do campo feminista-socialista no Brasil se inicia.

Qual a relação entre a pessoa escravizada e o senhor, entre a mulher escravizada e a senhora da Casa Grande, entre mulher e homem da classe trabalhadora no que tange à dominação? Essas são algumas perguntas suscitadas por Saffioti (1969) e Gonzalez (1984; 2022), autoras que embora tão diversas entre si não só encarnam a história narrada até aqui como nos fornecem bases analíticas para uma compreensão unitária da opressão de gênero e raça em uma formação social capitalista típica de um país periférico. Não obstante a importância de suas contribuições, seus lugares enquanto cânones do pensamento social brasileiro nem sempre foram endossados, seja pelo sexismo e o racismo presente na academia brasileira, seja mesmo pela radicalidade de seus pensamentos em conjugar gênero, raça e classe sem abdicar de dialogar tanto com o marxismo quanto com o feminismo e outras grandes tradições teóricas de seus tempos. Voltaremos a apresentar as perspectivas dessas duas intelectuais mais adiante.

Por ora, cabe destacar que no momento em que o livro de Vogel era publicado pela primeira vez, em 1983, o Brasil estava saindo de um período de longa ditadura empresarial-militar marcada por uma política econômica voltada a restringir as condições de reprodução da classe trabalhadora. Na contramão das políticas keynesianas do Estado de Bem-estar Social no centro do capitalismo, tal política consistiu em décadas de arrocho salarial, repressão política, compressão das condições de vida, avanço do latifúndio e expulsão de uma massa gigantesca de trabalhadoras e trabalhadores do campo. Responsável pelos anos de "Milagre Econômico" e antecedendo em muito a virada neoliberal, a política econômica das décadas de 1960 e 1970 significou o avanço do genocídio negro e indígena, e a destruição dos padrões reprodutivos conquistados por parte significativa da classe trabalhadora, especialmente pelas populações negra[7] e feminina que não foram incluídas no processo de industrialização do regime militar (Gonzalez, 2020 [1985], p. 114-115). No que tange às mulheres, a entrada massiva no mercado de trabalho se concentrou em empregos precários no setor de serviços, que passou a contar com 89% da força de trabalho feminina (Gonçalves, 2013, p. 22). Tais empregos se referiam, majoritariamente, ao serviço doméstico, no qual a maior parte das trabalhadoras era negra (Saffioti, 1978, p. 18).

Ao final desse período se deu a reorganização da resistência popular. Confrontada com a queda nas condições de vida, a organização da classe trabalhadora nas cidades passa

---

[7] Cabe destacar que as mulheres negras já vinham perdendo posições de emprego desde a década de 1950, com o fechamento de fábricas que empregavam de forma mais extensiva sua mão de obra, como no caso da indústria têxtil (Gonzalez, 2020 [1980]).

por um importante salto de qualidade, com a formação do Movimento Negro Unificado, em 1978, primeiro movimento negro nacional a centralizar sua prática teórica e política na unidade entre raça e classe (Gonzalez, 2020 [1985]). Na mesma época, o movimento de mulheres vivenciava também um ascenso, com a criação do Movimento de Luta por Creche em 1979, em São Paulo, e a integração das mulheres dos Clubes de Mães na Campanha pelo Custo de Vida nos anos 1970/1980, que se tornou um movimento amplo de caráter nacional e reivindicou, por exemplo, a alteração na dinâmica de preços que tornava difícil o acesso à cesta básica para a população. Foi também no início da década de 1980 que ocorreu a criação do Partido dos Trabalhadores (PT), seguido pela fundação da Central Única dos Trabalhadores (CUT), como fruto desse amplo processo de reemergência dos mais diversos movimentos da classe trabalhadora. No campo e na floresta, há a rearticulação dos movimentos originários, de trabalhadores rurais, quilombolas e comunidades tradicionais, cuja importante expressão é a fundação do Movimento dos Trabalhadores Rurais Sem Terra (MST), em 1984.

A década de 1980 passou para a história como a "década perdida", devido à queda do PIB, ao baixo crescimento e à alta da inflação, acompanhados pela queda no nível do emprego e do poder de compra dos salários. Mas esses não eram sinais da crise do fordismo que abatia os países centrais, e sim do esgotamento do modelo desenvolvimentista da periferia. O aprofundamento dos conflitos sociais levou essa mesma década a se constituir como um dos períodos mais efervescentes na história do país, na contramão do que se passava na maioria dos outros países.

Houve um ascenso na organização popular, tanto no âmbito da produção quanto no da reprodução social. Intensificou-

-se a luta nos bairros, nas favelas, periferias e comunidades eclesiais de base. Surgiram movimentos pela reforma sanitária e psiquiátrica, reorganizou-se a luta por moradia, creches e instituições públicas de educação infantil, restaurantes populares, entre outras. Foi no conjunto de lutas em torno da reprodução social da classe trabalhadora, com um forte protagonismo das mulheres, que se deu nessa década o fim da ditadura empresarial-militar e se abriu uma nova perspectiva de luta por direitos sociais que ficaram plasmados na Constituição de 1988.

Duas décadas depois, na ocasião do relançamento de *Marxismo e a opressão às mulheres* no centro do capitalismo, o Brasil estava enfrentando um novo momento da crise estrutural do capital. Durante aproximadamente cinco anos de crescimento econômico, com expansão dos lucros industriais (em que pese a acentuada desindustrialização), aumento das vendas do comércio, da geração de emprego e da renda (FGV/Ibre-Codace, 2009), o governo de Luiz Inácio Lula da Silva pôde implementar políticas de redistribuição de renda e sociais, que tiveram impacto nas condições de reprodução da classe trabalhadora sem desafiar o regime de acumulação neoliberal e, muito menos, sem apontar para um horizonte de superação do capitalismo. Esse crescimento foi decorrente também do lugar do Brasil na geopolítica mundial e na divisão internacional do trabalho, que possibilitou a expansão dos negócios e dos lucros do capital com o *boom* das *commodities* (Castelo, 2013). E, ainda que tenham sido criadas medidas importantes como políticas de transferência de renda, a lei de cotas, a regulamentação do emprego doméstico e a Lei Maria da Penha, esse período foi marcado pela inclusão das classes pauperizadas pela via do consumo e se completa a tomada das políticas sociais pela financeirização (Lavinas, 2017).

Contudo, os rebatimentos da crise de 2007-2008 no Brasil, aprofundando a crise estrutural, colocaram em xeque o social-liberalismo dos governos do PT, marcando seu esgotamento (Castelo, 2013). Melhorias concretas nas condições de vida da classe trabalhadora foram se deteriorando sob o impacto da crise financeira, evidenciando as contradições da política de conciliação de classes e a ausência de um horizonte revolucionário de transformações estruturais e de superação do modo de produção capitalista – apreendido não como um modelo econômico pura e simplesmente, mas como uma relação social complexa, contraditória, multifacetada.

Com o primeiro governo de Dilma Rousseff, a ofensiva burguesa teve ainda mais condições de se realizar, agudizando essas contradições. Por um lado, a deterioração das condições de vida, por outro, o impulso por uma maior extração de mais-valor e um governo que optou politicamente por atender às demandas da burguesia em detrimento das pautas da classe trabalhadora. Na luta de classes, a resistência foi impulsionada pela juventude, que tomou as ruas nas mobilizações iniciadas em junho de 2013, lutando pelos direitos ao transporte, saúde, educação públicos, gratuitos e de qualidade e por moradia digna. Esse processo colocou em evidência a dimensão reprodutiva-social da crise,[8] expressa nas pautas daqueles movimentos, resultado de décadas de políticas que não foram capazes de romper com o neoliberalismo.

Como desdobramento dessa história, vivenciamos a ascensão da extrema-direita e o aprofundamento da precarização

---

[8] Nancy Fraser (2017; 2021), ao analisar como essa crise de reprodução social se expressa na contemporaneidade, aponta para uma *"crise dos cuidados"*, uma crise das próprias contradições essenciais do capitalismo neoliberal com o importante agravante de uma crise climática, portanto, impossível de ser superada com reformas e políticas sociais.

e pauperização das condições de vida da classe trabalhadora por meio de um conjunto de reformas que significaram uma nova onda de retirada de direitos sociais e o desmantelamento de políticas públicas protetivas. Esse processo culminou no golpe jurídico-parlamentar-midiático, em agosto de 2016, destituindo Dilma Rousseff da presidência do país e na aceleração dos processos de concentração de capital, garantido pelo caráter ainda mais predatório e devastador da extração e apropriação da natureza, pelo assolamento de direitos sociais, pelo sucateamento dos serviços públicos essenciais e o avanço da militarização para todos os setores da vida, especialmente no que tange à população negra e periférica.[9]

A eleição de Jair Bolsonaro representa mais um avanço da ofensiva burguesa. O governo, sob a insígnia "liberal na economia e conservador nos costumes", aprofundou e acelerou ainda mais os retrocessos em curso, realizou cortes orçamentários em saúde e educação públicas, reajuste do salário-mínimo abaixo do valor previsto na Lei de Diretrizes Orçamentárias (LDO), reformas na Previdência e na legislação trabalhista, desapropriações, criminalizou os movimentos sociais e a sua militância, incentivou o porte e uso de armas, intensificou a violência no campo e a violência policial, multiplicou massacres e chacinas principalmente contra a população jovem, negra e periférica, perseguiu e retirou direitos dos povos originários e realizou crimes ambientais que avançaram na destruição do Cerrado, da Amazônia e do Pantanal. Suas expressões declaradas de extrema-direita, sexismo, misoginia, racismo, xenofobia e LGBTQfobia, tanto por parte do presidente

---

[9] Foi um marco desse processo a Emenda Constitucional n. 95, que estabeleceu um teto para os gastos públicos, instituindo um novo Regime Fiscal que estrangula as políticas sociais enquanto se mantém o compromisso de pagamento dos juros e amortização da dívida pública.

APRESENTAÇÃO DAS TRADUTORAS

como de representantes de seu governo, são apenas alguns exemplos de como no Brasil a realidade (neo)conservadora e reacionária vem detonando um novo cenário de acirramento das contradições já existentes, e que coloca em xeque a própria possibilidade de continuidade da existência da espécie humana e de muitas espécies não humanas. Tais elementos caracterizam o que denominamos anteriormente como crise da reprodução, faceta da crise do capitalismo em si que revela, em última instância, as necessidades de manutenção da vida humana como limite à ordem social posta.

É nessa conjuntura que se dá o lançamento da tradução da obra de Vogel, *Marxismo e opressão às mulheres: rumo à uma teoria unitária* no Brasil.

A obra de Vogel e a recepção da Teoria da Reprodução Social no Brasil

De todos os avanços e retrocessos das lutas e enfrentamentos dos últimos tempos, alguns dos quais mencionamos até aqui, é notório hoje o ainda maior protagonismo e a coerência dos movimentos sociais, populares, negros, camponeses e originários liderados por mulheres, assim como a centralidade de suas lutas por terra, território, água, despoluição do ar, trabalho, educação e saúde públicas, gratuitas e de qualidade, moradia digna etc. Embora essas lutas não sejam necessariamente nomeadas ou sempre identificadas como feministas ou socialistas pelas próprias militantes que as empenham, comportam, acima de tudo, dimensão central das resistências contemporâneas às condições insustentáveis de reprodução da existência na ordem do capital.

Importa, com isso, dizer que é justamente essa luta feminina e feminista popular, nos territórios e nos espaços de trabalho, em sua heterogeneidade e diversidade, que se mostra capaz de colocar a emancipação e libertação das mulheres no horizonte de um projeto transformador de sociedade, de necessária superação do capitalismo para a emancipação de toda a humanidade. Mas, do ponto de vista da elaboração da unidade na práxis, o fortalecimento e a coerência desses feminismos e movimentos populares no último período têm abarcado alguns desencontros com a literatura feminista mais conhecida e divulgada, que não necessariamente reflete ou responde às questões que a militância enfrenta no cotidiano e nas suas lutas.

Se, de um lado, a partir de 2004 a inclusão escolar e universitária de negras, negros, indígenas e trabalhadores teve um salto quantitativo e qualitativo com a adoção das primeiras políticas de ações afirmativas, expandidas para as universidades federais de todo país em 2012, a produção teórica-acadêmica feminista (forma dita "oficial" de produção do conhecimento, promovida ou referenciada em instituições acadêmicas) ainda é lida com as consequências da virada culturalista da década de 1980 e muito guiada pelos desenvolvimentos teóricos do centro do capitalismo. Essa produção permanece em grande parte marcada ou por perspectivas pós-modernas e pós-estruturalistas, que abandonam as leituras de totalidade, ou por abordagens que reivindicam uma noção de sobreposição de marcadores da diferença, compreendendo a dimensão de classe como estratificação de renda e desconsiderando raça e gênero como aspectos estruturantes da ordem social capitalista e condição de possibilidade para seus processos de expansão e acumulação de capital.

De outro lado, evidencia-se ainda mais agudamente a completa insuficiência das apreensões marxistas estruturalistas, funcionalistas ou economicistas, dogmáticas ou cartilhescas, que por mais de um século foram consideradas hegemônicas na tradição socialista mundial. Essas perspectivas também estiveram presentes nas vertentes do feminismo marxista no Brasil, que em muitas ocasiões incorreram em análises que reproduziam a hierarquia entre exploração e opressão, e a compreensão de que a superação do capitalismo apenas por meio da revolução proletária seria suficiente para colocar um fim a todas as opressões.

Ao mesmo tempo, consideramos oportuno enfatizar que, principalmente a partir de meados dos anos 1990, com força na virada do século, tiveram destaque no meio acadêmico e militante nacional duas perspectivas teórico-políticas que buscaram articular as opressões de gênero, raça e classe, mas que acabaram por se distanciar da construção de uma perspectiva unitária. Por um lado, registramos no Brasil uma influência significativa dos debates acerca da consubstancialidade dessas relações (Kergoat, 2010) em parte importante do movimento de mulheres e do movimento feminista, especialmente aqueles mais vinculados ao campo democrático popular, com destaque para a Marcha Mundial de Mulheres e os movimentos de luta pela terra vinculados à Via Campesina. Sem pretendermos afirmar qual instância influencia anteriormente a outra, fato é que essa perspectiva foi largamente difundida e desenvolvida nos espaços acadêmicos, especialmente em algumas áreas do conhecimento, como o Serviço Social e as Ciências Sociais, contando com as contribuições de teóricas feministas de renome. Ao buscar a gênese da opressão de gênero na divisão sexual do trabalho e nas relações familiares, essa perspectiva reproduz análises na lógica dualista, predominantemente de relações sociais entre classe e gênero. Mais recentemente, as feministas materialistas francófonas realizaram a autocrítica e avançaram também na análise da questão racial, contudo sem romper com a concepção de sistemas próprios.

Por outro lado, preocupadas em compreender sua posição social específica e resgatar tanto aspectos centrais de sua ancestralidade e cosmogonia quanto da luta política construída e constantemente apagada pelas narrativas oficiais das instituições públicas e acadêmicas, mulheres negras e originárias avançaram na construção dos feminismos negros, interseccional, indígena, comunitário, decolonial e em sua articulação em torno da luta contra o genocídio (do qual o epistemicídio é uma dimensão importante) e do bem-viver. Essas perspectivas trazem uma importante dimensão unitária, que acreditamos ter muito a refletir a dialética marxiana. Porém, quando traduzidas para os espaços acadêmicos, tendem a misturar matrizes diversas da teoria social, não constituindo uma ontologia capaz de evitar polissemias e de enraizá-las em uma crítica profunda do modo de produção capitalista em si.

Sob outro prisma, parece-nos também que alcançamos, na última década, uma nova etapa de recepções teóricas no Brasil, muito impactada pela ocorrência de traduções ao português brasileiro de um conjunto de escritos de autoras feministas por editoras de difusão nacional significativa, com destaque para Angela Davis (2016), Silvia Federici (2017), bell hooks (2018, 2019, entre outros) e Patricia Hill Collins (2019). Nos últimos cinco anos seus textos têm sido amplamente lidos e debatidos por grupos de mulheres e pelos movimentos sociais no país, reverberando em novas perspectivas e campos de disputa no que tange à compreensão das opressões e sua articulação com as relações de exploração, expropriação, alienação e dominação. São muitas também as contradições e polissemias desse processo, ainda em curso, e que por esse mesmo motivo não pretendemos analisar aqui. Nesse período se generaliza com força o debate e o uso da interseccionalidade (Crenshaw, 1989) como principal ferramenta política e analítica para lidar com a necessidade de uma explicação que articule as diversas dimensões de opressão, entre elas, o gênero, a raça e a classe. Embora a potência política dessa ferramenta e sua contribuição à descrição dos fenômenos na pesquisa social sejam indiscutíveis e indispensáveis também na presente conjuntura brasileira, as tentativas de estendê-la ao *status* de teoria social falham ao manter uma lógica aditiva do todo, ignorando seu fundamento ontológico. Além disso, guardam dificuldades em elaborar uma explicação unitária da totalidade social, sobretudo da relação entre a "experiência *diferenciada-mas-unificada* das múltiplas opressões" e a lógica da acumulação capitalista (Ferguson, 2018, p. 15; McNally, 2017).

Para nós é central destacar que, simultaneamente, estamos vivendo um resgate mais intenso do legado político e teórico de autoras como Lélia Gonzalez e Heleieth Saffioti, ainda que, tal qual ocorre com Angela Davis, muitas vezes tais valorizações vêm acompanhadas de uma tentativa de apagamento de suas formulações anticapitalistas e de suas influências – ainda que por vezes complexas e contraditórias – marxistas. Acreditamos que, ressalvadas as devidas diferenças, tanto de ponto de partida quanto de perspectiva, essas duas autoras encarnam a história das resistências e práticas emancipadoras feministas, negras, socialistas e populares no Brasil do século XX. E, não à toa, apresentam uma perspectiva unitária embrionária. Gonzalez e Saffioti se destacam pelo pioneirismo em conceder centralidade analítica às imbricações da dominação e exploração próprias ao capitalismo. Sem qualquer pretensão de esgotar esse debate, gostaríamos de indicar aqui, brevemente, alguns elementos que podem sustentar essa hipótese e estimular o desenvolvimento da TRS no Brasil.

Pioneira na formulação de uma reflexão que combinasse explicitamente feminismo e marxismo, sem abdicar de nenhuma dessas perspectivas e interpelada pelas práticas políticas resistentes da heterogênea e diversa classe trabalhadora brasileira, Saffioti (1969) inicia sua carreira ainda na década de 1960 e possui uma vasta produção acerca da formação social brasileira e da questão de gênero, tendo abordado diversos temas como o trabalho das professoras, a indústria têxtil, o Brasil Colônia, a violência, o emprego doméstico, a subjetividade, a articulação entre gênero, raça e classe, entre tantos outros. Sua investigação científica – que partia do concreto, de uma perspectiva de um país periférico, e pesquisava a classe trabalhadora brasileira – foi decisiva para que ela avançasse na construção de um feminismo marxista genuinamente brasileiro. Ademais, sem a sua relação com as lutas sociais de sua época tampouco teria sido possível esse alcance e densidade teórica.

Assim como anos mais tarde Vogel faria, Saffioti (2013 [1969]) tece um diálogo crítico com Marx, Engels, Bebel, Lenin, entre outros teóricos. Para Saffioti, sob o capitalismo, as maneiras em que a categoria sexo e a dominação de gênero se manifestam teriam sua explicação nas determinações essenciais do sistema social. Mas, como tantos outros marxistas de sua geração, a autora recebeu influência das obras de György Lukács, especialmente de seus escritos de maturidade, como *Para uma ontologia do ser social*, e que se manifestam na sua perspectiva de totalidade, na ideia de natureza e nas categorias de trabalho, teleologia, causalidade, contingência e ontologia enquanto chaves analíticas para a compreensão da realidade. Essa perspectiva permitiu que Saffioti se afastasse de interpretações dualistas para explicar a coexistência de dois sistemas – o patriarcado e o capitalismo – então hegemônicas. No lugar, elaborou a concepção de que existiria um *nó*, formado pelo racismo-capitalismo-patriarcado. Segundo ela, "não se trata de somar racismo + gênero + classe social, mas de perceber a realidade compósita e nova que resulta desta fusão"

(Saffioti, 2009, p. 19). Como três contradições sociais básicas do capitalismo, a análise científica haveria de inquirir como essas categorias demonstram suas contradições precisamente por sua condição de estarem fundidas em um nó (Saffioti, 2009). Esse nó górdio demonstrava a simbiose formada por essa tríade, na qual dominação e exploração se manifestariam de forma simultânea, sendo faces do mesmo processo em nossa sociedade. Para ela, gênero, raça/etnia e classe conformariam esse nó que não estaria fortemente apertado, mas levemente frouxo: cada uma dessas categorias teria uma relativa mobilidade, não obstante a impossibilidade de autonomia de cada uma delas. Assim, afastando-se das perspectivas economicistas e funcionalistas, o enquadramento de Saffioti se aproxima da tradição do feminismo-marxista que se consolidou na década seguinte no centro do capitalismo (Ferguson; McNally, 2013).

Lélia Gonzalez (2011, 2020 [1984]) é certamente um dos principais nomes do feminismo afrodiaspórico, e desde a década de 1970 aponta caminhos para o desenvolvimento de uma lógica unitária entre as relações de gênero, raça e classe, sobretudo na sua interpretação da sociedade brasileira, ainda que embrionários no âmbito da construção de uma teoria social. Gostaríamos de reafirmar a grandeza dessa contribuição, que assim como as contribuições iniciais dessa heterogênea tradição – nas quais poderíamos citar mulheres importantes da década de 1930 como a caribenha Claudia Jones nos EUA/Reino Unido e Laudelina de Campos no Brasil –, distingue-se de formulações mais ligadas ao campo liberal, cujo pressuposto é uma lógica atomizada e aditiva da realidade social. No feminismo negro de Gonzalez (2020 [1988a]), é possível identificar tanto a centralidade do trabalho e da classe social quanto as dimensões estruturais de gênero e raça, e uma forte crítica ao imperialismo, constitutivas do que ela conceituou como *amefricanidade*: categoria que incorpora, enquanto identidade política e cultural, todo processo histórico típico das Américas (Sul, Central, Norte e Insular) e fruto de intensa dinâmica cultural (de adaptação, resistência, reinterpretação e criação de novas formas de produção da vida) cuja base é de matriz africana e originária.

Especificamente sobre a condição das mulheres negras na América Latina, Lélia Gonzalez (2018, p. 314; 2020 [1988b], p. 140) se refere às mulheres não brancas de origem indígena (ameríndias) e africana (amefricana) como parte estruturante do que chama de "proletariado afro-latino-americano". Ao analisar o Brasil, Gonzalez (1984) descreve as tarefas que cabiam às mulheres negras escravizadas enquanto "mucamas", e que marcaram profundamente, ao longo da nossa história, seu lugar social em uma divisão sexual-racial do trabalho. Esse lugar como "mucama", reinventado, mas que perdura até os nossos tempos, pode ser constatado por meio da enorme quantidade de mulheres negras que trabalham nas casas de famílias brancas cumprindo as mesmas funções que antes cumpriam as mulheres escravizadas: lavando, passando, cozinhando, costurando e cuidando das crianças. E quando não realizado em domicílios, configuram-se em trabalhos reprodutivos precarizados e com baixíssima remuneração, isto é, cozinhando em restaurantes, limpando ruas, hotéis, escritórios etc.

Tal cenário, preenchido por um conjunto de novas influências e abordagens, fez ressurgir no Brasil, nesta segunda década do século XXI, efetivamente, o debate sobre o lugar das mulheres no capitalismo, sobre o trabalho desempenhado por mulheres e sobre a dimensão estrutural e central das opressões de gênero, raciais e territoriais na consolidação do capitalismo e em seu intrínseco processo de acumulação capitalista.

Apresentação das tradutoras

É nesse contexto que a incorporação dos debates da Teoria da Reprodução Social chega com mais força ao país, por meio da elaboração dos primeiros estudos acadêmicos centralizados nesse campo teórico (Ruas, 2019; Roncato, 2020; Bordon, 2021; Oliveira, 2021; Reis, 2021; Saraiva, 2021; Azevedo, 2022; Jeremias, 2022), e das traduções militantes de artigos científicos como os de Arruzza (2015), McNally e Ferguson (2017), Ferguson (2018) e Bhattacharya (2019a; 2019b). Como já mencionado, para compreender essa perspectiva, *Marxismo e a opressão às mulheres* é uma chave central. Nessa ponte entre a elaboração teórica e o engajamento nas lutas, a tradução do livro *Feminismo para os 99%: um manifesto*, que reúne os principais compromissos políticos dessa perspectiva, teve repercussão significativa entre feministas marxistas, engajadas também em movimentos sociais, organizações sociais, articulações e partidos políticos revolucionários.

Sendo assim, como percebemos a importância do desenvolvimento da TRS no Brasil enquanto possível expressão teórica a impulsionar a construção de uma práxis feminista, anticapitalista, antirracista, anticolonialista, anti-imperialista e ecossocialista cada vez mais revolucionária?

Longe de esgotar essa resposta, elencamos alguns aspectos centrais, ao nosso ver:

i. A Teoria da Reprodução Social, que se desdobra a partir dessa contribuição inicial de Vogel, não é mais uma teoria feminista *e ponto*. Mais do que isso, trata-se de um contributo avançado na compreensão marxista da realidade.[10]

Ao longo de todo o século XX, análises economicistas indiferentes às relações sociais hoje popularmente conhecidas

---

[10] Os argumentos aqui articulados apareceram pela primeira vez em Ruas (2022).

como "relações de opressão" predominaram no pensamento e na prática política marxista hegemônicos, à revelia do que postulava Marx em seus escritos tardios (Anderson, 2019; Brown, 2012). Tanto nos espaços acadêmicos quanto no interior de movimentos sociais, ganhou hegemonia uma compreensão de que a esfera da produção – entendida equivocadamente como a "questão de classe" – seria determinante e se sobrepunha às demais relações sociais, inclusive em grau de importância para o desmantelamento das sociedades capitalistas. Assim, "classe" se torna uma categoria econômica abstrata, uma relação que se desenvolve no espaço da produção, isto é, no local de trabalho. Tal categoria subsumiria tanto o "gênero" ou "patriarcado", tornadas categorias "meramente" sociais, quanto "raça", "casta" ou "etnia", tomadas como categorias da cultura, vistas, em maior ou menor escala, como categorias pertencentes a formações sociais pré-capitalistas específicas ou como instrumento ideológico da classe dominante para manter a sua dominação. Essa perspectiva prevalecente na tradição socialista insiste, portanto, em uma leitura dualista da obra de Marx que incorre na dissociação entre as relações de gênero e raça do desenvolvimento do capitalismo, tanto do ponto de vista lógico quanto histórico.

As consequências políticas dessa perspectiva têm sido desastrosas. Por um lado, parte significativa dos pensadores marxistas e militantes socialistas desenvolveram uma leitura abstrata sobre a classe e incorreram no erro de isolá-la enquanto categoria puramente econômica, desenraizando-a de sua concretude e historicidade. Assim, excluíram e afastaram os setores mais despossuídos da classe trabalhadora, empurrando seus processos de resistência para a política liberal e invisibilizando a contribuição de seus intelectuais. No Brasil, esse problema recorrente ganha um grau de intensidade ainda mais profundo, sobretudo nas universidades[11] e no seio do movimento sindical,[12] em particular, em meados do século XX. Isso porque, como vimos até aqui, a especificidade brasileira contribui para que se erijam profundas barreiras teórico-práticas entre as massas de trabalhadores e o pensamento de matriz marxista, de modo que equívocos teóricos presentes nessa tradição tomam aqui outro patamar. Se em todo o mundo tal equívoco contribuiu para o enfraquecimento das lutas socialistas ao final do século XX e início do século XXI, servindo à replicação da organização do

---

[11] Reduto da intelectualidade marxista brasileira que, diante do regime militar, conseguiu se manter no território nacional, as universidades públicas tiveram um papel importante na resistência ao regime e na preservação do pensamento marxista, o que ganhou muita força nas décadas de 1970/80, com o retorno dos exilados e a abertura democrática. Entretanto, diante de uma realidade na qual a maior parte da população foi mantida excluída do Ensino Médio e Superior, com uma quantidade elevadíssima de analfabetos entre a classe trabalhadora negra, indígena e feminina e uma tradição de resistência historicamente apoiada na oralidade e na corporalidade – isto é, em uma tradição não escrita –, o espaço universitário se manteve como reduto das elites brancas. Embora parte dessas elites desafiasse o pensamento eurocêntrico, construindo referenciais teóricos próprios para compreender e transformar a realidade brasileira, possuíam limites nítidos no que tange à construção de uma compreensão unitária entre gênero, raça e classe capaz de transcender essa gramática e se conectar organicamente com a diversidade de movimentos populares. Tal realidade, que começou a ser timidamente desmantelada apenas a partir de 2004, também explica em parte as contradições, aproximações e distanciamentos entre a intelectualidade negra e feminina – que, enquanto exceção, acessa o espaço universitário – e a intelectualidade marxista.

[12] O movimento sindical brasileiro foi marcado por um histórico de subordinação e controle estatal e apartamento das demais experiências de luta e resistência da classe e um ofuscamento e secundarização destas. Com a maior parte da classe trabalhadora historicamente na informalidade e diante de estratégias políticas que reproduziam uma visão estreita da classe, restrita aos trabalhadores formais de setores industrializados dos centros urbanos dinâmicos predominantemente de homens brancos, esse movimento não tem sido capaz de organizar e apontar caminhos de fortalecimento das lutas que compreendem o conjunto da classe e que se dão fora do espaço da fábrica.

capital, aqui ele contribuiu para intensificar o afastamento dos movimentos de matriz indígena e africana da teoria de matriz marxiana e potencializar desencontros na já difícil unidade organizativa.

O outro lado desse fenômeno aparece nas não raras vezes em que – em reação a essa perspectiva ou à ausência de uma teoria da sociedade que explicasse efetivamente sua condição material – os movimentos trabalhistas, feministas, antirracistas e LGBTQIA+ se descolaram de uma análise crítica mais profunda do modo de produção capitalista e da luta de classes, carecendo de um entendimento comum e de fundamentos explicativos e organizativos coerentes. Por diversas vezes, tais movimentos criaram estratégias políticas limitadas à ordem estabelecida e foram impelidos a recorrer a alianças políticas no mínimo duvidosas, para não falar do desenvolvimento de uma cíclica dependência política e financeira do grande capital e/ou do aparelho estatal.

Nesse sentido, ambas as posições não ofereceram uma resistência que freasse o avanço predatório do capital. Este se mostrou capaz de criar tanto versões aparentemente progressistas do neoliberalismo por meio do verniz de expansão do reconhecimento e do acesso (precário) a direitos e à cidadania, quanto versões fundamentalistas e de cunho conservador, calcadas na ou dirigidas à essencialização de identidades.[13]

Acreditamos que a TRS pode contribuir para superar muitas dessas questões por meio do desenvolvimento de uma compreensão unitária da realidade social, ao recuperar a

---

[13] Como apontamos acima, há na contribuição de diversos intelectuais orgânicos dos movimentos populares brasileiros importantes exceções a esse cenário, com formulações unitárias mais ou menos acabadas sobre a realidade social, conforme exemplificamos com Gonzalez (2022).

noção de totalidade social em Marx[14] e incorporar os avanços produzidos até aqui pelos movimentos populares, sobretudo o movimento de mulheres negras, originárias e LGBTQ. Assim, a TRS propõe hoje uma reconstrução não só da história racial-generificada do surgimento e desenvolvimento do capitalismo, mas também do significado de classe social, reafirmando a existência dos trabalhadores para além do local de trabalho, ou seja, considerando a relação entre o trabalho produtor de valor, sob o domínio direto do capitalista, e a existência social dos trabalhadores para além deste domínio, como na esfera da produção cotidiana e geracional de suas vidas. Tal esfera – que envolve trabalhos não remunerados como os trabalhos domésticos e de cuidado – revela que, concreta e historicamente, a classe trabalhadora é produzida por meio de processos *diferenciados*: diferentes frações dessa classe possuem distintos níveis de acesso a aspectos básicos para produção e reprodução de sua força de trabalho, como alimentação, moradia, saúde, educação, lazer e transporte... e ao próprio trabalho remunerado, nem sempre sinônimo de trabalho livre e assalariado, ou ainda, de emprego formal. Essas diferentes posições sociais no interior do modo de produção – em si condições de possibilidade do processo produtivo – moldam diferentes subjetividades e outras estratégias de resistência no

---

[14] Para Marx, a realidade é composta por uma relação dialética e contraditória entre o universal e o particular. As particularidades, sejam elas desenvolvimentos históricos específicos ou experiências de classe diferentemente racializadas, generificadas e territorializadas, são momentos de uma totalidade que, como tais, não só a contém, mas a realizam concretamente, (co)determinando-a de diversas formas, inclusive de forma oposta à sua própria lógica. Dessa forma, o universal, para Marx, é aquilo que se concretiza no processo histórico: "A totalidade não é um todo já pronto que se recheia com um conteúdo, com as qualidades das partes ou com as suas relações; a própria totalidade é que se concretiza e esta concretização não é apenas criação do conteúdo, mas também criação do todo" (Kosik, 1969, p. 49-50).

interior dessa classe, ao que o Estado responde, também com inúmeras formas de punição e disciplinamento.

Para essa perspectiva, as "relações de opressão" são tanto relações objetivas produzidas ativamente pelos seres humanos no curso da acumulação capitalista e cristalizadas em instituições sociais quanto relações que os produzem enquanto sujeitos, moldando subjetividades. Essas relações somente existem em unidade, compondo ontologicamente, enquanto totalidade orgânica, o tipo de vida, a sociabilidade existente no capitalismo. Assim, podemos perceber como, por exemplo, a construção da nação ou do mercado mundial pressupõe a da raça, que por sua vez passa pela dominação e o controle do gênero e da sexualidade das mulheres. Dessa forma, essas relações não devem ser vistas como estruturais ao processo de produção do capital apenas em determinados Estados nacionais por conta de seu passado pré-capitalista ou de sua dependência: na verdade, elas se mostram componentes da totalidade capitalista em qualquer que seja a sua manifestação histórico-concreta. Da mesma forma, elas não desaparecerão apenas com uma mudança da "base econômica": para de fato se concretizar, tal mudança pressupõe uma revolução completa das relações humanas, desmantelando a raça, o gênero, a nação e o heterossexismo.

ii. Rumo a uma teoria unitária: receber, reconstruir e reinterpretar a obra de Vogel à luz dos aprendizados de mulheres negras, originárias, imigrantes e lutas anticoloniais e anti-imperialistas de nosso tempo.

Como destacam Ferguson e McNally na introdução ao presente livro, a construção de uma teoria unitária restou como tarefa inacabada no século XX e a presente conjuntura coloca novamente sua centralidade. A partir de Vogel, a TRS recupera esse projeto e se propõe a teorizar sobre a unidade necessária e contraditória entre as dimensões de produção e reprodução social no capitalismo, demonstrando o quanto a última se realiza sob a lógica da acumulação capitalista e, ao mesmo tempo, é condição para esta, uma vez que é nesse âmbito que se produz e reproduz a mercadoria força de trabalho – de característica única, pela sua capacidade de produção de valor, sendo imprescindível para a possibilidade de acumulação nessa ordem social. Retomar um projeto denso de teorização nos dias em que vivemos é também recuperar o sentido da práxis marxiana, a unidade indissociável entre teoria e prática.

Como vimos, a TRS tem o grande potencial de enriquecer o projeto de construção de uma teoria unitária na medida em que recupera a totalidade social marxiana e a reconstrói, à luz das contribuições e aprendizados de mulheres negras, originárias, imigrantes e lutas anticoloniais e anti-imperialistas. É a partir desse movimento que pensamos que receber, reconstruir e reinterpretar a obra de Vogel à luz destes aprendizados na realidade brasileira pode tanto ser um importante ponto de partida para a reorganização de um movimento de massas no Brasil quanto no mundo, uma vez que tal compreensão é capaz de informar uma reconsideração do capitalismo enquanto sistema global racial-generificado. Acreditamos que fazê-lo em diálogo com o estudo da dependência é um passo fundamental nesse sentido.

Mais recentemente, com os desdobramentos teóricos de autoras e autores que reivindicam a construção da TRS, o debate sobre totalidade social ganha novos tons, com o afastamento de qualquer perspectiva funcionalista para explicar a processualidade complexa da realidade e seus fenômenos, historicizando, heterogeneamente, os fenômenos sociais e atribuindo centralidade ao lugar dos sujeitos, tendo seu motor na luta de classes – com base na pluralidade, diversidade, racialização e generificação das classes trabalhadoras.

Assim, para nós, o impulso de construção de uma teoria unitária inaugurado com Lise Vogel e reelaborado por essa nova geração pode significar uma alavanca ao fortalecimento de um marxismo crítico, criativo, atento aos desafios de seu tempo histórico e aberto aos diálogos e elementos novos que possam determinar a complexidade do real.

iii. A construção de uma teoria unitária tem grande potencial de alavancar a reorganização política e teórica que precisamos no século XXI. Porém, ela possui um pressuposto específico e inegociável: a *crítica* da Economia Política.

Ainda que partilhem de um terreno comum – a percepção da forma da reprodução social no capitalismo e de sua imprescindibilidade para a realização econômica –, e o diálogo seja fértil e permanente, gostaríamos de tecer alguns comentários de diferenciação entre a Teoria da Reprodução Social e o feminismo da reprodução social de origem marxista autonomista, mais divulgado no Brasil a partir das ideias de Silvia Federici. O fazemos não pela negativa ou pelo descrédito, mas para apontar como percebemos a importância política do enraizamento da concepção sustentada pela TRS nas construções feministas cotidianas e enraizadas nos territórios. Desde já destacamos o quanto temos considerado salutar e prestigioso fazer esse diálogo a partir das contribuições da intelectual argentina Paula Varela (2020) e de Ferguson (2020).

Apresentação das tradutoras

Nos anos 1970, as feministas que realizaram a Campanha por Salários para o Trabalho Doméstico, especialmente em países do centro do capitalismo, buscaram o reconhecimento dos trabalhos "invisíveis" das donas de casa como trabalho, e das mulheres que os realizavam como trabalhadoras, vendo essa demanda como verdadeiras pautas da classe trabalhadora. Tal iniciativa sofreu muitas críticas, que apontaram desde limitações teóricas, passando pela exclusão de um olhar plural sobre os diferentes lugares históricos na casa, no espaço público e no trabalho de mulheres brancas e negras, por exemplo, até a possibilidade de cristalização das mulheres no trabalho reprodutivo gratuito e no papel de donas de casa, esposas e mães, em vez do questionamento e possibilidade de ruptura com esse lugar. Uma dessas limitações mais importantes foi a defesa do trabalho doméstico enquanto precedente/prioritário frente aos demais e pilar de sustentação do capitalismo. Nesse sentido, as mulheres que o realizam seriam o sujeito *prioritário* do processo de transformação social.

Com essa leitura, estabeleceu-se, de lá para cá, uma defesa política programática de parte dos feminismos da reprodução social que se sustenta em uma concepção de certa autonomia entre os âmbitos da produção e da reprodução, e entre lutas feministas e as demais, frequentemente secundarizadas. Em contrapartida, essa corrente também passou por transformações nessas mais de cinco décadas e hoje se centra em perceber o trabalho de reprodução social não só enquanto o doméstico, mas também sua extensão ao comunitário ou por subsistência, inclusive como efeito de um processo de maior precarização das vidas nos últimos anos. Isso vem levando as feministas autonomistas da reprodução social a defender, *estrategicamente*, a ideia dos comuns, das economias comunitárias como as saídas anticapitalistas centrais.

O feminismo da reprodução social também se divide na análise do trabalho doméstico não remunerado em sua relação com a extração de mais-valor, tendo desdobramentos para a compreensão da relação entre produção e reprodução social.[15] Vale salientar que tanto as feministas autonomistas como as teóricas da TRS entendem o trabalho doméstico não remunerado como importante, essencial e condição de existência para a reprodução do capitalismo. Não obstante, a maneira com a qual cada uma dessas perspectivas teoriza esse trabalho é distinta e se separa na resposta dada à seguinte questão: qual lugar o trabalho doméstico não remunerado ocupa no modo de produção capitalista?

Por compreenderem o trabalho doméstico não remunerado como fundamento da opressão às mulheres e conferindo, portanto, um lócus central a ele, parte do feminismo autonomista defende que, ao produzirem a mercadoria força de trabalho e tudo que sustenta essa mercadoria, esse trabalho produziria mais-valia. Nessa equação, a forma salário teria o papel de invisibilizar a relação entre o trabalho doméstico não remunerado e o capital. Essa concepção se distancia substancialmente da teoria do valor-trabalho de Marx.

Em um diálogo crítico com feministas da Campanha por Salários para o Trabalho Doméstico, Angela Davis enfatiza que a centralidade analítica conferida às donas de casa e ao trabalho doméstico não remunerado não procede, pois representa apenas uma parcela da realidade social, focada sobretudo em mulheres brancas e de classe média (2016 [1981], p. 233). Historicamente, mulheres negras sempre trabalharam fora de casa, assim como sua relação com o espaço doméstico

---

[15] Para a discussão mais acurada desse debate, ver o capítulo 8 de Ferguson (2020) e o texto de Varela (2021).

destoa da associação empreendida pelo feminismo branco. Somando-se à acertada apreensão de Davis, a TRS desenvolve uma explicação nos marcos da teoria do valor: a gênese da opressão às mulheres está situada na relação contraditória entre as formas de reprodução da força de trabalho em *articulação necessária-porém-contraditória* com a produção social capitalista. Nesse raciocínio, apesar de sua importância, o trabalho doméstico não remunerado não produz mais-valia, justamente por ter como fim a produção de valores de uso, que não são destinados à troca. Assim, ainda que nos marcos do modo de produção capitalista, o trabalho doméstico não remunerado não está sujeito aos mesmos imperativos impostos pela redução do tempo de trabalho socialmente necessário presentes na produção de valor, nem é passível de ser completamente subsumido pelo capital (Ferguson, 2020, p. 126-130).

Ademais, defendendo uma lógica unitária na história do desenvolvimento do modo de produção capitalista, a TRS nas duas últimas décadas desenvolveu ainda mais as noções quanto à relação necessária-porém-contraditória entre as dimensões de produção e reprodução social, reconhecendo sua unidade diferenciada. Isso implica perceber que, apesar da autonomia relativa entre o que se apresenta em sua forma de aparência como duas esferas diferenciadas da vida social, existe uma relação dialética na qual, em essência, uma dimensão é automaticamente a outra. Ou seja, há e não há ao mesmo tempo uma separação entre ambas as esferas, que constituem uma mesma totalidade social. Essa relação, difícil de ser decifrada a "olho nu", impacta diretamente a vida concreta da classe trabalhadora, bem como suas possibilidades de organização e articulação política. A TRS parte da apreensão de que há uma unidade ontológica entre as relações de exploração, expropriação, dominação e opressão e que o capital se impõe cotidianamente enquanto processo, subsumindo as condições de vida e impondo a mercantilização a todas as esferas da vida social (Ferguson, 2020). Isso significa dizer que o sistema atacará, permanentemente, as condições de sobrevivência e subsistência da classe trabalhadora. Consolidar, portanto, as alternativas de vida e sobrevivência nos territórios é meio fundamental para os processos de auto-organização política e projetos políticos coletivos, porém não se pode ignorar que a construção de tais alternativas não pode estar desacompanhada de uma estratégia capaz de desmontar a lógica de produção e reprodução da vida e das mercadorias na sociabilidade posta, e, portanto, da luta pelo poder.

Nossa tarefa histórica: construir uma alternativa concreta ao modo de produção capitalista

Nas últimas páginas nos dedicamos a demonstrar o quanto observamos a potencialidade da contribuição das análises da Teoria da Reprodução Social para as lutas das mulheres trabalhadoras no Brasil e para a luta de classes em geral. Diante do senso de urgência que todas e todos os lutadores sociais experimentam no contexto histórico atualmente vivido, buscamos evidenciar o quanto o desenvolvimento desta teoria por intelectuais militantes que possam tomá-la do ponto de vista da particularidade do capitalismo dependente se mostra fundamental para "sulear" os caminhos organizativos das oprimidas e dos oprimidos, exploradas e explorados em todo o mundo. A partir de uma avaliação crítica da atualidade da obra de Vogel, nos colocamos nessa tradução por acreditarmos em sua relevância enquanto parte de um projeto mais amplo, de tentativa de renovação intelectual e política do marxismo diante dos desafios de nosso tempo, e de contribuição para sua maior complexificação, e, consequentemente, maior capacidade de contribuir na apreensão da realidade e nas formas de sua transcendência.

Temos, diante de nós, uma difícil tarefa histórica: construir uma alternativa concreta ao modo de produção capitalista antes que a crise climática se torne irreversível. Um primeiro passo é aprimorar nossos instrumentos teóricos a partir da reflexão sobre a particularidade histórica da forma da reprodução social em realidades de capitalismo periférico e dependente, e dos aprendizados trazidos por populações negras e originárias no sentido de superar a ruptura metabólica imposta pelo capitalismo que, ao nos separar da natureza, nos aliena de nós mesmas. Isso significa enxergar as conformações próprias das classes trabalhadoras de países como o Brasil, seja em suas interações no mundo do trabalho – marcado por uma precariedade estrutural, que também tem na superexploração uma tendência permanente –, seja pelas condições de sua reprodução diária e geracional, em um país de desassistência, fragilidade de direitos sociais e históricos processos de criminalização da pobreza, marcadamente guiada pela estigmatização, exclusão e eliminação de corpos negros.

Assim, a leitura sobre a reprodução social vem sendo orientada por nós pela apreensão do que foi, na nossa história, a preservação da marca colonial na constituição de uma nação fragmentada, que se moderniza a partir da manutenção de abismos sociais, engendrados na naturalização de barreiras sociorraciais azeitadas pelo mito da democracia racial, muito bem sucedido e renovado desde então no país. Encarar esta tarefa tem nos levado a identificar o quanto o devir precarizante das relações sociais em todos os rincões do mundo nas últimas décadas, revelador das múltiplas crises que compõem a crise *do capitalismo em si,* generaliza, para o centro do capitalismo, algumas das condições estruturais das realidades periféricas

e ainda aprofunda suas marcas e efeitos por aqui. Perceber como se molda a crise da reprodução social no capitalismo dependente brasileiro é fundamental para fortalecermos a compreensão estratégica para sua superação.
Por isso, estejamos certas: inflamar debates e reflexões a partir deste livro será um passo importante nesse processo.
Ao trabalho!
À luta!

Referências

ARRUZZA, Cinzia. Considerações sobre gênero: reabrindo o debate sobre patriarcado e/ou capitalismo. Tradução de Camila Massaro de Góes. *Revista Outubro*, n. 23, p. 33-58, 1. semestre de 2015.

ANDERSON, Kevin B. *Marx nas Margens:* nacionalismo, etnia e sociedades não ocidentais. São Paulo: Boitempo, 2019.

AZEVEDO, F.G.S. A função social da mulher: a discussão sobre o papel feminino em jornais, revistas e no parlamento no Brasil de 1910 a 1934. Dissertação de mestrado submetida ao Programa de Pós-Graduação em Direito da Universidade do Estado do Rio de Janeiro. Orientador: Prof. Dr. Gustavo Siqueira. Rio de Janeiro, 2016.

AZEVEDO, F.G.S Movimentos sociais maternos no Rio de Janeiro: uma análise através da Teoria da Reprodução Social. Tese de doutorado submetida ao Programa de Pós-Graduação em Direito da Universidade do Estado do Rio de Janeiro. Orientadora: Profa. Dra. Bethânia Assy. Rio de Janeiro, 2022.

BHATTACHARYA, Tithi. Explicando a violência de gênero no neoliberalismo/ Explaining gender violence in the neoliberal era. Tradução de Laura Viríssimo. *Revista Marx e o Marxismo*, v. 7, n. 12, jan./jun. 2019a.

BHATTACHARYA, Tithi. O que é Teoria da Reprodução Social? Tradução de Maíra Mee Silva e revisão técnica de Mariana Luppi. *Revista Outubro*, n. 32, p. 99-113, 1. semestre de 2019b.

BORDON, Lucely Giani. Teoria da reprodução social e crítica marxista ao direito: uma análise teórica sobre o aumento global da criminalização de mulheres no neoliberalismo. 2021. 140f. Dissertação (Mestrado em Direito). Centro de Ciências Sociais Aplicadas, Universidade Federal do Rio Grande do Norte, Natal, 2021.

BROWN, Heather. *Marx on Gender and the Family: A Critical Study.* Leiden: Brill, 2012.

CASTELO, Rodrigo. *O social liberalismo:* auge e crise da supremacia burguesa na era neoliberal. São Paulo: Expressão Popular, 2013.

CRENSHAW, Kimberle. Demarginalizing the Intersection of Race and Sex: A Black Feminist Critique of Antidiscrimination Doctrine, Feminist Theory and Antiracist Politics. *University of Chicago Legal Forum*, n. 1, p. 139-167, 1989.

COLLINS, Patricia Hill. *Pensamento feminista negro.* São Paulo: Boitempo, 2019.

COUTINHO, Carlos Nelson (org.) *O leitor de Gramsci.* Rio de Janeiro: Civilização Brasileira, 2011.

DAVIS, Angela. *Mulheres, raça e classe.* São Paulo, Boitempo, 2016.

FEDERICI, Silvia. *Calibã e a bruxa:* mulheres, corpo e acumulação primitiva. Trad. de Coletivo Sycorax. São Paulo: Elefante, 2017.

FERGUSON, Susan. Feminismos interseccional e da reprodução social: rumo a uma ontologia integrativa. *Cadernos Cemarx*, Campinas, SP, n. 10, p. 13-38, 2018.

FERGUSON, Susan. *Women and Work:* Feminism, Labour, and Social Reproduction. London: Pluto Press, 2020.

FERGUSON, Susan; MCNALLY, David. Capital, força de trabalho e relações de gênero. Tradução de Maíra Mee Silva e revisão técnica de Mariana Luppi. *Revista Outubro*, n. 29, p. 23-59, novembro de 2017.

FGV/ IBRE – CODACE. *Comitê de Datação de Ciclos Econômicos.* 27 de maio de 2009. Rio de Janeiro. Disponível em: http://goo.gl/GNDwo1. Acesso em: 08/09/2022

FRASER, Nancy. Crisis of Care? On the Social-Reproductive Contradictions of Contemporary Capitalism. *In:* BHATTACHARYA, Tithi (Org.). *Social Reproduction Theory:* Remapping Class, Recentering Oppression. London: Pluto Press, 2017.

FRASER, Nancy. Climates of Capital. *New Left Review*, n. 127, Jan/Fev. 2021. Disponível em: https://newleftreview.org/issues/ii127/articles/nancy-fraser-climates-of-capital

GONÇALVES, Guilherme Leite. Marx está de volta! Um chamado pela virada materialista no campo do direito. *Revista Direito e Práxis,* v. 5, n. 9, p. 301-341, 2014.

GONÇALVES, Renata. O pioneirismo de *A mulher na sociedade de classes*. *In:* SAFFIOTI, Heleieth. *A Mulher na Sociedade de Classes:* Mito e Realidade. São Paulo: Expressão Popular, 2013.

GONZALEZ, Lélia. Racismo e sexismo na cultura brasileira. *Revista Ciências Sociais Hoje*, p. 223-244, ANPOCS, 1984.

GONZALEZ, Lélia. *Primavera para as rosas negras:* Lélia Gonzalez em primeira pessoa. São Paulo: Diáspora Africana/Editora Filhos da África, 2018. p. 314.

GONZALEZ, Lélia. O Movimento Negro Unificado: Um novo estágio na mobilização política negra. *In*: RIOS, Flávia; LIMA, Márcia. *Por um feminismo afro-latino-americano:* ensaios, intervenções e diálogos. Rio de Janeiro: Zahar, 2020 [1985].

GONZALEZ, Lélia. A mulher negra na sociedade brasileira: Uma abordagem político-econômica. *In*: RIOS, Flávia; LIMA, Márcia. *Por um feminismo afro-latino-americano:* ensaios, intervenções e diálogos. Rio de Janeiro: Zahar, 2020 [1980], p. 49-64.

GONZALEZ, Lélia. A categoria político-cultural de amefricanidade. *In*: RIOS, Flávia; LIMA, Márcia. *Por um feminismo afro-latino-americano*: ensaios, intervenções e diálogos. Rio de Janeiro: Zahar, 2020 [1988a], p. 127-138.

GONZALEZ, Lélia. Por um feminismo afro-latino-americano. *In*: RIOS, Flávia; LIMA, Márcia. *Por um feminismo afro-latino-americano:* ensaios, intervenções e diálogos. Rio de Janeiro: Zahar, 2020 [1988b]. p. 139-150.

hooks, bell. *O feminismo é para todo mundo:* políticas arrebatadoras. 1ª ed. Rio de Janeiro: Rosa dos Tempos, 2018.

hooks, bell. *E eu não sou uma mulher?* Mulheres negras e feminismo. Tradução Bhuvi Libanio. 1. ed. Rio de Janeiro: Rosa dos Tempos, 2019.

INEP. Instituto Nacional de Estudos e Pesquisas Educacionais Anísio Teixeira. *Mapa do Analfabetismo no Brasil.* Disponível em: https://download.inep.gov.br/publicacoes/institucionais/estatisticas_e_indicadores/mapa_do_analfabetismo_do_brasil.pdf. Acesso em: 08 set. 2022.

JEREMIAS, J. D. Encarceramento masculino e suas implicações na reprodução social da classe trabalhadora: diálogos entre a economia política da pena e a teoria unitária da reprodução social. Dissertação (Mestrado em Direito). Universidade do Extremo Sul Catarinense, 2022.

KERGOAT, Danièle. Dinâmica e consubstancialidade das relações sociais. *Novos Estudos Cebrap*, São Paulo, n. 86, mar. 2010.

KOSIK, Karel. *Dialética do concreto*. Rio de Janeiro: Paz e Terra, 1969.

LAVINAS, Lena. *The Takeover of Social Policy by Financialization:* The Brazilian Paradox. New York: Palgrave Macmillan, 2017.

MCNALLY, David. Intersections and Dialectics: Critical Reconstructions in Social Reproduction Theory. *In*: BHATTACHARYA, Tithi (org.) *Social Reproduction Theory:* Remapping Class, Recentering Oppression. London: Pluto Press, 2017. p. 158-185.

MARX, Karl. *O 18 de brumário de Luís Bonaparte*. Tradução e notas de Nélio Schneider; prólogo de Herbert Marcuse. São Paulo: Boitempo, 2011.

MORAES, Lívia de Cássia Godoi. Relação entre universal, particular e singular em análises feministas marxistas: por uma ontologia integrativa. *PLURAL, Revista do Programa de Pós-Graduação em Sociologia da USP*, São Paulo, v. 28, n. 2, jul./dez., 2021, p. 132-158

MOURA, Clóvis. *Quilombos:* resistência ao escravismo. 5. ed. Teresina: Eduespi, 2021 [1987].

NASCIMENTO, Abdias do. *O genocídio do negro brasileiro:* processo de um racismo mascarado. Rio de Janeiro: Paz e Terra, 1978.

NASCIMENTO, Maria Beatriz. Kilombo e memória comunitária: um estudo de caso. *Estudos Afro-Asiáticos*, v. 6, n. 7, 1982, p. 259-265.

OLIVEIRA, Rayane Noronha. Serviço Social, Classe, Gênero e Raça: tendências teórico-metodológicas e as possíveis contribuições da Teoria Unitária. 2021. 227f. Tese (Doutorado em Serviço Social). Centro de Ciências Sociais Aplicadas, Universidade Federal do Rio Grande do Norte, Natal, 2021.

PINHEIRO, Lucimara dos Reis. O Movimento feminista e a questão da perspectiva de classe: Um estudo sobre a greve internacional de mulheres de 2017 (GIM 2017). Dissertação de Mestrado em Serviço Social. Universidade Federal de Juiz de Fora, Minas Gerais, 2021.

PINTO, Céli Regina Jardim. Uma história do feminismo no Brasil. São Paulo: Fundação Perseu Abramo, 2003.

RONCATO, S. Mariana. *Working poor* japonês: trabalho imigrante dekassegui e suas transversalidades. Tese de Doutorado, IFCH/Unicamp, 2020.

RUAS, Rhaysa. Unidade, diversidade, totalidade: a Teoria da Reprodução Social e seus contrastes. 225 f. Dissertação de Mestrado Acadêmico em Direito. Universidade do Estado do Rio de Janeiro, Rio de Janeiro, 2019.

RUAS, Rhaysa. Raça, gênero e o marxismo amefricano: desfazer mitos, (re) construir caminhos de emancipação. *Germinal:* marxismo e educação em debate, [S. l.], v. 14, n. 2, p. 267-284, 2022.

SAFFIOTI, Heleieth. *A mulher na sociedade de classes:* Mito e Realidade. São Paulo, Expressão Popular, 2013 [1969].

SAFFIOTI, Heleieth. *O poder do macho.* São Paulo: Moderna. Coleção Polêmica, 1987.

SAFFIOTI, Heleieth. *Emprego doméstico e capitalismo.* Rio de Janeiro: Vozes, 1978.

SAFFIOTI, Heleieth. *Ontogênese e filogênese do gênero:* ordem patriarcal de gênero e a violência masculina contra mulheres. Série Estudos e Ensaios-Ciências Sociais. Brasil: Flacso, 2009.

SARAIVA, Clara Gomide. A relação entre trabalho doméstico, valor e capitalismo dependente: uma crítica à luz da teoria da reprodução social. Dissertação (Mestrado em Programa de Pós-Graduação em Serviço Social). Universidade do Estado do Rio de Janeiro, 2021.

SOIHET, Rachel. Do comunismo ao feminismo: a trajetória de Zuleika Alambert. *Cadernos Pagu* (40), p. 169-195, janeiro-junho de 2013.

TELES, Maria Amélia de Almeida. *Breve história do feminismo no Brasil.* São Paulo: Editora Brasiliense, 1993.

VARELA, Paula. La reproducción social en disputa: un debate entre autonomistas y marxistas. *Archivos de historia del movimiento obrero y la izquierda* (16), p. 71-92, 2020. Disponível em: https://www.archivosrevista.com.ar/numeros/index.php/archivos/article/view/241

WERNECK, Jurema. Nossos passos vêm de longe! Movimentos de mulheres negras e estratégias políticas contra o sexismo e o racismo. *Revista da ABPN.* v. 1, n. 1, p. 08-17, mar-jun 2010.

CAPITAL, FORÇA DE TRABALHO E RELAÇÕES DE GÊNERO: INTRODUÇÃO À EDIÇÃO DE *MARXISMO E A OPRESSÃO ÀS MULHERES* NA SÉRIE HISTORICAL MATERIALISM

Susan Ferguson e David McNally

Todo livro tem sua própria história. Enquanto alguns alçam grandes voos em uma onda de aclamação pública e sucesso, outros rapidamente mergulham na obscuridade. Há ainda aqueles que vivem uma existência em larga medida pouco conhecida e seguem vivos graças aos esforços de pequenos grupos de dedicados seguidores, que o divulgam desafiando um grande silêncio. A história de *Marxismo e a opressão às mulheres: rumo à uma teoria unitária*, de Lise Vogel, pertence ao último caso. Publicada pela primeira vez em 1983, a obra de Vogel surgiu em um momento de profunda desorganização do movimento feminista-socialista que havia moldado os próprios termos de referência do livro. Debilitado pelas marteladas do neoliberalismo na esfera política e da teoria pós-moderna no âmbito intelectual, e profundamente desorientado pelo recuo dos movimentos socialista, da classe trabalhadora e de mulheres, o feminismo socialista se agarrou a uma existência precária, às margens da vida intelectual e política. Uma década antes, um livro como o de Vogel teria se tornado um para-raios de discussões e debates enérgicos. Em meados dos anos 1980, ele quase não figurou no radar cultural.

Entretanto, a originalidade do texto de Vogel ajudou a nutrir sua sobrevivência fora desse radar, garantindo que ele não desaparecesse completamente. Apesar de seu momento desfavorável, teóricos e militantes marxistas e feministas-socialistas (os presentes autores entre eles), individualmente, o divulgaram, direcionando os leitores para aquela que é, possivelmente, a mais sofisticada intervenção marxista nos debates teóricos lançados pelo feminismo socialista. E hoje, em meio a um ressurgimento da luta anticapitalista e de um pequeno renascimento do pensamento marxista e radical, sua republicação parece oportuna e contundente. Há, afinal, uma crescente demanda por trabalhos teóricos que integrem explicações de diferentes formas de opressão em uma análise anticapitalista abrangente. Neste sentido, as principais linhas de argumentação estabelecidas em *Marxismo e a opressão às mulheres* apresentam recursos indispensáveis para o desenvolvimento rigoroso de teorizações materialistas-históricas do capitalismo e da opressão às mulheres.

Antes de mais nada, *Marxismo e a opressão às mulheres* distingue-se pelo fato de que *O capital* de Marx (volume I) constitui seu ponto de partida teórico. De fato, muitas feministas socialistas já haviam empregado textos marxistas para fins analíticos. Geralmente, no entanto, trabalhos como *A ideologia alemã* ou *A origem da família, da propriedade privada e do Estado* de Engels constituíram suas principais referências. De tais textos, as teóricas derivavam compromissos gerais com um foco na produção e reprodução social da vida material. Mas as autoras raramente se engajaram com o lugar da interpretação madura de Marx sobre o modo de produção capitalista, encontrado na maior obra de sua vida, *O capital*. No entanto, como Vogel reconhece, qualquer explicação marxista séria da opressão às mulheres na sociedade capitalista é obrigada a levar em conta as categorias teóricas centrais desse imponente trabalho. Dito de maneira simples, o procedimento crítico de Marx em *O capital* revelou uma série de conceitos relacionados – a mercadoria, o valor, o dinheiro, o capital, a força de trabalho, a mais-valia e assim por diante – que foram concebidos para iluminar os profundos processos estruturais por meio dos quais o modo de produção capitalista se reproduz. Então, enquanto compromissos materialistas em geral são louváveis, as teorizações materialistas-históricas específicas desenvolvidas ao longo d'*O capital* nos levam a um nível notavelmente mais alto de clareza conceitual. Ao levantar o problema da opressão às mulheres no contexto do quadro categorial d'*O capital,* e ao fazê-lo não apenas de uma forma *ad hoc*, Vogel abriu uma nova direção para a pesquisa feminista-socialista. E, ainda que seu texto não seja, de forma alguma, totalmente bem-sucedido nesse sentido, suas realizações são, contudo, consideráveis. Para visualizar isso, precisamos realizar uma breve excursão pelo campo da teorização feminista-socialista de uma década e meia antes do aparecimento de *Marxismo e a opressão às mulheres.*

Feminismo socialista: trabalho doméstico, teoria pós-moderna e reprodução social

Ao longo da década de 1970, o feminismo socialista se desenvolveu como uma corrente política e teórica bem delineada e sustentada por um vigoroso projeto de pesquisa. As feministas socialistas estavam, em grande medida, unidas por um compromisso com a compreensão de que a opressão às mulheres estava fundada nas relações sociomateriais intrínsecas ao capitalismo, em vez de serem simples produtos de atitudes, ideologias e comportamentos. Para tanto, voltaram-se para abordagens teóricas associadas à concepção materialista de história de Marx.

Uma maneira crucial na qual o marxismo se diferencia das teorias "burguesas" da sociedade é o seu compromisso com o materialismo ou, para sermos mais precisos, o seu compromisso com a teoria fundamentada nas práticas humanas corporificadas, por meio das quais a vida sociomaterial é produzida e reproduzida. Ser marxista é se aprofundar no âmbito das relações concretas e historicamente construídas entre pessoas e coisas, e apresentar os padrões, regras e contradições descobertos nesse âmbito como explicações críticas do social. E foi a confiança nesta abordagem que inspirou a rica e inovadora literatura feminista-marxista dos anos 1960 e 1970, um conjunto de obras que se desenvolveu em diálogo com as ideias cada vez mais radicais da esquerda do movimento contemporâneo de mulheres.[1] Surgido no final da década de 1960, o Debate sobre o Trabalho Doméstico cristalizou a busca por localizar os fundamentos sociomateriais da opressão às mulheres nos termos e conceitos da Economia Política marxiana.

Esse Debate – os problemas que se propõe a explorar, os caminhos pelos quais levou os leitores e o posterior colapso do seu quadro analítico – prepara a cena para *Marxismo e a opressão às mulheres*. Embora Vogel reconstrua seus contornos com algum detalhamento nos capítulos dois e nove, vale a pena nos determos um momento, aqui, para resumir os objetivos e a trajetória desse Debate.

Diversas correntes feministas já haviam identificado a unidade doméstica [*household*] como um local de opressão às mulheres e algumas haviam relacionado vagamente a esfera

---

[1] Ainda que não haja nenhuma linha fixa e pragmática diferenciando o feminismo socialista do feminismo marxista, este último tendia a se identificar explicitamente com o materialismo histórico e com a crítica da Economia Política de Marx. Esse é o sentido em que usamos o termo.

doméstica com o âmbito da produção. Mas foi apenas a partir de 1969, com a publicação do artigo "The Political Economy of Women's Liberation" ["A economia política da libertação das mulheres"], de Margaret Benston, que o trabalho que as mulheres executam no interior da unidade doméstica se tornou um tema de indagação crítica. A originalidade de Benston reside em propor uma compreensão desse trabalho como *trabalho produtivo* – um processo ou conjunto de atividades das quais depende a reprodução da sociedade (capitalista) como um todo.[2] De forma simples: sem trabalho doméstico, os trabalhadores não podem se reproduzir e, sem trabalhadores, o capital não pode ser reproduzido.

Não se pode subestimar a importância deste simples movimento. A formulação de Benston introduziu um quadro analítico no qual se podem situar as experiências que as feministas de uma geração anterior, como Simone de Beauvoir e Betty Friedan, só puderam descrever. Intuindo o poder desse quadro, as feministas socialistas começaram, ao longo da década seguinte, a teorizar o trabalho doméstico como parte integrante do modo de produção capitalista. Dentro e por meio das páginas dos periódicos *Radical America, New Left Review, Review of Radical Political Economics, Cambridge Journal of Economics, Bulletin of the Conference of Socialist Economists*, entre outros, elas puseram à prova os conceitos marxistas de valor de uso e valor de troca, força de trabalho e classe, para identificar o que tais conceitos podiam revelar sobre o significado político-econômico das mundanas tarefas

---

[2] Havia ali, no entanto, uma evidente ambiguidade: o trabalho doméstico é uma atividade produtiva humana indispensável à vida social ou é também produtora direta de capital? A discordância nessa questão gerou um debate feminista-socialista crucial.

domésticas, desde lavar pratos e preparar refeições até vestir e criar crianças.

Duas questões fundamentais e relacionadas surgiram: o trabalho doméstico produz (mais-)valia? O trabalho doméstico constitui um modo de produção em si mesmo, distinto do modo capitalista? Vogel rastreia os esforços de Benston, Peggy Morton e Mariarosa Dalla Costa para resolver essas questões, mostrando como suas contribuições conduziram às seguintes respostas: "Não", o trabalho doméstico produz valor de uso, não valor de troca, e, portanto, não produz mais-valia diretamente; além disso, "possivelmente", o trabalho doméstico é um modo de produção próprio, que opera de acordo com uma lógica distinta, pré ou não capitalista.

Assim, se o Debate sobre o Trabalho Doméstico chamou a atenção para o potencial de uma análise político-econômica marxiana da opressão às mulheres, suas conclusões também pareciam realçar seus claros limites. Em 1979, Maxine Molyneux e Heidi Hartmann, em dois artigos diferentes (publicados na *New Left Review* e na *Capital and Class*, respectivamente) propuseram avaliações rigorosas desses limites. Citando seu reducionismo econômico, funcionalismo e a confusão entre os níveis de análise, declararam que o Debate sobre o Trabalho Doméstico era um debate moribundo. À época, poucos teóricos discordaram. Ainda que não descartando totalmente o marxismo, os críticos questionaram a capacidade da Economia Política Marxiana oferecer algo além de uma compreensão limitada da opressão às mulheres. Efetivamente, chamando o marxismo de "indiferente em relação ao sexo". Hartmann defendeu que uma "análise especificamente feminista", uma teoria do patriarcado, deveria suplementá-la. O "casamento", ou uma união mais esperançosa, do marxismo com o feminismo tinha acabado; uma "nova direção para a análise feminista marxista" só poderia ser desenvolvida se os dois movimentos – cada um com objetivos de certa forma diferentes e, às vezes, contraditórios – conseguissem aprender a coabitar respeitosamente (Luxton, 2006, p. 2-3).

Apesar de o artigo de Hartmann ter tornado explícito o chamado para uma abordagem dualista[3] (uma abordagem socialista *e* feminista, em vez de feminista-socialista), o fato é que muitas feministas socialistas (incluindo as participantes do Debate sobre o Trabalho Doméstico) já estavam fazendo suas análises nesses termos. Mas, como atestam as contribuições para uma compilação de artigos de 1981 em resposta a Hartmann, *Women & Revolution: A Discussion of the Unhappy Marriage of Marxism and Feminism* [*Mulheres e Revolução: uma discussão sobre o casamento infeliz entre marxismo e feminismo*], a perspectiva dualista era também profundamente falha. Segundo as críticas, a teoria dos sistemas duplos era incapaz de teorizar adequadamente a base lógica para a existência de apenas duas esferas distintas ("onde se encaixariam racismo e heterossexismo nesse esquema?", perguntavam-se); tampouco podia explicar convincentemente a natureza da interconexão entre patriarcado e capitalismo. Iris Young sugeriu que esses problemas evidenciavam uma evasão metodológica fundamental:

---

[3] A expressão "dual-systems theory" (e suas variações como "dual-systems approach") tem sido traduzida no Brasil de diversas formas: Teoria dos Dois Sistemas, Teoria dos Sistemas Duais, Teoria Dualista, Teoria dos Sistemas Duplos, etc. Optamos nesta edição pela última por entendermos que é a que melhor traduz o sentido dado pela teoria unitária, tendo sido adotada por diversas estudiosas do tema no Brasil e na maior parte das traduções já existentes de textos de autoras vinculadas à Teoria da Reprodução Social. Apesar da nossa opção editorial, acreditamos que todas as traduções aqui mencionadas estão corretas e podem ser utilizadas alternativamente como sinônimas, sem prejuízo de seu significado. (N.T)

> A teoria dos sistemas duplos permite que o marxismo tradicional mantenha a sua teoria das relações de produção, mudança histórica e análise da estrutura do capitalismo de forma basicamente inalterada [...] [tratando] a questão da opressão às mulheres como um mero aditivo às principais questões do marxismo. (Young, 1981, p. 49)

A solução, ela continuava, seria desenvolver:

> uma teoria das relações de produção e das relações sociais que delas derive e as reforce, que tenha as relações de gênero e a situação das mulheres como elementos *centrais*. Em vez de se casar com o marxismo, o feminismo deve assumir o marxismo e transformá-lo nessa teoria. Devemos desenvolver um quadro analítico que considere as relações sociais materiais de uma formação social histórica particular como um sistema único no qual a diferenciação de gênero é um atributo central (Young, 1981, p. 50).

Ainda que sua própria proposta sobre como alcançar tal teoria *unitária* da opressão às mulheres decepcione[4] (por se basear em uma análise da divisão do trabalho), a noção de que as próprias categorias do marxismo poderiam ser reformuladas por meio de uma lente feminista, e de que uma análise das relações de gênero pudesse ser integrada em uma "teoria das relações de produção" abrangente, abriu uma linha de investigação significativamente nova.

No entanto, a proposta de Young chegou em um momento desfavorável. O surgimento do neoliberalismo, que, por questões de conveniência, podemos datar a partir das eleições de Margaret Thatcher e Ronald Reagan em 1979 e 1980, respectivamente, correspondeu a um novo período de recuo social para a esquerda, no qual os ganhos anteriores dos movimentos social e trabalhista foram agressivamente rever-

---

[4] Como aponta Vogel, a análise de Young, em última instância, "ameaça recriar o próprio dualismo que deseja evitar". Ver Vogel (1983, p. 192, n. 4).

tidos. Desorientados por um período de retrocesso, muitos grupos militantes voltaram seus olhares para dentro, enquanto lutavam para resolver os desafios político-organizativos que as políticas antirracistas e *queer* colocavam para sua presumida unidade e identidade. O retrocesso político também induziu deserções e reorientações teóricas. O compromisso com políticas emancipatórias e revolucionárias parecia agora cada vez mais ultrapassado, alheio à fragmentação social e à cultura do consumismo que eram a marca de uma era pretensamente nova. O momento era propício, portanto, para a negação das "grandes narrativas", marca da teoria pós-moderna e pós-estruturalista. Um culto ao particular tornou-se a ordem do dia, o esforço por teorias unitárias de qualquer tipo era levianamente dispensado como um objetivo pitoresco de "modernistas" fossilizados.

O feminismo socialista também se curvou sob os ventos dessa mudança política e intelectual. A análise de Michele Barret sobre o patriarcado como *ideologia* – um poderoso conjunto de ideias pré-capitalistas capaz de resistir ao verdadeiro impulso equalizador que caracteriza o capitalismo – foi crucial nesse aspecto.[5] O marxismo althusseriano de Barret parecia uma correção adequada para os modelos excessivamente mecanicistas que informavam as abordagens prévias do feminismo socialista. Mas também alimentou (e, pode-se argumentar, foi engolido por) abordagens pós-estruturalistas e pós-modernas, que deslocaram a própria orientação materialista da teoria social que havia distinguido as discussões feministas-socialistas sobre o trabalho doméstico. Rapidamente capturadas por uma onda pós-estruturalista de teoria altamente abstrata, as feministas de esquerda na academia frequentemente pareciam

---

[5] Para uma crítica da historiografia de Barret, ver Brenner e Ramas (1984).

irrelevantes para aquelas que continuaram a lutar em seus locais de trabalho e comunidades por direitos e liberdades feministas. No entanto, círculos militantes também testemunharam um brusco afastamento do marxismo, à medida que diversas políticas de identidade tomaram a frente. Neste contexto, tornou-se quase axiomático, para teóricos e militantes, rejeitar o marxismo em geral – e a economia política marxiana em particular – como um quadro explicativo ultrapassado, irremediavelmente reducionista, inadequado para a construção de uma teoria abrangente da opressão às mulheres. Ao mesmo tempo, os poucos grupos de extrema-esquerda que insistiam no contrário, com frequência defendiam antigas ortodoxias, mostrando uma indisposição para reconhecer que o materialismo histórico precisava reavaliar sua análise da opressão às mulheres na sociedade capitalista.

No entanto, houve algumas exceções importantes, particularmente entre quem continuou a se envolver com a Economia Política marxiana por meio de uma perspectiva da "reprodução social". De fato, é justo dizer que a corrente especificamente feminista-marxista dentro do feminismo socialista tendia cada vez mais em direção a um quadro analítico da reprodução social, em vez de focar no trabalho doméstico *per se*. Certamente, o feminismo da reprodução social adere significativamente ao espírito do apelo de Young, que compartilha a premissa de que a opressão às mulheres sob o capitalismo pode ser explicada em termos de uma perspectiva unitária, materialista. No entanto, em vez de localizar a base desse modelo na divisão generificada do trabalho (como fez Young), essa corrente toma a produção e a reprodução diária e geracional da força de trabalho como ponto de partida.

Marxismo e a opressão às mulheres foi uma das primeiras contribuições para a construção dessa abordagem. Por volta da mesma época, outras feministas socialistas, majoritariamente canadenses, iam na mesma direção de Lise Vogel, mas seu livro é a elaboração teórica pioneira mais robusta e fundamentada dessa problemática baseada na arquitetura conceitual d'*O capital* de Marx.[6] Embora, como reconhece Vogel, esta abordagem não pretenda explicar todos os aspectos sobre como a opressão às mulheres é vivida sob o capitalismo, ela estabelece uma base sociomaterial firme para a compreensão dessa opressão (Vogel, 1983, p. 138). Assim, recupera o feminismo socialista de uma obstinada preocupação com ideias e discurso, evitando, ao mesmo tempo, as dificuldades metodológicas do Debate sobre o Trabalho Doméstico e da teoria dos sistemas duplos. Ao fazê-lo, define os parâmetros de uma teoria da opressão às mulheres sob o capitalismo que aspira a ser tanto materialista quanto histórica.

Reconstruindo Marx: teorizando a produção e a reprodução da força de trabalho

Marxismo e a opressão às mulheres traz um subtítulo significativo: *rumo à uma teoria unitária*. Esse subtítulo liga o projeto de Vogel à busca feminista-socialista por uma explicação teórica única e integrada tanto da opressão às mulheres quanto do modo de produção capitalista. Em vez de enxertar uma explicação materialista da opressão de gênero na análise de Marx do capitalismo – e incorrer no ecletismo metodológico que contamina a teoria dos sistemas duplos –, Vogel propõe ampliar e expandir o alcance conceitual das principais categorias d'*O capital* para explicar com rigor as raízes da opressão às mulheres. Fazer isso, evidentemente, envolve abordar *O capital*

---

[6] Ver em Ferguson (1999) uma resenha de outros trabalhos que exploraram e desenvolveram o paradigma feminista da reprodução social no início dos anos 1980.

de maneira antidoutrinária, acentuando seu espírito crítico-
-científico enquanto um programa de pesquisa, convidando
à extensão e ao desenvolvimento de seus conceitos centrais.
A busca de Vogel por uma teoria unitária não faz somente
isso, ela também examina ausências teóricas em *O capital*,
lugares onde o texto é, em grande parte, silencioso quando
não precisaria – na verdade, não deveria – ser.[7] Desta forma,
Marxismo e a opressão às mulheres leva as próprias inovações
conceituais d'*O capital* a conclusões lógicas que escaparam ao
seu autor e a gerações de intérpretes.

Para ver onde Vogel quer chegar, pode ser útil seguir o
fluxo da argumentação de Marx em *O capital*, acompanhando
os pontos nos quais ele toca naquilo que Vogel identifica como
o problema-chave – a reprodução biológica, social e geracional
da força de trabalho –, assim como as passagens em que ele
fica em silêncio exatamente onde ele deveria ter explorado
essa questão crucial.

O capitalismo e sua "mercadoria peculiar"

Um momento crucial na narrativa d'*O capital* se dá quando a mercadoria que sustenta todo o sistema de produção de
mais-valia – a força de trabalho humana – aparece. Quando
nossos olhos se voltam para essa "mercadoria peculiar" (Marx,
1976, p. 270), podemos discernir uma pista vital dos mistérios
do capital: somente quando uma massa enorme de pessoas é
expropriada e forçada a entrar no mercado de trabalho em
busca de meios de vida, vendendo sua capacidade de trabalhar

---

[7] Vogel (1983, p. 62) sugere que as omissões de Marx nesta área derivam de sua tendência a naturalizar uma divisão do trabalho historicamente específica. Isto é, evidentemente, parte da história. Além do mais, como veremos, a visão de Marx pode ter sido enviesada por acreditar que a família da classe trabalhadora estivesse em um estado de desintegração irreversível.

por um salário, é que o processo sistemático da acumulação de capital pode ser iniciado. O capital, em outras palavras, "só surge onde o possuidor de meios de produção e de subsistência encontra o trabalhador livre como vendedor de sua força de trabalho no mercado, e esta é uma condição histórica que encerra uma história mundial" (Marx, 1976, p. 274).

Tendo identificado a força de trabalho como o eixo em torno do qual todo o sistema gira, Marx declara que "nós, agora, devemos examinar mais de perto essa mercadoria peculiar, a força de trabalho. Como todas as outras, ela tem um valor. Como esse valor é determinado?" (Marx, 1976, p. 274). Essa questão – sobre como o valor da força de trabalho é determinado – suscitou uma controvérsia significativa nos estudos marxistas, e também preocupou muitas teóricas feministas-socialistas. Porém, se seguirmos Marx muito rapidamente aqui, corremos o risco de não fazer uma pergunta igualmente poderosa – e, para o atual propósito, mais crucial: como essa mercadoria especial é, em si, produzida e reproduzida? Marx percebe que existe uma questão aqui, mas não chega ao seu cerne. A inovação crítica de Vogel consiste em interromper a argumentação de Marx exatamente neste ponto, perguntando: quais são as *condições de possibilidade* dessa "mercadoria especial", a força de trabalho, o próprio pivô da economia capitalista? Qual é a natureza dos processos sociais pelos quais a própria força de trabalho é produzida? A resposta de Vogel é decisiva. "A força de trabalho [...] não é produzida de forma capitalista". Em vez disso, ela é produzida e reproduzida em um "local baseado em parentesco", a "família da classe trabalhadora" (Vogel, 1983, p. 151 e 170).[8] Focar na família da

---

[8] Outros, evidentemente, já haviam tocado essa questão antes da aparição do texto de Vogel. Ver, por exemplo, Seccombe (1974); Quick (1977) e Gimenez

classe trabalhadora não é, em si, um movimento propriamente original. A inovação de Vogel tem a ver com o papel social que ela atribui à família da classe trabalhadora (organizada com base na diferença de idade e gênero) e as formas pelas quais ela a analisa. Ao iniciar identificando a família da classe trabalhadora como o local social da produção/reprodução dessa mercadoria especial, a força de trabalho, Vogel passa de uma preocupação predominante com a estrutura e dinâmicas *internas* dessa forma-família para sua *relação estrutural* com a reprodução do capital. Evidentemente, outras teóricas feministas haviam focado na relação da família da classe trabalhadora com o capital por meio da reprodução da força de trabalho. Mas a maioria dessas críticas concluiu erroneamente que, como o trabalho doméstico produz a força de trabalho que cria valor e mais-valia para o capital, também deve ser uma forma de trabalho criador de valor.[9] Vogel apreende, de forma muito nítida, o que está errado nesse argumento: o trabalho no lar não é mercantilizado, produz valores de uso e não mercadorias cuja venda realiza mais-valia para o capitalista.

Outras também haviam observado isso, mas, diferentemente dessas teóricas do trabalho doméstico, a análise de Vogel sobre essa realidade não a leva a argumentar que a base sociomaterial da opressão às mulheres pode ser encontrada nas relações de gênero dentro do lar. Ainda que a família seja fundamental para a opressão às mulheres na sociedade capitalista, o pivô dessa opressão não é o trabalho doméstico

---

(1978). Porém, não conhecemos qualquer teórica antes de Vogel que tenha explorado esta questão tão sistematicamente e em relação tão atenciosa com *O capital*, como fez essa autora.

[9] Essa noção equivocada foi difundida por Dalla Costa e James (1972); Gardiner (1975) e Humphries (1977), entre outras. Foi recentemente repetida por Hensman (2011, p. 7-10).

das mulheres para os homens ou para as crianças, por mais opressivo ou alienante que seja. Em vez disso, a opressão se baseia no significado social do trabalho doméstico para o capital – o fato de que a produção e reprodução da força de trabalho é uma condição essencial que sustenta a dinâmica do sistema capitalista, possibilitando que o capitalismo se reproduza. E, ainda que isso não tenha que ser realizado no interior dos lares – orfanatos públicos ou privados, por exemplo, também assumem a responsabilidade de reproduzir força de trabalho –, o fato de ser uma relação predominantemente privada, doméstica, realizada de acordo com o fator biofísico de que a procriação e a amamentação requerem corpos sexuados-femininos, explica por que, em primeiro lugar, existem pressões sobre a unidade doméstica para que esta esteja em conformidade com a desigualdade de normas de gênero. Em outras palavras, as mulheres são oprimidas na sociedade capitalista não porque seu trabalho em casa produz valor para o capital, tampouco por um impulso patriarcal trans-histórico que coloca os homens contra as mulheres (embora tais atitudes, evidentemente, persistiram ao longo do tempo e do espaço). As raízes sociomateriais da opressão às mulheres sob o capitalismo têm a ver, na verdade, com a relação estrutural do lar com a reprodução do capital: o capital e o Estado precisam conseguir regular sua capacidade biológica para produzir a próxima geração de trabalhadores, de modo que a força de trabalho esteja disponível para a exploração.[10]

---

[10] Pode ser útil pensar na contribuição de Vogel nos seguintes termos: ao focar em uma pré-condição social do processo de trabalho sob o capitalismo – a reprodução da força de trabalho –, ela põe em primeiro plano a relação entre mulheres e capital, sugerindo que a relação entre mulheres e homens seja entendida dentro deste contexto histórico e não a-historicamente, como um fenômeno universal trans-histórico.

É importante enfatizar que essa explicação não precisa ser uma forma de "funcionalismo". O argumento aqui não é que o capitalismo *criou* a família nuclear heterossexual para estes propósitos. O argumento é que as formas de família que preexistiram ao capitalismo foram defendidas por pessoas da classe trabalhadora que ansiavam por preservar seus laços de parentesco, e que também foram reforçadas e modificadas por políticas sociais intencionais por parte dos Estados capitalistas (discutiremos esses dois aspectos abaixo, na próxima seção). Assim, por meio de processos sociais complexos e, por vezes, contraditórios, formas de família compatíveis com a reprodução privatizada da força de trabalho foram tanto preservadas quanto adaptadas a uma ordem de gênero burguesa moderna.

Ao lançar esse argumento, Vogel nos dá uma base histórico-materialista para compreender a persistência de formas de família generificadas ao longo do espaço e tempo no modo de produção capitalista. Com esse *insight*, a natureza do debate feminista-marxista é transformada. O lar *em si* já não é um quadro analítico adequado; a unidade doméstica é agora teorizada em relação à reprodução do capital. Ao mesmo tempo, a especificidade do trabalho no lar é mantida, em vez de ser equivocadamente confundida com processos de trabalho mercantilizados (e, portanto, produtores de valor).

Essa perspectiva fundamenta a opressão às mulheres na sociedade capitalista nas relações centrais do próprio modo de produção capitalista. A fim de garantir a produção e reprodução do atual e futuro estoque de força de trabalho, o capitalismo requer mecanismos institucionais por meio dos quais possa exercer controle sobre a reprodução biológica, as formas de família, a criação das crianças e a manutenção de uma ordem de gênero. Por mais que as relações entre seres humanos dos sexos masculino e feminino dentro dos lares possam expressar e reproduzir socialmente uma ordem de gênero de dominância masculina, estas não são a totalidade da opressão às mulheres. De fato, devido ao papel estratégico das unidades domésticas privadas como (em princípio) locais de produção e reprodução da força de trabalho, decorre que as famílias monoparentais chefiadas por mulheres são parte da matriz da opressão de gênero, assim como os lares chefiados por duas ou mais mulheres. A ordem de gênero capitalista é, portanto, estruturalmente fundada não em um patriarcado trans-histórico ou em um modo de produção doméstico separado, mas na articulação social entre o modo de produção capitalista e as unidades domésticas da classe trabalhadora, que são fundamentais para a produção e reprodução da força de trabalho.[11]

Tendo localizado o ponto principal no qual Vogel inova com relação à análise de Marx, retornaremos agora a *O capital* para indicar as maneiras como Vogel confronta as ausências lógicas no texto de Marx.

A família da classe trabalhadora e a reprodução geracional da força de trabalho

Marx está longe de ignorar a necessidade do capital de renovação geracional do estoque de força de trabalho. Na realidade, ele reconstrói essa necessidade na sua teoria dos salários. Ao abordar a questão do valor da mercadoria força de trabalho, que se expressa nos salários, Marx nos diz que não se trata apenas de reproduzir o trabalhador assalariado em si. Afinal:

---

[11] Outras instituições sociais, particularmente as escolas, também desempenham papéis importantes neste contexto. Mas residências particulares permanecem sendo a chave da produção e reprodução biossocial da força de trabalho.

> O proprietário da força de trabalho é mortal. Se, então, sua aparição no mercado deve ser contínua, e a contínua conversão de dinheiro em capital pressupõe isso, o vendedor da força de trabalho deve se perpetuar, 'da forma em que todo indivíduo vivo se perpetua, pela procriação'. A força de trabalho retirada do mercado por desgaste e morte deve ser continuamente substituída por, no mínimo, uma quantidade igual de força de trabalho nova. Portanto, a soma dos meios de subsistência necessários para a produção da força de trabalho deve incluir os meios necessários para os substitutos do trabalhador, ou seja, seus filhos, a fim de que esta raça de peculiares proprietários de mercadorias possa perpetuar sua aparição no mercado. (Marx, 1976, p. 275)

Aqui, porém, encontramos um problema: além da procriação, Marx é notadamente omisso sobre os processos pelos quais a próxima geração da "raça de peculiares proprietários de mercadorias" nasce e é criada. De fato, em vez de teorizar sobre as relações e práticas sociais nas quais os futuros trabalhadores assalariados são produzidos, Marx recorre a um naturalismo simples, indicando-nos que, quando se trata da "manutenção e reprodução da classe trabalhadora", o capitalista "pode deixar tranquilamente seu preenchimento a cargo do impulso de autopreservação e procriação dos trabalhadores" (Marx, 1976, p. 718).

No entanto, claramente, isto é deixar o problema sem resposta. Assim como a procriação, os impulsos de autopreservação e propagação são organizados dentro das formas socioculturais de vida. E essas formas não podem ser tomadas como dadas, como uma teoria puramente naturalista sugeriria, uma vez que são criadas e reproduzidas social e historicamente. Ou seja, não há nenhuma manutenção ou reprodução dos trabalhadores – sejam eles adultos ou crianças – fora das formas socioinstitucionais de vida. Nos tempos de Marx, assim como nos nossos, essas formas são, predominantemente, unidades baseadas em laços de parentesco conhecidas como famílias. Aqui, no entanto, encontramos um problema, porque Marx sustentava que o modo de produção capitalista estava destruindo a família da classe trabalhadora. Sua análise a esse respeito é rigorosa e por vezes visionária, como veremos. Mas em nenhum momento ele reconhece que a destruição da família da classe trabalhadora significaria a eliminação desse local social em que ocorre a produção e reprodução da força de trabalho. Consequentemente, ele deixa de reconhecer o caráter contraditório do desenvolvimento capitalista neste âmbito: se as famílias baseadas em laços de parentesco são os principais locais de produção e reprodução da força de trabalho, então, as dinâmicas econômicas capitalistas que minam tais famílias serão profundamente problemáticas para o capital como um todo. Com certeza, Marx estava perfeitamente consciente dos efeitos destrutivos do capital nos lares da classe trabalhadora. *O capital* está cheio de digressões furiosas sobre trabalho infantil, assim como sobre o trabalho feminino. E os efeitos prejudiciais destes fenômenos no âmbito doméstico são frequentemente notados, como na seguinte observação:

> Por isso, o trabalho de mulheres e de crianças foi a primeira palavra-de-ordem da aplicação capitalista da maquinaria! Com isso, esse poderoso meio de substituir trabalho e trabalhadores transformou-se rapidamente num meio de aumentar o número de assalariados, colocando todos os membros da família dos trabalhadores, sem distinção de sexo nem idade, sob o comando imediato do capital. O trabalho forçado para o capitalista usurpou não apenas o lugar do folguedo infantil, mas também o trabalho livre no círculo doméstico, dentro de limites decentes, para a própria família. (Marx, 1976, p. 517)

Em uma nota de rodapé à passagem anterior, Marx também observa que "o capital usurpou o trabalho familiar necessário ao consumo para sua autovalorização" (Marx, 1976, p. 518).

Essas passagens se destacam pelas formas nas quais Marx registra a realidade do trabalho doméstico, descrevendo-o como "labor independente domiciliar" e "os labores domésticos que o consumo da família exige". Ele aqui está no limiar de identificar o problema de como a produção e a reprodução (não capitalistas) da mercadoria especial no coração do capitalismo é garantida. Se ele tivesse confrontado essa questão diretamente, teria sido forçado a lidar com as contradições que esta levanta para seu próprio argumento de que a industrialização, a maquinaria e o crescimento do trabalho feminino e infantil estavam minando a família da classe trabalhadora. Pois essa afirmação não se encaixaria facilmente com o reconhecimento de que alguma instituição social, como a família baseada em parentesco da classe trabalhadora, é essencial para a reprodução de uma classe de trabalhadores assalariados. Em outra passagem, testemunhamos o reconhecimento parcial de Marx sobre as dimensões generificadas dessa questão:

> Como certas funções da família, por exemplo, cuidar das crianças e amamentá-las etc., não podem ser totalmente suprimidas, as mães de famílias confiscadas pelo capital têm de arranjar substitutas mais ou menos equivalentes. Os labores domésticos que o consumo da família exige, como costurar, remendar etc., precisam ser substituídos pela compra de mercadorias prontas. Ao menor dispêndio de trabalho doméstico corresponde portanto maior dispêndio de dinheiro. Os custos de produção da família operária crescem, portanto, e contrabalançam a receita suplementar. Acrescente-se a isso que economia e eficiência no uso e na preparação dos meios de subsistência se tornam impossíveis. (Marx, 1976, p. 518)

Aqui, Marx efetivamente levanta a questão da diferença biológica – não da gestação e parto, sobre as quais ele silencia, mas do "cuidar das crianças e alimentá-las". Ao fazê-lo, ele tacitamente reconhece que o trabalho de produzir a geração seguinte tem uma característica distintiva de gênero enraizada na diferença biológica. Isso, evidentemente, levanta a questão de por quê as mulheres vivenciam formas únicas de opressão nas sociedades capitalistas. E bem neste ponto, Vogel faz uma contribuição fundamental, argumentando que a organização social da diferença biológica constitui uma "pré-condição material para a construção social das diferenças de gênero" (Vogel, 1983, p. 142). Ainda que os homens possam muito bem assumir parte do trabalho doméstico associado à criação das crianças e à manutenção das casas, há processos cruciais para os quais eles não são biologicamente dotados. Aqui, no entanto, precisamos ter muito rigor. Não é a biologia *per se* que dita a opressão às mulheres, mas, em vez disso, a dependência do capital dos processos biológicos específicos das mulheres – gestação, parto, lactação – para garantir a reprodução da classe trabalhadora. É isso que leva o capital e seu Estado a controlar e regular a reprodução feminina e o que os impele a reforçar uma ordem de gênero de dominância masculina. E este fato social, ligado à diferença biológica, compreende a base sobre a qual a opressão às mulheres está organizada na sociedade capitalista.[12]

A análise de Vogel a este respeito está em total conformidade com a lógica d'*O capital*. No entanto, se Marx não seguiu essa linha de argumentação, parece ter sido por duas razões. Uma é a clara tendência em seus escritos de tratar as relações entre seres humanos dos sexos masculino e feminino como naturais e não sociais (Vogel, 1983, p. 62). A outra razão é seu entusiasmo com a perspectiva de a classe trabalhadora ser

---

[12] Note que essa ordem de gênero não exige que todas as mulheres tenham que parir. Na verdade, pressupõe relações de gênero em que a responsabilidade social de parir e criar a geração seguinte seja codificada como feminina. Sobre essa questão, ver também Armstrong e Armstrong (1983).

(destrutivamente) libertada das formas de família patriarcais. Esse ponto de vista emerge claramente tanto na *Ideologia alemã* (1846) quanto no *Manifesto Comunista* (1848). Enquanto o primeiro texto argumenta que a família proletária foi "abolida", o *Manifesto* insiste que "a grande indústria rompe todos os laços familiares dos proletários" (Marx; Engels, 1975a, p. 180; 1973, p. 84). Nessa questão, *O capital* se encontra em uma significativa continuidade com esses textos anteriores. Além disso, Marx, insiste que a dissolução da família da classe trabalhadora, por mais brutal que seja, prepara o caminho para uma forma social mais progressista:

> Por terrível e repugnante que agora pareça a dissolução do antigo sistema familiar no interior do sistema capitalista, a grande indústria não deixa de criar, com o papel decisivo que confere às mulheres, pessoas jovens e crianças de ambos os sexos em processos de produção socialmente organizados para além da esfera domiciliar, o novo fundamento econômico para uma forma mais elevada de família e de relações entre ambos os sexos. É, naturalmente, tolo tomar como absoluta tanto a forma teuto-cristã de família quanto a forma romana antiga, ou a grega antiga, ou a oriental, que, aliás, constituem entre si uma progressão histórica de desenvolvimento. É igualmente óbvio que a composição do pessoal coletivo do trabalho por indivíduos de ambos os sexos e dos mais diversos grupos etários — embora em sua forma capitalista espontaneamente brutal, em que o trabalhador comparece para o processo de produção e não o processo de produção para o trabalhador —, fonte pestilenta de degeneração e escravidão, tenha, sob circunstâncias adequadas, de converter-se inversamente em fonte de desenvolvimento humano. (Marx, 1976, p. 620-621)

Essa visão de uma forma nova e mais "elevada" das relações entre homens e mulheres, e entre adultos e crianças, é inspiradora. Mas é baseada em uma premissa equivocada: que o desenvolvimento capitalista significa inevitavelmente a desintegração da família da classe trabalhadora. Na verdade, Marx não conseguiu captar o impacto geral de medidas legislativas orquestradas, particularmente durante o período vitoriano na Grã-Bretanha, para reafirmar as diferenças de gênero e para reforçar a família da classe trabalhadora. Comissões parlamentares figuraram proeminentemente nesse processo, particularmente o *Report of the Children's Employment Commission* [*Relatório da Comissão de Emprego Infantil*] (em duas partes), e o Coalmines Regulation Act [Ato de Regulamentação de Minas de Carvão], ambos de 1842. Relatórios como estes estimularam processos legislativos projetados para limitar o trabalho infantil e as horas de trabalho, bem como para restringir o emprego feminino. Em combinação com a legislação que criava a educação pública obrigatória das crianças, o Estado tinha claramente se comprometido a combater as taxas de mortalidade infantil e neonatal, a "educar" as crianças nas habilidades e docilidade adequadas ao capitalismo industrial, e a reafirmar as divisões generificadas do trabalho que reforçavam a identificação das mulheres com a esfera doméstica. (É interessante observar, a este respeito, que o trabalho feminino nas minas foi restrito, enquanto o serviço doméstico, frequentemente mais oneroso, ficou intocado.) O pânico moral acompanhou todos esses processos, incluindo um revelador receio sobre mulheres de calças trabalhando no subsolo com pás e picaretas, o que coincidiu com a legislação que proibia mulheres e meninas de trabalhar no subsolo das minas. Ao longo do período vitoriano, então, o Estado buscou reconstituir a família da classe trabalhadora por meio de novas restrições ao trabalho feminino e infantil, de uma ordem de gênero reforçada, da responsabilidade estatal pela educação pública das crianças, assim como pelas reformas na saúde e no saneamento – muitas delas promovidas pelo medo das hordas sujas e incivilizadas da classe trabalhadora, no seu território e nas colônias, e pelo medo das mulheres transgressoras da classe trabalhadora em particular.[13]

Evidentemente, pessoas da classe trabalhadora também fizeram campanha para defender a sua vida compartilhada e suas redes de parentesco. Ao fazê-lo, elas involuntariamente aceleraram as reformas que eram, no longo prazo, do interesse do capital – restrições ao trabalho infantil, pressões para um "salário-família" masculino e limitações ao emprego feminino – e que também reforçaram a ordem de gênero dominante.[14] Como consequência, as taxas de participação feminina no emprego remunerado se estabilizaram em cerca de 25% ao longo do século XIX e o trabalho infantil também diminuiu (Humphries, 1977, p. 251). Assim, a decomposição da família da classe trabalhadora foi bruscamente interrompida; de fato, ela foi revertida.

É elucidativo que Marx não tenha conseguido captar isso e que continuou acreditando que a família da classe trabalhadora estava se dissolvendo. Isto é, em parte, um sintoma de ter considerado inquestionável algo que não se pode presumir – que novas fontes de força de trabalho serão invariavelmente reproduzidas tanto geracionalmente quanto socialmente, e que os estoques já existentes serão reproduzidos diariamente, não apenas em quantidades adequadas, mas com as "habilidades" e "aptidões" apropriadas. Não obstante suas próprias observações acerca dos efeitos destrutivos da industrialização capitalista sobre as famílias proletárias, Marx continuou a recorrer a uma perspectiva ingenuamente naturalista na qual, quando se tratava de reproduzir a classe trabalhadora, o capital

---

[13] Ver McClintock (1995, p. 114-118) que também explora a dimensão psicanalítica dos tais pânicos de gênero.

[14] Ver Clark (1995). Para uma discussão séria sobre esses processos, ver Humphries (1977) e Laslett e Brenner (1989).

poderia "deixar tranquilamente seu preenchimento a cargo do impulso de autopreservação e procriação dos trabalhadores" (Marx, 1976, p. 718).

Como vimos, no entanto, a própria lógica dialética de Marx convida ao tipo de revisão que Vogel propõe. Assim como a reprodução do capital, a reprodução da força de trabalho também requer uma explicação social crítica. Mas isso não é possível sem uma teorização da reprodução biológica, social, diária e geracional da força de trabalho e da organização social da diferença biológica que ela pressupõe em uma sociedade capitalista. Em suma, as relações internas entre gênero, família e o modo de produção capitalista devem ser tematizadas se quisermos entender a opressão de gênero no capitalismo de uma forma que se concatene com a estrutura conceitual d'*O capital*.

Críticos e críticas

Como observamos, quando de sua publicação, *Marxismo e a opressão às mulheres* não criou uma comoção entre feministas e círculos marxistas. A única resposta acadêmica significante foi escrita por Johanna Brenner, autora de um dos mais importantes trabalhos social-feministas dos anos 2000.[15] Para Brenner, o livro de Vogel é notável enquanto uma contribuição para a historiografia radical, particularmente em sua recuperação da tradição marxista sobre a "questão da mulher", e por situá-la no contexto político do início do movimento socialista. Ela sugere que Vogel amplia nossa compreensão das raízes da teoria dos sistemas duplos, localizando-a entre

---

[15] Ver Brenner (2000). Notamos, como mais uma prova da negligência acadêmica sobre o livro de Vogel, que ele não é mencionado no impressionante levantamento de trabalhos materialistas históricos sobre as relações de gênero produzido por Haug (2005).

os clássicos de Bebel e Engels, ao mesmo tempo que identifica uma abordagem alternativa da "reprodução social" derivada das obras maduras de Marx. Brenner se impressiona menos, no entanto, com as inovações teóricas de Vogel, indicando que seu referencial analítico da reprodução social falha em considerar adequadamente os conflitos de interesse entre homens e mulheres, especialmente no que diz respeito ao papel ativo que os homens desempenham em instituir e manter a opressão de gênero. Como consequência, ela argumenta, Vogel passa por cima de questões-chave socialistas-feministas sobre por que os homens "quase universalmente" exercem poder sobre as mulheres no interior do sistema familiar (Brenner, 1984, p. 699).[16]

É intrigante que Brenner atribua essa falha ao "alto nível de abstração e generalidade" da análise de Vogel. "Uma teoria 'unitária' adequada", ela insiste, "teria que especificar ao menos como a estrutura de classe define os limites dentro dos quais as classes subordinadas organizam as famílias e unidades domésticas e como essas condições são definidas de forma a incentivar os sistemas de família de 'dominação masculina'". Tal projeto, ela continua, exige olhar para além da "base material" da sociedade, para as estruturas ideológicas e políticas que compõem a hierarquia de gênero. Carente dessa análise, Vogel oferece apenas um "estágio preliminar" da teoria da reprodução social (Brenner, 1984, p. 699).

Os comentários de Brenner são instrutivos na medida em que articulam o exato problema que Vogel se propôs a resolver: o estabelecimento de um primeiro nível de análise teoricamen-

---

[16] Brenner critica corretamente Vogel por sua revisão excessivamente estreita da "questão da mulher" na tradição socialista, notando que ela deixa de dialogar com o trabalho da anarquista Emma Goldman ou da bolchevique Alexandra Kollontai.

te indispensável da reprodução do capital, do gênero e social, que tornará possível uma teoria unitária – em oposição a uma análise dualista ou puramente descritiva. Brenner está, de fato, correta em dizer que Vogel não tenta teorizar o exercício do poder masculino no lar *per se* ou oferecer uma explicação histórica do seu desenvolvimento. Em vez disso, seu interesse está em analisar o que acontece com as relações fundamentais do capitalismo que parecem exigir um sistema familiar baseado em uma ordem de gênero de dominância masculina. Como ela diz, "é a responsabilidade pelo trabalho doméstico necessário à reprodução social capitalista – e não a divisão sexual do trabalho ou a família *per se* – que sustenta materialmente a perpetuação da opressão e da situação desigual das mulheres na sociedade capitalista" (Vogel, 1983, p. 170). Diferentemente de grande parte do pensamento feminista, especialmente após a virada linguística na teoria social, ela procura decifrar as bases sociomateriais para a existência de um sistema de unidades domésticas baseado na opressão às mulheres. Para tanto, ela investiga a maneira pela qual as dinâmicas especificamente capitalistas estabelecem limites definidos à possível variedade de instituições e práticas de reprodução social. Ao identificar a necessidade contraditória do capital de explorar *e* renovar a força de trabalho – e considerando-a à luz da relação necessariamente diferenciada dos homens e mulheres (ou corpos sexuados masculinos e femininos) com os aspectos relacionados à procriação e amamentação dessas práticas de exploração e renovação –, Vogel identifica a dinâmica sociomaterial do sistema capitalista que tende a reproduzir formas de família patriarcais, como persistentemente tem feito em todos os tempos e espaços do capitalismo mundial.

Evidentemente, aqui estamos lidando com uma tendência e não com uma lei de ferro. O fato de que a reprodução social é e deve ser desempenhada por indivíduos corporificados, enredados pelos imperativos do capitalismo, não significa que toda e qualquer forma de família seja funcionalmente determinada. As tradições culturais e as lutas sociais também moldarão a variedade de arranjos domésticos disponíveis. Mas, ao identificar o problema central da necessidade, sob o capitalismo, de um local social que reproduza a força de trabalho biológica e socialmente, a análise de Vogel nos permite entender por que as sociedades capitalistas, não obstante sua vasta gama de histórias diversas, reproduziram repetidamente as formas de família baseadas na dominação masculina. Igualmente, também propõe uma forma de compreender por que as formas domésticas podem mudar de maneiras significativas, como com o crescimento do reconhecimento legal e a aceitação social de casamentos e lares homoafetivos, assim como famílias chefiadas por mães ou pais solos, sem que a opressão às mulheres seja eliminada. Independentemente do quanto as classes dominantes tenham resistido ao afrouxamento das normas de gênero e das convenções sexuais, essas mudanças não minaram inerentemente a generificação das responsabilidades fundamentais pelo parto, amamentação e criação das crianças pequenas. Dessa forma, Vogel, de fato, prepara um "estágio preliminar" para uma teoria da reprodução social que conecta logicamente a opressão às mulheres às características essenciais do modo de produção capitalista.[17] Em vez de uma fraqueza em seu trabalho, isto

---

[17] Infelizmente, Vogel posteriormente se apropriaria da noção hiperabstrata de Althusser de "Teoria" não contaminada pelo empírico a fim de explicar seu procedimento teórico em *Marxismo e a opressão às mulheres*. Ver Vogel (2000). A nosso ver, seria muito mais produtivo entender que o procedimento de Vogel estabelece as *condições de possibilidade* das formas de família e da ordem de gênero em uma sociedade capitalista.

é, como argumentamos anteriormente, um feito singular de *Marxismo e a opressão às mulheres*.

Trabalhando no interior da arquitetura conceitual d'*O capital*, Vogel não apenas abre a mais produtiva linha de investigação materialista histórica, ela também supera algumas fraquezas consideráveis do feminismo socialista anterior. Particularmente, como vimos, ela lucidamente refuta a alegação equivocada de que trabalho não pago no lar produz valor e mais-valia. Ao mesmo tempo, no entanto, Vogel cai na armadilha de argumentar que o trabalho doméstico é um componente do trabalho necessário no sentido em que Marx usou o termo n'*O capital* (Vogel, 1983, p. 152-154).[18] Ela claramente errou aqui, como posteriormente reconheceu no artigo da revista *Science & Society* de 2000, que está reimpresso como um apêndice deste livro. Vogel estava, evidentemente, correta ao afirmar que o trabalho de produzir e reproduzir as gerações presentes e futuras de trabalhadores assalariados é socialmente necessário para o capital. Mas o termo "trabalho necessário" tem um significado muito mais restrito para Marx na sua teoria da mais-valia: refere-se ao trabalho que compreende um *custo necessário* para o capital, o trabalho que deve ser pago (em salários) a partir dos fundos do capital.[19] É por isso que Marx se refere aos salários como "capital variável". Há muito mais trabalho não remunerado – trabalho que não tem que ser pago pelo capital – do que é necessário para a reprodução de uma sociedade capitalista. E o capital é certamente beneficiado, em grande parte, pelo fato de que as

---

[18] O mesmo erro aparece em Hensman (2011, p. 8).

[19] É claro, como vimos, que esses salários precisam ser adequados para ajudar a sustentar a produção da próxima geração de trabalhadores. Mas o *custo necessário* para o capital é o pagamento direto dos trabalhadores que se envolvem com o processo de produção imediato.

crianças são paridas, amamentadas, nutridas, amadas e educadas em unidades baseadas em parentesco, assim como os adultos são ali reproduzidos física, psíquica e socialmente. Mas os capitais individuais aqui se beneficiam de práticas sociais que não formam nenhum dos seus custos necessários.[20] Não há, portanto, uma taxa de mais-valia aqui, tanto porque essas práticas não são mercantilizadas (produzem valores de uso, mas não valores) quanto porque não há nenhuma estrutura de custo direta para o capital envolvido.

A posterior correção de Vogel sobre esse ponto é um importante esclarecimento que se deve ter em mente ao ler seu texto. Mais do que isso, é um lembrete do espírito científico crítico que permeia *Marxismo e a opressão às mulheres* e que o torna um trabalho passível de renovação, extensão e desenvolvimento.

Novas agendas: interseccionalidade, feminismo materialista, reprodução social e a contínua busca por uma teoria unitária

Como já observamos, *Marxismo e a opressão às mulheres* apareceu em um momento bastante inóspito, bem quando movimentos sociais radicais, socialistas e da classe trabalhadora estavam começando a recuar sob a investida da ofensiva neoliberal. Esse contexto novo e hostil criou crescentes obstáculos para o florescimento de uma teoria e prática feminista-socialista vibrante. Com o passar dos anos, as pautas políticas e intelectuais mudaram e a preocupação de caráter marxista com a opressão de gênero ficou relegada aos museus da teoria

---

[20] Evidentemente, alguns desses custos podem ser reivindicados pelo Estado na forma de taxas sobre os lucros. Abstraímos essa questão aqui já que não afeta o argumento sobre a taxa de mais-valia.

"modernista". Foi nesse momento que a virada linguística, em preparação durante décadas, varreu as ciências humanas e sociais e deixou suas marcas em partes da esquerda. Em um reducionismo tão ostensivo como o praticado por qualquer materialismo vulgar, linguagem e discurso se tornaram *as* forças determinantes da vida social.[21] Identidades discursivamente construídas se tornaram o foco primordial da análise política, enquanto as preocupações com o trabalho e com as práticas humanas corporificadas foram levianamente dispensadas como sendo pitorescas, se não completamente delirantes.

Inevitavelmente, talvez, conforme as duras realidades de gênero, raça e classe persistiam e conforme o militarismo imperialista se intensificava notavelmente durante a primeira Guerra do Golfo, o abstracionismo rarefeito da teoria do discurso e seu completo distanciamento da intervenção política produziram uma contrarreação. Os teóricos comprometidos com formas de crítica materialistas aliadas a políticas emancipatórias logo deram respostas teóricas aos incapacitantes limites da "pós-teoria". O início dos anos 1990 testemunhou momentos centrais nesse contramovimento, em larga medida iniciado sob as bandeiras do feminismo negro e do feminismo materialista.[22]

O feminismo negro, em particular, liderou a agenda que deu origem ao modelo conhecido como "interseccionalidade", que rapidamente se tornou um grande ponto de referência em uma ampla gama de debates teóricos. Essa abordagem tinha raízes profundas na experiência de organizações feministas-socialistas de mulheres afro-americanas, notadamente, o

---

[21] Para uma amostra das análises marxistas desses desenvolvimentos, ver Jameson (1972), Palmer (1990), Henessy (1993) e McNally (2001).
[22] Ver, por exemplo, Collins (1992 e 1993); Smith (1993), Hennessy (1993) e Landry e Maclean (1993).

Coletivo Combahee River formado em Boston em 1974, no qual a teórica e militante Barbara Smith desempenhou um papel central. Liderando campanhas por direitos reprodutivos, abolicionismo penal, contra o estupro, por direitos lésbicos, contra a esterilização forçada, entre outros, o Coletivo Combahee River e iniciativas feministas negras similares tiveram pouco tempo para a redução da política ao discurso. Corpos, particularmente os corpos racializados e generificados de mulheres negras da classe trabalhadora, figuravam no centro de sua teoria e prática.[23] Emergindo do feminismo negro, a perspectiva interseccional, assim, manteve uma duradoura orientação materialista, por mais que estendesse e modificasse materialismos anteriores.[24]

Patricia Hill Collins, talvez a mais prolífica e célebre feminista dessa tradição, desenvolveu astuciosamente a discussão de W.E.B. Du Bois de que as hierarquias sociais de raça, classe e nação *co-determinavam* as realidades políticas-econômicas das pessoas negras nos EUA, chamando, assim, a atenção para a "matriz de dominação" que engloba raça, classe e gênero.[25] Essa abordagem confrontou um problema fundamental que assolava tanto a perspectiva dos sistemas duplos quanto a das políticas identitárias: elucidar as inter-relações entre as distintas dimensões da experiência social e das instituições e práticas que as moldam. Por mais que essas perspectivas an-

---

[23] É importante reconhecer, nesses trabalhos, a influência de dois textos pioneiros: *Sex, Race, and Class* [*Sexo, Raça e Classe*], de Selma James (1975), e *Women, Race & Class* [*Mulheres, Raça e Classe*], de Angela Davis (1981).

[24] Houve, evidentemente, posições do feminismo negro que direcionaram alguns desses trabalhos por caminhos mais pós-modernos. O trabalho de bell hooks é frequentemente um indicativo disso, apesar de hooks ter regularmente retornado a preocupações fora de moda e nada pós-modernas com a classe social. Ver, por exemplo, hooks (2000).

[25] Ver Collins (1993, 1998) e Collins e Anderson (1992).

teriores reconhecessem uma conexão entre, digamos, sexismo e racismo, ou classe e heterossexismo, davam pouca atenção à dinâmica da totalidade na qual essas relações estão internamente conectadas. Explicar teoricamente tais conexões se tornou o projeto próprio da interseccionalidade.

A interseccionalidade inspirou trabalhos empíricos significativos que documentam como a opressão é vivida em formas não compartimentadas e, por vezes, contraditórias. Essa orientação empírica tem sido tanto sua força quanto sua fraqueza. Por um lado, ao chamar a atenção para a *experiência* da opressão, tais estudos reinseriram as pessoas, os agentes humanos, na análise da história e da vida social. Além do mais, essa abordagem compreendeu a experiência como sendo socialmente determinada de uma maneira não reducionista, em termos de processos complexos e contraditórios de organização e determinação social. Por outro lado, como observou Johanna Brenner, muito do trabalho nessa tradição se limita a descrever e explicar as dinâmicas de *lugares* sociais específicos, investigando como um lugar particular molda uma experiência e identidade, ao mesmo tempo que, frequentemente, deixa de perguntar como esses lugares são produzidos e sustentados dentro e por meio de um sistema de poder social. As *relações* sociais de dominação (de um capitalismo racializado e patriarcal), em outras palavras, tendem a ficar subteorizadas (Brenner, 2000). Isso ocorre, em parte, porque, ao empregar a metáfora espacial da intersecção, a perspectiva da interseccionalidade tende a ver cada modo de dominação como um vetor distinto de poder, que depois se cruza (intersecciona) com outros. Mas, ao assumir cada vetor de poder como independentemente dado em uma primeira instância (anterior à intersecção), essa abordagem tem dificuldade em apreender a co-constituição de cada relação social dentro e por meio de outras relações de poder.[26]

Concomitante ao surgimento da interseccionalidade como um poderoso paradigma no interior da teoria feminista, o feminismo materialista se desenvolveu. Reagindo contra a virada discursiva, Rosemary Hennessy e outras autoras insistiram em retornar à teoria e prática feministas aos domínios extralinguísticos dos corpos, necessidades, relações de classe, sexualidade e afeto (Hennessy, 1993; Landry e Maclean, 1993; Hennessy e Ingraham, 1997). O resultado é um potente conjunto de obras que reabre as antigas preocupações feministas-socialistas e reabilita abordagens materialistas-históricas para compreender a opressão de gênero. Além disso, assim como as feministas negras, as teóricas que trabalharam no interior dessa perspectiva desenvolveram análises significativas da opressão sexual, ainda que apenas tenham apontado a necessidade de uma teoria verdadeiramente integrativa do capitalismo e de suas múltiplas opressões.

O feminismo da reprodução social, da forma como se desenvolveu nos anos seguintes à publicação de *Marxismo e a opressão às mulheres,* também frequentemente ficou aquém de elaborar uma análise completamente integrativa da coconstituição das relações de classe, gênero, sexualidade e raça. Apesar do objetivo declarado de desenvolver uma teoria unitária, que dava sinais promissores pelo seu comprometimento com uma concepção ampla e não economicista do trabalho, muitas das que trabalharam nessa tradição recaíram ou na análise dos sistemas duplos ou em um descritivismo a-teórico.[27] Essas tendências são, pode-se argumentar, um legado do que

---

[26] Retornaremos a esse ponto em nossa discussão sobre o importante trabalho de Himani Bannerji.

[27] Exemplos dessas adesões à teoria dos sistemas duplos e ao descritivismo são discutidos em Ferguson (1999).

Himani Bannerji identificou como a influência estruturalista na economia política feminista-socialista. Apesar de as feministas da reprodução social partirem do conceito de trabalho, elas frequentemente tenderam a conceituar o trabalho como uma *coisa* que opera no interior de outra coisa ou *estrutura* (por exemplo, a economia, o lar ou a comunidade). Uma abordagem tão positivista, observa Bannerji, perde o sentido da história, do processo de *tornar-se* por meio do qual as relações estruturais são constituídas, e dos sujeitos daquela história em particular. Como resultado, muitas feministas socialistas criaram "um vão intransponível entre o mundo em que surgem e o *self*, a cultura e a experiência, e têm pouco a dizer sobre a subjetividade política" (Bannerji, 1995, p. 80).[28] Esse é um motivo, ela sugere, para que haja um silêncio tão profundo sobre o racismo no feminismo da reprodução social dos anos 1980 e 1990. Ao falhar em apreender os processos complexos e contraditórios por meio dos quais as múltiplas dimensões da vida social criam um todo integral e dinâmico, muito do pensamento feminista-marxista hesita quando se trata de teorizar a totalidade social em toda a sua diversidade.

Entretanto, uma linha de investigação mais recente dentro da perspectiva feminista da reprodução social tem se mostrado mais promissora, abordando suas categorias analíticas – trabalho, economia, unidades domésticas e assim por diante – como *processos* em vez de coisas. Essa perspectiva, quando bem-sucedida, abre a possibilidade de uma leitura mais genuinamente materialista histórica das relações sociais de poder, que identifique as condições sob as quais raça, gêne-

---

[28] Como observamos, a posterior adoção de Vogel, via Althusser, de uma noção rarefeita de "Teoria" não contaminada pelo empírico comete um erro similar. Ver Vogel (2000).

ro, sexualidade e classe são (co-)reproduzidas, transformadas e potencialmente revolucionadas. Isabella Bakker, Stephen Gill, Cindi Katz e David Camfield contribuíram para essa reimaginação do referencial analítico da reprodução social.[29] Em vez de apresentar estruturas em que os sujeitos meramente encenam a lógica sistêmica de seus lugares sociais, seus trabalhos concebem o social como um conjunto de práticas presentes e passadas que compõem um sistema de relações estruturadas que as pessoas vivenciam, reproduzem e transformam ao longo do tempo. Essa atividade transformadora é compreendida como trabalho em sentido amplo. O mundo, como Camfield aponta, é significativamente um produto do trabalho reprodutivo das pessoas – ou, como Bakker e Gill enfatizam, do que Gramsci chamaria de "trabalho".[30]

Ao situar o trabalho – concebido como uma atividade consciente, sensorial e prática – no ponto de partida da análise (em vez de estruturas e funções), esses teóricos tanto retomam quanto construem a partir da ideia central de Vogel, sem recair no funcionalismo estruturalista. A noção de que a produção e a reprodução da força de trabalho é, na verdade, um processo conduzido por pessoas socialmente localizadas traz de volta ao cenário a agência e, em última instância, a história. Isso também traz os corpos para a equação. E apesar de as feministas da reprodução social, a começar com Vogel, há tempos ponderarem a respeito da questão da natureza biofísica dos

---

[29] Ver Katz (2001), Camfield (2002) e Bakker e Gill (2003). Como sugerimos anteriormente, esse trabalho seria fortalecido na – e por meio da – abordagem dialética da experiência desenvolvida por Bannerji.

[30] Tal perspectiva não precisa envolver um simples voluntarismo humanista. Se os próprios humanos são compreendidos como parte da natureza, como seres corporificados capazes de fazer história, então a noção de produção mundial permanece enredada no natural e no biológico, ao mesmo tempo que o reconstrói. Sobre isso, ver McNally (2001).

corpos (trabalhadores) – particularmente, como ou por que a capacidade biológica feminina de parir e amamentar bebês importa –, elas não dedicaram muito esforço em pensar o corpo (trabalhador) racializado. Ferguson (2008) propõe um possível ponto para iniciar tal discussão, ao questionar a espacialização dos corpos em um mundo capitalista hierarquicamente ordenado, enquanto Luxton (2006, p. 38-40), bem como Bakker e Silvey (2008, p. 6), propõem um argumento em linhas similares. Ainda que reste muito a ser feito para dar corpo a um referencial analítico da reprodução social que contemple completamente relações sociais, de gênero, raça e outras, o conceito de sujeitos trabalhadores (re)produtores, que é central para tais trabalhos, oferece um início promissor.

Interessantes análises histórico-materialistas sobre raça e sexualidade apresentam outros promissores pontos de partida para os quais podemos nos voltar para desenvolver um marxismo renovado, capaz de apreender o social como "a síntese de múltiplas determinações, portanto, unidade da diversidade" (Marx, 1973b, p. 101). Ainda que não seja possível abordar essas literaturas tão abrangentes aqui, pode ser útil indicar algumas fontes e direções principais.

Com respeito à análise sobre raça e opressão racial, além das literaturas do feminismo negro citadas anteriormente, trabalhos importantes sobre "os salários da branquitude", que também partem de W.E.B. Du Bois, contribuíram enormemente para a compreensão dos investimentos psicológicos que muitos trabalhadores brancos fazem nas identidades racializadas e estruturas de poder.[31] Em sincronia com as

---

[31] Ver Roediger (1991, 1994 e 2008) e Ignatiev (1995). Sobre o texto fundante, ver Du Bois (1998). Para nós, trabalhos como esses podem e devem complementar importantes estudos marxistas sobre racismo e controle social do tipo desenvolvido por Allen (1994, 1997).

orientações teóricas dos melhores trabalhos recentes em Teoria da Reprodução Social, essas análises restabelecem as pessoas da classe trabalhadora como agentes na construção (assim como na desconstrução) da raça e do racismo. De modo similar, ainda que de um diferente ângulo, um crescente conjunto de trabalhos do historiador Robin D. G. Kelley tem documentado de maneira inspiradora aspectos da formação da classe trabalhadora negra nos EUA, incluindo suas dimensões generificadas e a forma como essa experiência envolveu a produção político-cultural dos persistentes "sonhos de liberdade" (Kelley, 1990, 1994, 2002). Ao reconhecer que as experiências de gênero, raça e classe são sempre já mutuamente informadas, ou coconstituídas, Kelley também acompanhou de perto o desenvolvimento de "uma nova classe trabalhadora urbana multirracial" nos EUA, analisando a interconexão de diversos aspectos da vida social na sociedade capitalista (Kelley, 1997).

Igualmente promissor é o surgimento de um vibrante campo de estudos marxistas sobre a sexualidade e as perspectivas *queer*, particularmente estudos que examinaram as tensões de classe envolvidas na formação das identidades de gênero não normativas imersas em processos socioculturais de mercantilização. Vinculando a formação da identidade sexual a processos sociais mais amplos de acumulação de capital em espaços racializados e generificados, esses estudos estão questionando a dialética de classe, sexualidade, raça e gênero de maneiras sutis e provocativas (Hennessy, 2000, Sears, 2005, Floyd, 2009).[32] Ao fazê-lo, eles estão realizando contribuições indispensáveis para o desenvolvimento de um robusto materialismo histórico do capitalismo tardio no

---

[32] Para trabalhos anteriores, ver Smith (1983) e Kinsman (1987).

qual a sexualidade e a opressão sexual estão colocadas como características essenciais de qualquer teoria unitária viável da sociedade capitalista.

Nenhum desses desenvolvimentos teóricos, no entanto, pode se engajar produtivamente um com o outro fora de uma teoria social dialética. Ainda que muitos teóricos venham trabalhando nessa área, poucos têm sido mais eficientes em assentar as bases para um "marxismo feminista e antirracista" do que Himani Bannerji. Iniciando com a noção de experiência, assim como E.P. Thompson em sua discussão da *formação* da classe trabalhadora (Thompson, 1963),[33] Bannerji desenvolve uma análise dialética e multidimensional centrada no conceito de mediação. A vantagem desse conceito está em sua insistência de que a nossa experiência "imediata" do mundo é sempre socialmente e historicamente mediada.[34] Como resultado, cada "momento" da experiência social é sempre já refratado por meio de, ou mediado por, outros momentos. Em vez de tentar apreender diferentes relações sociais que chegam a uma intersecção, essa abordagem propõe uma "análise relacional e integrativa" projetada para construir teoricamente uma "visão reflexiva e formativa da prática social" (Bannerji, 1995, p. 67). Bannerji (1995) aponta que tal abordagem metodológica é simultaneamente desconstrutiva – desmontando a totalidade para localizar os momentos distintos do todo – e dialeticamente reconstrutiva:

> No melhor de si, esta é uma análise relacional e integrativa que precisa de um método desconstrutivo para apresentar o processo de mediação. Ela pode tanto desmontar como remontar (de modo não agregativo) um evento ou experiência no interior de

---

[33] A noção de Bannerji de experiência está profundamente ligada ao trabalho de Dorothy Smith. Ver Smith (1987).
[34] A discussão clássica aqui é Hegel (1977, capítulo 1).

um contexto mais amplo usando uma teoria materialista da consciência, cultura e política.

Ao propor que nenhuma categoria de experiência social deixa de estar flexionada, refratada e constituída no interior e por meio de outras, essa perspectiva entende o todo social sempre como uma unidade de diferenças (frequentemente antagônica). Ao fazê-lo, pode servir tanto às mediações diferenciadas da vida social *quanto* à sua complexa unidade, a própria tarefa que Marx descreveu quando defendeu a apreensão do concreto como "a síntese de múltiplas determinações" e, portanto, "a unidade da diversidade".

De fato, esse só pode ser um projeto inacabado. Ainda assim, uma tarefa central do materialismo histórico é desenvolver um mapa conceitual do real em todos os seus processos complexos e contraditórios do tornar-se. E isso é impossível sem uma teoria da contínua produção e reprodução da totalidade social. A grande inovação de Marx foi ter apreendido que as formas da produção e reprodução da força de trabalho – e as histórias de despossessão e expropriação que implicam – configuram o grande segredo para compreender os processos totalizantes do capital. Ao colocar tal segredo no centro da análise em *Marxismo e a opressão às mulheres*, e ao vinculá-lo às atividades reprodutivas especificamente femininas nos lares da classe trabalhadora, Lise Vogel ampliou criticamente o projeto de Marx e deu uma contribuição indispensável para a compreensão das formas generificadas da reprodução social capitalista. O fato de que há muito trabalho a ser feito nesse sentido não nos deve impedir de nos apropriarmos e desenvolvermos as ideias mais potentes deste trabalho.

AGRADECIMENTOS[1]

Não posso listar, aqui, todos os amigos e colegas de trabalho que incentivaram e fizeram críticas úteis durante os anos em que trabalhei neste projeto. Pelo apoio caloroso deles, sou profundamente grata. À medida que o manuscrito tomava forma em uma versão inicial, eu me beneficiei da avaliação crítica de muitos. Em particular, sou grata a Lee Austin, Egon Bittner, Ron Blackwell, Ralph Miliband, Molly Nolan e Charlotte Weissberg pelas leituras inteligentes e comentários detalhados a essa versão. Quero também agradecer a Jeanne Butterfield, Marlene Fried, Sheila Morfield, Susan Okin, Tim Patterson, Rayna Rapp, Carol Robb e aos membros de vários grupos de estudo. Enquanto preparava o manuscrito para publicação, várias pessoas leram e, em alguns casos, releram partes consideráveis dele: Jill Benderly, Ira Gerstein, Nancy Holmstrom, Beth Lyons e Susan Reverby. Por fornecerem comentários e sugestões meticulosos, particularmente sobre os argumentos teóricos e seus desdobramentos políticos, bem como pela generosa disposição de realizá-los com prazo tão

---

[1] Tradução: Lia Urbini.

curto, gostaria de expressar uma gratidão especial. Agradeço também à equipe da Rutgers University Press, e especialmente a minha editora Marlie Wasserman, por seu firme apoio a este projeto, e a minha revisora Barbara Westergaard, por seus altos padrões e bom senso.

Agradeço, finalmente, às mulheres de todo o mundo cuja participação nos movimentos de libertação dá sentido a este projeto teórico. Sem elas, ele não existiria.

PREFÁCIO À EDIÇÃO DE 1983[1]

Este projeto começou há mais de dez anos. Assim como muitas outras mulheres no final da década de 1960, meu compromisso com o emergente movimento de libertação das mulheres coincidiu com minha descoberta da teoria marxista. A princípio, pareceu a muitas de nós que a teoria marxista poderia simplesmente ser ampliada para abordar nossas preocupações enquanto militantes do movimento de libertação das mulheres. Reconhecemos prontamente que essa solução era demasiadamente mecânica e deixava muito a ser explicado. A teoria marxista que havíamos encontrado e o legado do trabalho socialista sobre a opressão das mulheres exigiram profunda transformação. Com essa percepção, algumas se afastaram inteiramente do marxismo. Outras persistiram na tentativa de usar a teoria marxista, visando agora desenvolver uma síntese "socialista-feminista" que transcenderia as inadequações da tradição socialista. Embora solidária a essa abordagem, continuei a perseguir o objetivo original de ampliar a teoria marxista, e rapidamente me deparei com a necessidade de examinar exatamente do que se trata a teoria marxista. Além

---

[1] Tradução: Lia Urbini.

disso, uma leitura cuidadosa dos principais textos do século XIX relativos à chamada Questão da Mulher deixou evidente que a tradição teórica é altamente contraditória. Nos últimos anos, tenho procurado enfrentar esses e outros problemas correlatos. Este livro é o resultado. Não surpreendentemente, sua ordem de apresentação acompanha o desenvolvimento do meu próprio pensamento sobre essas questões. Ou seja, o texto começa com uma avaliação da teoria socialista-feminista, passa por uma leitura crítica dos escritos do século XIX e termina com um tratamento teórico da opressão das mulheres que a situa no contexto da reprodução da sociedade como um todo. No decorrer do trabalho no livro, meu respeito pelos esforços feministas-socialistas para abordar a questão da opressão das mulheres se aprofundou. Mesmo assim, eu continuo convencida de que o reavivamento da teoria marxista, e não a construção de alguma síntese socialista-feminista, é o que oferece a melhor chance de fornecer orientação teórica nas próximas batalhas pela libertação das mulheres.

Quando comecei a trabalhar com o problema da opressão das mulheres, um texto de Marx me chamou a atenção. Ele comenta a relação entre ideologia religiosa e realidade social, e usa a sagrada família cristã como seu exemplo: "depois que a terrena família é revelada como o mistério da sagrada família, é a primeira que tem, então, de ser teórica e praticamente eliminada" (Marx, 1968, p. 29).[2] Pareceu-me que, com essas palavras, Marx também havia capturado a essência de uma compreensão histórico-materialista da experiência-família. De fato, os socialistas tentaram criticar, bem como revolucionar, "a família terrena" por mais de um século, embora com eficácia limitada. As condições que deram origem

---

[2] Esse texto era, de fato, uma revisão realizada em 1888 por Engels das notas de 1845 de Marx. Para uma discussão e uma tradução mais acurada da versão de 1888, ver adiante a nota 5 do capítulo 4.

ao atual movimento de libertação das mulheres finalmente, eu acho, produziram a possibilidade de uma crítica mais adequada e de uma verdadeira revolução. Mas possibilidades nunca são certezas. Já em 1971, Juliet Mitchell havia analisado o estado do movimento de libertação das mulheres em termos de uma batalha potencial entre libertacionistas com uma análise socialista de um lado e feministas com uma análise feminista radical de outro. A sugestão de caminho feita por ela à época permanece válida, acredito, até hoje:

> Temos que desenvolver nossa consciência feminista ao máximo e, ao mesmo tempo, transformá-la, iniciando uma análise científico-socialista de nossa opressão. Os dois processos devem ocorrer simultaneamente – a consciência feminista não vai se desenvolver 'naturalmente' em socialismo, nem deveria: os dois são coextensivos e devem ser trabalhados em conjunto. Se simplesmente desenvolvermos a consciência feminista [...] não obteremos a consciência política, mas o equivalente ao nacional-chauvinismo entre as nações do Terceiro Mundo ou o economicismo entre as organizações da classe trabalhadora; simplesmente um olhar autodirigido que vê apenas o funcionamento interno de um segmento; apenas o interesse próprio desse segmento. A consciência política responde a todas as formas de opressão. (Mitchell, 1971, p. 93-94)

Meus esforços foram motivados precisamente pela necessidade de simultaneamente responder a todas as formas de opressão e decifrar o caráter específico da opressão às mulheres. À então chamada Questão da Mulher dou, portanto, uma resposta clara. Nas palavras do poema de Lillian Robinson (1975):

> Mulheres?
> Sim.

Vários artigos chegaram ao meu conhecimento tarde demais para serem incorporados ao texto. Eles são relevantes para os argumentos que apresento sobre o escopo limitado do conceito de patriarcado e os problemas inerentes ao paralelo traçado entre

Prefácio à edição de 1983

sexo, raça e classe como fontes comparáveis de opressão. Trabalhos recentes em história social enfatizam que o conceito de patriarcado não é suficiente para explicar as ligações complexas entre a opressão das mulheres, a experiência familiar e a reprodução social. Dois estudos sobre o salário-família e sobre a segregação ocupacional por sexo são especialmente interessantes: May (1982) e Baron (1982). O problema dos paralelos entre diferentes opressões é levantado por diversos estudos que documentam a história das mulheres de cor e analisam as consequências específicas da opressão racial e nacional para as mulheres. Jacqueline Jones (1982, p. 235-269), por exemplo, mostra que as famílias escravizadas nas plantações dos EUA representaram uma arena de apoio, autonomia e resistência para a comunidade escravizada, ao mesmo tempo em que nutriu as sementes de relações familiares patriarcais posteriores. Bonnie Thornton Dill (1983, p. 131-150) analisa como a história de grupos oprimidos criou barreiras à participação social que afetam atualmente as mulheres desses grupos. Tais estudos lançam luz sobre as razões subjacentes à desconfiança geral das mulheres negras em relação ao movimento de mulheres contemporâneo, pois a ênfase feminista na analogia entre opressão sexual e racial e na irmandade tende a negar o caráter especial da opressão racial e nacional. Ao romper com o paralelismo simplista de sexo, raça e classe como fontes comparáveis de opressão, Jones, Thornton Dill e outras estabelecem as bases para uma orientação estratégica que responde às preocupações particulares das mulheres de cor. Feministas e socialistas devem, nas palavras de Thornton Dill, ir além "do conceito da irmandade como uma construção global baseada em suposições não examinadas sobre semelhanças [das mulheres]" se quiserem desenvolver estratégias de transformação social que possam unir as mulheres de forma mais consistente.

PREFÁCIO À EDIÇÃO BRASILEIRA[1]

Estou muito feliz que meu livro *Marxism and the Oppression of Women: Toward a Unitary Theory* finalmente esteja sendo publicado em português. Espero que meu novo público leitor veja utilidade em suas perspectivas e argumentos.

Quem se dedicar à leitura desta tradução podem querer ter em mente o contexto histórico e político do livro. Originalmente publicado em 1983, ele é mais bem entendido como um artefato quase cinquentenário da década de 1970 norte-americana. Como tal, reflete a ingenuidade e a energia daquele tempo e lugar – bem como seu relativo isolamento dos desenvolvimentos do marxismo europeu. No entanto, o nível de interesse atual em meu trabalho, medido, por exemplo, pelos muitos pedidos de tradução, sugere que muito de seu valor permanece.

Em seu núcleo teórico, o livro contrastou duas abordagens distintas para compreender a opressão das mulheres. Uma, muitas vezes rotulada de "sistemas dual", sugeria que sexo e classe eram sistemas distintos (ou pelo menos autônomos) por meio dos quais a posição das mulheres poderia ser com-

---

[1] Tradução: Lia Urbini.

preendida. A outra procurou localizar a opressão das mulheres dentro de uma compreensão marxista do funcionamento geral do capitalismo. Para descrever essa última abordagem, usei termos como "reprodução social geral", "reprodução social como um todo", e assim por diante. No entanto, nunca nomeei meu trabalho como parte de algo chamado "teoria da reprodução social".

Da mesma forma, apenas uma vez, no subtítulo do livro, me referi à possibilidade de construção de uma "teoria unitária" – o termo "unitário" na verdade não aparece em nenhum outro lugar no texto. Foi só anos depois que outras pessoas começaram a se referir ao meu trabalho como contribuindo para o surgimento de uma linha de pensamento "unitária" chamada "teoria da reprodução social" (TRS). Na minha opinião, no entanto, esses vários novos usos dos termos "reprodução social" e "unitário" tornam nebulosa uma história complicada e contraditória dentro de múltiplas disciplinas que demanda esclarecimento.

O marxismo e a opressão às mulheres teve pouco impacto [originalmente]. Quando foi publicado, a maioria dos movimentos sociais das décadas anteriores estava em declínio, enquanto o movimento de mulheres começava a ganhar certa legitimidade. O "feminismo socialista (ou marxista)" nunca desapareceu completamente, mas diminuiu a intensidade de sua repercussão. Um pequeno fluxo de vendas continuou no mundo anglófono, incluindo Índia e África do Sul, e uma tradução turca pirata apareceu em 1990.

Enquanto isso, as abordagens de sistemas duplos se ramificaram nas análises da tripla opressão (classe, gênero e raça) e, depois, em interseccionalidade. Estas foram e são atrativas porque abordam a especificidade de diferentes experiências. Mas são teoricamente incoerentes.

Prefácio à edição brasileira

Trinta anos após sua publicação original, uma edição ampliada de *Marxism and the Oppression of Women* saiu em capa dura pela Brill em 2013, e em papel convencional pela Haymarket. A reedição do livro foi apenas um sinal de uma mudança de contexto. Uma versão chinesa já havia aparecido em 2009, seguida por traduções em turco (2015), alemão (2019), romeno (2021), francês (2022), espanhol (no prelo) e português (2022) da edição revisada. Talvez o mais significativo, muitas das novas pessoas dedicadas à leitura e interpretação do livro parecem agora favorecer a teorização "unitária" (ou da "reprodução social") em relação à perspectiva dos sistemas duais/tripla opressão/interseccionalidade.

Que lições podem ser aprendidas com essa história? Onde estamos e para onde devemos ir? Podemos desenvolver uma teoria e prática que seja simultaneamente feminista e marxista, bem como marxista e feminista? Foi isso que eu quis dizer quando conclamei no subtítulo do livro para que avançássemos em direção a uma teoria unitária? Deixo essas perguntas para a leitura atual. Ainda há muito trabalho a ser feito.

1 – INTRODUÇÃO

A década de 1960 marcou o aparecimento de movimentos de libertação das mulheres em praticamente todos os países capitalistas, um fenômeno que já não se via há meio século. Começando na América do Norte, essa segunda onda de feminismo militante espalhou-se rapidamente. A Grã-Bretanha e as nações da Europa reagiram primeiro ao estímulo norte--americano[1], e uma nova consciência feminista surgiu também em lugares como Japão, Índia, Irã e América Latina. Embora reminiscente do feminismo anterior, o movimento de mulheres das décadas de 1960 e 1970 constituiu necessariamente uma resposta específica às novas condições sociais. Dentre suas peculiaridades, não menos importante estava a existência de uma tendência singular em seu interior conhecida como feminismo socialista, ou feminismo marxista, que procurava unir as duas tradições já tão autoconscientemente interconec-

---

[1] Optamos aqui por manter a tradução literal do termo utilizado por Vogel, pois, por "norte-americano" está implícito que a crítica surgiu tanto no movimento de libertação das mulheres estadunidenses quanto canadenses. Nas demais ocorrências, quando a autora se refere especificamente à contribuição do movimento desde os EUA, optamos pelo uso do termo "estadunidense". (N.T.)

tadas. O feminismo socialista, argumentavam suas defensoras, representa "uma política única que aborda a interligação do patriarcado e do capitalismo, com o objetivo de lidar com o sexismo, o conflito de classes e o racismo".[2-3]

A emergência de uma tendência feminista-socialista no final dos anos 1960 foi um desenvolvimento extremamente importante. O feminismo socialista se solidarizou com as lutas anti-imperialistas e progressistas, tanto no país como no exterior. Simultaneamente, colocou-se em oposição a uma crescente tendência feminista radical que considerava a supremacia masculina a raiz de toda a opressão humana e o principal obstáculo à libertação feminina. Em meados dos anos 1970, porém, o movimento feminista-socialista começou a perder sua relevância e influência, à medida que a atividade anti-imperialista recuou e que muitas mulheres marxistas se retiraram das organizações feministas-socialistas, se não do movimento de mulheres como um todo. As perspectivas teóricas e organizacionais do feminismo radical pareciam, agora, fazer mais sentido para as feministas socialistas do que antes, particularmente em questões cruciais como sexuali-

---

[2] Red Apple Collective [Coletivo Maçã Vermelha] (1978, p. 39). Embora socialismo e marxismo não sejam obviamente sinônimos, utilizo os termos feminismo socialista e feminismo marxista de forma intercambiável, seguindo a prática corrente dentro do contemporâneo movimento de mulheres nos EUA. O feminismo socialista não é, ademais, prerrogativa exclusiva das mulheres: o New American Movement [Novo Movimento Americano] autodenominou-se uma organização feminista-socialista.

[3] O Red Apple Collective foi uma organização política feminista-socialista da "Nova Esquerda" estadunidense, composta por múltiplas tendências internas e criada em 1971. O coletivo apostava na formação de sindicatos de mulheres feministas-socialistas e no seu diálogo com sindicatos já existentes e na nacionalização dos grupos, e incide na reflexão de várias feministas posteriores. Dentre outras atividades, destaca-se a participação do coletivo na Socialist Feminist Conference [Conferência Feminista-Socialista] de 1975 e também na revista socialista *Socialist Review*, na mesma década de 1970. (N.T.)

dade, relações interpessoais, ideologia e persistência da dominação masculina ao longo da história. Ao mesmo tempo, a experiência das mulheres em movimentos revolucionários e em países socialistas parecia mais afastada das preocupações feministas-socialistas imediatas. Desenvolveu-se um certo pessimismo em relação às realizações dos movimentos socialistas existentes e às possibilidades das iniciativas revolucionárias daquele período. Nessa atmosfera, algumas feministas socialistas ficaram convencidas de que o marxismo não podia ser transformado ou expandido por meio de uma perspectiva feminista. Sugeriram, além disso, que tal objetivo não só seria inatingível como trairia a libertação das mulheres diante das exigências do socialismo. Embora o feminismo socialista tivesse se originado em um pacto para a conquista conjunta da libertação da mulher e da revolução socialista, esse duplo compromisso agora ameaçava se romper.

Este livro constitui um argumento sobre o poder do marxismo para analisar as questões que as mulheres enfrentam atualmente em sua luta por libertação. O texto rejeita fortemente, contudo, a assunção feita por muitos socialistas de que a tradição marxista clássica legou uma análise mais ou menos completa do problema da opressão às mulheres. Nesse sentido, poderia ser chamada de uma obra feminista-socialista, embora não partilhe nem do atual ceticismo entre as feministas socialistas quanto à utilidade da teoria marxista, nem das suas grandes esperanças em perspectivas feministas radicais. Em vez disso, o texto argumenta que a tradição socialista é profundamente falha, que nunca abordou adequadamente a questão das mulheres, mas que o marxismo pode, no entanto, ser utilizado para desenvolver um quadro teórico no qual possam ser situados os problemas da opressão às mulheres e da sua libertação.

1 – Introdução

A força e o caráter da ascensão do movimento feminista das décadas de 1960 e 1970, e de seu componente feminista-socialista, devem-se muito às circunstâncias particulares do período pós-guerra. Sérias transformações na dominação capitalista se seguiram ao fim da Segunda Guerra Mundial, quando a estrutura de poder começou a sofrer profundas mudanças, tanto dentro de cada nação como internacionalmente. As mulheres, independentemente da sua classe, logo passaram a enfrentar tarefas, expectativas e contradições significativamente distintas.

Durante a Segunda Guerra Mundial, uma mobilização de emergência tinha empurrado as mulheres para uma variedade sem precedentes de novos papéis, muitos dos quais tradicionalmente reservados aos homens. Com o fim da guerra e o regresso dos soldados, a situação mudou dramaticamente. Os homens voltaram massivamente para a força de trabalho, empurrando as mulheres novamente para os piores postos do mercado de trabalho, ou mesmo para fora dele.

Na realidade, a participação das mulheres na força de trabalho nunca voltou ao nível anterior ao da guerra. Além disso, poucos anos depois, as estatísticas revelaram um novo fenômeno. Enquanto antes da guerra a típica mulher-trabalhadora era jovem, solteira, e apenas temporariamente integrando a força de trabalho, em 1950 um grande número de mulheres mais velhas e casadas, frequentemente com crianças em idade escolar, tinha entrado de forma semipermanente na força de trabalho. A tendência era que esse movimento continuasse sem interrupções, em flagrante contradição com o ideal da família nuclear.

O impacto social dessas mudanças no caráter da participação da força de trabalho feminina foi atenuado pela intensificação da ideologia que enfatizava o lugar da mulher no lar. A partir do final dos anos 1940, uma nova ênfase na domesticidade projetou imagens de uma feliz dona de casa que se dedicava exclusivamente ao consumo de bens e serviços e à socialização das crianças em unidades domésticas compostas por famílias nucleares isoladas. As mulheres, especialmente as esposas, trabalhavam em número crescente, mas deveriam acreditar que a sua verdadeira identidade estava nos papéis que desempenhavam no interior de suas famílias. Em um âmbito mais íntimo, o mito da família nuclear fomentou relações interpessoais caracterizadas pela hierarquia, opressão e isolamento, contribuindo assim, em uma dimensão psíquica, para a reconstrução da estabilidade do pós-guerra.

As tensões entre a norma da família nuclear e a realidade da vida das mulheres eram especialmente acentuadas nos Estados Unidos da América (EUA). Em fins da década de 1950, essas tensões atingiram o ponto de ruptura, à medida que mais e mais mulheres se apegavam à convenção do que Betty Friedan logo denominaria de mística feminina. O começo da década de 1960 testemunhou o início de uma crítica que assumiu uma variedade de formas políticas, ideológicas e organizacionais. Muitas convergiram na formação da National Organization for Women [Organização Nacional para as Mulheres], a NOW,[1] por um grupo de feministas militantes de classe média. Fundada em 1966, a NOW anunciou que o seu propósito era "tomar medidas para levar as mulheres a participar plenamente do padrão hegemônico da sociedade estadunidense agora, exercendo todos os privilégios e responsabilidades em parceria verdadeiramente igualitária com os homens".[2]

---

[1] A sigla em língua inglesa gera a palavra NOW, que em português significa "agora". A sua tradução não daria a dimensão política exata, pois ONM não expressa a urgência demandada originalmente. (N.T.)

[2] Entre os marcos importantes do início dos anos 1960 contam-se os seguintes: Em 1961, o então presidente Kennedy criou a Comissão Presidencial sobre o Estatuto

1 – Introdução

Para todos os efeitos, o novo movimento representou um genuíno ressurgimento do feminismo liberal tradicional, almejando uma completa igualdade para as mulheres no seio da sociedade capitalista. Duas características distinguiram-no, contudo, de formas mais antigas do feminismo liberal. Primeiro, as feministas dos anos 1960 começaram a ampliar o conceito de igualdade para além da ênfase do movimento inicial de igualdade formal na esfera civil e política. A NOW, por exemplo, concentrou-se inicialmente na reparação legal, mas as suas preocupações rapidamente se estenderam a áreas da experiência feminina anteriormente vistas como privadas, e intocadas pelos programas feministas tradicionais. A organização exigia a instalação de creches e o controle da própria vida reprodutiva como direitos básicos para todas as mulheres. As questões da sexualidade e da divisão sexual do trabalho nas tarefas domésticas estavam implícitas, se não explícitas, na discussão sobre tais direitos. Além disso, as feministas dos anos Kennedy-Johnson por vezes se diferenciavam entre as mulheres por seu *status* econômico, como quando a NOW defendia os direitos das mulheres pobres em garantir formação profissional, habitação e apoio ao sustento da família. Esta diferenciação marcou uma ruptura, ainda que involuntária, com a ênfase

---

da Mulher, cujo relatório final foi apresentado em 1963. *The Feminine Mystique* [A Mística Feminina], de Friedan, foi publicado em 1963, anunciado por artigos de revistas e entrevistas aos meios de comunicação social. À medida que o livro se tornou rapidamente um dos mais vendidos, uma série de reconsiderações mais acadêmicas sobre o lugar da mulher – liderada em 1964 por uma edição especial da *Daedalus*, a revista da Academia Americana de Artes e Ciências – marcou uma nova virada na ideologia liberal. Entretanto, a legislação e as ordens executivas tinham começado a criar uma estrutura legislativa governamental de apoio à igualdade das mulheres: a Lei da Igualdade de Remuneração de 1963, o Título VII da Lei dos Direitos Civis de 1964, e ordens executivas em 1962 e 1965 que proibiam a discriminação no emprego federal. Para a declaração de objetivos da NOW, ver Hole e Levine (1971, p. 85).

estrita na igualdade formal que caracterizou as versões do feminismo do século XIX. Com sua extrema sensibilidade aos aspectos mais sutis da desigualdade, bem como suas incursões ocasionais em questões de sexualidade, de divisão sexual do trabalho nos lares e da opressão econômica diferencial, o novo movimento empurrou o feminismo liberal para seus limites.

A segunda característica que distinguiu o feminismo moderno do seu predecessor oitocentista foi o ambiente político no qual este emergiu. O movimento de mulheres do século XIX e do início do século XX havia surfado na crista da onda de uma ordem mundial capitalista em expansão, exigindo, em essência, que a promessa de igualdade feita pela burguesia triunfante se estendesse às mulheres. Embora algumas feministas individualmente argumentassem que as mulheres precisavam de mais do que direitos iguais, e que a própria sociedade burguesa demandava transformação, suas críticas representavam uma tensão visionária, em grande medida periférica ao movimento feminista majoritário da época. Em nítido contraste, o feminismo moderno tirou força da crítica ao capitalismo que floresceu e se aprofundou após o fim da Segunda Guerra Mundial. No plano internacional, o capitalismo havia sido sitiado, à medida que grandes porções do mundo se libertaram da dominação imperialista direta, muitas vezes voltando-se para o socialismo. Vários países começaram a seguir estratégias para a realização da libertação humana em uma sociedade socialista que diferia nitidamente das políticas implementadas pela União Soviética. Ao mesmo tempo, os movimentos de libertação nacional em todo o mundo intensificavam suas lutas para alcançar a independência. Esses desenvolvimentos na arena internacional moldaram uma consciência mais profunda sobre questões de liberdade, igualdade e libertação pessoal. Foi nesse contexto que um novo movimento militante pelos direitos civis surgiu nos EUA nos anos 1950, servindo, por sua vez,

1 – Introdução

como uma importante inspiração para o movimento feminista do início dos anos 1960. Ambos os movimentos demandavam igualdade dentro da estrutura da sociedade capitalista, enquanto pressionavam a noção de igualdade de direitos até o limiar de uma visão de libertação.

Seria apenas em meados da década de 1960 que um número considerável de pessoas atravessaria esse limiar. Nos EUA, o ascenso dos movimentos de libertação negra, altamente sensíveis aos acontecimentos internacionais, convergiu com a intensificação da guerra no Vietnã. Insurreições urbanas periódicas, um combativo movimento antiguerra e a resistência à guerra dentro das próprias Forças Armadas abalaram o país. Enquanto isso, um ressurgimento maciço de protestos de esquerda varreu a Europa, na esteira do Maio de 1968 na França. E em todo o mundo, a Revolução Cultural chinesa inspirou uma nova geração de militantes sociais, que rejeitou as tentativas de resolver o descontentamento dentro dos limites da sociedade burguesa. A transformação social radical parecia estar na agenda política imediata. Nessa conjuntura, surgiu nos EUA um "movimento de libertação das mulheres". Dentre suas fundadoras, estavam experientes militantes (brancas) dos movimentos de direitos civis, de organizações comunitárias e do movimento antiguerra. Aparentemente independente de todos os esforços feministas anteriores, incluindo o feminismo liberal do início dos anos 1960, o novo movimento adotou inicialmente a forma de pequenos grupos comprometidos com a conscientização, a organização local e, por vezes, a ação direta. Ao contrário do feminismo mais sóbrio de organizações como a NOW, o movimento de libertação das mulheres conseguiu canalizar e mobilizar a insatisfação gerada pelas inúmeras contradições presentes em todos os aspectos da vida das mulheres. A "irmandade entre as mulheres é poderosa", argumentava o movimento, à medida que se espalhava rapidamente pelos EUA, Canadá, Europa, entre outros lugares. Além disso, nenhuma esfera da experiência poderia escapar da atenção dos movimentos, pois estas mulheres reconheceram que "*o pessoal é político*", e colocaram suas teorias em prática. Em um período de efervescência política, o movimento feminista catapultou a ideia de libertação feminina para a consciência pública e lançou as bases para um movimento de mulheres de massa.

Desde o início, as militantes do movimento de libertação das mulheres tiveram divergências sobre o papel das questões das mulheres no processo de mudança social, e desenvolveram orientações estratégicas distintas. Algumas viam a luta contra a opressão às mulheres como parte de uma luta maior pelo socialismo. Para essas mulheres, a tarefa se tornou a de como resistir a uma tendência tradicional socialista de subordinar as questões feministas no curso da luta pelo socialismo. Outras insistiram que a questão da dominação das mulheres pelos homens era fundamental para qualquer processo de transformação social, tendo um caráter fortemente autônomo e exigindo uma luta qualitativamente distinta. Aqui, o problema dizia respeito à demarcação dessa posição em relação àquela defendida pelas feministas liberais mais militantes. Com o aprofundamento da discussão teórica e da prática, desenvolveu-se uma clivagem dentro do movimento de libertação das mulheres. As feministas radicais enfatizavam cada vez mais a primazia dos antagonismos sexuais no desenvolvimento social, o papel crítico da sexualidade e da orientação sexual e os pontos fracos irreparáveis da produção teórica socialista sobre mulheres. Em oposição, outra tendência dentro do movimento de libertação das mulheres começou a argumentar que os pontos fortes do feminismo radical poderiam de fato ser mesclados com a análise socialista em uma nova estratégia. No início dos anos 1970, essa última

1 – Introdução

tendência – logo apelidada de feminismo marxista ou feminismo socialista – havia se consolidado em uma força importante dentro do movimento de mulheres, assim como na esquerda.[3] As feministas socialistas compartilham uma perspectiva estratégica e organizacional geral. Elas argumentam que a participação das mulheres, conscientes de sua própria opressão como grupo, é fundamental para o sucesso de qualquer luta revolucionária. Essas feministas afirmam que as opressões cruciais de sexo, classe e raça estão inter-relacionadas e que as lutas contra elas precisam ser coordenadas – embora o significado preciso dessa coordenação permaneça indeterminado. Em qualquer caso, as feministas socialistas concordam com a necessidade de um movimento de mulheres independente de todos os setores da sociedade durante o processo revolucionário: mulheres trabalhadoras; donas de casa; mulheres solteiras; lésbicas; mulheres negras, marrons[4] e brancas; trabalhadoras industriais e executivas, e assim por diante. Para as feministas socialistas, somente um movimento autônomo de mulheres como esse pode garantir o compromisso socialista com a libertação das mulheres, particularmente nas áreas ideológicas e interpessoais, e na esfera doméstica. A autonomia, sustentam, é um princípio político e tático. Finalmente, as teóricas feministas socialistas argumen-

---

[3] Para diferentes relatos da história do feminismo da segunda onda, ver: Deckard (1978); Dixon (1970; 1972); Easton (1978); Epstein (1980); Sara Evans (1975; 1979); Freeman (1972; 1973); Anônimo (1975); Red Apple Collective (1988). Para o desenvolvimento da consciência feminista e movimentos de libertação das mulheres no Terceiro Mundo, ver: Chinchilla (1977; 1979); Omvedt (1980; 1978); Urdang (1979).

[4] Optamos por manter a tradução literal. A expressão original em língua inglesa, "brown", designa, nos EUA, pessoas de diferentes etnias oriundas de países pertencentes ao Sul da Ásia e Oriente Médio, e também pode ser usada para se referir a pessoas da América Latina. "Brown" remete a um processo de racialização distinta da de pessoas negras e brancas. (N.T.)

tam que o movimento compartilha com grande parte da Nova Esquerda "uma visão de totalidade da transformação socialista, uma ênfase em fatores subjetivos no processo revolucionário e uma rejeição do etapismo mecânico" (Anônimo, 1975, p. 87). Para a maioria das militantes, entretanto, a essência e a força do movimento feminista-socialista não estão em sua visão do socialismo, mas em sua tenaz insistência e interpretação particular das ideias feministas de que a irmandade entre mulheres é poderosa e de que o pessoal é político.

A teoria não desempenhou um grande papel no desenvolvimento do movimento de libertação das mulheres em suas primeiras fases. De fato, a própria capacidade de existir e crescer sem uma firme orientação teórica ou organizacional atestava a robustez do movimento como uma verdadeira força social. No início dos anos 1970, porém, o movimento começou a reavaliar sua prática e a examinar mais de perto o quadro teórico que implicitamente orientava sua atividade. Ao se voltar ao trabalho teórico, as participantes do movimento de libertação das mulheres abordaram questões práticas decorrentes de sua experiência política. Em nenhum grupo esse novo compromisso com a teoria foi mais forte do que entre as feministas socialistas. Seu interesse pela teoria respondeu, em grande parte, à sensação de que a orientação estratégica feminista-socialista já estabelecida precisava de uma base mais adequada.

As feministas socialistas naturalmente buscaram na tradição socialista um ponto de partida teórico. A questão da subordinação das mulheres tem uma genealogia longa e relativamente importante como um objeto de preocupação para as socialistas. Na prática, os movimentos socialistas procuraram, da melhor forma possível e muitas vezes com lapsos, debilidades e desvios, envolver as mulheres em mudanças sociais baseadas na igualdade. No nível teórico, os socialistas geralmente conceituaram o problema da opressão às mulheres como "a questão da mulher". No entanto, a tradição teórica socialista tem sido incapaz de desenvolver respostas adequadas ou consistentes à chamada questão da mulher, como as feministas socialistas logo descobririam. Na triste tomada de consciência desse fracasso, as feministas socialistas colocaram uma série de questões difíceis que devem ser enfrentadas de forma mais adequada. Essas perguntas se centram em três áreas inter-relacionadas:

Primeira: todas as mulheres, não apenas as mulheres da classe trabalhadora, são oprimidas na sociedade capitalista. Além disso, as mulheres ocupam um lugar subordinado em todas as sociedades de classe, e, algumas argumentariam, as mulheres estão subordinadas em todas as sociedades, inclusive na sociedade socialista. Qual é a raiz da opressão às mulheres? Como seu caráter transversal e trans-histórico pode ser entendido teoricamente?

Segunda: divisões do trabalho de acordo com o sexo existem em todas as sociedades conhecidas: mulheres e homens fazem diferentes tipos de trabalho.[5] Em particular, as mulheres tendem a ser responsáveis pelo trabalho na área da criação das crianças, bem como por outros tipos de trabalho no lar; elas também podem estar envolvidas na produção. De modo geral, as divisões sexuais do trabalho representam barreiras obstinadas à plena participação da

---

[5] Uso o plural – divisões sexuais do trabalho – porque na maioria das sociedades existem, de fato, diferentes divisões do trabalho de acordo com o sexo em diferentes áreas de trabalho e para diferentes classes, faixas etárias etc. Embora o termo singular – a divisão sexual do trabalho – possa ser tomado para incluir essas variações, ele também tende a fundi-las em uma unidade abstrata. Para uma conceitualização ou terminologia semelhante, ver Middleton (1979). Ver também Benería (1979).

mulher em todas as sociedades. Qual é a relação dessas divisões sexuais do trabalho com a opressão às mulheres? Dada a capacidade das mulheres de gerar crianças, como é possível que as mulheres sejam verdadeiramente iguais? A própria noção de igualdade não deveria ser descartada ou transcendida para que a mulher seja liberta?

Terceira: a opressão às mulheres carrega fortes analogias com a opressão de grupos raciais e nacionais, bem como com a exploração de classes subordinadas. O sexo, a raça e a classe são opressões paralelas de uma espécie essencialmente semelhante? A opressão feminina tem um caráter específico teoricamente? Qual é a relação da luta contra a opressão às mulheres com a luta pela libertação nacional e pelo socialismo?

Explícita ou implicitamente, o feminismo socialista se propõe a desenvolver um conjunto melhor de respostas a essas perguntas do que a tradição socialista tem sido capaz de oferecer. Mas em sua pressa em definir e assumir essa pesada carga, a teoria socialista feminista muitas vezes deixa para trás os elementos da tradição que podem realmente aliviar a carga. Muito rapidamente, o feminismo socialista abandona o núcleo marxista revolucionário da tradição socialista.

Os capítulos que se seguem apresentam um argumento sobre a utilidade da teoria marxista no desenvolvimento de um quadro teórico que pode abranger o problema da opressão às mulheres. Como o foco geral está nas bases materiais que sustentam a opressão às mulheres, alguns outros aspectos devem ser colocados de lado por enquanto. Em particular, o texto não aborda diretamente as questões psicológicas, interpessoais e ideológicas que tão frequentemente constituem o tema principal dos textos sobre a questão da libertação das mulheres. A análise adequada dessas questões cruciais deve estar ancorada em uma teoria materialista da opressão às mulheres, e as tentativas de forjar essa teoria têm sido insuficientes. Tais falhas são observadas nos dois capítulos da parte I, que avaliam o estado do trabalho teórico existente, elaborado a partir de uma perspectiva feminista-socialista. O capítulo dois examina o desenvolvimento da teoria feminista-socialista ao longo de mais de uma década. O capítulo três resume suas contribuições, enfatizando os pontos fortes, mas apontando para certas limitações persistentes. O capítulo três também avalia a inadequação da tradição teórica marxista sobre a chamada questão da mulher, e sugere que ela é, de fato, muito mal compreendida. O legado teórico marxista requer uma séria reavaliação. As partes dois e três, consequentemente, empreendem uma revisão dos principais textos da tradição que dizem respeito à questão da libertação das mulheres. Nos capítulos quatro, cinco e seis, o trabalho de Marx e Engels é examinado em ordem cronológica, revelando sua natureza incompleta e contraditória, assim como sua contribuição substancial. Os capítulos sete e oito discutem então a maneira pela qual os esforços do movimento socialista do final do século XIX para enfrentar a questão da opressão às mulheres exacerbaram a confusão analítica.

Com a parte quatro, o texto retoma o problema do desenvolvimento de um quadro teórico adequado. O capítulo nove argumenta que o movimento socialista-marxista não conseguiu estabelecer uma base teórica estável para sua análise da chamada questão da mulher. O capítulo aponta, ademais, que o legado socialista representa na verdade uma mistura contraditória de visões divergentes, nunca suficientemente esclarecidas e menos ainda elaboradas detalhadamente. Como resultado, os esforços marxistas para abordar o problema da libertação das mulheres foram assombrados por um debate oculto entre duas perspectivas, sendo que apenas uma delas situa o problema dentro do quadro de análise de Marx sobre os processos de reprodução social geral. Portanto, os capítulos 10 e 11 assumem a tarefa de elaborar essa última perspectiva. O capítulo 10 desenvolve uma abordagem teórica que coloca a capacidade de gerar filhos e a opressão às mulheres no centro de cada modo de produção baseado na divisão de classes. No capítulo 11, a situação específica das mulheres na sociedade capitalista é enfrentada teoricamente, ao lado das condições para sua libertação. Ambos os capítulos tomam como objeto de análise o fenômeno da opressão às mulheres no contexto da reprodução social geral. Ou seja, o foco teórico é desviado do conceito vago da questão da mulher, tão comum nos textos socialistas tradicionais. Da mesma forma, a categoria "família", frequentemente usada tanto por socialistas quanto por feministas socialistas, é considerada como um ponto de partida analítico deficiente; sua obviedade enganosa esconde um emaranhado de problemas conceituais. Assim, esses capítulos teóricos estabelecem primeiro a base da opressão às mulheres na reprodução social, antes de analisar a instituição conhecida como família. Uma vez compreendido o caráter especial da opressão às mulheres na reprodução social capitalista, por exemplo, torna-se possível analisar as famílias nas sociedades capitalistas.

Este livro constitui – deve-se enfatizar – um projeto teórico, procurando situar o problema da opressão às mulheres em um contexto teórico. Em particular, os dois últimos capítulos apresentam o que pode parecer ser um conjunto bastante abstrato de conceitos e um quadro analítico. E é assim que deve ser. Somente na análise de uma situação real é que a abstração ganha vida, pois é a história que coloca a carne sobre os ossos da teoria.

PARTE 1 – FEMINISMO SOCIALISTA

2 – UMA DÉCADA DE DEBATE

A teoria feminista-socialista, tal como o movimento a que deve sua existência, está longe de ser monolítica. Em geral, as feministas socialistas argumentam que a teoria socialista deve ser estendida ou mesmo totalmente transformada por meio das perspectivas oferecidas pela teoria e prática feministas. Foram realizadas várias tentativas para executar essa transformação, embora ainda não exista consenso quanto a sua adequação. As feministas socialistas reconhecem, cada vez mais, a dificuldade dessa tarefa teórica. "Temos sido excessivamente impacientes por produtos finais, respostas e teorias da totalidade", comenta um grupo. "Não nos permitimos considerar a enorme quantidade de trabalho envolvido em abrir novos caminhos e tratar novas questões" (Red Apple Collective, 1978, p. 43). No entanto, mais de dez anos de esforços teóricos em nome do feminismo socialista deixaram a sua marca. Apesar de seus pontos fracos, que, por vezes, funcionam como obstáculos aos novos progressos, o movimento feminista-socialista possibilitou os avanços mais importantes no desenvolvimento da teoria socialista sobre a questão das mulheres desde o século XIX.

2 – Uma década de debate

Os esforços iniciais para desenvolver uma perspectiva teórica feminista-socialista focaram na unidade familiar, no trabalho doméstico e na criação de crianças nas sociedades capitalistas contemporâneas. O argumento inicial – um artigo intitulado "Mulheres: a revolução mais longa", de Juliet Mitchell (1966) – na verdade surgiu muito antes do desenvolvimento do movimento feminista-socialista propriamente dito. Impresso pela primeira vez em 1966, na revista *New Left Review*, uma revista marxista britânica, o artigo de Mitchell começou a circular amplamente nos EUA dois anos mais tarde. Rapidamente se tornou uma enorme influência teórica na tendência feminista-socialista emergente no seio do movimento de libertação das mulheres. A publicação, em 1971, do livro de Mitchell, *Woman's Estate* [*A condição da mulher*], baseado no artigo anterior, reforçou o impacto das ideias de Mitchell (1966; 1971).

Mitchell começa "Mulheres: a revolução mais longa" com uma crítica inteligente à literatura marxista clássica sobre a questão das mulheres. Ela comenta brevemente os pontos de vista esquemáticos sobre a libertação das mulheres desenvolvidos por Karl Marx, Friedrich Engels, August Bebel, e Vladimir Ilitch Lenin, localizando as suas inadequações na ausência de um contexto estratégico apropriado. Nestes textos, "a libertação das mulheres continua a ser um ideal normativo, um complemento da teoria socialista, não estruturalmente integrado a esta". Mesmo *O segundo sexo* de Simone de Beauvoir, embora seja uma contribuição importante, está limitado por sua tentativa de fundir "a explicação psicológica idealista [... com] uma abordagem econômica ortodoxa". Em suma, "a literatura clássica sobre o problema da condição da mulher tem uma ênfase predominantemente econômica" (Mitchell, 1966, p. 15-16).

Para Mitchell, a saída desse impasse é diferenciar a condição da mulher em quatro estruturas distintas: produção, reprodução, socialização e sexualidade. Cada estrutura se desenvolve separadamente e requer a sua própria análise; juntas, formam a "unidade complexa" da posição da mulher. Na produção, Mitchell inclui várias atividades externas ao que poderíamos intuitivamente chamar de esfera doméstica ou familiar, por exemplo, a participação no trabalho assalariado na sociedade capitalista. Inversamente, as três categorias restantes, opressivamente unidas na instituição conhecida como família, abrangem a existência da mulher fora da produção, como esposa e mãe. Em um esforço para chegar a conclusões estratégicas gerais, Mitchell investiga, então, o estado atual de cada uma das quatro estruturas. Produção, reprodução e socialização mostram pouco dinamismo, diz ela, e, de fato, há anos não mudam. A estrutura da sexualidade, ao contrário, está atualmente sob grande tensão, e representa o elo estratégico fraco, ou seja, a estrutura mais vulnerável ao ataque imediato.

Embora uma estrutura possa ser o elo fraco, Mitchell argumenta que a estratégia socialista terá de confrontar as quatro estruturas da posição da mulher a longo prazo. Além disso, "as exigências econômicas ainda são primordiais", em última instância. Nesse contexto, Mitchell faz uma série de importantes observações estratégicas. A esquerda deve rejeitar tanto o reformismo quanto o voluntarismo no que diz respeito à questão da opressão à mulher, pois ambos conduzem sempre a programas estratégicos inadequados. A tendência reformista se manifesta como um conjunto de demandas modestas por melhorias, divorciadas de qualquer crítica fundamental à posição das mulheres. A abordagem voluntarista assume a forma mais agressiva das exigências maximalistas[1] concernentes à abolição da família,

---

[1] Propostas maximalistas, em geral, defendem o "programa máximo", porém, conforme explica Coutinho (2011, p. 14), ao defenderem o "programa máximo" sem mediações, podem recair em "uma posição de expectativa e passividade", no sentido de uma teleologia na história, para a qual o acirramento das contradições

liberdade sexual total, criação coletiva das crianças, dentre outros. Embora essas exigências pareçam radicais, "serve[m] apenas como um substituto para o trabalho de análise teórica ou persuasão prática. Ordenando todo o assunto em termos totalmente intransigentes, o voluntarismo objetivamente ajuda a mantê-lo fora do campo da discussão política corrente". Em vez de tais programas abstratos, o movimento socialista requer um conjunto de exigências práticas que abordem as quatro estruturas da posição da mulher. Por exemplo, na área do trabalho assalariado, Mitchell observa que "a exigência mais elementar não é o direito ao trabalho ou a receber salários iguais pelo serviço prestado – as duas reivindicações reformistas tradicionais –, mas o direito ao trabalho igual" (Mitchell, 1966, p. 34-35). Quanto à abolição da família, a preocupação estratégica deveria ser, em vez disso, a libertação das mulheres e a igualdade entre os sexos. As consequências dessa preocupação

> não são menos radicais, mas são concretas e positivas, e podem ser integradas no curso real da história. A família, como existe atualmente, é na verdade incompatível com a igualdade dos sexos. Mas esta igualdade não virá de sua abolição administrativa, mas da diferenciação histórica de suas funções. A reivindicação revolucionária deveria ser pela libertação destas funções de uma fusão monolítica que oprime cada uma delas. (Mitchell, 1971, p. 150)

As questões sobre a análise da situação da mulher elaboradas por Mitchell surgem em quatro áreas. Primeiro, a discussão sobre o estatuto empírico das estruturas separadas é extremamente fraca, um fracasso que tem, ou deveria ter, consequências no campo estratégico. Sustentar que "produção, reprodução e socialização estão todas mais ou menos estacionárias no Ocidente,

---

levaria ao colapso do capitalismo e à implementação mecânica do socialismo. Conforme Vogel explica, torna-se uma proposta em abstrato. (N. T.)

hoje, no sentido de que não têm se modificado há três ou mais décadas" (Mitchell, 1971) distorce amplamente não só a história do pós-guerra, mas também a evolução do capitalismo do século XX. Além disso, como a própria Mitchell por vezes reconhece, as contradições produzidas pela rápida transformação em suas quatro estruturas formam o contexto para a emergência do movimento de libertação das mulheres. Uma visão histórica em grande parte inadequada acompanha o fracasso de Mitchell em identificar as mudanças contemporâneas nas estruturas, e o seu trabalho revela, em geral, uma certa desconsideração pela análise concreta.

Em segundo lugar, a visão de Mitchell sobre a relação das mulheres com a produção está sujeita a sérias críticas. Ela apresenta a produção como uma estrutura da qual as mulheres têm sido barradas desde o início da sociedade de classes. Nessa perspectiva, até o capitalismo melhorou essa situação, mas pouco, pois perpetua "a exclusão das mulheres da produção – atividade social humana". Como todas as formas anteriores de organização social, a sociedade capitalista constituiria a família como "uma fotografia tríplice das funções sexual, reprodutiva e socializante (o mundo da mulher) abraçadas pela produção (o mundo do homem)" (Mitchell, 1966, p. 34). Em suma, Mitchell vê a produção como um aspecto da experiência essencialmente externo às mulheres. Mais uma vez, ela faz uma leitura equivocada da história, dado que a participação das mulheres na produção tem sido um elemento central de muitas sociedades de classe. Além disso, Mitchell também desvaloriza persistentemente o trabalho doméstico realizado pelas mulheres, e não lhe confere um estatuto teórico claro.

Um terceiro problema na análise de Mitchell é a sua abordagem sobre a família. Apesar de mencionar a família a todo momento,

Mitchell nega à categoria "família" qualquer presença teórica explícita. Seu lugar é ocupado pela tríade das estruturas que compõem o mundo da mulher: reprodução, socialização e sexualidade. Ao mesmo tempo, o conteúdo real dessas três estruturas carrega grave arbitrariedade, e Mitchell não estabelece linhas claras de demarcação entre elas. As mulheres são vistas como aprisionadas ao "confinamento a uma condensação monolítica de funções em uma unidade – a família", mas essa unidade não tem em si mesma uma existência analítica articulada (Mitchell, 1966, p. 34).

Finalmente, a forma de Mitchell estabelecer um quadro estrutural para analisar o problema da opressão às mulheres requer um exame crítico. As quatro estruturas que formam a "unidade complexa" da posição da mulher operam a um nível de abstração que torna a análise social quase impossível. Elas fornecem um padrão universal no qual as mulheres – e, implicitamente, a família – podem ser localizadas independentemente do modo de produção ou da posição de classe. As variações na sociedade e a luta de classes aparecem, se é que aparecem, como algo secundário em vez de determinantes centrais. Além disso, a forma como as quatro estruturas se combinam para produzir uma unidade complexa permanece, em grande parte, não especificada, bem como abstrata e a-histórica. Como resultado, a abordagem teórica de Mitchell assemelha-se ao funcionalismo da ciência social burguesa, que postula modelos bastante semelhantes de interação complexa entre as variáveis. De fato, o conteúdo das suas quatro estruturas também deriva de hipóteses funcionalistas, especificamente, as de George Murdock. Assim, apesar de suas convictas intenções marxistas, a perspectiva teórica de Mitchell revela-se insuficiente para sustentar sua análise.[2]

---

[2] Murdock argumentou que a família nuclear universal incorpora as "quatro funções fundamentais para a vida social humana – a sexual, a econômica, a

Mesmo com os seus problemas, mais fáceis de reconhecer à uma distância de mais de 15 anos, o artigo de Mitchell, de 1966, desempenhou um papel extremamente positivo no seio do movimento feminista-socialista em desenvolvimento. A sua diferenciação em categorias constituintes do sentido da vida das mulheres ajudou as militantes do movimento de libertação das mulheres a articularem as suas experiências e começarem a agir sobre elas. A sua revisão perceptiva da literatura marxista clássica sobre as mulheres forneceu uma base a partir da qual foi possível confrontar tanto as versões mecanicistas do marxismo como a crescente influência do feminismo radical. Sua insistência, dentro de um quadro analítico marxista, sobre a importância crítica dos fenômenos sociais não facilmente caracterizados como econômicos, antecipou a crítica feminista-socialista do determinismo econômico. A inteligência política dos seus comentários estratégicos específicos também estabeleceu um padrão que continua a ser um modelo. "Se o socialismo quer recuperar o seu estatuto de ser *a* política revolucionária", concluiu Mitchell, 'tem de reparar os seus pecados práticos de ações contra as mulheres e o seu enorme pecado de omissão – a ausência de um lugar apropriado para elas em sua teoria" (Mitchell, 1971, p. 86). No campo teórico, a contribuição central de Mitchell foi a de legitimar uma perspectiva que reconhece a máxima primazia dos fenômenos econômicos, embora ainda permita que outros aspectos da situação da mulher não só tenham importância, mas possam desempenhar papéis-chave em determinadas conjunturas.

---

reprodutiva e a educacional [por exemplo, a que diz respeito à socialização]" (Murdock 1949, p. 10). Para críticas ao funcionalismo de Mitchell, ver também: Landes (1977-8); Middleton (1974). Sobre a família na teoria funcionalista, ver: Beechey (1978); Morgan (1975); Vogel (1978).

Já em 1969, o movimento de libertação das mulheres norte-americano havia atingido um ponto alto de atividade, e a sua militância era complementada por uma literatura florescente, seja publicada, seja não publicada. Nessa atmosfera, duas canadenses, Margaret Benston e Peggy Morton, circularam e depois publicaram importantes ensaios. Cada texto ofereceu uma análise, em termos marxistas, sobre a natureza do trabalho não pago das mulheres no seio da unidade doméstica familiar e discutiu a sua relação com as contradições sociais existentes e as possibilidades de transformação.[3]

Benston parte do problema de especificar a raiz do *status* secundário da mulher na sociedade capitalista. Ela sustenta que esta raiz é "econômica" ou "material", e pode ser localizada no trabalho doméstico não pago das mulheres. As mulheres realizam uma grande parte da atividade econômica – cozinham refeições, costuram botões e lavam roupas, cuidam de crianças etc. –, mas os produtos e serviços resultantes desse trabalho são consumidos diretamente e nunca chegam ao mercado. Em termos marxistas, esses produtos e serviços têm valor de uso, mas não têm valor de troca. Para Benston, então, as mulheres têm uma relação específica com os meios de produção, uma relação que é distinta da dos homens. As mulheres constituem o "grupo de pessoas que são responsáveis pela produção de valores de uso simples nas atividades associadas ao lar e à família". Assim, a

---

[3] O artigo de Margaret Benston circulou sob o título "What defines women?" ["O que define as mulheres?"] e foi publicado como "The political economy of women's liberation" ["A economia política da libertação das mulheres"]. O ensaio original de Peggy Morton, "A Woman's Work Is Never Done" ["O trabalho de uma mulher nunca acaba"], ou "The Production, Maintenance and Reproduction of Labor Power" ["Produção, manutenção e reprodução da força de trabalho"], foi resumido no *Leviathan* em maio de 1970 e depois revisado para publicação como "A Woman's Work Is Never Done". Ver Benston (1969) e Morton (1971).

família é uma unidade econômica cuja função principal não é o consumo – como era geralmente sustentado pelas feministas naquele momento –, mas a produção. "A família deve ser vista principalmente como uma unidade de produção para o trabalho doméstico e para a criação das crianças". Além disso, Benston argumenta que, em razão do trabalho doméstico não pago das mulheres ser tecnologicamente primitivo e exterior à economia monetária, cada unidade familiar representa uma entidade essencialmente pré-industrial e pré-capitalista. Embora note que as mulheres também participem do trabalho assalariado, ela considera tal produção como transitória e não central para a definição das mulheres enquanto um grupo. É a responsabilidade das mulheres pelo trabalho doméstico que fornece a base material para sua opressão e permite à economia capitalista tratá-las como um exército industrial de reserva massivo. A igualdade de acesso ao emprego fora do lar continuará a ser uma condição prévia lamentavelmente insuficiente para a libertação das mulheres se o trabalho doméstico continuar a ser privado e tecnologicamente retrógrado. As sugestões estratégicas de Benston centram-se, portanto, na necessidade de fornecer uma condição prévia mais importante, convertendo o trabalho realizado no lar em produção pública. Ou seja, a sociedade deve avançar para a socialização das tarefas domésticas e de cuidados com as crianças. "Quando esse trabalho for transferido para o setor público, a base de discriminação contra as mulheres, então, desaparecerá". Dessa forma, Benston revive um tema socialista tradicional, não como clichê, mas como argumento contundente feito no contexto de desenvolvimento da discussão no movimento de mulheres contemporâneo (Benston, 1969, p. 16, 20, 22).

O artigo de Peggy Morton, publicado em 1970, um ano após o de Benston, estendeu a análise da unidade doméstica familiar como uma unidade social materialmente enraizada na sociedade capitalista. Para Morton, a discussão de Benston sobre como o trabalho doméstico não pago constitui a base material da opressão às mulheres deixa em aberto uma série de questões: As mulheres formam uma classe? As mulheres devem ser organizadas apenas por meio do seu trabalho no lar? Como e por que a natureza da família como instituição econômica mudou na sociedade capitalista? Morton vê a família "como uma unidade cuja função é a *manutenção e reprodução da força de trabalho*", o que significa que "a tarefa da família é manter a força de trabalho atual e fornecer a próxima geração de trabalhadores, dotados das habilidades e dos valores necessários para que sejam membros produtivos de força de trabalho" (Morton, 1971, p. 214, 215-216). Usando essa abordagem, Morton é capaz de vincular sua análise sobre a família ao funcionamento do modo de produção capitalista e de se concentrar nas contradições vivenciadas pelas mulheres da classe trabalhadora no interior da família, na força de trabalho e entre os papéis que desempenham em ambos. Em especial, ela mostra que, como membros do exército industrial de reserva, as mulheres são centrais, não periféricas, para a economia, pois tornam possível o funcionamento dos setores de manufatura, de serviços e estatais, nos quais os salários baixos são a prioridade. Embora a perspectiva estratégica nas várias versões do artigo de Morton carregue apenas uma vaga relação com sua análise, oscilando do controle dos trabalhadores à construção de quadros revolucionários, sua discussão sobre as tendências contraditórias na situação das mulheres introduz um elemento dinâmico que estava faltando na abordagem de Benston.

Os artigos de Benston e Morton têm uma certa simplicidade que mesmo naquela época foram um convite para a crítica. Com a clareza da leitura *a posteriori*, sua compreensão da teoria marxista e sua capacidade de desenvolver uma argumentação parece dolorosamente limitada. A imediata desconsideração de Benston da participação das mulheres no trabalho assalariado requer correção, como Morton e outras rapidamente apontaram. Além disso, a sua descrição do trabalho doméstico das mulheres como um remanescente dos modos de produção pré-capitalistas, que de alguma forma sobrevivera no capitalismo presente, não pode ser sustentada teoricamente.[4] A posição de Morton, embora analiticamente mais precisa, encobre a questão da opressão especial a todas as mulheres como um grupo, e ameaça tornar a questão da opressão às mulheres em uma preocupação puramente da classe trabalhadora. Nenhum desses problemas deve, no entanto, obscurecer os avanços teóricos feitos por Benston e Morton. Em seu conjunto, os dois artigos estabeleceram o que caracteriza materialmente o trabalho doméstico não pago das mulheres na unidade doméstica familiar. Cada um ofereceu uma análise da forma como esse trabalho funcionava como a base material para o conjunto de contradições na experiência das mulheres na sociedade capitalista. Morton, além disso, formulou as questões em termos de um conceito de reprodução da força de trabalho, e enfatizou a natureza específica das contradições no âmbito da classe trabalhadora. Essas novas perspectivas teóricas tiveram um impacto duradouro no trabalho feminista-socialista subsequente, e continuam a ser uma contribuição importante. Além disso, alteraram definitivamente o quadro da discussão sobre a opressão às mulheres. Onde Mitchell tinha analisado a situação das mulheres em termos de papéis, funções e estruturas, Benston e Morton concentraram-se na questão do trabalho não pago das mulheres na unidade doméstica e na sua

---

[4] Para críticas iniciais a Benston, veja: Morton (1971); Rowntree (1969); e Salper (1972).

relação com a reprodução da força de trabalho. Nesse sentido, elas localizaram o problema da opressão às mulheres no terreno teórico do materialismo.

Um artigo de Mariarosa Dalla Costa, publicado simultaneamente na Itália e nos EUA em 1972, levou o argumento vários passos à frente.[5] Concordando que as mulheres constituem um grupo distinto cuja opressão está baseada no caráter material do trabalho doméstico não pago, Dalla Costa sustenta que, em escala mundial, todas as mulheres são donas de casa. Não importa se uma mulher trabalha ou não fora de casa,

> é precisamente o que é particular ao trabalho doméstico, não só medido como número de horas e natureza do trabalho, mas como qualidade de vida e qualidade das relações que gera, que determina o lugar da mulher onde quer que ela esteja e a qualquer classe a que pertença. (Dalla Costa, 1973, p. 19)

Ao mesmo tempo, Dalla Costa concentra sua atenção sobre a dona de casa da classe trabalhadora, que ela considera indispensável à produção capitalista.

Como donas de casa, as mulheres da classe trabalhadora encontram-se excluídas da produção capitalista, isoladas em rotinas de trabalho doméstico que têm o caráter tecnológico de processos de trabalho pré-capitalistas. Dalla Costa se opõe à noção de que essas donas de casa são meras provedoras de valores de uso no lar. Polemizando tanto contra a visão da esquerda tradicional como contra a literatura do movimento de mulheres, ela argumenta que as tarefas domésticas apenas aparecem como um serviço pessoal fora do âmbito da produção capitalista. Na realidade, ele produz não só valores de uso para o consumo di-

---

[5] O artigo de Mariarosa Dalla Costa "Women and the Subversion of the Community" [*Mulheres e a Subversão da Comunidade*] foi publicado na Itália em 1972, e apareceu simultaneamente em inglês na revista *Radical America*. Uma tradução corrigida é encontrada em Dalla Costa (1973).

reto na família, mas a mercadoria essencial força de trabalho – a capacidade de um trabalhador para trabalhar. De fato, ela afirma, as donas de casa são "trabalhadoras produtivas" exploradas no sentido estritamente marxista, pois produzem mais-valia. A apropriação dessa mais-valia é realizada por meio do pagamento de um salário pelo capitalista para o marido da classe trabalhadora, que assim se torna o instrumento de exploração da mulher. A sobrevivência da classe trabalhadora depende da família da classe trabalhadora, "mas à custa da mulher contra a própria classe. A mulher é a escravizada de um escravizado assalariado, e a sua escravidão assegura a escravização de seu homem [...]. E é por isso que a luta da mulher da classe trabalhadora contra a família é crucial" (Dalla Costa, 1973, p. 52; p. 39).

Já que as donas de casa da classe trabalhadora são trabalhadoras produtivas que são peculiarmente excluídas da esfera da produção capitalista, a desmistificação do trabalho doméstico como uma "forma mascarada de trabalho produtivo" torna-se uma tarefa central. Dalla Costa propõe duas grandes alternativas estratégicas. Primeiro, socializar a luta – não o trabalho – da trabalhadora doméstica isolada, mobilizando as donas de casa da classe trabalhadora em torno de questões da comunidade e atinentes à não remuneração pelo trabalho doméstico, à negação da sexualidade, à separação da família do mundo externo e outros temas semelhantes.

> Devemos descobrir formas de luta que imediatamente rompam toda a estrutura de trabalho doméstico, rejeitando-o absolutamente, rejeitando nosso papel de donas de casa e o lar como gueto da nossa existência, já que o problema não é apenas parar de fazer este trabalho, mas esmagar todo o papel de dona de casa. (Dalla Costa, 1973, p. 19)

Segundo, rejeitar o trabalho como um todo, especialmente em uma economia capitalista que cada vez mais atrai as mulheres para a força de trabalho assalariada. Em oposição à visão tradicional da esquerda sobre essa tendência como progressista, Dalla Costa sustenta que o movimento de mulheres moderno constitui uma rejeição a essa alternativa. A independência econômica alcançada por meio da "realização de trabalho social em uma estrutura socializada" não é mais do que uma reforma ilusória. As mulheres já trabalharam o suficiente, e devem "recusar o mito da libertação pelo trabalho" (Dalla Costa, 1973, p. 34, 47).

A energia polêmica e o alcance político do artigo de Dalla Costa tiveram um impacto substancial no movimento de mulheres em ambos os lados do Atlântico. Ao contrário de Benston, Morton e outras militantes norte-americanas, Dalla Costa parecia ter uma compreensão sofisticada da teoria marxista e da política socialista. Seus argumentos e propostas estratégicas impressionaram significativamente um movimento já comprometido em ver a opressão à mulher principalmente em termos de sua situação familiar. Poucas notaram que Dalla Costa, como Morton, falava apenas da classe trabalhadora, e nunca especificou a relação entre a opressão às donas de casa da classe trabalhadora e a de todas as mulheres. O mais importante foi que Dalla Costa, ainda mais do que Benston e Morton, parecia ter situado a questão da opressão às mulheres dentro de uma análise do papel de seu trabalho doméstico não pago na reprodução das relações sociais capitalistas. Ademais, como seu artigo funcionou como base teórica para um pequeno, mas agressivo, movimento para exigir salários para o trabalho doméstico, que floresceu brevemente no início da década de 1970, o seu texto adquiriu um papel abertamente político, negado à maioria dos esforços teóricos do movimento de libertação das mulheres.[6]

---

[6] Para uma análise detalhada da campanha de salários para o trabalho doméstico, ver Malos (1978).

A vigorosa insistência de Dalla Costa de que "o trabalho doméstico enquanto trabalho é *produtivo* no sentido marxista, ou seja, produz mais-valia", intensificou uma controvérsia já latente no interior do movimento feminista-socialista. A discussão, que se tornou conhecida como o Debate sobre o Trabalho Doméstico, girou em torno do *status* teórico do trabalho doméstico não pago das mulheres e seu produto.[7] As contribuições publicadas geralmente em revistas britânicas ou norte-americanas de esquerda estabeleceram as suas posições particulares por meio de argumentos intrincados na teoria econômica marxista – abstratos, difíceis de seguir e na conjuntura do período, aparentemente distantes da aplicação prática. Com alguma justificativa, muitas no movimento de mulheres consideraram o debate como um exercício obscuro de pedantismo marxista. No entanto, questões críticas estavam em jogo, mesmo que em geral não fossem reconhecidas.

Em primeiro lugar, o Debate sobre o Trabalho Doméstico tentou colocar em contexto teórico a percepção feminista contemporânea de que a reprodução biológica, o trabalho de cuidado das crianças e as tarefas domésticas são atividades materiais que resultam em produtos, apontando, assim, para uma análise materialista da base da opressão às mulheres. Ao mesmo tempo, o debate centrou-se nas questões da posição da mulher como dona de casa e na contribuição do trabalho doméstico para a reprodução das relações sociais. Várias interpretações corresponderam, em maior ou menor medida, a uma variedade de perspectivas políticas e estratégicas sobre a relação da opressão às mulheres com a exploração de classe e a

---

[7] Para resumos e críticas recentes e úteis do Debate sobre o Trabalho Doméstico, ver Holmstrom (1981) e Molyneux (1979). Entre as críticas iniciais importantes estão Freeman (1973) e Gerstein (1973).

luta revolucionária, embora os teóricos raramente afirmassem essas implicações claramente, deixando de lado o confronto com as questões políticas e estratégicas. Finalmente, e talvez o mais importante para o desenvolvimento da teoria, o Debate sobre o Trabalho Doméstico empregou categorias extraídas d'*O capital*, mostrando assim a convicção de que a opressão às mulheres poderia ser analisada dentro de um referencial marxista.

Em questão no Debate sobre o Trabalho Doméstico estava o problema de como a mercadoria força de trabalho é produzida e reproduzida nas sociedades capitalistas. Surgiram diferenças sobre a aplicação e o significado precisos das categorias marxistas na realização de uma análise desse problema. Em particular, a discussão centrou-se na natureza do produto do trabalho doméstico, sobre seu *status* teórico como trabalho produtivo ou improdutivo e na sua relação com o salário e com o trabalho realizado em troca de salários.

Muitos sugeriram, seguindo Benston, que o trabalho doméstico produz valores de uso – artigos úteis que satisfaçam alguma sorte de necessidades humanas – para consumo direto na unidade doméstica. O consumo desses valores de uso permite que os membros da família se renovem e retornem ao trabalho no dia seguinte; ou seja, contribui para a manutenção e a renovação gerais da classe trabalhadora. Enquanto várias relações foram postas entre esse processo de produção de valor de uso e a produção capitalista como um todo, os vínculos permaneceram um tanto vagos. Outras afirmaram, com Dalla Costa, que o trabalho doméstico não produz apenas valores de uso, mas também a mercadoria especial conhecida como força de trabalho. Dessa forma, elas pareciam conectar o trabalho doméstico não pago das mulheres mais estreitamente ao funcionamento do modo de produção capitalista, uma posição que muitas consideraram, no primeiro momento, muito atrativa.

Uma posição em particular sobre o produto do trabalho doméstico teve, naturalmente, alguma relevância no Debate sobre o Trabalho Doméstico, no que diz respeito ao caráter teórico desse trabalho. A ideia de que o trabalho doméstico cria valor, assim como valor de uso, sugeriu para algumas teóricas, por exemplo, que ele poderia ser categorizado, em termos marxistas, como produtivo ou improdutivo, ou seja, produtivo ou improdutivo de mais-valia para a classe capitalista. Para aquelas que argumentaram que o trabalho doméstico apenas produz valores de uso, nenhuma categoria marxista óbvia estava à mão. Nem produtivo nem improdutivo, o trabalho doméstico tinha que ser alguma outra coisa.

A maior parte da energia inicial gasta no Debate sobre o Trabalho Doméstico se concentrou na questão sobre o trabalho doméstico ser produtivo ou improdutivo. Entre aqueles que acompanharam a controvérsia, o insuficiente desenvolvimento teórico combinado com um certo moralismo e oportunismo estratégico criaram uma grande confusão. De novo e repetidas vezes, os termos produtivo e improdutivo, que Marx utilizava como categorias econômico-científicas, foram investidos de conotações morais. Afinal de contas, rotular o trabalho das mulheres como improdutivo parecia ser depreciativo, se não absolutamente sexista. Além disso, o argumento de que o trabalho não pago na unidade doméstica é produtivo sugeriu que as mulheres realizam uma certa quantidade de mais-trabalho que lhes é expropriada pelos homens em benefício do capital. Nesse sentido, poderíamos dizer que as mulheres são exploradas, as contradições entre os sexos adquirem uma base material clara e as donas de casa ocupam a mesma posição estratégica na luta de classes que os trabalhadores de fábrica. Para quem desejava reconciliar os compromissos tanto com o marxismo quanto com o feminismo, essa inferência funcionou como um poderoso ímã. Poucas participantes do movimento de mulheres ou da esquerda tinham a capacidade teórica e política para compreender, e muito menos para propor, uma alternativa convincente.

Uma vez iniciado o Debate sobre o Trabalho Doméstico, o problema da relação entre os salários e o trabalho doméstico surgiu como uma questão. Para Marx, o salário representa o valor da mercadoria força de trabalho, um valor que corresponde, em qualquer momento histórico dado, a um nível normal de subsistência socialmente estabelecido. As participantes do Debate sobre o Trabalho Doméstico apontaram dificuldades criadas pela formulação de Marx e fizeram uma série de perguntas sobre o papel do trabalho doméstico e da estrutura doméstica no estabelecimento do nível salarial normal. Por exemplo, não ficou claro na obra de Marx se o salário normal cobre indivíduos ou todos na unidade doméstica sustentada por um trabalhador. Além disso, o funcionamento do salário como um tipo de articulação entre o trabalho doméstico e o modo de produção capitalista exigia investigação. Aquelas que consideravam o trabalho doméstico como produtor de valor sugeriam que o salário é o instrumento pelo qual o valor produzido pelas mulheres, e corporificado na força de trabalho assalariada dos homens, é transferido para o empregador capitalista. Muitos também acreditavam que o trabalho doméstico não pago às mulheres permite à classe capitalista pagar menos do que o valor da força de trabalho, ou seja, menos do que o nível normal de subsistência. Alguns sugeriram que uma esposa que não esteja trabalhando barateia o valor da força de trabalho dos homens. Aqueles que sustentavam que o trabalho doméstico produz valor de uso, mas não valor, tentaram identificar o papel do trabalho doméstico como reprodução da força de trabalho. A maioria das participantes no Debate também analisou a possibilidade de que certas tendências imanentes no desenvolvimento capitalista pudessem afetar a realização do trabalho doméstico e, portanto, o nível salarial.[8]

Vários anos após o início do Debate sobre o Trabalho Doméstico, certas questões pareciam estar resolvidas. No fim das contas, foi relativamente fácil demonstrar teoricamente que o trabalho doméstico nas sociedades capitalistas não assume a forma social de trabalho produtor de valor.[9] A percepção original de Benston de que o trabalho doméstico produz valores de uso para consumo direto havia sido essencialmente correta. No sentido científico, portanto, o trabalho doméstico não pode ser produtivo ou improdutivo, e as mulheres não são exploradas como trabalhadoras domésticas. Ao mesmo tempo, o trabalho doméstico é indispensável para a reprodução das relações sociais capitalistas. Apenas o que o trabalho doméstico é, em vez do que não é, permaneceu um problema abordado somente superficialmente pelas participantes do Debate sobre o Trabalho Doméstico. Algumas sugeriram que o trabalho doméstico constitui um modo de produção separado, que está fora do modo de produção capitalista, ainda que subordinado a este. Outras afirmavam que o trabalho doméstico é simplesmente uma forma especial de trabalho dentro do modo de produção capitalista. A maioria deixou a pergunta sem resposta. O problema de especificar o caráter do trabalho doméstico e as questões relativas ao salário e ao trabalho assalariado das mulheres agora representam as preocupações centrais da maioria das teóricas que trabalham com as categorias econômicas marxistas. Quanto à política e

---

[8] Em que pese houvesse homens como Wally Seccombe participando ativamente desse debate, optamos aqui por nos referirmos às autoras no feminino para destacar a contribuição majoritária das mulheres nele.

[9] Ver Smith (1978), assim como Holmstrom (1981) e Molyneux (1979). Para um ressurgimento recente do interesse nas questões levantadas pelo Debate sobre o Trabalho Doméstico, ver os ensaios coletados por Fox (1980).

estratégia, poucas hoje utilizariam as referidas análises do fundamento material da opressão às mulheres para tirar conclusões fáceis sobre o papel das mulheres na luta revolucionária.

Benston, Morton, Dalla Costa e as participantes do Debate sobre o Trabalho Doméstico estabeleceram uma agenda importante para o estudo da posição das mulheres como donas de casa e o papel do trabalho doméstico na reprodução das relações sociais. O trabalho delas prosseguiu, entretanto, dentro de limites severos que não foram claramente identificados. Em primeiro lugar, elas focaram principalmente no modo de produção capitalista. Em segundo lugar, concentraram-se quase exclusivamente no trabalho doméstico e na opressão às mulheres da classe trabalhadora. Em terceiro lugar, elas geralmente restringiam suas análises ao âmbito econômico. Em quarto lugar, elas tenderam a identificar o trabalho doméstico com as tarefas domésticas e o cuidado das crianças, deixando o *status* da reprodução biológica indefinido. Algumas destas limitações poderiam ter sido defendidas como passos necessários para o desenvolvimento de um argumento teórico, mas raramente o foram. Embora a discussão sobre o trabalho doméstico tenha sido lançada em resposta à necessidade de uma teoria materialista de opressão às mulheres, sua promessa permaneceu não cumprida.

De qualquer forma, em meados da década de 1970, as teóricas feministas socialistas estavam voltando sua atenção para outras questões. Por exemplo, o Debate sobre o Trabalho Doméstico lançou pouca luz sobre o problema de se as tarefas domésticas são analiticamente as mesmas em diferentes classes da sociedade capitalista, e menos ainda sobre o *status* teórico do trabalho doméstico em sociedades não capitalistas. As feministas socialistas também voltaram sua atenção aos componentes da reprodução biológica e da criação de crianças no trabalho doméstico, e investigaram o problema de por que esse trabalho geralmente recai sobre as mulheres. Além disso, uma vez que a opressão às mulheres não é específica das sociedades capitalistas, muitas se perguntavam como reconciliar seu caráter contemporâneo particular com o fato de que as mulheres têm sido subordinadas por milhares de anos. Da mesma forma, as feministas socialistas questionavam se as mulheres foram libertadas em países socialistas e, se não, que obstáculos as detêm. Por fim, a relação entre os processos materiais do trabalho doméstico e uma gama de fenômenos que conformam a opressão às mulheres, especialmente os de natureza ideológica e psicológica, tornou-se uma questão-chave. Em geral, essas questões dialogaram mais diretamente com a experiência e as tarefas políticas das militantes no movimento de mulheres do que as questões do Debate sobre o Trabalho Doméstico, e rapidamente se tornaram o foco da teorização feminista-socialista.

Embora Juliet Mitchell tivesse advertido que "nós devemos fazer as perguntas feministas, mas tentar encontrar algumas respostas marxistas" (Mitchell, 1971, p. 99), muitas feministas socialistas começaram a discordar. Elas argumentaram que a busca por respostas marxistas às suas perguntas levou a um beco sem saída, onde a luta feminista ficou submersa na luta socialista contra o capitalismo. Elas acreditavam que a teoria marxista era incapaz de incorporar o fenômeno das diferenças entre os sexos. Para avançar, então, o feminismo socialista teve que assumir a tarefa de construir uma abordagem alternativa utilizando outras categorias teóricas. Como afirmou Heidi Hartmann, "se consideramos o marxismo por si só inadequado, e o próprio feminismo radical como insuficiente, então precisamos desenvolver novas categorias" (Hartmann, 1979, p. 22).

As feministas socialistas voltaram-se primeiro para o feminismo radical do final dos anos 1960 para uma orientação conceitual que poderia abordar a profundidade e a onipresença da opressão às mulheres em todas as sociedades. As feministas radicais tipicamente consideravam a supremacia masculina e a luta entre os sexos como sendo universal, constituindo, de fato, a dinâmica essencial subjacente a todo desenvolvimento social. Ao mesmo tempo, alguns dos escritos das feministas radicais pareciam ser extensões ou aprofundamentos das ideias oferecidas por Marx e Engels. Em *The Dialetic of Sex* [*A dialética do sexo*], Shulamith Firestone (1970), por exemplo, afirmava ir além do nível meramente econômico abordado por Marx e Engels, a fim de desvendar o problema mais fundamental da opressão de sexo. "A análise de classe é um trabalho e tanto", escreveu Firestone, "mas é limitada" (Firestone, 1970, p. 4). Ao propor uma dialética do sexo, ela esperava

> levar a análise de classe um passo além das suas raízes na divisão biológica dos sexos. Não descartamos os *insights* dos socialistas; ao contrário, o feminismo radical pode ampliar sua análise, dando-lhe uma base ainda mais profunda das condições objetivas e assim explicando muitas de suas [questões] insolúveis. (Firestone, 1970, p. 12)

Da mesma forma, o livro *Sexual Politics* [*Política sexual*], de Kate Millett (1970), reconheceu Engels como um grande teórico, mas sua apresentação da obra do autor transformou-o, quase que irreconhecivelmente, em uma contribuição subordinada ao que ela chamou de revolução sexual. A limitação da teoria marxista, ela afirmava, era que esta "falhou em fornecer base ideológica suficiente para uma revolução sexual, e foi notavelmente ingênua quanto à força histórica e psicológica do patriarcado" (Millett, 1970, p. 169). Em linhas gerais, Millett retratou a Alemanha nazista, a União Soviética e a psicologia freudiana como exemplos comparáveis de política e ideologia patriarcal reacionária, argumentando que o patriarcado sobreviverá apenas à medida que as estruturas psíquicas permanecerem intocadas por programas sociais. Para Millett, a revolução sexual não requer apenas uma compreensão da política sexual, mas o desenvolvimento de uma teoria abrangente do patriarcado.

Os livros de Firestone e Millett, ambos publicados em 1970, tiveram um tremendo impacto sobre a tendência feminista-socialista emergente no interior do movimento de mulheres. Seu foco na sexualidade, nos fenômenos psicológicos e ideológicos e na persistência obstinada de práticas sociais opressivas às mulheres impressionaram fortemente uma audiência receptiva. O conceito de patriarcado entrou no discurso feminista-socialista praticamente sem objeção. Aquelas poucas críticas enquadradas dentro de uma perspectiva marxista mais ortodoxa, como a de Juliet Mitchell, não foram escutadas. Embora reconhecendo as limitações do feminismo radical, muitas feministas socialistas, particularmente nos EUA, simplesmente assumiram que

> a síntese do feminismo radical e da análise marxista é um primeiro passo necessário para a formulação de uma teoria política feminista-socialista coesa, que não se limite a somar essas duas teorias sobre o poder, mas as entende como inter-relacionadas por meio da divisão sexual do trabalho. (Eisenstein, 1978, p. 6)

O problema já não era o da utilização de categorias marxistas para construir as bases teóricas para a análise da opressão às mulheres. Como as feministas radicais, essas feministas socialistas tomaram o marxismo mais ou menos como dado, e não buscaram elaborá-lo ou aprofundá-lo.

A tarefa, então, era desenvolver a síntese que é o feminismo-socialista – ou, como disse uma escritora, dissolver o hífen. Para realizar essa tarefa, as feministas socialistas exploraram dois conceitos relacionados: patriarcado e reprodução. A noção de patriarcado, tomada do feminismo radical, exigia uma transformação apropriada. Millett havia utilizado o termo para indicar um sistema universal de estruturas política, econômica, ideológica e, sobretudo, psicológica por meio das quais os homens subordinam as mulheres. As feministas socialistas tinham que desenvolver um conceito de patriarcado capaz de ser vinculado à teoria da luta de classes, que coloca cada modo de produção como um sistema específico de estruturas por meio do qual uma classe explora e subordina a outra. Em geral, as feministas socialistas sugeriram, como Heidi Hartmann e Amy Bridges apontam, que "as categorias marxistas, como o próprio capital, são indiferentes em relação ao sexo; as categorias do patriarcado como usadas pelas feministas radicais são indiferentes em relação à história" (Hartmann; Bridges, 1975, p. 14). A partir desse ponto de vista, o conceito de patriarcado proporcionou um meio para discutir os fenômenos sociais que pareciam escapar às categorias marxistas. Algumas sugeriram que uma teoria do patriarcado poderia explicar por que certos indivíduos, sejam homens ou mulheres, estão em lugares de subordinação ou dominação particulares dentro da estrutura social de uma dada sociedade. Outras acreditavam que as questões de dominação e subordinação interpessoais poderiam ser melhor abordadas por uma teoria do patriarcado. Sobretudo, as teóricas feministas socialistas não estavam em acordo sobre o significado do conceito de patriarcado. Para algumas, esse conceito representava uma força ou sistema essencialmente ideológicos. Muitas argumentaram que o patriarcado tem uma base material importante na capacidade que homens têm de controlar o trabalho das mulheres, o acesso aos recursos e a sexualidade. "Autoridade patriarcal", escreveu Sheila Rowbotham, por exemplo, "se baseia no controle masculino sobre a capacidade produtiva da mulher e sobre sua pessoa" (Rowbotham, 1973, p. 117). Diferentes abordagens também surgiram para o problema da origem das divisões do trabalho por sexo e a relação entre o patriarcado e o funcionamento de um modo particular de produção.[10]

O conceito de reprodução foi utilizado como um meio de ligar teoricamente a opressão às mulheres à análise marxista da produção e da luta de classes. As teóricas feministas socialistas analisaram os processos de reprodução como comparáveis com a produção que caracteriza uma dada sociedade, porém relativamente autônomas a esta. Muitas vezes, elas falavam em termos de um modo de reprodução análogo ao modo da produção. Tal como com o conceito de patriarcado, havia pouca concordância sobre o significado substantivo do termo reprodução. Algumas teóricas simplesmente identificaram a reprodução com o que parece ser as funções óbvias da família. Apesar do empirismo dessa abordagem, ela elucidou as tarefas analíticas que as feministas socialistas enfrentavam. Nas palavras de Renate Bridenthal, "a relação entre produção e reprodução é uma dialética dentro de uma dialética histórica mais ampla. Isto é, mudanças no modo de produção dão origem a mudanças no modo de reprodução", e essa dialética deve ser analisada (Bridenthal, 1976, p. 5). Várias participantes no Debate sobre o Trabalho Doméstico postularam a existência de um modo de produção "doméstico" – ou "familiar" – em paralelo ao do modo de produção capitalista, contudo, subordinado a ele. O conceito de um modo de reprodução convergiu, além disso, com sugestões de antropólogos marxistas de que as famílias funcionam como fonte perpétua de força de trabalho barata tanto em países do Terceiro Mundo quanto nos países capitalistas avançados. Um conceito semelhante ao modo de reprodução estava muitas vezes

---

[10] Sobre dissolver o hífen, ver Petchesky (1978). As primeiras e influentes discussões feministas socialistas do patriarcado incluem: Hartmann e Bridges (1975); Kelly-Gadol (1975-6) e Rubin (1975).

implícito no trabalho de feministas socialistas que estudaram a relação entre o imperialismo e a família.[11]

A recente discussão feminista-socialista desafiou o uso das noções de patriarcado e reprodução, argumentando que os esforços teóricos existentes falharam em desenvolver formas satisfatórias de conceitualizar ambos.[12] Em primeiro lugar, nem o patriarcado nem a reprodução foram definidos com qualquer consistência. O conceito de patriarcado permanece com frequência arraigado em suas origens no feminismo radical como um sistema essencialmente ideológico e psicológico. Quando é utilizado em um sentido mais materialista, não tem sido adequadamente integrado a uma leitura marxista das relações produtivas. Os problemas na definição do conceito de reprodução derivam de sua ampla gama de potenciais significados. Felicity Edholm, Olivia Harris e Kate Young propõem que três níveis de análise podem ser distinguidos: reprodução social, ou a reprodução das condições de produção; reprodução da força de trabalho; e a reprodução humana ou biológica (Harris; Young, 1977). Embora essa sugestão tenha sido útil, a questão da relação entre os diferentes aspectos persiste.

Um segundo tema nas críticas recentes é o problema do dualismo. Repetidamente, as teóricas que utilizam os conceitos

---

[11] Mitchell (1966, p. 21) fez uso do conceito modo de reprodução já em 1966. Para outros exemplos, ver: Gardiner (1976); Harrison (1973); Larguia (1975); O'Laughlin (1975, p. 365-366). No contexto do estudo do imperialismo, uma noção de modo de reprodução está implícita em: Caulfield (1981); Deere (1976); Saffioti (1977). O antropólogo Claude Meillassoux apresentou o conceito de famílias como fontes perpétuas de força de trabalho barata, notadamente em Meillassoux (1977). As revisões importantes de Meillassoux, que discutem o conceito de reprodução, incluem: Mackintosh (1977); O'Laughlin (1975); Rapp (1977).

[12] Beechey (1980); Burris (1982); McDonough e Harrison (1978); Young (1981; 1980).

de patriarcado e reprodução analisam a opressão às mulheres em termos de duas estruturas separadas; por exemplo, capitalismo e patriarcado, modo de produção e modo de reprodução, sistema de classes e sistema de gênero. Essas "teorias dos sistemas duais", como Iris Young os nomeia, implicam que "a opressão às mulheres surge de dois sistemas distintos e relativamente autônomos" (Young, 1980, p. 170). Por não conseguirem relacionar os sistemas de forma coerente e não mecânica, as teorias dos sistemas duais apresentam uma coexistência misteriosa de explicações independentes sobre o desenvolvimento social. A dualidade geralmente reitera a oposição entre feminismo e marxismo que a teoria feminista-socialista tinha tentado transcender. Veronica Beechey argumenta, por exemplo, que "a separação da reprodução ou patriarcado de outros aspectos do modo de produção tendeu a deixar a análise marxista da produção intocada e não criticada pelo pensamento feminista" (1979, p. 78). De maneira similar, Young sugere que

> a teoria dos sistemas duais não conseguiu confrontar e rever suficientemente o pensamento marxista tradicional, pois permite que o marxismo mantenha, de forma basicamente inalterada, a sua teoria das relações econômicas e sociais, na qual meramente encaixa uma teoria das relações de gênero. (Young, 1980, p. 173-174)

Além disso, o problema não é apenas o dualismo. A teoria feminista-socialista tem focado na relação entre feminismo e socialismo e entre opressões de sexo e classe, em grande parte excluindo questões de opressão racial ou nacional. No máximo, sexo, raça e classe são descritas como fontes comparáveis de opressão, cujas manifestações paralelas atingem suas vítimas de forma mais ou menos igual. Estrategicamente, as feministas socialistas reivindicam a irmandade entre mulheres e um movimento que una as mulheres de todos os setores da sociedade. Ainda assim, suas irmãs de cor expressam frequentemente desconfiança em relação ao movimento de mulheres contemporâneo e geralmente permanecem comprometidas com a atuação em suas próprias comunidades. O movimento feminista-socialista tem sido incapaz de enfrentar esse fenômeno, tanto em teoria como na prática.

Em suma, apesar da vitalidade do debate, as teóricas feministas socialistas ainda não conseguiram alcançar seu objetivo de desenvolver uma perspectiva materialista dialética unificada da libertação das mulheres.

3 – FEMINISMO SOCIALISTA E A QUESTÃO DA MULHER

A análise da teoria produzida no contexto do movimento feminista-socialista revela muitos temas significativos. Em conjunto, eles indicam a importante contribuição das feministas socialistas ao desenvolvimento da teoria sobre a Questão das Mulheres.

A teoria feminista-socialista parte da insistência de que se encontra uma raiz material sob os complexos fenômenos sociais, psicológicos e ideológicos da opressão às mulheres. Ela aponta que o marxismo nunca analisou adequadamente a natureza e a localização dessa raiz. E sua hipótese é de que a família constitui um importante, senão o principal, terreno que a nutre. Com essa posição, as feministas socialistas implicitamente rejeitam duas correntes falaciosas, bem como contraditórias do legado da teoria e prática socialistas sobre a Questão das Mulheres. Primeiro, a ênfase feminista-socialista na base material da opressão combate a tendência idealista no interior da esquerda que banaliza a questão da opressão às mulheres, tratando-a como um mero problema de falta de direitos ou chauvinismo ideológico. Segundo, a especial preocupação das feministas socialistas com questões psicológicas e ideológicas, especialmente as que surgem no interior da família, opõe-se ao caráter pouco refinado de uma interpretação econômica determinista sobre a posição das mulheres, também comum no interior do movimento socialista. Essas perspectivas – que constituem o conteúdo teórico implícito do *slogan* "*o pessoal é político*" – estabelecem as diretrizes para a consideração feminista-socialista da opressão e libertação das mulheres.

As feministas socialistas reconhecem as insuficiências, bem como as contribuições da discussão de Engels (2019 [1884]) sobre a família e as relações de propriedade em *A origem da família, da propriedade privada e do Estado*. Como Engels, elas localizam a opressão às mulheres no interior da dinâmica do desenvolvimento social, mas procuram estabelecer como sua base um fenômeno mais dialético do que aquele que o autor foi capaz de reconhecer. Tal fenômeno deve satisfazer vários critérios implícitos. Deve ser um processo material específico a um determinado modo de produção. Contudo, a sua identificação deve sugerir, mesmo assim, a razão pela qual as mulheres são oprimidas em todas as sociedades de classe – ou, para algumas feministas socialistas, em todas as sociedades conhecidas. Mais importante, deve oferecer uma compreensão melhor da opressão às mulheres – tanto das classes subordinadas como das classes dominantes – do que a crítica de Engels à propriedade. As análises das feministas socialistas partilham da opinião de que a capacidade de gerar e criar filhos e o trabalho doméstico se enquadram nesses critérios, embora ofereçam uma grande variedade de interpretações teóricas da relação entre essas atividades e a opressão às mulheres.

Algumas feministas socialistas tentam situar o trabalho doméstico dentro de conceitos mais amplos que abrangem os processos de manutenção e reprodução da força de trabalho.

Elas sugerem que esses processos têm um caráter material, e que podem ser analisados, além disso, em termos da reprodução social como um todo. Para a elaboração dessa posição, que desloca o foco teórico imediato da opressão às mulheres *per se* para fenômenos sociais mais amplos, voltam-se para os escritos de Marx, especialmente para *O capital*. Ao mesmo tempo, elas resistem o quanto podem às contraditórias influências do determinismo econômico e do idealismo herdados da tradição socialista.

A relação entre o salário capitalista e a unidade doméstica que ele sustenta representa outro tema importante. As feministas socialistas salientam que o marxismo nunca foi claro quanto à questão de saber a quem o salário abrange. A ideia de nível histórico de subsistência dos salários refere-se, por vezes, a indivíduos, e outras vezes, ao trabalhador "e à sua família". O reconhecimento dessa ambiguidade inspirou uma série de tentativas de reformular e responder a questões relativas à divisão do trabalho segundo o sexo, tanto na família como no trabalho assalariado. Enquanto alguns desses esforços salientam conceitos de autoridade e patriarcado, outros concentram-se em questões que envolvem a determinação dos níveis salariais, a concorrência no mercado de trabalho e a estrutura do exército industrial de reserva. Qualquer que seja a abordagem, a identificação do problema em si constitui um significativo avanço teórico.

A teoria feminista-socialista também enfatiza que as mulheres na sociedade capitalista têm uma dupla relação com o trabalho assalariado, como trabalhadoras pagas e não pagas. Geralmente, considera-se a atividade das mulheres enquanto consumidoras e trabalhadoras domésticas não remuneradas como fator dominante que molda a consciência de cada mulher, ela participando ou não do trabalho assalariado. Uma importante orientação estratégica acompanha esse ponto de vista. As feministas socialistas defendem, contra algumas opiniões da esquerda, que as mulheres podem ser organizadas com sucesso e enfatizam a necessidade de organizações que incluam mulheres de todos os setores da sociedade. Em apoio a sua posição, apontam para a longa história de atividade militante das mulheres no movimento de trabalhadores, nas comunidades e na revolução social. Observam, além disso, que a mobilização exige uma sensibilidade especial à experiência das mulheres enquanto mulheres e afirmam a legitimidade e a importância das organizações compostas apenas por elas. É precisamente o caráter específico da situação das mulheres que exige sua organização separadamente. Aqui, as feministas socialistas encontram-se frequentemente em oposição à grande parte da tradição da teoria e da prática socialista. A teoria feminista-socialista assume a tarefa essencial de desenvolver um quadro analítico que possa orientar o processo de organização das mulheres de diferentes classes e setores para um movimento de mulheres autônomo.

Finalmente, a teoria feminista-socialista vincula a sua perspectiva teórica a uma passagem do prefácio de Engels em *A origem*:

> De acordo com a concepção materialista, o momento determinante da história é, em última instância, a produção da reprodução (Reproduktion) da vida imediata. Todavia, ela própria possui duas facetas: de um lado, a produção dos meios de existência, de produtos alimentícios, vestuário, habitação e instrumentos necessários para tudo isso; de outro lado, a produção do homem mesmo, a reprodução (Fortpflanzung) do gênero. A ordem social em que vivem os homens de determinada época ou determinado país está condicionada por esses dois modos de reprodução: pelo grau de desenvolvimento do trabalho, de um lado, e da família, de outro. (Engels, 1972, p. 71-72)

A citação dessas frases, artigo após artigo, cumpre vários propósitos. Afirma o compromisso feminista-socialista com a tradição marxista. Sugere que Marx e Engels tinham mais a dizer sobre a Questão das Mulheres do que o movimento socialista posterior conseguiu ouvir. Parece situar o problema da opressão às mulheres no contexto de uma teoria da reprodução social geral. Enfatiza a essência material dos processos sociais pelos quais as mulheres têm a maior responsabilidade. E implica que a produção de seres humanos constitui um processo que tem não só um caráter autônomo, mas um peso teórico igual ao da produção dos meios de existência. Em suma, as observações de Engels parecem oferecer uma base marxista confiável ao enfoque do movimento feminista-socialista na família, nas divisões sexuais do trabalho e no trabalho doméstico não pago, bem como ao seu dualismo teórico e seu compromisso estratégico com a organização autônoma das mulheres. No entanto, a passagem reflete, na verdade, uma das fraquezas teóricas de Engels. A compreensão feminista-socialista sobre o papel da mulher na reprodução social precisa de uma base mais sólida.

Apesar da força, riqueza e contribuições reais do trabalho teórico do feminismo-socialista, o seu desenvolvimento tem sido limitado pela insuficiente compreensão da teoria marxista por parte de suas praticantes. Com suas raízes em um compromisso prático para a libertação das mulheres e para o desenvolvimento de um amplo movimento autônomo de mulheres, as participantes do movimento feminista-socialista só recentemente começaram a investigar sua relação com as tendências e controvérsias no interior da esquerda. No nível teórico, essa investigação tem tomado a forma de várias rodadas de publicações que procuram, por um lado, delinear mais nitidamente a substância do feminismo socialista e, por outro, situar a opressão às mulheres de forma mais precisa dentro, e não ao lado, de uma teoria marxista da reprodução social.[1] Estes esforços são importantes, embora sigam padecendo de uma orientação teórica inadequada. A teoria feminista-socialista ainda não superou sua tendência de analisar a opressão às mulheres em termos dualistas, como um fenômeno independente da classe, da raça e do modo de produção. Essa teoria também não se afastou o suficiente da sua ênfase excessiva na posição das mulheres no seio da família e nas relações ideológicas e psicológicas. As ligações entre a opressão às mulheres, a produção social e a reprodução societal geral ainda não foram estabelecidas em uma base materialista. Mais importante, a teoria feminista-socialista não foi capaz de desenvolver uma base teórica para o seu compromisso estratégico de unir as mulheres por meio de diferenças tais como classe, raça, idade e orientação sexual.

Os esforços feministas-socialistas para desenvolver a tradição teórica socialista têm sido dificultados pela falta de uma base adequada para esse projeto. O movimento socialista deixou um legado confuso e contraditório. Mesmo os escritos de Marx e Engels, aos quais muitas feministas socialistas recorrem para orientação teórica, permanecem frustrantemente opacos. Uma descoberta teórica central sobre o problema da opressão às mulheres está, no entanto, inserida na tradição socialista.

Na medida em que o movimento socialista abordou diretamente a questão da opressão às mulheres, centrou-se naquilo

---

[1] Ver, por exemplo, as seguintes coleções: Eisenstein (1978); Kuhn e Wolpe (1978); Sargent (1981). Importantes artigos recentes incluem Barrett e McIntosh (1980); Beechey (1979 e 1977); Benería (1979); Blumenfeld e Mann (1980); Bujra (1978); Chinchilla (1980); Edholm, Harris e Young (1977); Holmstrom (1981); Humphries (1977); Kelly (1979); McIntosh (1979); Mackintosh (1979); Molyneux (1979); O'Laughlin (1975); Quick (1977 e 1980); Young (1981 e 1980).

a que chamou "a Questão da Mulher". Com origem no século XIX, o termo é extremamente vago e cobre um conjunto de problemas importantes situados em níveis teóricos distintos. Geralmente, tem sido utilizado pelos socialistas para se referirem à questão da subordinação das mulheres em todas as sociedades históricas. Por vezes, essa subordinação é especificada em termos do papel diferenciado da mulher na família, ou na produção. A maioria das considerações socialistas sobre a chamada Questão da Mulher centra-se na opressão e na desigualdade das mulheres na sociedade capitalista e na luta pela igualdade de direitos. O termo pode também incluir, finalmente, relações pessoais entre os sexos e entre os membros da família e, por vezes, estende-se às relações pessoais e não laborais de todo tipo. Em suma, a Questão da Mulher não é uma categoria analítica precisa, mas um nó emaranhado de fios díspares. Três grandes fios condutores dominaram o trabalho teórico sobre a chamada Questão da Mulher: a família, o trabalho das mulheres e a igualdade em relação aos homens. A teoria socialista tem sido incapaz, contudo, de tecer esses fios em uma perspectiva coerente com o problema da libertação das mulheres (Vogel, 1979).

As feministas socialistas submeteram a tradição socialista sobre a Questão da Mulher a um exame crítico, procurando os núcleos substanciais de significado teórico e prático armazenados no seu interior. Desse ponto de vista, uma contribuição importante do movimento feminista-socialista tem sido a sua insistência de que aqueles que utilizam categorias tradicionais da teoria marxista devem defendê-las adequadamente. As questões que as feministas socialistas levantam – relativas às origens da opressão às mulheres, à persistência de divisões sexuais do trabalho em todas as áreas da vida social, ao significado da libertação das mulheres e à organização da luta contra o sexismo e pelo socialismo – exigem respostas que vão além do que a teoria socialista tem sido capaz de fornecer. Todas as indicações sugerem, além disso, que o legado teórico socialista não só está inacabado, como tem graves falhas. Uma tarefa importante, portanto, é uma reavaliação rigorosa dos textos do movimento socialista, começando com a obra de Marx e Engels.

Os estudiosos do movimento socialista atual sugerem frequentemente que Marx e Engels não produziram praticamente nada de útil sobre a opressão e a libertação das mulheres. Tampouco, está implícito, teriam colocado em prática suas convicções sobre a emancipação das mulheres. No entanto, essas afirmações, quer sejam declaradas abertamente ou meramente insinuadas, geralmente não são firmemente baseadas em pesquisas. Na verdade, frequentemente são mais expressões de perspectivas teóricas e políticas particulares do que considerações sérias sobre a real produção de Marx ou Engels. Tais afirmações revelam, portanto, o alcance e o caráter do pressuposto amplamente defendido de que uma teoria de libertação das mulheres não pode ser baseada em categorias marxistas.

Alguns consideram a falta de uma importante tradição na literatura marxista sobre a opressão às mulheres como sendo absolutamente óbvia. Mark Poster (1978, p. 42-3), um estudioso do marxismo, lamenta, por exemplo, que "o próprio Marx não tenha escrito quase nada sobre a família", e que Marx e Engels "relegaram a família para os meandros da superestrutura".[2] Mais cautelosamente, Richard Evans, um historiador meticuloso e simpático aos movimentos feministas e socialistas, observa que

> Marx e o seu colaborador, Engels, pouco tinham a dizer sobre a emancipação das mulheres [...]. Para eles, essa era uma questão marginal; o próprio Marx mal fez alusão a isso, salvo para

---

[2] Poster (1978, p. 42-43). Poster também declara que, com exceção de Juliet Mitchell, "as feministas em geral não lançaram muita luz sobre a teoria da família" (p. xvii-xviii).

repetir, de forma ligeiramente modificada, a crítica de Fourier ao casamento em um manuscrito inédito e no *Manifesto Comunista*. Há também uma breve passagem sobre as mulheres n'*O capital*, muito citada porque é tudo o que existe. (1977, p. 156)[3]

O descuido dessas afirmações, feitas por acadêmicos que geralmente são rigorosos, é surpreendente. Mascarada pelo atual interesse em uma reinterpretação feminista do marxismo, sugere um certo preconceito contra o próprio marxismo.

Em outra perspectiva, a observação de que Marx e Engels estavam presos dentro dos horizontes limitados e sexistas de seu tempo proporciona uma base um pouco mais segura para o pessimismo no que diz respeito ao seu compromisso para com a libertação das mulheres. Afinal, Marx não era apenas um homem, mas um marido e pai vitoriano com atitudes tradicionalmente patriarcais na sua própria vida familiar. Engels, embora um pouco menos convencional em suas relações pessoais, dificilmente poderia escapar às presunções baseadas no sexo da sociedade do século XIX. Ambos participaram nos movimentos socialistas e operários do seu tempo, em grande parte masculinos. Esses fatos levaram muitos, particularmente as militantes do movimento de mulheres, a concluir que Marx e Engels nunca poderiam ter transcendido suas limitações como homens chauvinistas para dizer ou fazer qualquer coisa útil sobre a Questão da Mulher. Marlene Dixon, por exemplo, uma militante influente no movimento das mulheres e na esquerda

---

[3] Meyer afirma que *A ideologia alemã* foi "praticamente o último pronunciamento que Engels ou Marx fizeram sobre as relações homem-mulher em quatro décadas, exceto pelas breves declarações feitas nos *Princípios do comunismo* e no *Manifesto Comunista*, ambos escritos em 1847, e as referências ocasionais à situação das trabalhadoras n'*O capital*". De fato, "a relativa negligência da 'Questão da Mulher' foi incorporada à teoria marxista" (Meyer, 1977, p. 89-90, 99). Até mesmo Eisenstein sugere que "Marx nunca questionou a ordem sexual hierárquica da sociedade" (Eisenstein, 1978, p. 9).

3 – Feminismo socialista e a Questão da Mulher

há mais de dez anos, argumentou que a condição de Marx e Engels enquanto homens vivendo em um contexto histórico particular bloqueou irrevogavelmente sua capacidade de implementar boas intenções com respeito à Questão da Mulher. Além disso, ela sustenta que os marxistas do século XIX e início do século XX nunca desafiaram adequadamente suas próprias ideias burguesas e sexistas em relação às mulheres, muito menos em relação ao proletariado (masculino). Como resultado, o viés sexista no marxismo, que se origina no próprio Marx, na verdade reforçou a opressão às mulheres socialistas e contribuiu para o crescimento de distorções da teoria e da estratégia dentro do movimento socialista (Dixon, 1977, p. 35-41). Embora a própria Dixon possa não ir tão longe, a implicação lógica dessa linha de raciocínio é que os socialistas que hoje procuram desenvolver teoria, estratégia e programa para a libertação das mulheres perdem seu tempo quando estudam Marx e Engels.

Apesar de suas óbvias limitações, muitas feministas socialistas têm buscado na obra de Marx e Engels inspirações sobre o problema da subordinação das mulheres. Elas esperam, não sem razão, que os fundadores da tradição socialista moderna tenham sido capazes de sugerir pelo menos alguma orientação geral. Esses esforços muitas vezes terminam, no entanto, em frustração e desapontamento. Relutantemente, aquelas que esperavam uma orientação teórica e prática mais concreta concluem que Marx e Engels não poderiam ter feito mais do que fizeram. Charnie Guettel expressa as opiniões de muitas em seu panfleto *Marxism and Feminism* [*Marxismo e feminismo*].

> Assim como Marx e Engels não tinham uma obra teórica sobre o racismo, um fenômeno que se tornou um entrave central ao progresso do movimento operário na etapa do imperialismo, também não tinham uma crítica desenvolvida do sexismo sob o capitalismo. Suas análises de classe da sociedade ainda nos

fornecem as melhores ferramentas para examinar ambas as formas de opressão, embora em relação às mulheres ela seja muito subdesenvolvida. (Guettel, 1974, p. 15)

O fracasso indiscutível de Marx e Engels em desenvolver ferramentas adequadas e uma teoria abrangente sobre as mulheres representa apenas parte do problema. A frustração que muitas feministas socialistas experimentam deriva também do fato de Marx e Engels não terem dito o que essas críticas modernas da chamada Questão da Mulher querem ouvir. Ou, dito de outra forma, as questionadoras de hoje frequentemente perguntam e tentam responder a um conjunto de diferentes questões da mulher.

Marx e Engels abordaram a questão da subordinação e libertação das mulheres a partir do ponto de vista de um movimento socialista em desenvolvimento. Eles procuraram situar a questão dentro de uma teoria dos mecanismos essenciais do desenvolvimento social como um todo, e, portanto, prestaram especial atenção às relações sociais de produção. Em contraste, as teóricas e militantes feministas-socialistas contemporâneas costumam abordá-la a partir de dentro da estrutura do movimento de mulheres. Elas buscam uma perspectiva teórica que englobe tanto uma compreensão de como as pessoas do sexo feminino passam a ser mulheres oprimidas quanto uma análise abrangente dos elementos necessários para a libertação total das mulheres. Apesar de seu compromisso com o socialismo, os diferentes pontos de partida do feminismo socialista muitas vezes levam a uma ênfase teórica divergente da de Marx e Engels.

Enquanto Marx e Engels se concentraram na opressão às mulheres em relações sociais de produção dadas, as teóricas feministas-socialistas contemporâneas frequentemente tentam desvincular a questão da opressão às mulheres do estudo da família e da reprodução social. Juliet Mitchell reclama, por exemplo, que "o que impressiona nos comentários tardios [de Marx] sobre a família é que o problema da mulher fica submerso na análise da família – as mulheres, como tal, nem sequer são mencionadas!". Ao mesmo tempo, ela acha a análise de Marx e Engels muito restrita e dependente do que ela vê como uma explicação econômica simplista. "A posição das mulheres, nas obras de Marx e Engels, então, permanece dissociada ou subsidiária de uma discussão sobre a família, que por sua vez está subordinada como mera condição prévia da propriedade privada" (Mitchell, 1971, p. 78 e 80). Essas declarações, originalmente formuladas em 1966, refletem duas suposições amplamente difundidas dentro do movimento feminista-socialista: primeiro, que as mulheres e a família constituem os únicos objetos de análise possíveis, e que a categoria mulher, e não a família, representa o objeto apropriado para militantes do movimento de libertação das mulheres; e segundo, que uma abordagem marxista adequada ao problema da opressão às mulheres não pode ser desenvolvida, mesmo condicionalmente, no nível das relações de produção.

Não sem surpresa, revela-se impossível falar da opressão às mulheres sem alguma discussão sobre a família, e muitas feministas socialistas se concentram nas questões do desenvolvimento do gênero e nas relações entre os sexos na família, ou, de maneira mais geral, na sociedade. Essas são frequentemente conceitualizadas em termos de dinâmica interpessoal, ideologia e relações de poder, enquanto as relações de produção e as questões de classe tendem a recuar para segundo plano. Dessa forma, quando estudam as contribuições das obras de Marx e Engels, elas são consideradas deficientes. Teóricas contemporâneas oferecem várias explicações para as lacunas e avançam rapidamente para versões alternativas de uma teoria marxista sobre a família e a subordinação das mulheres. No entanto, o que elas realmente têm feito é substituir suas próprias preocupações e categorias – um enfoque principal na psicologia, na ideologia e nas relações de hierarquia e autoridade – pelas de Marx e Engels.

Em suma, porque elas estão fazendo perguntas diferentes, por mais importantes que sejam, aquelas teóricas e militantes feministas-socialistas que hoje repreendem Marx e Engels por seus fracassos muitas vezes não conseguem ouvir o que eles realmente dizem. E ainda assim, uma quantidade substantiva do material está lá, esperando para ser desenvolvido. De fato, Marx e Engels tinham muito mais a dizer sobre a relevância de solucionar a chamada Questão da Mulher do que os socialistas ou as militantes do movimento de libertação das mulheres perceberam. Mais precisamente, Marx e Engels tinham muito a dizer, mesmo que não fosse, no entanto, nem de longe suficiente.

Antes de prosseguir, é importante considerar os tipos de coisas que uma abordagem ampla do problema da opressão às mulheres deve incluir. Primeiro, deve partir de um firme compromisso com a libertação das mulheres e com a verdadeira igualdade social de todos os seres humanos. Em segundo lugar, deve fazer uma análise concreta da situação atual das mulheres, bem como estudar como ela surgiu. Em terceiro lugar, deve apresentar uma teoria sobre a posição das mulheres na sociedade. Ou seja, além de uma *história* sobre a posição das mulheres, também deve apresentar uma *teoria*. Quarto, uma discussão exaustiva da situação das mulheres deve ser sustentada por uma visão da sua libertação em uma sociedade futura que seja consistente com a teoria e história de subordinação das mulheres nas sociedades passadas e presente. Finalmente, e quase por definição, questionar a chamada Questão da Mulher é também exigir uma resposta, em termos de programa prático e de estratégia.

3 – Feminismo socialista e a Questão da Mulher

Em suas obras, Marx e Engels trataram, pelo menos parcialmente, de cada um desses aspectos. Os próximos três capítulos revisam essa obra de uma perspectiva teórica que situa o problema da opressão às mulheres em termos da reprodução da força de trabalho e do processo de reprodução social. Assim, cada texto é examinado não apenas por sua discussão sobre as mulheres, a família ou as divisões do trabalho segundo o sexo, mas também por sua consideração aos problemas e conceitos associados à reprodução da força de trabalho. Desse ponto de vista, certos conceitos desempenham um papel especialmente importante, e seu desenvolvimento é seguido cuidadosamente: o consumo individual, o valor da força de trabalho, a determinação dos níveis salariais, a população excedente e o exército industrial de reserva. Além disso, ao longo dos anos, o envolvimento nos movimentos da classe trabalhadora e nas lutas políticas de seu tempo permitiram que Marx e Engels modificassem e ampliassem suas posições de maneira crucial. Os escritos são analisados, portanto, em ordem cronológica.

PARTE 2 – MARX E ENGELS

4 – PRIMEIRAS ABORDAGENS

Karl Marx e Friedrich Engels chegaram a um compromisso com a política socialista e com a libertação das mulheres, como eles a entendiam, por caminhos bem diferentes. De um lado, Marx, filho de um advogado, descendente de rabinos e educado para uma carreira profissional, partiu da perspectiva de um estudante de filosofia. De outro, Engels, que nasceu em uma família burguesa bem estabelecida, partiu de sua própria experiência como administrador na empresa têxtil da família, em Manchester, Inglaterra, onde recebeu a aprendizagem esperada para um futuro industrial alemão. Partindo de trajetórias diferentes, cada um deles abordou o problema da opressão às mulheres, inicialmente, de um modo distinto.

Os primeiros comentários de Marx sobre a Questão das Mulheres têm, decididamente, um tom filosófico e simbólico. Na universidade, ele havia se deslocado, rapidamente, por meio do hegelianismo, de um romantismo juvenil para uma posição mais filosófica tomada pelo grupo conhecido como os Jovens Hegelianos, intelectuais que procuravam tirar conclusões socialistas revolucionárias do trabalho de Hegel. Somente algum tempo depois, após ter iniciado sua colaboração com Engels, é que Marx estudou economia seriamente. Assim, como muitos socialistas do século XIX, Marx, a princípio, não enfrentou tanto a questão da subordinação real da mulher na vida social, mas a utilizou para expressar o estado da sociedade em geral.

Em *Sobre a questão judaica*, publicado em 1843, quando Marx tinha 25 anos, e nos inéditos *Manuscritos econômico-filosóficos,* escritos em 1844, Marx discute a relação entre homem e mulher como representativa do nível de desenvolvimento social. Onde as relações de propriedade privada e posse dominam, "a própria relação genérica, a relação do homem e da mulher etc., torna-se objeto de comércio. A mulher é traficada" (Marx, 1975a, p. 172). De modo mais geral,

> A relação imediata, natural, necessária, do homem com o homem é a relação do homem com a mulher. Nesta relação genérica natural a relação do homem com a natureza é imediatamente a sua relação com o homem, assim como a relação com o homem é imediatamente a sua relação com a natureza, a sua própria determinação natural. Nesta relação fica sensivelmente claro, portanto, e reduzido a um factum intuível, até que ponto a essência humana veio a ser para o homem natureza ou a natureza [veio a ser] essência humana do homem. A partir desta relação pode-se julgar, portanto, o completo nível de formação (die ganze Bildungsstufe) do homem. (Marx e Engels, 1975b, p. 295)

A relação do homem com a mulher revela o progresso do homem além de um estado natural, pois mostra "até que ponto para ele o outro homem como homem se tornou necessidade, até que ponto ele, na sua existência mais individual, é simultaneamente comunidade" (Marx e Engels, 1975b, p. 296). Em uma sociedade baseada na propriedade privada, essa relação assume formas alienadas, mas uma sociedade comunista testemunhará "o regresso do homem, a partir da religião, família, Estado etc., à sua existência humana, isto é, social" (Marx e Engels, 1975b, p. 297).

Nessas observações, o foco de Marx é no "homem" individual [*Mensch*] – por um lado, classificando, genericamente, todos os seres humanos, mas, por outro lado, carregando uma identidade de gênero inconfundível. Até o ponto em que a mulher aparece enquanto o outro, refletindo e sendo condicionada pelo homem.

Em *A sagrada família*, escrita logo após os *Manuscritos econômico-filosóficos,* em 1844, e publicada em 1845, Marx adota o ponto de vista do materialismo feuerbachiano para argumentar agora contra o idealismo radical dos Jovens Hegelianos. Apesar do título do livro, que se refere ironicamente ao grupo, sua densa e extensa controvérsia não toca na questão da família. Entretanto, em algumas passagens relevantes, Marx transforma significativamente sua perspectiva anterior quanto à relação do homem com a mulher. Parafraseando livremente Fourier, ele observa que

> a mudança em uma época histórica pode sempre ser determinada pelo progresso da mulher em direção à liberdade, porque aqui, na relação da mulher com o homem, do fraco com o forte, a vitória da natureza humana sobre a brutalidade é muito evidente. O grau de emancipação da mulher é a medida natural da emancipação geral. (Marx e Engels, 1975b, p. 196)[1]

O foco dessas observações agora é na relação da mulher com o homem, e nas mulheres em geral. Marx toma a posição da mulher como seu novo indicador de desenvolvimento social, em vez da relação abstrata do homem com a natureza. Mais ainda, na *Sagrada Família*, a opressão às mulheres torna-

---

[1] Marx afirma que está citando Fourier, mas, na verdade, ele usa livremente uma passagem na qual Fourier faz uma afirmação bem diferente, argumentando que "a extensão dos privilégios das mulheres é a causa fundamental de todo progresso social". Em outras palavras, para Fourier, a condição da mulher é a causa, não o parâmetro do progresso social (Beecher e Bienvenu [eds.], 1971, p. 195-196). Alfred Meyer também registra a distinção entre as declarações de Fourier e a paráfrase de Marx em Meyer (1977, p. 86). Ver também Okin (1979, p. 8).

-se algo mais do que uma representação simbólica no reino das ideias. É também uma realidade, e uma realidade que Marx contrasta, em prosa contundente, com a hipocrisia das noções burguesas contemporâneas sobre as mulheres. De fato, ele especifica que, nas condições atuais, "a situação geral da mulher na sociedade de hoje [contém] aspectos desumanos" (Marx e Engels, 1975b, p. 195).

A natureza da tensão entre a realidade social e sua representação ideológica tornou-se uma preocupação central para Marx menos de um ano depois, enquanto ele desenvolvia uma posição severamente crítica em relação ao próprio materialismo feuerbachiano. Em "um trabalho inacabado, cheio de interrupções, lacunas, correções e rasuras [...] que não recebeu de seus autores uma forma definitiva", Marx esboçou sua nova perspectiva. Segundo Engels, que publicou estas notas de 1845 em 1888 como *Teses sobre Feuerbach*, "elas são inestimáveis como o primeiro documento no qual é depositado o germe brilhante da nova perspectiva mundial" (Engels, 1967, p. 8). Aqui, é interessante que Marx tenha usado a família e suas contraditórias relações internas para ilustrar uma das teses:

> que o fundamento mundano se destaque de si mesmo e construa para si um reino autônomo nas nuvens pode ser esclarecido apenas a partir do autoesfacelamento e do contradizer-a-si-mesmo desse fundamento mundano. Ele mesmo, portanto, tem de ser tanto compreendido em sua contradição quanto revolucionado na prática. Assim, por exemplo, depois que a terrena família é revelada como o mistério da sagrada família, é a primeira que tem, então, de ser teórica e praticamente eliminada. (Marx, 1975c, p. 4)[2]

---

[2] Na publicação de 1888, Engels modificou a redação das duas segundas frases de Marx: "A última deve, portanto, ser entendida primeiro em sua contraposição e depois, pela remoção da contradição, revolucionada na prática. Assim, por exemplo, uma vez descoberto que a família terrena é o segredo da família santa, a primeira deve então ela mesma ser criticada em teoria e transformada

Quase acidentalmente, então, essa tese revela a orientação programática inicial de Marx sobre a família: ela tanto deve ser "compreendid[a] em sua contradição quanto revolucionad[a] na prática [...] [Deve] ser teórica e praticamente eliminada" (Marx, 1975c, p. 4).

A primeira análise de Engels sobre a posição da mulher na sociedade aparece em seu livro *A situação da classe trabalhadora na Inglaterra*, escrito entre o final de 1844 e início de 1845 e publicado em maio de 1845. Em contraste com a abordagem altamente abstrata adotada durante esse período por Marx, a orientação de Engels é, em grande parte, descritiva e histórica. Ele se concentra na experiência real das mulheres da classe trabalhadora, membras do pequeno, porém crescente, proletariado industrial e agrícola. Ele insiste que não se trata da invenção de máquinas, mas do próprio capitalismo que, com seu impulso por acumulação e lucro, torna o trabalho barato de mulheres e crianças atrativo para os empregadores. Pesquisando metodicamente o desenvolvimento e o estado atual das diversas esferas da produção, ele documenta os detalhes da vida das mulheres da classe trabalhadora – como trabalhadoras e como esposas, mães e filhas. Ao mesmo tempo, suas observações oferecem uma visão geral da situação das mulheres da classe trabalhadora, bem como algumas percepções de caráter essencialmente teórico.

Para Engels, os efeitos mais óbvios do trabalho na fábrica sobre as mulheres são físicos e morais. Longas horas e terríveis condições de trabalho e de vida tornam as mulheres trabalhadoras vulneráveis a graves deformações ósseas e doenças. As

---

na prática" (Engels, 1975a, p. 7). Em vez de um "abrandamento" da versão de Marx, como sugere Draper, a mudança representa uma tentativa de indicar mais nitidamente o que Marx e Engels viram mais tarde como sendo a relação entre teoria e prática (Draper, 1972, p. 89).

mulheres trabalhadoras têm uma alta taxa de abortos espontâneos. O parto é excepcionalmente difícil. O medo da perda de salário ou da demissão força as trabalhadoras grávidas a permanecerem em seus empregos até o último momento. "É frequente que mulheres que trabalharam até tarde em um dia tenham o parto na manhã seguinte, e não é incomum que a criança nasça na própria fábrica, entre as máquinas". Pelas mesmas razões, poucas conseguem ficar em casa após o nascimento de uma criança por mais de uma semana ou duas. "As mulheres, em sua maioria, voltam à fábrica três ou quatro dias após o parto e, naturalmente, deixam o bebê em casa; na hora das refeições, correm até lá para amamentá-lo e comer algo – e não é difícil imaginar em que condições ocorre esse aleitamento". Como seria de se esperar, os bebês são fracos. Talvez 50% das crianças da classe trabalhadora nunca atinjam seu quinto aniversário. Em geral, as crianças nos distritos fabris tendem a ser "pálid[a]s e sofrem de escrofulose", "doentias e muito pequenas para a idade". A menstruação muitas vezes começa tarde ou nem sequer acontece (Engels, 1968, p. 182, 161, 184, 226).[3]

Tais condições são, segundo Engels, literalmente desmoralizantes. Em um estilo típico do século XIX, ele condena os males morais do trabalho fabril, onde [havia] "inevitável e compulsória proximidade física de indivíduos de ambos os sexos e de idades variadas, que não receberam nenhuma formação intelectual e moral, amontoados num único espaço de trabalho". Embora possamos rir diante de seus padrões relativamente arcaicos de moralidade, Engels, ainda assim, aponta para problemas reais: sedução de meninas pelos empregadores, sob ameaça de demissão;

---

[3] Essa tradução tem sido objeto de muitas críticas; ver, por exemplo, Marcus (1974, p. xi-xiii, 28-29). Para facilitar a leitura, utilizo, então, a citação de Marcus. Para a tradução autorizada por Florence Kelley Wischnewetzky, ver Engels (1975b, 4, p. 295-596).

gravidez indesejada; embriaguez e alcoolismo; suicídio; falta de educação em geral; e um alto nível de criminalidade e brutalidade entre as pessoas. Além disso, Engels descreve que a prostituição generalizada acompanhou o "turbilhão da degradação moral" característico da classe trabalhadora (Engels, 1968, p. 166, 134).[4]

A enorme onda de prostituição no século XIX atraiu a atenção de reformadores da moral e de socialistas utópicos de todos os tipos, que repetidamente a apontaram como um chocante símbolo cultural da degradação social moderna. O próprio Marx segue essa tradição quando, em uma nota de rodapé nos *Manuscritos econômico-filosóficos* reduz a prostituição a uma metáfora retórica da exploração. "A prostituição é apenas uma expressão particular da prostituição universal do trabalhador, e, visto que a prostituição é uma relação em que cai não só a prostituída, mas também o prostituidor – cuja infâmia é ainda maior –, assim cai também o capitalista etc., nessa categoria" (Marx, 1975b, p. 295). A denúncia de Marx, em *A sagrada família*, das noções filantrópicas liberais de reforma e redenção trata a prostituição apenas um pouco mais especificamente, como o paradigma da hipocrisia ideológica burguesa (Marx e Engels, 1975b, p. 166-176). Mas é Engels, em *A situação da classe trabalhadora na Inglaterra*, quem analisa a realidade e as raízes sociais dessa hipocrisia particular. Apesar de um certo toque vitoriano, sua crítica à burguesia revela uma sofisticada compreensão tanto das forças sociais quanto das opções individuais:

> Além da intemperança no consumo de bebidas alcoólicas, o desregramento sexual constituiu o vício principal de numerosos operários ingleses. Também este é uma consequência inevitável das condições de vida de uma classe abandonada a si própria, mas desprovida de meios para utilizar sua liberdade de modo apropriado. A burguesia, ao mesmo tempo que a cumulou de

---

[4] Mais genericamente, ver p. 124-9, 166-8.

> penas e sofrimentos, só lhe deixou dois prazeres – a bebida e o sexo – e a consequência é que os trabalhadores concentram aí todas as suas paixões, entregando-se a eles com excessos e de maneira desenfreada. Quando os homens são postos numa situação que só convém aos animais, não lhes restam mais alternativas que rebelar-se ou chafurdar na animalidade. E a ninguém menos que à burguesia assiste o direito de reprovar aos trabalhadores sua grosseria sexual: ela participa decididamente no desenvolvimento da prostituição – das 40 mil prostitutas que todas as noites enchem as ruas de Londres, quantas não são sustentadas pela virtuosa burguesia? E quantas não devem a obrigação em que se veem de vender o corpo aos passantes para viver a um bom burguês que as seduziu? (Engels, 1968, p. 144)

Disso tudo, Engels tira a dura conclusão de que "é essa ordem social, por exemplo, que torna quase impossível ao operário a vida familiar". Repetidamente, ele analisa as condições predominantes e encontra a "destruição da família, fenômeno já comum entre os operários ingleses". Em várias ocasiões, ele observa que "as grandes culpadas são as instituições da sociedade atual". Mais especificamente, Engels aponta para o emprego de mulheres casadas no trabalho fabril. "O trabalho da mulher na fábrica necessariamente desagrega a família, desagregação que – nas condições sociais vigentes, elas mesmas baseadas na família – tem as mais nefastas consequências morais para os cônjuges e para as crianças". O problema não é apenas o trabalho em si. Longas horas e terríveis condições tanto de vida quanto de trabalho geram um pesado custo em "desacordos e brigas" familiares. Além disso, "com a mulher trabalhando diariamente 12 ou 13 horas na fábrica e com o homem também ocupado, na mesma fábrica ou em outro lugar, quais podem ser os resultados para as crianças?". Até onde Engels pôde observar na Inglaterra em 1844, o capitalismo, a não ser que tivesse sido impedido pela ação conjunta da classe trabalhadora, impusera as mesmas condições a uma sucessão de gerações: "mulheres que trabalham até o momento do parto, incapacitadas para se ocuparem das tarefas domésticas, abandono da casa e dos filhos, indiferença e até hostilidade em face da vida familiar e degradação moral" (Engels, 1968, p. 145, 160, 161, 225).

As mulheres, por vezes, tornavam-se a principal fonte de renda nos lares da classe trabalhadora, e isso representava, para Engels, a aparente tendência à dissolução da família. Confuso e impactado por essa tendência, ele a vivenciou como uma "inversão completa das relações sociais normais" e, portanto, uma traição à "estrutura normal da família". Em tom de choque, ele observa que

> em muitos casos, a família não se desagrega com o trabalho da mulher, mas se desorganiza: é a mulher que mantém a casa, o homem desempregado cuida das crianças e da vida doméstica. [...] [Há] inversão das relações familiares, [mas] [...] as outras relações sociais permanecem inalteradas.

Tal situação "tolhe o caráter viril do homem e a feminilidade da mulher [...], situação que degrada de modo infamante os dois sexos e o que há de humano neles". Na mesma linha, Engels lista, entre as "más consequências" do trabalho infantil, a possibilidade de "as crianças se emanciparem e considerarem a casa de seus pais como meros alojamentos, e muitas vezes, se lhes apetecer, deixam a casa e se hospedam em outro lugar" (Engels, 1968, p. 160, 161, 163, 236).

Os comentários de Engels sobre a dissolução da família – que enfatizam o caráter supostamente natural das divisões do trabalho e da autoridade de acordo com sexo ou idade, e que interpretam erroneamente os efeitos da sua inversão – refletem os pressupostos convencionais do século XIX. Engels falha em reconhecer, nesse ponto, a possibilidade de uma forma de vida familiar contemporânea diferente daquela estabelecida pela burguesia e, portanto, declara estar a família da classe trabalhadora em estado de desintegração. Ele percebe o caráter contraditório de suas observações, no entanto, e procura fundamentá-las no desenvolvimento histórico. Para ele, se o atual estado da família da classe trabalhadora não parece ser natural, ele deve resultar "do fato de eles estarem colocados, desde o princípio, em uma posição falsa diante do outro. Se a supremacia da mulher sobre o homem, inevitavelmente provocada pelo sistema fabril, é inumana, a do homem sobre a mulher, tal como existia antes, também o era". De fato, essas observações permitem que Engels vislumbre não apenas o passado, mas também o futuro.

> Se a mulher pode hoje, como antes podia o homem, reclamar a supremacia porque contribui com a maior parte, quando não com a totalidade, dos bens comuns da família, segue-se inevitavelmente que essa comunidade familiar não é verdadeira nem racional, pois que um de seus membros ainda pode reclamar por ter dado um contributo maior. Se a família da sociedade atual se desagrega, essa desagregação mostra justamente que, no fundo, não é o amor familiar que constitui seu vínculo substantivo, mas sim o interesse privado, necessariamente conservado nessa falsa comunidade de bens. (Engels, 1968, p. 164-165)[5]

Em *A situação da classe trabalhadora na Inglaterra*, Engels também faz três contribuições teóricas genuínas para uma compreensão da situação da mulher, cada uma, como ele observou mais tarde, de forma embrionária (Engels, 1968, p. 363-364). Primeiro, ele reconhece, implicitamente, que nem os indivíduos nem a família existem como abstrações a-históricas. Concentrando-se, ao longo de todo o livro, nas pessoas e nas famílias da classe trabalhadora, ele frequentemente contrasta as experiências destas com as expectativas e relacionamentos burgueses. Além disso, ele associa, ainda que vaga e inconsis-

---

[5] Engels também discute brevemente a dissolução da família sob o impacto do sistema fabril em seu *Esboço para uma crítica da economia política* (1843-44); ver Engels (1975c, p. 423-424).

tentemente, a natureza das relações entre os sexos na família às formas sociais de propriedade. Em resumo, Engels sugere que a opressão às mulheres e a família devem ser conceitualizadas em termos de modos de produção específicos e classes específicas.

Em segundo lugar, Engels considera a determinação e a estrutura do salário, ou seja, os meios pelos quais o indivíduo e a família garantem sua própria reprodução. Ele argumenta que dois tipos de concorrência afetam o nível do salário. Excepcionalmente, em períodos de pleno emprego ou até mesmo de emprego excedente, os empregadores devem competir entre si por trabalho, e os salários, é claro, aumentam. Mais comumente, a competição entre os trabalhadores por empregos disponíveis tende a forçar os salários para baixo. No entanto, há limites no jogo dessas forças de oferta e demanda de trabalho. Categorias diferentes de trabalhadores exigem padrões de vida diferentes e, portanto, demandam salários diferentes, mesmo sob a mais severa concorrência. O salário deve ser "suficientemente alto para que o operário se mantenha nesse nível". Além disso, os salários devem ser altos o suficiente para que os trabalhadores possam repor a si mesmos – embora novamente dentro de limites definidos. No caso do trabalho na fábrica, por exemplo, é

> preciso garantir um salário que lhe permita educar os filhos para um trabalho regular – mas apenas o suficiente para que não possa dispensar o salário dos filhos e não faça deles algo mais do que operários. (Engels, 1968, p. 90)

O número de assalariados em uma unidade doméstica afeta o nível do salário. "Numa família em que todos trabalham, cada um pode contentar-se com um pagamento proporcionalmente menor". Dessa forma, a burguesia gananciosa "conseguiu, de forma astuciosa, deprimir o salário dos homens" ao requerer o trabalho de esposas e crianças nas fábricas. Na prática, observa Engels, o salário médio deve corresponder ao suposto número médio de pessoas assalariadas dentro da unidade doméstica. Em geral, porém, os salários não podem cair abaixo de "quase nada", definido por Engels como o "mínimo" necessário para a subsistência física. A partir disso, Engels tenta determinar a relação entre esse salário "mínimo" e o salário "médio" em tempos normais, ou seja, quando não há concorrência atípica entre os trabalhadores ou entre os capitalistas. "Em condições médias [...], o salário será um pouco superior ao mínimo. Em quanto o ultrapassará, isso depende das necessidades médias e do grau de civilidade dos operários". Embora essa formulação tome um mínimo material hipotético como padrão, ela antecipa largamente a ênfase posterior de Marx n'*O capital* de que "um elemento histórico e moral" desempenha um papel crítico na determinação de todos os níveis salariais. Nessas passagens, então, Engels esboçou as linhas gerais de uma teoria da relação entre salários e a família da classe trabalhadora: o nível dos salários é tanto uma questão social quanto material; os salários garantem a reprodução da classe trabalhadora ao sustentar unidades domésticas familiares e não os indivíduos; os capitalistas podem, portanto, forçar os salários para baixo ao atrair mais membros da mesma unidade familiar para o trabalho assalariado; tal depreciação do valor do trabalho de um indivíduo pode exigir uma alteração significativa no que Engels denomina "necessidades médias e grau de civilidade dos operários" (Engels, 1968, p. 90-92).[6]

---

[6] Em 1885, Engels observou que "a tese de que o 'natural', ou seja, o preço normal da força de trabalho coincide com o salário mínimo, ou seja, com o equivalente em valor dos meios de subsistência absolutamente indispensáveis para a vida e a procriação do trabalhador, foi apresentada pela primeira vez" em seu *Esboço para uma crítica da economia política* (1843-4) e em *A situação...* Ainda assim, ele acrescenta, a "tese é, no entanto, incorreta [...]. Em *O capital,* Marx colocou a tese acima corretamente" (Marx, 1975d, p. 125). Para o *Esboço*, ver Engels (1975c).

O terceiro *insight* teórico de Engels diz respeito à reprodução geral da classe trabalhadora, especificamente, a relação entre população e capitalismo. Ele observa que a natureza cíclica do desenvolvimento capitalista regula o tamanho da força de trabalho total em um dado momento. A "indústria inglesa tem necessidade de uma reserva de trabalhadores desempregados". Normalmente, essa enorme "população supérflua" compete pelos empregos disponíveis. No auge de um momento de crescimento, no entanto, a população existente subitamente parece insuficiente e deve ser suplementada. Trabalhadores de distritos agrícolas periféricos e até mesmo da Irlanda, assim como mulheres e jovens, ingressam na força de trabalho. "Estes constituem, de um lado, uma minoria e pertencem, de outro, à reserva, com a única diferença de que só quando ocorre um período de retomada se prova que eles fazem parte dela". Em oposição a Malthus, Engels enfatiza a necessidade estrutural de uma chamada população excedente para a expansão industrial. Malthus

> equivocou-se de todo ao sustentar que há mais indivíduos do que aqueles que os meios de subsistência existentes podem alimentar. A população supérflua é produto da concorrência entre os trabalhadores, que obriga cada trabalhador a laborar cotidianamente até o limite de suas forças. (Engels, 1968, p. 92)

Engels liga, assim, o fenômeno da população excedente aos mesmos processos que regulam os salários e a duração da jornada de trabalho. A diferença é, simplesmente, que eles ocorrem "em grande escala em uma nação" (Engels, 1968, p. 98).[7]

Já em 1845, Marx e Engels haviam chegado, por caminhos diferentes, a uma compreensão provisória do que ficaria conhecido como a teoria materialista da história ou materia-

---

[7] Ver também as p. 320-324.

lismo histórico. Entre novembro de 1845 e agosto de 1846, eles produziram um longo manuscrito intitulado *A ideologia alemã*. Como Marx relembrou mais tarde, eles [resolveram] "trabalhar em comum para salientar o contraste de nossa maneira de ver com a ideologia da filosofia alemã, visando, de fato, acertar as contas com a nossa antiga consciência filosófica". A intenção foi realizada na forma de uma crítica da filosofia pós-hegeliana. Embora nunca publicado na íntegra, o manuscrito [havia alcançado] "nosso fim principal, que era nos esclarecer" (Marx, 1970a, p. 22). *A ideologia alemã* marca uma virada no desenvolvimento da obra de Marx e Engels. Nela também está contida sua primeira formulação abrangente sobre uma teoria e história da família.

Em *A ideologia alemã*, Marx e Engels aproveitam a oportunidade para explorar diversos aspectos das relações entre família, ideologia e reprodução social. Eles chamam a atenção para a contradição entre as concepções ideológicas sobre a família e a experiência histórica real das famílias em diferentes classes. Na burguesia, a família atua como uma unidade transmissora de propriedade, cuja existência "se faz necessária por sua conexão com o modo de produção". A burguesia desenvolve um conceito idealizado de família que, no entanto, é traído em todas as suas ações. Na família burguesa, "o tédio e o dinheiro são o elo, [no entanto] sua existência suja tem sua contrapartida no conceito sagrado da mesma em fraseologia oficial e hipocrisia universal". Marx e Engels afirmam que, em contraste, a família é "*realmente* abolida" entre o proletariado, onde "o conceito de família não existe de forma alguma, mas aqui e ali o afeto familiar baseado em relações extremamente reais certamente se encontra". Em suma, Marx e Engels desenvolvem a explicação teórica explícita de que "[a família] [...] tem então de ser tratada e desenredada segundo os dados empíricos existentes, e não segundo o 'conceito de família'" (Marx e Engels, 1975a, p. 180-181).[8]

Então, como se pode falar da família? Marx e Engels a veem como uma forma social enraizada nas relações de produção, [um ato] "cuja prova é fornecida por cada indivíduo no seu dia a dia, ao comer, ao beber e ao vestir-se". Eles identificam três aspectos simultâneos da atividade social que respondem a essas exigências. Primeiro, as pessoas produzem formas de satisfazer necessidades básicas. Segundo, esse mesmo ato leva à criação de novas necessidades. E terceiro, "os homens que, dia a dia, renovam a sua própria vida começam a fazer outros homens, a reproduzir-se – a relação entre homem e mulher, pais e filhos, *a família*". Nessa seção d'*A ideologia alemã*, a família tem o *status* teórico de um local de reprodução de indivíduos cuja característica essencial é a participação no trabalho social. A relação entre o biológico ou "natural" e o social nesse local – ou seja, na família – permanece altamente ambígua. Por exemplo, uma passagem bem conhecida de *A ideologia alemã* afirma que

> a produção da vida, tanto da própria, no trabalho, quanto da alheia, na procriação, surge agora imediatamente como uma dupla relação: por um lado como relação social – social no sentido em que aqui se entende a cooperação de vários indivíduos, seja em que circunstâncias for e não importa de que modo e com que fim. (Marx e Engels, 1975a, p. 41-43)

Usando o conceito de divisão do trabalho – que, em *A ideologia alemã*, muitas vezes, desempenha o papel de uma força

---

[8] Marx e Engels não dizem por que pensam que a família proletária foi abolida. Presumivelmente, a declaração se baseia na ausência de propriedade e em observações do tipo feitas por Engels em *A situação da classe trabalhadora na Inglaterra*. Em uma crítica de um livro de Georg Friedrich Daumer, publicada em 1850, Marx e Engels apresentam um argumento semelhante contra considerar as mulheres abstraídas de sua situação social.

motivadora –, Marx e Engels esboçam as linhas gerais sobre uma história da família no desenvolvimento social. A divisão do trabalho "originalmente nada era senão a divisão do trabalho no ato sexual". Dela surge a "natural" divisão do trabalho na família. As fases do desenvolvimento da divisão do trabalho correspondem, ainda, a diferentes formas de propriedade. Primeiro, na fase da propriedade tribal, a divisão do trabalho é "muito pouco desenvolvida e limita-se a um prolongamento natural do trabalho existente na família". Inicialmente, "a estrutura social limita-se, por isso, a uma extensão da família", mas, a longo prazo, "a escravatura latente na família só se desenvolve gradualmente com o aumento da população, das necessidades e com o alargamento do intercâmbio externo, tanto de guerra quanto de comércio de troca" (Marx e Engels, 1975a, p. 33, 43, 44, 46).

Em *A ideologia alemã*, Marx e Engels também comentam brevemente sobre a família na sociedade comunista. Eles estão examinando a relação entre as formas de organização social e o estado de desenvolvimento das forças produtivas. Eles observam que as primeiras sociedades agrícolas se caracterizavam por uma "economia separada" e não podiam se desenvolver segundo as linhas comunais. "A superação [*Aufhebung*] da economia separada, a qual não pode se separar da superação da propriedade privada, era simplesmente impossível, dado que ainda não existiam as condições materiais para ela". Então, quase como uma reconsideração, eles notam que é óbvio que "a superação [*Aufhebung*] da economia individual não pode se separar da superação da família" (Marx e Engels, 1975a, p. 75-76). Pela primeira vez em seus trabalhos, aqui Marx e Engels tocam no tema socialista-utópico da abolição da família.

Marx e Engels tinham agora um sólido ponto de partida tanto para uma teoria quanto para uma história das questões envolvidas no problema da subordinação das mulheres. Marx resumiu essa abordagem teórica geral em uma carta ao liberal russo Pavel Vasilyevich Annenkov. "Assuma etapas particulares de desenvolvimento na produção, comércio e consumo e você terá uma constituição social correspondente, uma organização correspondente da família, das ordens ou das classes, em uma palavra, uma sociedade civil correspondente".[9] De um ponto de vista teórico, em outras palavras, todas as relações sociais podem, em última instância, estar enraizadas nas relações de produção dominantes em uma dada sociedade. Quanto ao material empírico sobre a história das mulheres e da família, esse era ainda bastante escasso, mas Marx e Engels já haviam conseguido fazer um bom esboço do desenvolvimento histórico.

Com a "nova perspectiva mundial" consolidada nos escritos de 1845-1846, Marx e Engels se viram confrontados com novas tarefas. Uma onda de aspirações democráticas reavivadas e de intensificação da atividade política estava varrendo a Europa, desencadeada pela crise econômica de 1847 e culminando com as revoluções de 1848-50. O trabalho prático de organização, primeiro com o Comitê de Correspondência Comunista e depois com a Liga Comunista, tornou-se primordial. Quando a recém-criada Liga Comunista necessitou de uma plataforma teórica e prática, Marx e Engels foram solicitados a redigi-la. Sobreviveram duas versões preparatórias, ambas de Engels. Uma inicial, *Rascunho de uma confissão de fé comunista*, escrita no formato de perguntas e respostas, comumente usada à época pelas organizações de trabalhadores, fora discutida no Primeiro Congresso da Liga Comunista, em Londres, em junho de 1847. No final de outubro, Engels produziu uma versão melhorada, o *Princípios do comunismo*, também sob a forma de um catecismo revolucionário. Em novembro de 1847, estava nítido que o formato de perguntas e

---

[9] Marx a P. V. Annenkov, 28 de dezembro de 1846, em Marx e Engels (1965, p. 35).

respostas conflitava com a abordagem histórica, e Engels sugeriu a Marx que eles abandonassem a forma de catecismo.[10] O resultado, o *Manifesto do Partido Comunista*, foi escrito entre dezembro de 1847 e janeiro de 1848, sob as instruções do Segundo Congresso da Liga Comunista. Em suas páginas, assim como nos rascunhos, Marx e Engels reformulam seus pontos de vista sobre a questão da subordinação da mulher para uma forma mais programática e, frequentemente, bastante marcante.

Tendo apreendido os mecanismos subjacentes ao desenvolvimento histórico, Marx e Engels foram capazes de ligar fenômenos passados, presentes e futuros com uma nova nitidez, ainda que pouco sutil. Assim, Engels observa em *Confissão de fé* que "A relação familiar foi modificada no decorrer da história pela relação de propriedade e por períodos de desenvolvimento, e [...], consequentemente, o fim da propriedade privada também terá uma influência muito importante sobre ela". Mais dramaticamente, o *Manifesto* delineia a relação entre a família e a propriedade na sociedade capitalista. A família burguesa se baseia "no capital, no lucro privado. Na sua plenitude, ela existe apenas para a burguesia; mas encontra seu complemento na ausência forçada de família entre os proletários e na prostituição". Como a classe trabalhadora não tem propriedade, a relação do proletário "com mulher e filhos já não tem nada em comum com as relações familiares burguesas". No nível ideológico, o *Manifesto* afirma, com um floreio dramático, que "a burguesia rasgou o véu comovente e sentimental do relacionamento familiar e o reduziu a uma relação puramente monetária" (Engels, 1975d, p. 102-103; Marx e Engels, 1975d, p. 501, 494, 487).

Os comunistas argumentaram que tais relações dentro das famílias, bem como a prostituição, são produtos naturais da

---

[10] Engels para Marx, 23-24 de novembro de 1847, em Marx e Engels (1965, p. 45).

sociedade burguesa. Além disso, tiveram que responder à acusação burguesa de que pretendiam coletivizar as mulheres, ou seja, transformá-las em prostitutas. Nos *Princípios do comunismo*, Engels é conciso e analítico:

> A comunidade de mulheres é uma relação que pertence totalmente à sociedade burguesa e que hoje se realiza completamente na prostituição. Mas a prostituição está enraizada na propriedade privada e cai com ela. Assim, em vez de introduzir a comunidade de mulheres, a organização comunista põe um fim a ela. (Engels, 1975e, p. 354)

Ainda assim, nenhuma outra questão inflamou e assustou tanto a burguesia do século XIX, pois, como Sheila Rowbotham argumenta convincentemente, "a prostituta tornou-se o símbolo de [sua] classe e culpa sexual" (Rowbotham, 1972, p. 65). A questão da prostituição ocupa um lugar muito maior no *Manifesto Comunista* do que nos dois rascunhos preparatórios. Marx e Engels denunciam fervorosamente a ignorância mesquinha e a hipocrisia ideológica da burguesia:

> Mas vocês, os comunistas, querem introduzir a comunidade das mulheres, clama a burguesia em coro.
> O burguês vê sua mulher como mero instrumento de produção. Ele ouve dizer que os instrumentos de produção devem ser explorados de forma comum e conclui, naturalmente, que haverá comunidade de mulheres.
> Ele não imagina que, nesse caso, trata-se precisamente de abolir o papel da mulher como simples instrumento de produção.
> A propósito, nada mais ridículo que a indignação moralizante de nossos burgueses sobre a pretensa comunidade oficial de mulheres que os comunistas adotariam. Os comunistas não precisam introduzir a comunidade das mulheres, ela quase sempre existiu. (Marx e Engels, 1975d, p. 502)

O *Manifesto* também situa o futuro do casamento e das relações entre os sexos em relação ao modo de produção vigente. "É evidente que, com a abolição das relações atuais de produção, também a comunidade de mulheres, que delas decorre, quer dizer, a prostituição oficial e não oficial, desaparecerá." Mais especificamente, a "família dos burgueses desaparece naturalmente com o desaparecimento desse seu complemento, e ambos desaparecem com a abolição do capital" (Marx e Engels 1975d, p. 501). Em contraste com essas observações bastante enigmáticas, as versões preliminares de Engels conseguem ser mais explícitas. Em *Confissão de fé*, por exemplo, ele argumenta que a sociedade comunista seria capaz, se necessário, de "interferir na relação pessoal entre homens e mulheres ou com a família em geral na medida em que a manutenção da instituição existente perturbaria a nova ordem social" (Engels, 1975d, p. 102). Em *Princípios do comunismo*, Engels revê esta posição:

> *Pergunta 21:* Que influência o comunismo exercerá sobre a família?
> *Resposta*: As relações entre os dois sexos terão um caráter puramente privado, pertinente apenas aos interessados, sem qualquer intervenção da sociedade. Isso será possível já que, com a abolição da propriedade privada e com a educação dos filhos pela sociedade, cairão por terra as duas bases do matrimônio atual, a dependência da mulher em relação ao homem e a dependência dos filhos em relação aos pais. (Engels, 1975e, p. 354)

O que parece aqui ser uma reviravolta pode, na verdade, ser um esclarecimento. Engels agora diferencia os tipos de intervenção social. A abolição da propriedade privada e a educação comunitária começando na mais tenra idade atacam o coração da sociedade capitalista. Assim, tendo intervindo drasticamente, uma sociedade comunista pode, segundo Engels, seguramente deixar outras relações entre os sexos em paz.

Esses esboços de formulações lembram posições socialistas típicas do século XIX a respeito da abolição da família. Embora sua omissão no *Manifesto* deixe a questão frustrantemente em aberto, Marx e Engels evidentemente concluíram que uma declaração mais precisa e menos utópica referente à abolição tanto das famílias burguesas como das proletárias representava melhor a posição de ambos. Dessa forma, à acusação da burguesia de que os comunistas buscam a destruição da "família *como tal*", eles responderam muito apropriadamente que os comunistas lutam pela abolição das classes, tal como estão incorporadas nas instituições específicas da sociedade de classes – aqui, mais especificamente, as famílias burguesas e da classe trabalhadora.

Marx e Engels também se referem no *Manifesto*, muito brevemente, ao problema da estrutura do salário no que diz respeito à unidade doméstica. De um modo analítico, eles observam que

> quanto menos destreza e força exige o trabalho manual, isto é, quanto mais a indústria moderna se desenvolve, tanto mais o trabalho dos homens é substituído pelo das mulheres e crianças. Diferenças de sexo ou de idade não têm mais qualquer relevância social para a classe trabalhadora. Só há instrumentos de trabalho, cujo preço varia conforme a idade e o sexo.

Com essa base sendo lançada, eles proclamam, dramaticamente, que "a grande indústria rompe todos os laços familiares dos proletários e as crianças são transformadas em simples artigos de comércio e instrumentos de trabalho" (Marx e Engels, 1975d, p. 491, 502).

Marx abordou as questões teóricas em torno do salário mais diretamente em um conjunto de palestras proferidas no momento da redação do *Manifesto* e publicadas 16 meses depois como *Trabalho assalariado e capital*. Ele observa que, com o desenvolvimento do capitalismo, a concorrência aumenta e os salários diminuem. Além disso, a introdução de maquinaria tem o efeito de "substituir trabalhadores qualificados por não qualificados, homens por mulheres, adultos por crianças", tendendo a depreciar, assim, o valor da força de trabalho e mudar a estrutura da renda familiar. Quando, por exemplo, a fábrica emprega três crianças e uma mulher no lugar de um homem dispensado por causa da máquina, "agora, quatro vezes mais vidas de trabalhadores são consumidas para ganhar o sustento da família de *um* trabalhador". Ao mesmo tempo, Marx se confronta com a difícil questão da determinação dos níveis salariais. Os salários, ou o "salário mínimo", são o preço do "custo de existência e reprodução do trabalhador". Marx adverte, entretanto, que o conceito de salário mínimo pertence à classe trabalhadora como um todo.

> Este salário mínimo, assim como a determinação do preço das mercadorias pelo custo de produção em geral, não é bom para o *único indivíduo*, mas para a *espécie*. Os trabalhadores individuais, milhões de trabalhadores, não recebem o suficiente para poder existir e se reproduzir; *mas o salário de toda a classe trabalhadora* decresce, dentro de suas flutuações, até este mínimo.

Embora mantendo a noção de um salário mínimo hipotético, Marx reconhece seu caráter essencialmente agregador e social (Marx, 1975e, p. 425-426, 436).[11]

Em seus primeiros escritos, Marx e Engels evidenciam um compromisso com a importância do problema da opressão às mulheres. Eles dissecam, na medida em que o material empírico disponível permite, a dura realidade da subordinação das mulheres nas sociedades passada e presente. Contra esse cenário difícil, eles contrapõem uma visão séria, ainda que um tanto simplista, da libertação da mulher no futuro e da abolição da família tal qual existente na sociedade de classes. Embora sua abordagem estratégica dificilmente corresponda ao alcance

---

[11] Em um caderno de anotações intitulado "Salários" e mantido nesse mesmo período, Marx também anotou que o suposto salário mínimo "é diferente em países diferentes" e "tem um movimento histórico". De fato, às vezes ele inclui "um pouco de chá, ou rum, ou açúcar e carne". Esses comentários ecoam naqueles de Engels sobre o "nível de civilidade" discutido anteriormente, bem como antecipam a própria teoria mais desenvolvida de Marx.

dessa perspectiva, sua fraqueza programática reflete o nível do desenvolvimento do movimento da classe trabalhadora na época. Em suas concepções teóricas, Marx e Engels começam a distinguir sua posição sobre a questão da mulher da imprecisão e utopia das opiniões socialistas anteriores.

Nas décadas seguintes, tanto Marx como Engels procuraram elaborar tanto os aspectos teóricos como os programáticos de sua perspectiva. Na medida em que continuaram a enfatizar a divisão do trabalho de acordo com o sexo, a opressão às mulheres proletárias no trabalho e a suposta dissolução da família da classe trabalhadora, eles estabeleceram os termos dentro dos quais a chamada Questão da Mulher deveria ser discutida e tratada pelos socialistas nos próximos 100 anos. Ao mesmo tempo, eles aprofundaram sua compreensão da opressão às mulheres como elemento estrutural da reprodução geral da classe trabalhadora e da reprodução social geral. Nesse sentido, eles começaram a caminhar para uma abordagem teórico-prática mais ampla a fim de alcançar o objetivo de libertação das mulheres.

5 – MARX: OS ANOS DE MATURIDADE

Por volta de 1850, a série de insurreições que inspiraram esperanças democráticas e revolucionárias em todo o continente europeu havia sido interrompida. Encorajados por uma virada ascendente no ciclo econômico, os regimes contrarrevolucionários procuraram reafirmar o poder dos proprietários. Marx e Engels, os principais porta-vozes da Liga Comunista, logo se tornaram os alvos centrais da ira reacionária desses governos. Perseguidos no continente, eles se refugiaram na Inglaterra: Engels em Manchester, onde assumiu um cargo na empresa têxtil de seu pai, e Marx em Londres, onde permaneceu pelo resto de sua vida.

Marx agora recomeçaria seus estudos econômicos, decidindo "começar tudo de novo e a submeter a exame crítico os novos materiais" (Marx, 1970a, p. 23). Entre 1857 e 1858, ele consolidou suas notas em um manuscrito conhecido hoje como os *Grundrisse*. Embora muitas formulações nos *Grundrisse* permaneçam incorretas ou imprecisas do ponto de vista das obras preparadas posteriormente para a publicação propriamente dita, o manuscrito mostra até onde os estudos de Marx o levaram. Ali ele apresenta sua primeira tentativa madura de "descobrir", como ele mesmo disse dez anos depois no prefácio ao *O capital*, "a lei econômica do movimento da sociedade moderna". E inclui alguns comentários de grande relevância para as questões da subordinação e da libertação das mulheres.

É porque Marx se esforça para entender o modo de produção capitalista como um todo que, nos *Grundrisse*, ele volta repetidamente ao problema das relações entre produção, distribuição, troca e consumo. Dessa forma, ele aborda a questão da reprodução dos indivíduos, dentro de relações determinadas, por meio do consumo de produtos.

> [o] consumo reproduz o próprio indivíduo em um modo de existência determinado e em relações sociais determinadas, não só em sua vitalidade imediata. De modo que a apropriação final pelos indivíduos, que se dá no processo de consumo, os reproduz nas relações originais em que eles se encontram no processo de produção e uns com os outros; ela os reproduz em sua existência social, reproduz então a sua existência social – a sociedade –, que aparece tanto como o sujeito quanto como o resultado desse grande processo global. (Marx, 1973b, p. 717)

Essa afirmação muito geral ressalta a inseparabilidade da reprodução dos indivíduos da reprodução social geral, mesmo que lhe falte especificidade em relação à filiação de classe.

Em outra parte dos *Grundrisse*, Marx enfoca a reprodução dos indivíduos como produtores diretos no modo de produção capitalista, isto é, como membros da classe trabalhadora. O trabalhador individual possui uma mercadoria, a capacidade de trabalhar, de que o capitalista necessita para pôr em movimento o processo de produção. No mercado, o trabalhador troca essa mercadoria "por dinheiro, a forma universal da riqueza, mas só para trocá-lo de novo por mercadorias como objetos de seu consumo imediato, como os meios para a satisfação de suas necessidades" (Marx, 1973b, p. 283). Os salários pagos ao trabalhador pelo capitalista representam a quantidade de trabalho incorporada nessas mercadorias compradas para consumo imediato.

Os níveis salariais flutuam. Em geral, eles correspondem ao "trabalho objetivado que é necessário tanto para conservar fisicamente a substância geral na qual sua capacidade de trabalho existe, o próprio trabalhador, portanto, quanto para modificar essa substância geral para o desenvolvimento da capacidade particular". Quando os negócios vão bem, as necessidades e o consumo – a "participação na civilização" do trabalhador – se expandem. No longo prazo, o impulso de acumulação do capital tende a permitir que o trabalhador aumente e substitua necessidades "naturais" por necessidades "historicamente criadas". É esse elemento de flexibilidade que distingue o trabalhador assalariado do servo ou escravo, pois "ele não está vinculado a objetos particulares nem a uma maneira de satisfação particular. Ele não está excluído qualitativamente do círculo de seus prazeres, mas só quantitativamente" (Marx, 1973b, p. 282-283, 287, 325, 283).

Enquanto Marx examina o processo de produção imediato, como nessas observações sobre os salários, ele trata o trabalhador como um tipo de "sujeito perene pressuposto, e não ainda como indivíduo perecível da espécie trabalhadora". Nesse nível, "aqui ainda não vem ao caso a classe trabalhadora e, portanto, a sua reposição em virtude do desgaste, de maneira que ela possa se conservar como classe" (Marx, 1973b, p. 323). Uma vez que a análise se volta para a acumulação de capital, porém, o problema da reprodução conjunta da classe trabalhadora fica mais claro. Marx a aborda por meio de uma crítica à teoria da superpopulação de Thomas Robert Malthus.

Malthus comete dois erros graves, segundo Marx. Primeiro, ele falha em reconhecer que a determinação da população se dá de acordo com relações qualitativas e quantitativas específicas de um dado modo de produção. "Os limites imanentes, historicamente mutáveis, do processo de reprodução humana, Malthus transforma em *obstáculos externos*; as *limitações externas* da reprodução natural, em *limites imanentes* ou *leis naturais* da reprodução". Em segundo lugar, Malthus argumenta que uma quantidade fixa de necessidades pode sustentar apenas um determinado número de pessoas, quando ele deveria ter analisado as relações sociais que permitem aos indivíduos adquirir meios de subsistência. Nas sociedades capitalistas, por exemplo, uma pessoa deve ter um emprego para obter dinheiro para comprar bens de primeira necessidade. De maneira mais geral, a questão é a "*mediação social* por meio da qual o indivíduo se relaciona aos meios de sua reprodução e os cria" (Marx, 1973b, p. 604-608; 607).

O excedente populacional tem, portanto, uma forma característica no modo de produção capitalista. A superpopulação representa um excedente de "capacidades de trabalho" composto por trabalhadores e não por pessoas que não trabalham. Em geral, o tamanho absoluto da classe trabalhadora tende a crescer à medida que o capital se acumula. Ao mesmo tempo, a necessidade do capital de desenvolver as forças produtivas causa uma diminuição contínua na proporção do trabalho necessário em relação ao trabalho excedente que "refere-se exclusivamente às capacidades de trabalho, isto é, à *população necessária*". Na medida em que uma parcela desse excedente populacional é mantida como "reserva para utilização posterior", todas as classes pagam os custos. Nesse sentido, "o capitalista se dispensa em parte dos custos de reprodução da classe trabalhadora e pauperiza, assim, em seu benefício, uma parte remanescente da população" (Marx, 1973b, p. 608-610).

Longe de encarnar uma lei abstrata da natureza, o excedente populacional na forma de um excedente relativo de trabalhadores – o que Engels chamou de exército industrial de reserva – é inerente às relações capitalistas de produção. Seu caráter real, a qualquer momento dado, responde às tendências contraditórias do capital em aumentar absolutamente a população trabalhadora e tornar uma parcela crescente dela relativamente supérflua. Em suma, "todas as contradições que foram expressas como contradições, embora sem serem compreendidas, na moderna teoria da população" emergem do fenômeno da mais-valia (Marx, 1973b, p. 401). Com essas observações, Marx sugere uma ligação teórica íntima entre a reprodução da classe trabalhadora e o funcionamento do modo de produção capitalista.

Quanto à família e ao lar, Marx só os menciona nos *Grundrisse* ao considerar as formas de produção pré-capitalistas. Falando de várias sociedades pré-industriais ou não europeias, ele representa consistentemente a unidade doméstica familiar por seu chefe individual, presumivelmente masculino. Assim, por exemplo, o objetivo do trabalho em tais sociedades é "a conservação do proprietário singular e de sua família, bem como a da comunidade como um todo". Além disso, Marx assume a universalidade de uma divisão sexual natural do trabalho quando coloca a produção de certos bens entre parênteses como uma "atividade doméstica complementar das esposas e filhas (fiar e tecer)". A postura surpreendentemente acrítica de Marx nessas observações se deve, em parte, à fraqueza de suas fontes (Marx, 1973b, p. 472, 475).[1] Ela está mais profundamente enraizada, como veremos na próxima seção, nas fronteiras conceituais relativamente amplas e inexploradas atribuídas à esfera do "natural" no pensamento do século XIX.

---

[1] Ver também as p. 473, 484, 495. Sobre as fontes, ver a introdução de Eric Hobsbawm em Marx (1965, p. 20-27).

5 – Marx: os anos de maturidade

Os *Grundrisse* foram os primeiros de uma série de manuscritos que culminaram na publicação de *O capital*. Apenas o volume I d'*O capital*, que apareceu pela primeira vez em 1867, foi editado pelo próprio Marx. Após a morte de Marx, Engels usou os vários rascunhos produzidos por Marx na década de 1860 para editar versões dos volumes II e III para publicação. O volume IV, conhecido hoje como *Teorias da mais-valia*, foi montado e publicado por Karl Kautsky. Partes consideráveis dos manuscritos que Marx redigiu entre 1857 e 1870 permanecem inéditas.[2]

Espalhados pelas páginas d'*O capital*, os comentários de Marx sobre a situação da mulher, da família, da divisão do trabalho por sexo e idade e da reprodução da classe trabalhadora nunca foram suficientemente valorizados por quem estuda a chamada Questão da Mulher. Uma revisão sistemática dos três volumes revela uma grande quantidade de material importante.

Marx considerava a situação real das mulheres da classe trabalhadora, bem como das crianças, no contexto de sua descrição do desenvolvimento capitalista, concentrando-se no impacto da introdução da maquinaria. A maquinaria diminui notavelmente a importância da força física no processo de trabalho. Sob condições capitalistas, a maquinaria, portanto, permite ao empregador contratar mulheres e crianças, pagando salários mais baixos do que os trabalhadores do sexo masculino normalmente demandam. O emprego de mulheres e crianças tem consequências físicas, morais e intelectuais específicas, que Marx descreve de uma maneira que lembra o relato de Engels, 20 anos antes, em *A situação da classe trabalhadora*

---

[2] Para um resumo elucidativo da história de publicação dos manuscritos, veja a edição da *Vintage Books* d'*O capital* (Marx, 1977, p. 26-28). Ver também Marx (1973b, p. 11-12).

na Inglaterra (Marx, 1971a, p. 372-379).[3] Ele ressalta como a introdução de maquinário também tem um forte impacto nos setores da produção ainda não mecanizados. Aqui, os empregadores mudam para "trabalho barato", ou seja, para uma força de trabalho composta por mulheres, crianças e trabalhadores não especializados. A exploração desses trabalhadores é impiedosa, pois "a base técnica aí existente, substituição da força muscular por máquinas e facilidade do trabalho, lá em grande parte não existe e, ao mesmo tempo, o corpo feminino ou ainda imaturo fica exposto, da maneira mais inescrupulosa, às influências de substâncias venenosas etc". Nessas "fábricas de suor" [*sweatshop*],[4] minas e alojamentos precários [*huts*],[5] ainda mais do que nas fábricas mecanizadas, o modo de produção capitalista "acentua agora tanto mais esse seu lado antagônico e homicida" (Marx, 1971a, p. 434-435).[6]

O desenvolvimento do capitalismo tem o efeito geral de alterar continuamente a composição da força de trabalho em relação ao sexo, à idade, e à sua dimensão. A introdução de máquinas, por exemplo, deixa muitas pessoas sem trabalho, mas pode atrair outras, entre elas mulheres e crianças. Em numerosos ramos da produção, mulheres e crianças substituem

---

[3] Salvo indicação em contrário, todas as citações d'*O capital* utilizadas por Vogel referem-se à edição da Progress Publishers. (N.E.)

[4] "Sweatshops" é uma expressão que em tradução literal significa "fábricas de suor". Compreende-se por *sweatshops* as fábricas que têm condições de trabalho ilegais e/ou degradantes, com extensas jornadas de trabalho, insalubridade, remuneração abaixo da mínima regulamentada, muito comuns na atual indústria têxtil. (N.T.)

[5] O termo "huts" designa alojamentos coletivos de trabalhadores, em que as condições de salubridade não são garantidas. (N.T.)

[6] Marx, em seguida, passa a uma série de exemplos (p. 435-442); ver também as p. 455-456, 612-666. Outra evidência aparece nas discussões sobre ramos não regulados da indústria, os sistemas de turnos e a luta pela redução da jornada de trabalho; p. 233-238, 246-251, 264-281.

os homens como elemento principal da força de trabalho. Além disso, a extraordinária produtividade da indústria mecanizada capitalista permite que o número de trabalhadores domésticos, 90% mulheres, aumente muito. Apesar da constante expansão capitalista, que até certo ponto compensa o impacto da mecanização sobre o emprego, as crises periodicamente paralisam a produção, forçam os salários para baixo e causam desemprego em massa. "Assim, os trabalhadores são ininterruptamente repelidos e atraídos, jogados de um lado para outro, e isso em uma mudança constante de sexo, idade e habilidade dos recrutados" (Marx, 1971a, p. 428).[7]

Se comparado ao rico quadro das condições sociais sob o capitalismo, o material descritivo sobre sociedades não capitalistas do passado em *O capital* é bem escasso. Nada especificamente relevante para a experiência das mulheres *per se* aparece, e Marx se concentra, em vez disso, na família. Aludindo à variedade de formas de família na história, ele observa que nenhuma forma é "absoluta e definitiva". Ademais, "junt[a]s [elas] formam uma série no desenvolvimento histórico" (Marx, 1971a, p. 460). Ele está mais interessado na família camponesa autossustentável, pois ela representa a forma de família que precede a da sociedade capitalista. A família camponesa é uma unidade de produção elementar, um "produtor direto individual", que une "indústria doméstica rural com agricultura" em uma 'indispensável conjunção". Caracterizando a unidade doméstica camponesa como "trabalho autônomo isolado com sua família", Marx está minimamente preocupado com a divisão do trabalho dentro dela. Em vez disso, ele se concentra na família camponesa como uma unidade produtora que pode dispor de algum excedente

---

[7] Ver também p. 384, 421-46, 457, e Marx (1977, p. 1061). Sobre trabalhadores domésticos, ver Marx (1971a, p. 420-421).

de trabalho, porque é aqui, na distribuição dessa "conjunção da indústria doméstica rural com a agricultura" que ele localiza o mecanismo de reprodução social no sistema feudal (Marx, 1971b, p. 790-791, 796, 807, 795).[8]

Marx discute explicitamente as divisões do trabalho por sexo ou idade em várias partes d'*O capital*. A família camponesa

> possui sua própria divisão de trabalho naturalmente desenvolvida, assim como a tem a produção de mercadorias. Diferenças de sexo e idade e as condições naturais do trabalho, que mudam com as estações do ano, regulam sua distribuição dentro da família e o tempo de trabalho dos membros individuais da família. (Marx, 1971a, p. 82)

A maquinaria elimina a importância da especialização: "no lugar das diferenças artificialmente criadas entre os trabalhadores parciais surgem de modo preponderante as diferenças naturais de idade e sexo". Quando os primeiros capitalistas industriais tentaram estender as horas de trabalho além de qualquer duração razoável, "a máquina joga por terra todos os limites morais e naturais da jornada de trabalho" (Marx, 1971a, 396, 264).[9] Essas distinções naturais têm sua raiz histórica na biologia. No início dos tempos,

> origina-se uma divisão do trabalho que evolui naturalmente das diferenças de sexo e de idade, portanto sobre uma base puramente fisiológica, que amplia seu material com a expansão da comunidade, com o crescimento da população e notadamente com o conflito entre as diversas tribos e a subjugação de uma tribo pela outra. (Marx, 1971a, p. 332)

A visão de Marx sobre o caráter natural das divisões do trabalho por sexo e idade o leva ao corolário de que as relações servis constituem naturalmente a organização interna de todas

---

[8] Ver também a p. 877, e Marx (1971a, p. 82).
[9] Ver também as p. 384, 595.

as famílias na sociedade de classes. Como a maioria de seus contemporâneos, incluindo Engels, ele supõe que um único adulto do sexo masculino, marido e pai de membros subordinados da família, normalmente e naturalmente dirige a unidade doméstica familiar em todas as sociedades. Assim, observa ele, "na propriedade privada de todo tipo a escravidão dos membros da família está sempre pelo menos implícita, uma vez que estes são usados e explorados pelo cabeça da família" (Marx, 1977, p. 1083). Já em *A ideologia alemã*, Marx e Engels haviam usado a noção de "escravatura latente" para representar as relações internas na família. Como a própria divisão do trabalho, "a escravatura latente na família só se desenvolve gradualmente com o aumento da população, das necessidades e com o alargamento do intercâmbio externo, tanto de guerra quanto de comércio de troca". De fato, está evidente que a "escravatura latente na família, se bem que ainda muito rudimentar, é a primeira propriedade" (Marx e Engels, 1975a, p. 46). Em sua obra madura, Marx retorna ao tema quando argumenta que o desenvolvimento da grande indústria capitalista transforma pais e mães em "senhores de escravos, vendedores de seus próprios filhos". Antigamente, "o trabalhador vendia anteriormente sua própria força de trabalho, da qual dispunha como pessoa formalmente livre. Agora vende mulher e filho. Torna-se mercador de escravos" (Marx, 1974, p. 88; Marx, 1971a, p. 373).[10] A imagem da escravidão nessas declarações decorre, em parte, de suposições sobre o caráter natural da divisão do trabalho dentro da família, e tende a apresentar uma imagem de mulheres e crianças como vítimas passivas em vez de atores históricos. Por trás de tais formulações, mais metafóricas do

---

[10] Ver também a p. 285.

que científicas, esconde-se uma série de noções ideológicas do século XIX nunca suficientemente desafiadas.

Os comentaristas da sociedade do século XIX frequentemente reivindicavam uma permanência baseada na natureza para as relações sociais que são, na verdade, específicas do modo de produção capitalista. Tais reivindicações constituíam um alvo pronto para a polêmica socialista. No *Manifesto*, por exemplo, Marx e Engels observam como as "relações de produção e de propriedade" da burguesia, "transitórias no curso da produção, são transformadas, por razões históricas, em leis naturais e racionais", por meio de suas "concepções interesseiras" (Marx e Engels, 1975d, p. 501). Mas Marx e Engels também não foram capazes de desmistificar as noções burguesas sobre o *status* natural das divisões históricas do trabalho segundo sexo e idade, muito menos de substituí-las por conceitos mais apropriados. De fato, nessa área, eles se aproximam perigosamente de uma posição que considera a biologia como destino. Um espectro bastante prejudicial do "natural" assombra seu trabalho, desde os primeiros escritos até os mais maduros. Esse espectro marca o conceito de salário mínimo de Marx e Engels, que assumem como obviedade a divisão entre a mera subsistência física e algum padrão de vida mais socialmente determinado que pode, por exemplo, incluir a reprodução geracional ou de uma unidade doméstica familiar. Isso obscurece sua compreensão das relações dentro da família da classe trabalhadora, particularmente quando a esposa também é trabalhadora assalariada. E isso enfraquece suas investigações sobre o desenvolvimento histórico, ligando-o a uma suposição inquestionável de uma divisão natural do trabalho entre os sexos, originada na *biologia* do ato sexual. No decorrer do trabalho realizado por Marx e Engels, eles conseguiram suavizar alguns dos piores efeitos dessas suposições, muitas vezes postulando fenômenos "sociais" adicionais que superam os fatos supostamente naturais, mas nunca os superaram inteiramente. Somente com o desenvolvimento das perspectivas feministas na antropologia moderna, e mais especificamente de uma abordagem que é simultaneamente marxista e feminista nas Ciências Sociais, as fronteiras do "natural" nessa área começaram a ser seriamente questionadas.[11]

A existência de divisões do trabalho de acordo com a idade e o sexo tem ramificações políticas específicas, às quais Marx brevemente alude n'*O capital*. No período inicial do desenvolvimento capitalista, os "hábitos e a resistência dos trabalhadores masculinos" bloqueiam com sucesso a entrada de mulheres e crianças na força de trabalho assalariado. A introdução da maquinaria, no entanto, "quebra finalmente a resistência que o trabalhador masculino ainda opunha na manufatura ao despotismo do capital" (Marx, 1971a, p. 346, 379).[12] A partir daí, o capital tende a equalizar todo o trabalho, enquanto "a subordinação técnica do operário ao andamento uniforme do meio de trabalho e a composição peculiar do corpo de trabalho por indivíduos de ambos os sexos e dos mais diversos níveis etários geram uma disciplina de caserna" (Marx, 1971a, p. 399). Esse processo de equalização econômica e social encontra uma barreira, no entanto, na condição dependente e subordinada das mulheres e, especialmente, das crianças, que também são altamente vulneráveis aos golpes do capitalismo industrial de larga escala. Marx argumenta a necessidade da legislação protetora e esboça sua história. O desenvolvimento do capitalismo derrubou "o fundamento econômico do antigo

---

[11] Para revisões desta literatura, ver Rapp (1978-9) e Atkinson (1982-3). Ver também os trabalhos citados nas notas 12 e 22 do capítulo 10.

[12] Ver também as p. 380, 384.

sistema familiar e do trabalho familiar, que lhe corresponde", e, assim, tenderia a dissolver as relações familiares tradicionais. "O direito das crianças teve de ser proclamado" (Marx, 1971a, p. 459).[13] Seguiu-se uma longa luta para forçar o Estado a formular, reconhecer oficialmente e promulgar regulamentos que protegessem crianças e mulheres. A aprovação de tal legislação protetora – limitando horas, proibindo o trabalho noturno, proporcionando períodos para a alimentação, e assim por diante – representou o resultado "de uma guerra civil de longa duração, mais ou menos oculta entre a classe capitalista e a classe trabalhadora" (Marx, 1971a, p. 283).[14]

Marx faz mais, n'*O capital*, do que comentar descritivamente a situação das mulheres, da família e das divisões sexuais do trabalho na sociedade passada e presente. Ele traz uma grande contribuição para o desenvolvimento da teoria necessária para iluminar tais desenvolvimentos históricos. Na medida em que o objeto da chamada Questão da Mulher está de fato na esfera da reprodução da força de trabalho e da classe trabalhadora, os escritos econômicos de Marx constituem um ponto de partida essencial. A partir dessa perspectiva, o Marx d'*O capital* tinha mais a dizer sobre a questão da libertação das mulheres do que ele ou seus seguidores socialistas jamais perceberam. Três conceitos são fundamentais: consumo individual, valor da força de trabalho e exército industrial de reserva.

O consumo individual é um conceito que Marx desenvolve em oposição ao consumo produtivo. Ainda que tanto o consumo produtivo como o individual pertençam aos processos de trabalho em que os seres humanos usam, ou seja,

---

[13] Ver também a p. 285.
[14] Ver também a p. 268.

consomem produtos, a distinção entre eles é fundamental. O consumo produtivo refere-se, em linhas gerais, à reunião de meios de produção – matérias-primas, ferramentas ou máquinas, substâncias auxiliares – e produtores em um processo de trabalho específico cujo resultado são novos produtos, sejam eles meios de produção, sejam meios de subsistência. Em contrapartida, o consumo individual refere-se aos processos pelos quais os produtores consomem meios de subsistência – alimentos, moradia, roupas e similares –, e cujo resultado é a sua própria manutenção. "O produto de consumo individual é, por isso, o próprio consumidor, o resultado do consumo produtivo um produto distinto do consumidor" (Marx, 1971a, p. 179).

No sentido mais geral, o consumo individual e o produtivo são processos que devem ocorrer de alguma forma em qualquer sociedade, para que ela se reproduza dia a dia e ano a ano. Marx está, é claro, especialmente interessado no funcionamento do modo de produção capitalista e se concentra nas formas particulares assumidas pelo consumo individual e produtivo sob seu domínio. Aqui, o processo de consumo individual é mediado pelo salário pago ao trabalhador e à trabalhadora, pelo capitalista, pelo uso de sua capacidade de trabalhar, e a distinção entre consumo produtivo e individual assume uma forma dual específica.

> O consumo do trabalhador é de dupla espécie. Na própria produção, ele consome meios de produção, mediante seu trabalho, e os transforma em produtos de valor mais elevado que o do capital adiantado. Esse é seu consumo produtivo. Ele é simultaneamente consumo de sua força de trabalho pelo capitalista que a comprou. Por outro lado, o trabalhador utiliza o dinheiro pago pela compra da força de trabalho em meios de subsistência: esse é seu consumo individual. (Marx, 1971a, p. 536)

A maioria das observações de Marx sobre o consumo individual do trabalhador o apresenta como um processo que ocorre de forma isolada e em abstrato. Obviamente, isso não é suficiente. "Tomando a classe trabalhadora como um todo, uma parcela dos meios de subsistência é consumida por membros da família que ainda não trabalham, ou que deixaram de trabalhar" (Marx, 1977a, p. 984). Marx pressupõe, aqui, um conceito que abrangeria a manutenção não apenas dos trabalhadores assalariados atuais, mas de trabalhadores assalariados futuros e passados (como crianças, pessoas idosas e com deficiência, desempregados), incluindo aqueles que atualmente não são trabalhadores assalariados, mas participam do processo de consumo individual (como as donas de casa). Esse conceito operaria no âmbito das relações de classe e da reprodução social como um todo. Tal conceito de reprodução da classe trabalhadora, de fato, está logo abaixo da superfície da discussão de Marx sobre o consumo individual. Do ponto de vista da "produção capitalista, em seu fluxo e em sua dimensão social", o consumo individual da classe trabalhadora é a "retransformação dos meios de subsistência, alienados pelo capital por força de trabalho, em força de trabalho de novo explorável pelo capital. Esse consumo é produção e reprodução do meio de produção mais imprescindível ao capitalista, o próprio trabalhador" (Marx, 1971a, p. 536-537). No âmbito da reprodução social, o problema da renovação da classe trabalhadora torna-se crítico. "As forças de trabalho subtraídas do mercado pelo desgaste e morte precisam ser continuamente substituídas ao menos por um número igual de novas forças de trabalho". Embora o próprio Marx nunca tenha desenvolvido uma visão abrangente e rigorosa da reprodução da força de trabalho, ele reconheceu sua importância para uma teoria do modo de produção capitalista todas as vezes que apontou que "[a] constante manutenção e reprodução da classe trabalhadora permanece [como] a condição constante para a reprodução do capital" (Marx, 1971a, p. 168, 537).[15]

No modo de produção capitalista, o processo de consumo individual possibilita que o trabalhador retorne ao mercado pronto para vender sua força de trabalho ao capitalista. Mas o que, exatamente, é a força de trabalho e como o seu valor é determinado?

Marx define a força de trabalho como o "conjunto das faculdades físicas e espirituais que existem na corporalidade, na personalidade viva de um homem e que ele põe em movimento toda vez que produz valores de uso de qualquer espécie". No modo de produção capitalista, a força de trabalho toma a forma de uma mercadoria, isto é, uma coisa que tem tanto valor de uso como valor. É o valor de uso da força de trabalho que a torna tão atrativa para o capitalista, pois, ao contrário das demais mercadorias, ela tem "a característica peculiar de ser fonte de valor". Quando colocada em uso – consumida – no processo de trabalho capitalista, a força de trabalho cria mais valor do que o originalmente investido. A mais-valia se origina, então, no processo de consumo dessa mercadoria única e maravilhosa (Marx, 1971a, p. 164). Mas antes que a força de trabalho possa ser consumida no processo de produção, o capitalista deve adquiri-la no mercado trocando-a por um valor equivalente.

De acordo com Marx, o valor da mercadoria força de trabalho é determinado da mesma forma que qualquer outra mercadoria. Isto é, o valor da força de trabalho representa o trabalho socialmente necessário demandado para a produção de força de trabalho. Para um dado indivíduo, então,

---

[15] Ver também as p. 538, 541-542; 2: 356, 385, 396; e Marx (1973b), p. 458, 676-677.

a produção da força de trabalho consiste em sua própria reprodução ou manutenção. Para sua manutenção, o indivíduo vivo precisa de certa soma de meios de subsistência. O tempo de trabalho necessário à produção da força de trabalho corresponde, portanto, ao tempo de trabalho necessário à produção desses meios de subsistência, ou o valor da força de trabalho é o valor dos meios de subsistência necessários à manutenção do seu possuidor.

No entanto, existe algo muito especial no valor da mercadoria força de trabalho: "o âmbito das assim chamadas necessidades básicas, assim como o modo de sua satisfação, é ele mesmo um produto histórico". Na determinação do valor da força de trabalho entra, portanto, um "elemento histórico e moral" (Marx, 1971a, p. 167, 168).[16]

Marx desenvolveu esse ponto em maior profundidade em uma série de conferências intitulada *Salário, preço e lucro*, entregues dois anos antes da publicação d'*O capital*. Aqui, Marx distingue dois componentes do valor da força de trabalho, "um físico e outro histórico e social". O elemento físico determina o limite último, ainda que Marx observe que esse limite é extremamente elástico. Assim,

> uma rápida sucessão de gerações raquíticas e de vida curta manterá o mercado de trabalho tão bem abastecido quanto uma série de gerações robustas e de vida longa. [...] Na determinação do valor do trabalho entra o *padrão de vida tradicional* em cada país. Não se trata somente da vida física, mas também da satisfação de certas necessidades que emanam das condições sociais em que vivem e se criam os homens. (Marx, 1973c, p. 72-73)

Marx mantém, nessa discussão, o conceito de subsistência física a um nível mais ou menos natural, mas enfatiza a ampla margem para expansão e contração no componente "histórico ou social". N'*O capital*, mesmo essa pequena concessão para

---

[16] Ver também as p. 486, 524.

a noção de um mínimo físico natural quase desapareceu, e o "elemento histórico e moral" desempenha o papel principal. No entanto, Marx insiste que o valor da força de trabalho pode ser estabelecido, pois "para determinado país, em determinado período, o âmbito médio dos meios de subsistência básicos é dado" (Marx, 1971a, p. 168).[17]

Como acontece com toda mercadoria, o preço da força de trabalho não coincide regularmente com o seu valor, mas flutua ao seu redor. Algumas vezes, o preço vai subir acima do valor da força de trabalho, com uma consequente flexibilização do "comprimento e [d]o peso da corrente de ouro" da exploração capitalista. Mais preocupante, o preço da força de trabalho pode cair substancialmente abaixo de seu valor, a ponto de setores da força de trabalho existente não serem renovados na próxima geração (Marx, 1971a, p. 579).[18]

A existência de flutuações no preço da força de trabalho e o seu impacto nas vidas das pessoas trabalhadoras já haviam sido discutidos diversas vezes por Marx e Engels. Com *O capital*, Marx enraíza essas flutuações em uma teoria do valor da força de trabalho, e, portanto, vai além dos fenômenos superficiais da oferta, demanda e avareza capitalista. Assim, por exemplo, ele oferece uma análise clara, ainda que muito breve, da estrutura do valor da força de trabalho em relação à unidade doméstica focando, como em textos anteriores, nos efeitos da crescente entrada de mulheres e crianças na força de trabalho assalariada. Marx assume uma situação em que o valor da força de trabalho é tal que o salário de um único trabalhador adulto do sexo masculino é suficiente para sus-

---

[17] Ver também Marx (1977, p. 1067-1069).
[18] Ver também a p. 580-581, e Marx (1977, p. 1032, 1068). Para a flutuação de um preço de mercadoria em torno do seu valor, ver Marx (1971a, p. 98-106).

tentar uma unidade doméstica familiar inteira. Embora essa suposição seja questionável do ponto de vista histórico, ela fornece uma base teórica que permite examinar variações no valor da força de trabalho. Uma inovação como a introdução de máquinas, "ao lançar todos os membros da família [do trabalhador] no mercado de trabalho, dissipa o valor da força de trabalho do homem por toda a sua família. Assim, deprecia sua força de trabalho". O valor da força de trabalho do trabalhador individual cai porque agora é necessário o trabalho assalariado de vários membros da unidade doméstica para obter a quantidade original de meios de subsistência. Marx amplifica essa observação de várias maneiras. Mais importante ainda, a entrada de membros adicionais da unidade doméstica no mercado de trabalho assalariado significa, mantidas as demais condições, uma intensificação da taxa de exploração. Além disso, o fato de que vários membros da família trabalham onde antes apenas um trabalhava pode levar à necessidade de obter mais meios de subsistência, e assim elevar um pouco o valor total da força de trabalho da unidade doméstica. Por exemplo, "os labores domésticos que o consumo da família exige, como costurar, remendar etc., precisam ser substituídos pela compra de mercadorias prontas. Ao menor dispêndio de trabalho doméstico corresponde, portanto, maior dispêndio de dinheiro" (Marx, 1971a, p. 373).[19]

É perfeitamente possível que o valor da força de trabalho despendida por uma unidade doméstica inteira aumente substancialmente, acompanhada por uma verdadeira mudança para melhor em seu "padrão de vida", ao mesmo tempo que o valor da força de trabalho dos indivíduos que compõem a unidade doméstica caia e a taxa de exploração suba. No geral,

---

[19] Ver também Marx (1971b, p. 233).

pode acontecer que o capitalista, ao prolongar a jornada de trabalho, pague *salários mais altos* e que, ao mesmo tempo, o *valor do trabalho* diminua, se o aumento dos salários não corresponder à maior quantidade de trabalho extorquido e ao mais rápido esgotamento da força de trabalho daí resultante. (Marx, 1973c, p. 68)

Marx dá um exemplo surpreendentemente familiar de como a ideologia burguesa interpreta esse fenômeno:

> Os estatísticos burgueses dirão, por exemplo, que os salários médios das famílias que trabalham nas fábricas do Lancashire subiram. Mas eles se esquecem de que, agora, em vez de ser só o homem, o cabeça da família, é também sua mulher e, talvez, três ou quatro filhos que se veem lançados sob as rodas do carro de Juggernaut do capital e que a alta dos salários totais não corresponde à do sobretrabalho total arrancado à família. (Marx, 1973c, p. 68)[20]

O tópico do exército industrial de reserva, que Marx caracteriza como a principal manifestação do impacto do capitalismo sobre a classe trabalhadora, toma um capítulo inteiro do volume I de *O capital*. Em geral,

> quanto maiores a riqueza social, o capital em funcionamento, o volume e a energia de seu crescimento, portanto também a grandeza absoluta do proletariado e a força produtiva de seu trabalho, tanto maior o exército industrial de reserva. [...] *Essa é a lei absoluta geral, da acumulação capitalista*. (Marx, 1971a, p. 603).

Mais claramente que nos *Grundrisse*, Marx vincula a existência, o tamanho e a forma de uma superpopulação aos processos de acumulação de capital.

Conforme o capital se expande, demanda progressivamente mais trabalho. Os trabalhadores devem trabalhar mais intensamente e por mais tempo, e mais trabalhadores devem ser contratados. "Acumulação do capital é, portanto, multipli-

---

[20] Ver também Marx (1971a, p. 509).

cação do proletariado". Essa tendência a aumentar o número de trabalhadores assalariados é absolutamente oposta a um segundo mecanismo, muito mais poderoso, também inerente à acumulação de capital. O impulso por mais-valia força os capitalistas a aumentarem constantemente a produtividade, principalmente por meio da introdução de máquinas. Uma quantidade cada vez maior de meios de produção exige cada vez menos trabalho humano para colocar em movimento o processo de produção. Como resultado, a demanda por força de trabalho cai relativamente, e surge uma superpopulação de trabalhadores assalariados. Esta superpopulação relativa constitui

> condição de existência do modo de produção capitalista. Ela constitui um exército industrial de reserva disponível [...], proporciona às suas mutáveis necessidades de valorização o material humano sempre pronto para ser explorado. (Marx, 1971a, p. 576, 592).

O exército industrial de reserva flutua de acordo com os caprichos cruéis do ciclo de acumulação capitalista. Além disso, a todo momento a superpopulação relativa assume várias formas distintas. A reserva flutuante é composta de trabalhadores que entram e saem do mercado de trabalho de acordo com as necessidades do processo de trabalho capitalista, que está em constante mudança. A reserva latente consiste naqueles empurrados para fora do trabalho pela extensão do capitalismo a setores não capitalistas. A reserva estagnada é formada por trabalhadores cronicamente subempregados, que estão condenados à terrível pobreza e sempre dispostos a trabalhar pelos salários mais baixos nas piores condições. Abaixo dessas três categorias de reservas, os pobres constituem a base da superpopulação. "Pauperismo", Marx observa, é "o asilo para inválidos do exército ativo de trabalhadores e o peso morto do exército industrial de reserva" (Marx, 1971a, p. 603). Mesmo que Marx não seja inteiramente claro nas suas formulações, ele parece considerar o exército industrial de reserva incluído na superpopulação relativa, em vez de coextensivo a ela.

Ao mesmo tempo produto da acumulação de capital e alavanca para sua expansão, o exército industrial de reserva encarna uma "lei da população" específica do capitalismo. Nesse sentido, Marx coloca a reprodução da classe trabalhadora no centro do processo de acumulação de capital. "A reprodução da força de trabalho, que incessantemente precisa incorporar-se ao capital como meio de valorização, não podendo livrar-se dele e cuja subordinação ao capital só é velada pela mudança dos capitalistas individuais a que se vende, constitui de fato um momento da própria reprodução do capital" (Marx, 1971a, p. 575-576).[21]

No volume III d'*O capital*, Marx retorna aos conceitos de superpopulação relativa e exército industrial de reserva, agora analisando-os no contexto da reprodução social total. Nesse âmbito, o próprio processo de acumulação capitalista gera a tendência de queda da taxa média de lucro. Entre os fatores potencialmente contraditórios a essa tendência, Marx aponta a superpopulação relativa. Membros do exército industrial de reserva formam um bolsão de trabalho barato disponível. Alguns capitalistas os contratam por salários extremamente baixos, e renunciam aos avanços de produtividade que levam eventualmente a uma taxa de lucro média decrescente. Nesses setores de produção, a taxa e a massa de mais-valia são excepcionalmente altas, produzindo um contrapeso aos setores em que as taxas tinham caído. Pode até ser que o exército industrial de reserva "paralise mais ou menos" a tendência da taxa de lucro média a cair. Mais uma vez, a reprodução da classe trabalhadora está no

---

[21] Sobre leis de população, ver as p. 591-592.

centro do processo capitalista de produção, agora considerado como um todo (Marx, 1971b, p. 236-237).[22]

A discussão de Marx sobre consumo individual, o valor da força de trabalho e o exército industrial de reserva é intrigantemente incompleta. Em particular, o tratamento de três questões permanece vago e requer esclarecimento. Primeiro, nunca é óbvio se o conceito de valor da força de trabalho cobre a manutenção e reposição do trabalhador individual ou inclui também o de outras pessoas, por exemplo, os membros da família sustentados pelo salário de um trabalhador. Em segundo lugar, Marx quase não menciona o trabalho doméstico não remunerado realizado como parte das tarefas que resultam na reprodução do trabalhador, e não lhe confere um *status* teórico claro. Em terceiro lugar, nunca se desenvolve realmente a questão crítica do relacionamento entre o conceito de exército industrial de reserva – que aparece no contexto de discussões da acumulação de capital – e o conceito mais limitado de consumo individual.[23] Apesar dessas ambiguidades, e do caráter geralmente esquemático e inacabado das colocações de Marx sobre a reprodução da força de trabalho e da classe trabalhado-

---

[22] Ver também a seção intitulada "Capital excedente e População excedente", p. 250-259.

[23] Marx talvez viesse a assumir a tarefa de resolver essas contradições e lacunas no futuro, mas nunca desenvolveu um "estudo especial sobre o trabalho assalariado" (Marx, 1971a, p. 508). Se ele viria ou não a abordar a questão da opressão às mulheres diretamente no estudo é, certamente, outra questão. O argumento de Roman Rosdolsky de que Marx abandonou completamente o plano do livro separado sobre o trabalho assalariado não é convincente (Rosdolsky, 1977, p. 57-62). Molyneux sugere que a reprodução da força de trabalho constitui uma condição de existência para o capitalismo, mas não pode ser colocada teoricamente dentro do conceito do modo de produção capitalista; assim, ela argumenta, era apropriado que Marx a excluísse da discussão em *O capital* (Molyneux, 1979, p. 20). Para entender a opinião da autora, ver os capítulos 10 e 11.

ra, seu trabalho fornece a base para uma teoria da relação das mulheres e da família com a reprodução social em geral e com o modo de produção capitalista em particular.

Consistente com seu sucesso em estabelecer, n'*O capital*, os princípios de uma perspectiva teórica sobre a reprodução da força de trabalho e da classe trabalhadora, os breves comentários de Marx sobre o futuro da família e das relações entre os sexos inserem esses elementos no contexto da reprodução social como um todo. O desenvolvimento do capitalismo cria um "novo fundamento econômico para uma forma mais elevada de família e de relações entre ambos os sexos". Na sua forma presente, a indústria em larga escala, tipicamente capitalista, une os trabalhadores em um processo de trabalho "brutal", "fonte pestilenta de degeneração e escravidão", onde "o trabalhador comparece para o processo de produção e não o processo de produção para o trabalhador". Contudo, é precisamente esse fenômeno que Marx identifica como a base potencial para novas relações familiares, na medida em que atribui "papel decisivo [...] às mulheres, pessoas jovens e crianças de ambos os sexos em processos de produção socialmente organizados para além da esfera domiciliar". Em resumo, o fato de o grupo de trabalho coletivo ser composto "por indivíduos de ambos os sexos e dos mais diversos grupos etários [deve, necessariamente,] sob circunstâncias adequadas, [...] converter-se inversamente em fonte de desenvolvimento humano".

Quanto à forma que esse desenvolvimento pode assumir em termos de família e relações sexuais em uma futura sociedade comunista, Marx se abstém cautelosamente de especular (Marx, 1971a, p. 460).

Nesses anos, Marx aproveitou, mais uma vez, a oportunidade de se engajar em um trabalho prático-político. Depois de um período de relativa inatividade, as classes trabalhadoras europeias se recuperaram das derrotas de 1848-1850 e iniciaram um processo de reorganização cuja forma mais avançada foi a Associação Internacional dos Trabalhadores [International Working Men's Association]. Fundada em 1864 por iniciativa de militantes da classe trabalhadora, a Internacional foi uma inquietante coalizão de líderes sindicais ingleses – cujo principal objetivo político era o sufrágio – e de socialistas franceses utópicos – inclinados a estabelecer cooperativas de produtores, e contrários tanto às greves como à ação política. Coube em grande parte a Marx e Engels tentar moldar esse amálgama em uma força adequada para o socialismo. Durante uma década, até o colapso da Internacional na sequência da Comuna de Paris, eles se comprometeram com essa delicada tarefa.

Como o nome sugere, a Internacional foi uma organização composta quase exclusivamente por homens. Nela estava refletido o caráter geral do movimento da classe trabalhadora, se não da própria classe trabalhadora, da época. Não apenas o movimento da classe trabalhadora era um espaço amplamente masculino, como geralmente assumia uma visão decididamente retrógrada sobre as mulheres e o trabalho feminino. Ao longo do século XIX, os homens trabalhadores e suas organizações defenderam a abolição do trabalho assalariado feminino, recusaram-se a admitir mulheres em organizações trabalhistas, se opuseram ao voto feminino e promoveram uma imagem idealizada de que o lugar das mulheres era no coração da família. Apesar das péssimas condições nas quais as mulheres trabalhavam, e de que sua desesperada miséria atingisse a todos, os argumentos para as excluir do trabalho assalariado eram pragmaticamente insensatos e nada realistas. Tal raciocínio desconsiderava o fato de que setores consideráveis das mulheres da classe trabalhadora já eram membros permanentes da força de trabalho assalariada. E isso viabilizava que os patrões perpetuassem a divisão e a competição dentro da classe trabalhadora. Nesse ambiente, Marx propôs posições que defendiam os direitos das mulheres e protegiam, segundo seu entendimento, os interesses e o futuro de todos os membros da classe trabalhadora. Ao mesmo tempo, uma visão do século XIX sobre o significado social das diferenças fisiológicas entre os sexos influenciou suas sugestões programáticas.

A postura teórica crítica que apoiou as posições de Marx sobre o trabalho assalariado de mulheres e crianças se baseava na sua distinção entre o processo de trabalho e a forma particular que ele assume sob condições capitalistas. "Não digo que seja errado que mulheres e crianças participem de nossa produção social", observou ele em uma reunião do Conselho Geral da Internacional. Ao contrário, a questão é "a forma como são obrigadas a trabalhar sob as circunstâncias existentes" (Anônimo, 1964, p. 2, 232). Dada essa situação, o que o movimento da classe trabalhadora deveria fazer? Mulheres, e especialmente crianças, deveriam ser protegidas pela legislação contra as piores agressões da exploração capitalista. "Os trabalhadores têm de reunir suas cabeças e como classe conquistar uma lei estatal, uma barreira social intransponível, que os impeça a si mesmos de venderem a si e a sua descendência, por meio de contrato voluntário com o capital, à morte e à escravidão" (Marx, 1971a, p. 285). Crianças precisam de tempo para crescer e aprender. Mulheres devem ser excluídas "de ramos da indústria especificamente insalubres para o corpo feminino ou moralmente censuráveis para o sexo feminino" (Marx, 1970b, p. 22).[24] A necessidade da existência de tal legislação protetiva se dá em razão da posição contraditória de mulheres e crianças na sociedade capitalista. Por um lado, a

---

[24] Ver também Marx (1974, p. 88): "[As mulheres devem] ser rigorosamente excluídas de todo trabalho noturno, seja qual for, e todo tipo de trabalho prejudicial à delicadeza do sexo, ou expor seus corpos a agentes venenosos e deletérios".

retirada das mulheres e crianças do isolamento social e da opressão patriarcal na família camponesa para "cooperar na grande obra da produção social [é] uma tendência progressista, sadia e legítima". Por outro, "sob o capital, isso se converteu em uma abominação" (Marx, 1974, p. 88).

"A mulher se tornou assim uma agente ativa em nossa produção social", observou Marx. Consequentemente, as mulheres devem ser incorporadas como participantes ativas no trabalho político. "Qualquer pessoa que conheça alguma coisa da história", Marx escreveu a seu amigo Dr. Ludwig Kugelmann, "sabe que grandes transformações sociais são impossíveis sem fermentação entre as mulheres" (Anônimo, 1964, p. 2, 232).[25] Em 1871, Marx propôs e a Internacional adotou uma nova regra recomendando o estabelecimento de setores femininos, sem excluir a possibilidade de setores compostos de ambos os sexos (Anônimo, 1964, p. 442, 460).[26] A implementação efetiva da recomendação dependia, sobretudo, de ser levada a sério pelos homens em todas as instâncias de liderança. Tendo em vista a história do movimento operário do século XIX, as perspectivas para um compromisso tão geral eram bastante ruins e, de qualquer forma, a Internacional estava se aproximando do fim de sua existência organizacional. Ainda assim, a recomendação de Marx deixou um importante legado ao estabelecer, pelo menos em princípio, a legitimidade das organizações autônomas de mulheres dentro do movimento de massas.

---

[25] Marx para Dr. Kugelmann, 12 de dezembro de 1868 (Marx, 1934, p. 83), tradução ligeiramente modificada para corresponder ao original em alemão (Marx e Engels, 1956a, p. 582-583).

[26] Tal como Marx, Engels apoiou, ao menos em princípio, a participação igualitária das mulheres na vida política. Ver Engels a Ida Pauli, 14 de fevereiro de 1877, citado em Meyer (1977, p. 93).

Depois do colapso da Primeira Internacional, Marx e Engels atuaram como conselheiros teóricos e táticos dos emergentes partidos da classe trabalhadora que mais tarde formariam a Segunda Internacional. Assim, delegados do novo Partido dos Trabalhadores francês os consultaram sobre o programa do partido para as eleições de 1880. Discutido e elaborado em Londres, o programa incluiu uma introdução de Marx, na qual, como ele mesmo afirmou mais tarde, "o objetivo comunista é definido em poucas palavras". A frase de abertura da introdução especificamente afirma que "a emancipação da classe produtora envolve todos os seres humanos sem distinção de sexo ou raça".[27] Essas duas pautas – que, na forma das chamadas questão da mulher e questão nacional, iriam constituir problemas centrais para os revolucionários das próximas décadas – já tinham se tornado uma preocupação premente na teoria e na prática socialista. Às portas da era da dominação imperialista e da revolução mundial, mas já no fim de sua própria vida, Marx já estava muito à frente.

Tomados como um todo, os escritos maduros de Marx constituem os princípios de uma base teórica para analisar a situação das mulheres desde o ponto de vista da reprodução social. O próprio Marx não desenvolveu, contudo, tal análise e nem deixou anotações significativas sobre o assunto. As tentativas posteriores dos socialistas do final do século XIX, incluindo Engels, de usar a teoria do desenvolvimento social de Marx para examinar a situação das mulheres ficaram muito

---

[27] Sobre o programa, ver Guesde (1959, p. 117). A tradução em Marx (1974, p. 376), feita, inexplicavelmente, de uma versão alemã, emprega incorretamente "humanidade" no lugar de "êtres humaines". O comentário posterior de Marx aparece em uma carta para F. A. Sorge, datada de 5 de novembro de 1880 (Marx e Engels, 1965, p. 332). Ver também Engels para E. Bernstein, 25 de outubro de 1881 (Marx e Engels, 1965, p. 344).

aquém do esperado. Além disso, com o passar dos anos, o problema da opressão às mulheres se tornou codificado na forma da chamada Questão da Mulher, e a própria possibilidade de tomar a perspectiva sugerida no trabalho maduro de Marx diminuiu. Os recentes esforços feministas-socialistas para situar as mulheres em termos de um conceito de reprodução da força de trabalho constituem, portanto, a primeira tentativa sólida de desenvolver uma compreensão da opressão às mulheres baseada na teoria de Marx sobre a reprodução social.

6 – ENGELS: UMA FORMULAÇÃO INADEQUADA

Engels permaneceu em Manchester por duas décadas, empregado na empresa têxtil de sua família, após retornar em 1850 como um exilado das tempestades políticas no continente. Uma renda estável e crescente lhe permitiu apoiar Marx, que nessa época se encontrava continuamente em dificuldades financeiras. Em 1870, nas vésperas da Comuna de Paris, e com o avanço na construção da Internacional, Engels encerrou a sua participação na empresa e se mudou para Londres, onde podia participar mais ativamente da vida política. Até a morte de Marx em 1883, os dois amigos trabalharam lado a lado no movimento socialista, discutindo diariamente cada aspecto de seu trabalho político e teórico. Com Marx, Engels participou do Conselho Geral da Internacional e trabalhou para unificar as várias tendências no seio do movimento socialista. E, tal como Marx, desempenhou o papel de dirigente e conselheiro do movimento após o colapso da Internacional, continuando nessa função até morrer, em 1895.

Durante esses últimos 20 anos de vida, Engels também embarcou em um vasto projeto de pesquisa e escrita. Entre suas obras publicadas, dois livros bem conhecidos e extremamente populares abordam o problema da opressão às mulheres. Ao lado de *Manifesto do Partido Comunista*, esses textos funcionaram como guias fundamentais para a nascente geração de socialistas.

Engels produziu o trabalho que ficou conhecido como *Anti-Dühring* em 1878, como uma crítica às posições do socialista Eugen Dühring. O livro apresenta uma ampla exposição do que Engels via como "a perspectiva comunista do mundo pela qual Marx e eu lutamos".

Como era esperado, essa exposição incluiu alguns comentários sobre as mulheres, a família e a reprodução da classe trabalhadora, que em geral retomaram as análises e posições iniciais de Marx e do próprio Engels. Em um amplo levantamento sobre os pensadores socialistas pré-marxistas, por exemplo, Engels aprova a crítica de Fourier às relações entre os sexos e à posição das mulheres na sociedade capitalista, e afirma, seguindo a paráfrase livre que Marx faz do autor em *A sagrada família*, que o socialista utópico foi o primeiro a considerar a posição da mulher como um indicador de desenvolvimento social geral (Engels, 1947, p. 308).[1] Engels também revisita uma série de temas discutidos em trabalhos anteriores: a determinação do valor da força de trabalho; os efeitos da maquinaria na família da classe trabalhadora; a emergência de um exército industrial de reserva; o caráter do casamento burguês como forma legal de prostituição; e a dissolução progressiva dos laços familiares tradicionais, inclusive da "subordinação patriarcal", que ocorre com o avanço do capitalismo (Engels, 1947, p. 243-245, 304, 310, 325-328). Observando a família nas sociedades anteriores, Engels fala da "divisão natural do trabalho no seio da família", e, com alguma razão, subsume todos os membros de uma unidade doméstica sob o seu chefe masculino (Engels, 1947,

---

[1] Para a paráfrase de Marx sobre Fourier, ver nota 2 do capítulo 4.

p. 118, 214, 215, 319, 322). Por fim, Engels insiste que as formas de família estão enraizadas nas relações sociais e, portanto, que a família pode mudar se a sociedade for transformada. Nesse contexto, ele extrai um corolário programático crítico da declaração de Marx em *O capital*, o de que o capitalismo criaria a base para tais mudanças. O que é necessário não é apenas "a livre associação de homens", mas "a transformação do trabalho doméstico privado em uma indústria pública". Essa é a primeira formulação, dentro da tradição marxista clássica, de uma posição que mais tarde se tornará o princípio central da estratégia socialista (Engels, 1947, p. 377).[2]

Outro grande livro de Engels desse período é o famoso *A origem da família, da propriedade privada e do Estado*, escrito entre março e maio de 1884, publicado em outubro daquele ano, e que instantaneamente ganhou o lugar de um clássico socialista.

As circunstâncias da produção surpreendentemente rápida de *A origem* por Engels continuam um tanto misteriosas. O livro baseia-se, como o seu subtítulo indica ("à luz das pesquisas de Lewis H. Morgan"), em *A sociedade antiga*, de Morgan, que surgiu em 1877 e imediatamente despertou o interesse de Marx. Ao escrever ao socialista alemão Kautsky em 16 de fevereiro de 1884, Engels descreveu o entusiasmo de Marx pelo livro, e acrescentou que "se tivesse tempo, trabalharia o material, com as notas de Marx..., mas nem sequer consigo pensar nisso". No entanto, em finais de março ele já estava trabalhando em *A origem* e, no final de abril, já se encaminhava para o final da

---

[2] A questão das mudanças na organização do trabalho doméstico há muito era, evidentemente, uma preocupação entre os pensadores utópicos; ver, por exemplo, Hayden (1981).

escrita.³ A explicação completa das razões para a mudança de planos de Engels – que é especialmente notável tendo em conta que ele já estava imerso na edição dos volumes inacabados d'*O capital* de Marx – está pendente de futuras pesquisas. Parece provável que a motivação tenha sido política. Em 1879, o líder socialista alemão August Bebel tinha publicado *Woman in the Past, Present and Future* [*A mulher no passado, presente e futuro*], que apareceu em uma versão revista no final de 1883. Tremendamente popular desde o início, *A mulher* de Bebel carregava a influência do socialismo utópico do início ao fim; ademais, reproduzia as tendências emergentes do reformismo dentro do movimento socialista. A decisão de Engels de escrever *A origem* certamente refletiu um reconhecimento dos pontos fracos do trabalho de Bebel. O compromisso do movimento socialista com a libertação das mulheres exigia urgentemente uma base teórica adequada. Entendida como uma polêmica implícita dentro do movimento, *A origem* representou a tentativa de Engels de fornecer essa base.⁴

A tradição socialista tem tratado *A origem* como o pronunciamento marxista definitivo sobre a família e, portanto, sobre a chamada Questão da Mulher. Além disso, essa tradição sustenta que o livro reflete com precisão os pontos de vista de Marx, bem como os de Engels. Nenhuma das afirmações mede de forma justa o *status* da obra. Em primeiro lugar, o tema tratado em *A origem*, como o seu título indica, é o desenvolvimento não apenas da família, mas também da propriedade privada e do Estado. A observação é importante, pois indica os objetivos limitados do livro no que diz respeito à questão da subordina-

---

³ Engels a Kautsky, 16 de fevereiro e 26 de abril de 1884 (Marx e Engels, 1965, p. 368, 372). Ver também Krader (1972, p. 388-39).

⁴ Sobre o histórico da publicação e uma crítica à "Mulher e socialismo" de August Bebel, ver o capítulo 7.

ção da mulher. Em vez de fornecer uma análise abrangente das mulheres, da família e da reprodução da classe trabalhadora, *A origem* procura simplesmente situar com segurança certos aspectos da questão em um contexto histórico e teórico. Em segundo lugar, a obra carrega as cicatrizes de sua gênese precipitada. Diferentemente do que há de melhor no trabalho de Marx ou Engels, ela, nas palavras de Engels, "só debilmente pode substituir aquele [trabalho] que o meu falecido amigo não chegou a escrever" (Engels, 1972, p. 71).[5]

Ao redigir *A origem*, Engels confiou não só em *A sociedade antiga*, de Morgan, mas também em uma série de cadernos nos quais Marx tinha introduzido passagens de escritos de diversos autores sobre a sociedade primitiva [*sic*]. Esses *Cadernos etnológicos*, produzidos entre 1880 e 1881, incluíam um longo resumo do livro de Morgan. Não está nada evidente o que Marx pretendia fazer com o material que estava coletando, e Engels, em certa medida, alterou a estrutura estabelecida nos *Cadernos*. Para compreender a estrutura e o significado do livro de Engels é, portanto, necessário examinar o conteúdo, os pressupostos teóricos e os pontos fracos de *A sociedade antiga* (Morgan, 1877).[6]

Naquela obra, Morgan, um antropólogo estadunidense que vivia no norte do estado de Nova York, procura demonstrar a impressionante evolução paralela do que ele observou como as quatro características essenciais da sociedade humana: invenções e descobertas; governo; família; e propriedade. O livro organiza uma vasta gama de dados etnográficos em seções correspondentes a essas quatro características, rotuladas por Morgan como

---

[5] Importantes avaliações críticas de *A origem* incluem Brown (1978; 1979); Delmar (1976); Draper (1972); Hindess e Hirst (1975, p. 28-9, 58-9); Krader (1972); Lane (1976); Leacock (1963); Sacks (1975); Santamaria (1975); Stern (1948).

[6] Das várias reimpressões, a mais útil é a de Leacock, de 1963 (Krader, 1972).

"linhas de progresso humano do estado selvagem até a civilização, passando pela barbárie". A primeira parte, um pequeno estudo intitulado "Crescimento da inteligência por meio de invenções e descobertas", fundamenta a periodização evolutiva de Morgan em três principais etapas do desenvolvimento das artes de subsistência. No nível mais primitivo da organização social humana, os povos no estágio "selvagem" – aquilo a que os antropólogos hoje em dia chamam de sociedades de caçadores e coletores, ou forrageiras – obtêm subsistência por meio da coleta de plantas selvagens, da pesca e da caça. O segundo período, "barbarismo", caracteriza-se pela produção de alimentos, em oposição à coleta de alimentos típica do estado selvagem. As culturas nos estágios inferiores do barbarismo praticam a horticultura, um tipo simples de domesticação de plantas. Nos estágios superiores, os animais são domesticados e desenvolve-se uma agricultura mais sofisticada, que inclui a utilização do arado e da irrigação. Finalmente, no período da "civilização", as sociedades baseiam-se nesses métodos agrícolas avançados, aos quais acrescentam a escrita e os registros. Morgan divide tais sociedades em dois grandes tipos: antigo e moderno. Com essa sequência de estágios, Morgan assenta toda a história humana sobre uma base materialista, mas cuja essência é tecnológica e não social.

Morgan dedica quase dois terços de *A sociedade antiga* à parte dois, "Crescimento da ideia de governo". Nela, ele apresenta uma teoria da evolução da organização social desde as formas primitivas baseadas em parentesco até a governança política plenamente desenvolvida. A organização social dos povos mais primitivos baseia-se simplesmente em "classes" amplamente definidas de pessoas autorizadas a casar umas com as outras. Na medida em que o círculo de possíveis parceiros matrimoniais se estreita, os "gens", ou clãs, desenvolvem-se. Um clã é composto por pessoas relacionadas por meio de uma única linha parental. Em uma sociedade "gentílica" – ou seja, organizada com base em clãs –, um indivíduo pertence ao clã da mãe ou do pai, não a ambos. O casamento deve normalmente ser com alguém de fora do seu próprio clã. Onde existe propriedade, esta é retida dentro do clã após a morte de um membro. A unidade social fundamental é, portanto, o clã, seja matrilinear, seja patrilinear. O vínculo de casal não tem o papel estrutural central que mais tarde adquire, pois conecta pessoas cujas lealdades principais são a clãs distintos. Morgan mostra que o sistema gentílico, ou de clãs, fornece a base para tipos bastante complexos de organização social. Os clãs podem ser agrupados em unidades maiores, chamadas fratrias, e estas, por sua vez, podem juntar-se para formar tribos. Na forma mais desenvolvida do sistema de clãs, que Morgan acreditava ter observado entre os índios iroqueses, várias tribos constituem uma confederação, ou nação, capaz de incluir milhares de membros em uma vasta área geográfica, mas sem instituições políticas formais e ainda baseada em laços pessoais.

Nos últimos estágios do barbarismo, os avanços tecnológicos na produtividade tornam a sociedade tão complexa que a organização do clã deve ceder terreno. A cidade se desenvolve, trazendo exigências maiores no âmbito da governança que não são passíveis de solução pelo sistema de clãs. A propriedade, embora não seja um fenômeno novo, assume um papel dominante. Assim, "a criação e a proteção da propriedade passaram a ser os principais objetivos do governo" (Morgan, 1877, p. 348). No lugar do sistema de clãs entraram as instituições de organização política, pois o governo já não pode mais se apoiar nas relações pessoais. Morgan esboça a evolução inicial do Estado, que organiza as pessoas, agora distribuídas em classes proprietárias, em uma base territorial. Tomando Roma como exemplo, ele cita três mudanças principais que marcam a passagem de uma sociedade gentílica para uma sociedade política. Em primeiro lugar, um sistema de classes baseado na propriedade substitui a organização do clã. Segundo, em vez de um governo baseado em um conselho tribal democrático, uma assembleia dominada pelas classes proprietárias detém, e logo amplia, o poder político. Em terceiro lugar, as áreas territoriais – em vez de clãs, fratrias ou tribos baseadas em laços de parentesco – tornam-se as unidades de governo.

Mesmo antes da emergência de uma organização política desenvolvida, ocorreu uma mudança decisiva dentro do sistema de clãs. Em um certo momento, a organização de clãs matrilineares sucumbiu ao princípio da patrilinearidade, sob o impulso do desenvolvimento da propriedade. Segundo Morgan, a descendência pela linhagem feminina foi a forma original de organização do clã, devido a sua certeza biológica. Contudo, assim que surgiu a propriedade sobre o gado e a terra, dois fatos, totalmente óbvios na opinião de Morgan, significaram que "a descendência a partir da linhagem da fêmea era certa de ser derrubada, e a substituição da linhagem do macho igualmente assegurada" (Morgan, 1877, p. 355). Em primeiro lugar, os homens se tornaram naturalmente os donos da propriedade; em segundo, eles desenvolveram um desejo natural de transmiti-la aos seus próprios filhos. Assim, nos estágios médios do barbarismo, a acumulação de propriedade tem como consequência que o clã patrilinear se torne a unidade básica do sistema social gentílico.

A terceira parte, intitulada "Crescimento da ideia da família", reconstrói cerca de um quarto de *A sociedade antiga*. Ao salientar que a forma da família é altamente variável, Morgan traça a sua evolução por meio de cinco estágios. A restrição progressiva dos parceiros matrimoniais admissíveis constitui a base do desenvolvimento. No primeiro tipo de família, a "consanguínea", irmãs e primas são casadas, em grupo, com seus irmãos e primos. O tipo de família seguinte, o "punaluana", modifica o primeiro, por meio da proibição do casamento entre irmãos e irmãs.

Essas duas formas de casamento entre grupos, que sugerem um estágio ainda mais antigo de relações sexuais promíscuas, representam formas conjecturais, reconstruídas por Morgan com base na sua compreensão da terminologia de parentesco, e correspondem amplamente aos estágios de selvageria e barbarismo primitivo.

A terceira forma, a família "sindiásmica" ou "por pares", baseia-se no casamento entre pares únicos, que vivem no interior de casas comunitárias e cujo vínculo pode ser dissolvido pela vontade de qualquer um dos parceiros. A família por pares constitui o tipo de família associada às sociedades baseadas em clãs. Os laços por linhagens permanecem primordiais para cada parceiro, pois o clã é a unidade social básica e assume a responsabilidade final pelos seus membros. Morgan nota a medida de segurança coletiva proporcionada aos indivíduos por esse sistema, bem como o seu relativo igualitarismo quando comparado com as formas familiares subsequentes.

Os dois últimos tipos de família refletem a influência do desenvolvimento da propriedade. A família "patriarcal" organiza um grupo de pessoas – escravizados, servos e livres – sob um chefe masculino que exerce a autoridade suprema. A família "monogâmica" é baseada no casamento de um único casal que, com seus filhos, compõe uma unidade doméstica independente. Morgan conceitualiza ambos os tipos de família como instituições cujo objetivo principal é assegurar a propriedade e transmiti-la exclusivamente aos seus descendentes biológicos. Para assegurar a paternidade das crianças, é exigida uma fidelidade rigorosa das mulheres. O poder paterno é mais ou menos absoluto, e só a morte pode quebrar o vínculo matrimonial. As famílias patriarcais e monogâmicas estão, portanto, em total oposição à organização do clã. São formas mais apropriadas para a sociedade política, aparecem nas últimas fases da barbárie e continuam no período da civilização.

Morgan argumenta que as famílias patriarcais e monogâmicas representam um avanço social, pois permitem uma maior individualidade das pessoas. Ao mesmo tempo, ele reconhece que, na prática, tal individualidade estava disponível apenas para os homens. As mulheres, assim como as crianças, estavam geralmente subordinadas ao poder paterno do chefe da família. Em contraste, a família por pares da sociedade de clãs tinha proporcionado às mulheres um certo nível de igualdade e poder relativos, particularmente antes da transição para a descendência patrilinear. Enquanto as crianças permanecessem no clã da sua mãe, a família por pares estava integrada na unidade doméstica do clã matrilinear, e Morgan pensou ser provável que a mulher, e não o homem, funcionava como o centro da família. Com a passagem para a descendência sob a linhagem masculina, a família por pares se tornou parte da unidade doméstica do clã patrilinear, e a mulher ficou mais isolada dos seus parentes gentílicos. Essa mudança "funcionou poderosamente para baixar a sua posição e deter o seu progresso na escala social", mas a mulher ainda era um membro do seu próprio clã e assim mantinha uma condição social consideravelmente independente (Morgan, 1877, p. 481). O advento do poder paterno nas famílias patriarcais e monogâmicas abre o caminho para uma degradação muito mais profunda da posição da mulher. Nesse caso, a subordinação cruel das mulheres e crianças contradiz as noções otimistas de desenvolvimento evolutivo de Morgan. Ele apresenta o material honestamente, contudo, animado por uma crença de que a monogamia é, ao menos em princípio, a forma mais elevada e igualitária de família. No entanto, a evidência empírica está em contradição com o compromisso do próprio Morgan com uma teoria progressista da evolução (Morgan, 1877, p. 360, 398-400, 474-475, 477-478, 480-488, 499). Coube a Engels, em *A origem*, sugerir um quadro teórico mais adequado.

A sociedade antiga se encerra com a parte quatro, intitulada "Crescimento da ideia de propriedade", na qual Morgan resume a sua compreensão do desenvolvimento social. Ele distingue três fases no desenvolvimento da propriedade, geralmente correspondentes aos três principais períodos evolutivos. Entre os povos mais primitivos, aqueles em estágio de selvageria, a propriedade raramente existe. As terras são possuídas em comum, tal como a moradia, e Morgan especula que o germe da propriedade reside em um direito em desenvolvimento de herdar artigos pessoais. A propriedade em forma de terra, casas e gado surge no estágio de barbarismo. As regras da herança, no início, estão em conformidade com a organização do clã: a propriedade volta para o clã da pessoa falecida, não para o seu ou a sua cônjuge. Por fim, prevalece a propriedade individual por meio da família monogâmica, com os bens herdados pelos filhos do falecido proprietário. Havia chegado o período da civilização.

Em conclusão, Morgan oferece a observação de que, nos tempos em que vivia, a propriedade tinha se tornado um "poder incontrolável". A sociedade estaria em rota de colisão e a sua desintegração seria a consequência lógica "de um percurso no qual a propriedade é o fim e o objetivo; porque tal percurso contém os elementos de autodestruição". No entanto, Morgan tem esperança na reconstrução da sociedade no "próximo plano superior", no qual surgirá como "um renascimento, em uma forma mais elevada, da liberdade, igualdade e fraternidade" da antiga sociedade de clãs (Morgan, 1877, p. 561-562).

A sociedade antiga é uma obra monumental. Nela, Morgan resolveu o enigma da organização do clã, descreveu a sequência das instituições sociais em termos evolutivos e tentou analisar a base para o seu desenvolvimento. Publicado em 1877, o livro se tornou a base de todas as investigações subsequentes sobre a história das primeiras sociedades humanas, apesar dos seus diversos erros factuais e interpretativos. Essas limitações, bem como as contribuições substanciais de Morgan, têm sido muito discutidas.[7] Aqui, a ênfase será na compreensão de Morgan sobre os mecanismos de mudança social.

Morgan apresenta o seu material de forma paralela, como quatro tipos de fenômenos "que se estendem em linhas paralelas ao longo dos caminhos do progresso humano desde o estágio selvagem até a civilização". Como um intelectual pragmático, ele se atém aos dados e se permite generalizar, mas não teorizar. Assim, cada linha constitui "uma sequência natural e necessária de progresso", mas a fonte dessa necessidade permanece misteriosa. Além disso, a discussão de Morgan sobre a evolução da família pressupõe uma compreensão do desenvolvimento da organização do clã e vice-versa. A organização extremamente repetitiva de *A sociedade antiga* revela a incapacidade do autor em estabelecer uma relação teórica nítida entre as "quatro classes de fatos". Uma teoria do desenvolvimento social está, no entanto, implícita na obra de Morgan. Observando frequentemente que "a experiência da humanidade correu em vias quase uniformes", ele propõe que o estabelecimento dos principais marcos dessas vias é determinado pela evolução das artes de subsistência – ou seja, pelos tipos de

---

[7] O ponto de partida para qualquer avaliação de *A sociedade antiga* de Morgan está na introdução de Leacock a esse livro (Leacock, 1963).

invenções e descobertas utilizadas para adquirir ou produzir os meios de subsistência. Em suma, o progresso humano repousa, fundamentalmente, sobre os avanços tecnológicos no modo de vida material (Morgan, 1877, p. vii, 3, 8).

Morgan reconhece o papel crítico desempenhado pelo desenvolvimento da propriedade. "É impossível superestimar a influência da propriedade na civilização humana". A necessidade de transmitir a propriedade aos herdeiros fundamenta, na sua opinião, a passagem da organização do clã matrilinear para a patrilinear. Do mesmo modo, "a propriedade, ao aumentar em variedade e quantidade, exerceu uma influência constante e crescente na direção da monogamia". E foi o surgimento de novas "complicadas necessidades", crescendo a partir de uma acumulação acelerada de propriedade, que provocou a dissolução da organização do clã e a sua substituição pela sociedade-política. Mas o que é a propriedade, e por que ela é uma força motora do desenvolvimento social? Na explicação de Morgan, a propriedade consiste em coisas, objetos de subsistência, mas não está inserida em nenhuma determinada rede de relações sociais. Uma vez germinada a ideia de propriedade, ela simplesmente cresce automaticamente, estendendo-se tanto em magnitude como em complexidade, enquanto nutre a sequência de estágios nas artes da subsistência. "Partindo do zero no estado selvagem, a paixão pela posse da propriedade, como representante da subsistência acumulada, tornou-se agora dominante sobre a mente humana nas raças civilizadas." Para Morgan, a paixão na mente dos homens – nomeadamente, a ganância – conduz naturalmente à evolução da propriedade e, consequentemente, ao desenvolvimento social em geral (Morgan, 1877, p. 511-512, 263, vii).[8]

---

[8] Ver também as p. 5-6.

Nas citações sobre *A sociedade antiga* que registrou nos *Cadernos etnológicos*, Marx revisou a sequência de apresentação de Morgan (Krader, 1972, p. 11 e 365).[9] Morgan tinha começado com a evolução das artes de subsistência e depois pesquisou o desenvolvimento paralelo do governo, da família e da propriedade. Marx mudou a longa seção de Morgan sobre o governo para o final das suas notas e alterou a quantidade relativa de espaço dada a cada parte. Ele reduziu pela metade a discussão sobre as artes de subsistência e em um terço a seção sobre a família. Ao mesmo tempo, alargou proporcionalmente o espaço dado por Morgan à consideração sobre a propriedade e ao governo. Em suma, as notas de Marx reorganizam o material de Morgan da seguinte forma: artes de subsistência (reduzido); família (reduzido); propriedade (expandido); governo (ligeiramente expandido). Por meio dessa reorganização, talvez Marx tenha procurado colocar as conclusões de Morgan em uma ordem teoricamente mais coerente.

Na medida em que Engels incorporava o material de *A sociedade antiga* na sua obra *A origem*, adotou a organização dos excertos de Marx nos *Cadernos etnológicos* – fazendo, no entanto, várias mudanças estruturais importantes. Ele não dedicou um capítulo separado ao tema da propriedade. Aumentou muito a importância relativa do capítulo sobre a família, dando-lhe quase tanto espaço quanto aos capítulos sobre o Estado, e deslocou o foco para a transição entre a barbárie e a civilização de acordo com o seu interesse e de Marx na emergência do Estado. Dessa forma, Engels converteu as quatro "linhas de progresso humano" de Morgan em três seções que constituem a maior parte de *A origem*.

---

[9] Ver também a resenha de Krader em Santamaria (1975).

Em termos substantivos, Engels seguiu Morgan bem de perto. Ele podou a riqueza da evidência etnográfica, até mesmo substituindo-a onde seus próprios estudos ofereciam dados mais relevantes. Destacou os pontos que mais expressivamente revelaram os fundamentos teóricos revisados que procurava estabelecer. E empregou um estilo literário mais palatável, e muitas vezes, mais envolvente e casual. De modo geral, *A origem* parece ser uma versão mais curta, bem como mais direcionada e acessível, de *A sociedade antiga*. Uma análise mais atenta das formas pelas quais a apresentação do material por Engels difere da de Morgan revela tanto as contribuições como as limitações de *A origem*.

Em um breve capítulo de abertura, "Estágios pré-históricos da cultura", Engels recapitula sucintamente o relato de Morgan sobre a evolução de três fases nas artes de subsistência. Ao enfatizar a riqueza e precisão do relato, ele também reconhece uma certa fragilidade: "o meu esboço vai parecer raso e fraco em comparação com o quadro a ser desenrolado no final das nossas viagens" (Engels, 1972, p. 93). Engels se refere, aqui, ao seu plano de aprofundar o trabalho de Morgan, reformulando-o à luz da teoria do desenvolvimento social de Marx. No fim das contas, entretanto, *A origem* permanece muito mais próxima de *A sociedade antiga* do que Engels pretendia.

O capítulo 2, "A família", que constitui cerca de um terço de *A origem*, apresenta uma versão retrabalhada e ampliada da sequência dos tipos de família de Morgan. Engels ressalta a importância da descoberta dessa história por Morgan e aproveita a oportunidade para situar o trabalho do autor no contexto das especulações dos séculos XVIII e XIX sobre a evolução dos primatas, sobre o comportamento social humano inicial, e acerca da possibilidade de um estado primitivo de relação sexual promíscua. Concluindo essa meia dúzia de páginas com a observação de que os padrões morais burgueses não podem ser utilizados para interpretar as sociedades primitivas, ele rapidamente resume e comenta a discussão de Morgan sobre as duas formas hipotéticas de casamento entre grupos (Engels, 1972, p. 101-110). Tal como Morgan, ele acredita que a seleção natural, por meio dos mecanismos inatos do ciúme e dos tabus do incesto, desencadeou a sucessão de tipos familiares. Além disso, a lógica por trás da mudança que Marx tinha feito na sequência de apresentação de Morgan torna-se agora nítida, pois Engels é capaz de explicar a origem do sistema de clã no decurso da sua descrição da família punaluana.

Tendo descartado os casamentos entre grupos e a gênese do clã, Engels volta-se para as famílias por pares e patriarcais. Ele resume de forma seletiva as descobertas de Morgan, ao mesmo tempo que integra o material que o autor tinha abordado no seu capítulo sobre propriedade. Ao lado de Morgan, Johann Jakob Bachofen e outros, Engels assume que a supremacia das mulheres caracterizava as sociedades primitivas, mas argumenta que ela estava assentada na base material de uma divisão sexual do trabalho natural no interior das antigas comunidades domésticas comunais. Só se "novas forças impulsionadoras de *ordem social*" fizessem com que essa base material natural assumisse uma forma diferente é que as mulheres poderiam perder a sua posição de independência (Engels, 1972, p. 117). E isso ocorreu quando a sociedade começou a produzir um excedente considerável, tornando possível que a riqueza se acumulasse e eventualmente passasse para a posse privada das famílias. Tal como Morgan, Engels considera o desenvolvimento da produtividade como um processo de evolução automática, mas ele faz uma distinção, ainda que vaga, entre riqueza – uma dada acumulação de coisas – e a propriedade privada – uma relação social.

Uma vez que a riqueza é apropriada de maneira privada, sua acumulação se torna uma questão social central. O "direito materno" – ou seja, a descendência pela linhagem feminina e, com ela, a supremacia da mulher na unidade doméstica comunal – constitui agora uma barreira ao desenvolvimento social. Anteriormente, a suposta divisão natural do trabalho entre mulheres e homens colocava as mulheres a cargo da unidade doméstica, enquanto os homens tinham a tarefa de prover alimentos. Em uma sociedade com baixo nível de produtividade, portanto, as mulheres possuíam os bens das unidades domésticas, e os homens, os instrumentos necessários para caçar, pescar, cultivar plantas e atividades afins. Com o aumento da produtividade e o desenvolvimento da propriedade privada em terra, gado e escravizados, esse acidente histórico, por assim dizer, tem a terrível consequência de que os homens, os antigos possuidores dos instrumentos de coleta e produção de alimentos, possuem agora a riqueza. O direito materno torna impossível aos homens, no entanto, a transmissão da propriedade privada recentemente evoluída aos seus filhos. "Portanto, a formação da família como unidade econômica foi firmada pela destituição do direito materno" (Engels, 1972, p. 119-120).

Engels considera a passagem para o sistema de clãs patrilineares central em seu impacto na sociedade e na posição das mulheres. Ele marca o estabelecimento de um conjunto de relações sociais favoráveis à evolução posterior não apenas da propriedade privada, mas da sociedade de classes em sua plenitude. Mais dramaticamente,

> o desmoronamento do direito materno foi a *grande derrota histórica do sexo feminino em todo o mundo*. O homem apoderou-se também da direção da casa; a mulher viu-se degradada, convertida em servidora, em uma escrava da luxúria do homem, em

simples instrumento de procriação. (Engels, 1972, p. 120-121, itálico no original).

A família patriarcal, com sua incorporação de escravizados e servos sob a suprema autoridade do chefe masculino, surge agora como uma forma intermediária entre a família por pares e a monogamia. Engels oferece exemplos históricos específicos desse estágio de transição, enfatizando a relação entre posse da terra e estrutura social, bem como a brutalidade do patriarca em relação às mulheres nas unidades domésticas.

Ao discutir a família monogâmica, Engels segue novamente Morgan, quando incorpora simultaneamente uma análise mais nítida das relações de propriedade e concentra-se na questão da posição da mulher. A família monogâmica aparece no final do segundo estágio do desenvolvimento das artes de subsistência – ou seja, no limiar da civilização – e representa uma forma aperfeiçoada para a transmissão da propriedade privada do pai para os filhos. Engels enfatiza a origem da família monogâmica em condições econômicas e sua função como instituição detentora de propriedade. "Foi a primeira forma de família que não se baseava em condições naturais, mas econômicas, e concretamente no triunfo da propriedade privada sobre a propriedade comum primitiva, originada espontaneamente" (Engels, 1972, p. 128). Embora Engels nunca o afirme sem ambiguidade, a implicação é que a forma da família monogâmica, assim como a patriarcal, constitui um produto da ascensão da sociedade de classes.

Engels não tem ilusões sobre a posição das mulheres na família monogâmica. A monogamia é um padrão imposto apenas à mulher, e existe apenas para garantir a paternidade da descendência biológica, não por qualquer motivo de amor ou afeto. Os homens permanecem livres para viver segundo um padrão diferente. Ao mesmo tempo, o fenômeno da esposa negligenciada gera suas próprias consequências. Assim, lado a lado à instituição do chamado casamento monogâmico, floresce todo tipo de adultério e prostituição. Além disso, "o casamento monogâmico entra em cena como a subjugação de um sexo pelo outro; ele anuncia uma luta entre os sexos desconhecida durante todo o período pré-histórico anterior". Na formulação de Engels, essa luta entre os sexos aparece simultaneamente com as relações de classe. "Hoje posso acrescentar: o primeiro antagonismo de classes que apareceu na história coincide com o desenvolvimento do antagonismo entre o homem e a mulher na monogamia; e a primeira opressão de classes, com a opressão do sexo feminino pelo masculino." Ao contrário de uma interpretação equivocada bastante comum dessas observações, Engels não afirma que a luta entre os sexos antecede o conflito de classes. No entanto, ele também não argumenta nitidamente que ela está enraizada no surgimento da sociedade de classes. Ele simplesmente trata os dois desenvolvimentos como paralelos, contornando os difíceis problemas das origens históricas e das relações teóricas (Engels, 1972, p. 128, 129).

Tendo estabelecido a natureza do casamento monogâmico, Engels se volta brevemente para uma série de tópicos não tratados por Morgan. Para começar, ele apresenta uma rápida história do desenvolvimento da família monogâmica no período de civilização, com ênfase no quanto ela promoveu o "amor sexual individual". Segundo Engels, os casamentos baseados no amor eram impossíveis antes do grande "progresso moral" constituído pela família monogâmica. Ademais, em todas as classes dominantes, mesmo após a ascensão da família monogâmica, a conveniência em vez do amor regia a escolha do parceiro matrimonial. Após um breve retrospecto sobre a família da classe dominante medieval, Engels se concentra no casamento na sociedade capitalista. Entre a burguesia, o casamento é uma questão de conveniência, geralmente arranjado pelos pais para ampliar seus direitos de propriedade. Em contraste, o proletariado tem a oportunidade de experimentar verdadeiramente o amor sexual individual. Entre o proletariado,

> desaparecem também, nesses casos, todos os fundamentos da monogamia clássica. Faltam aqui, por completo, os bens de fortuna, para cuja conservação e transmissão por herança foram instituídos, precisamente, a monogamia e o domínio do homem; e, por isso, aqui também falta todo o motivo para estabelecer a supremacia masculina. [...] Nesse caso, o papel decisivo cabe a outras relações pessoais e sociais. (Engels, 1972, p. 132)

Ademais, Engels acredita que por meio do crescente emprego das mulheres no trabalho assalariado e a independência que o acompanha, nenhuma base sobrevive para qualquer tipo de supremacia masculina na unidade doméstica da classe trabalhadora, "excetuando-se, talvez, certa brutalidade no trato com as mulheres, muito arraigada desde o estabelecimento da monogamia" (Engels, 1972, p. 135). O otimismo de Engels, compartilhado por Marx e pelo movimento socialista da época, é problemático em três aspectos. Em primeiro lugar, deixa de considerar o significado da família da classe trabalhadora como unidade social essencial, não para a posse da propriedade, mas para a reprodução da própria classe trabalhadora. Em segundo lugar, ele ignora as formas pelas quais uma base material para a supremacia masculina é constituída dentro da unidade doméstica proletária. E em terceiro, subestima amplamente a variedade de fatores ideológicos e psicológicos que fornecem uma base contínua para a supremacia masculina na família da classe trabalhadora.

A maior parte da breve discussão de Engels sobre a situação das mulheres na família na sociedade capitalista é formulada em termos da lacuna entre a igualdade formal e a substantiva

(Engels, 1972, p. 135-138). Ele começa com uma analogia entre o contrato de casamento e o contrato de trabalho. Ambos são celebrados livremente, juridicamente falando, tornando assim os parceiros iguais no papel. Essa igualdade formal disfarça, no caso do contrato de trabalho, as diferenças de posição de classe entre o trabalhador e o empregador. O contrato de casamento envolve uma mistificação semelhante, uma vez que, no caso de uma família com propriedade, os pais de fato determinam a escolha dos parceiros de seus filhos no casamento. Na realidade, a igualdade jurídica dos parceiros em um casamento está em nítido contraste com sua desigualdade real. A questão, aqui, diz respeito à natureza do trabalho da esposa dentro da unidade doméstica. O desenvolvimento das famílias monogâmicas e patriarcais converte esse trabalho realizado no interior da família em um serviço privado. Como afirma Engels, "se a mulher cumpre os seus deveres no serviço privado da família, fica excluída do trabalho social e nada pode ganhar". Seu trabalho perde o lugar público ou socialmente necessário que tinha ocupado nas sociedades anteriores. Tanto excluída quanto, mais tarde, economicamente dependente, ela se torna, portanto, subordinada. Somente com a indústria capitalista de larga escala, e somente para a mulher proletária, aparece a possibilidade de entrar novamente na produção. No entanto, essa oportunidade tem um caráter contraditório enquanto perdurarem as relações capitalistas. Se a mulher proletária

> cumpre os seus deveres no serviço privado da família, fica excluída do trabalho social e nada pode ganhar; e, se quer tomar parte na indústria social e ganhar sua vida de maneira independente, lhe é impossível cumprir as obrigações domésticas. (Engels, 1972, p. 137)

As conclusões de Engels sobre as condições de libertação das mulheres, resumidas em alguns parágrafos, geralmente

6 – Engels: uma formulação inadequada

convergem com as observações igualmente breves sobre o assunto feitas por Marx n'*O capital*. Como Marx, Engels ressalta o papel progressivo que a participação no processo coletivo de trabalho pode potencialmente desempenhar, e sua importância crucial como condição para a libertação humana. Enquanto Marx havia incorporado suas observações em uma análise do impacto histórico da grande indústria capitalista, Engels enquadra suas observações no contexto de uma discussão sobre os direitos políticos. Ele traça novamente uma analogia entre trabalhadores e mulheres, argumentando que ambos os grupos devem possuir igualdade jurídica se quiserem entender o caráter de suas respectivas lutas pela "igualdade social *efetiva*".

> A república democrática não suprime o antagonismo entre as duas classes; ao contrário, ela não faz senão proporcionar o terreno no qual o combate vai ser decidido. De igual maneira, o caráter particular do predomínio do homem sobre a mulher na família moderna, assim como a necessidade e o modo de estabelecer uma igualdade social efetiva entre ambos, não se manifestarão com toda a nitidez senão quando homem e mulher tiverem, por lei, direitos absolutamente iguais. (Engels, 1972, p. 137)

Embora geralmente consistente com o esboço de Marx sobre a reprodução da força de trabalho, a consideração de Engels sobre a opressão às mulheres é inadequada ou incompleta em vários aspectos críticos. Em primeiro lugar, ele supõe que é natural que os "deveres familiares" sejam incumbência exclusiva das mulheres, e que, portanto, sempre serão. Além disso, ele não vincula nitidamente o desenvolvimento de uma esfera especial associada à reprodução da força de trabalho ao surgimento da classe – ou, talvez, da sociedade capitalista. Para as sociedades de classe pré-capitalistas, ele não especifica a natureza da subordinação das mulheres nas diferentes classes. Finalmente, a ênfase de Engels na importância estratégica dos direitos democráticos deixa em aberto a questão da relação entre a revolução socialista, a libertação das mulheres e a luta por direitos iguais. O resultado é ambíguo, sugerindo potencialmente que o programa socialista para a libertação das mulheres consiste em dois objetivos separados: igualdade de direitos com os homens no curto prazo ainda capitalista; e libertação total com base em uma forma mais elevada de família no bem distante milênio revolucionário.

Engels encerra o capítulo sobre a família com um longo olhar para o futuro (Engels, 1972, p. 138-146). Essas páginas traçam, mais uma vez, o desenvolvimento da monogamia com base na propriedade privada, e tentam um esboço de experiência familiar em uma sociedade na qual os meios de produção foram convertidos em propriedade social. A verdadeira monogamia, ou seja, monogamia tanto para o homem quanto para a mulher, agora será possível, junto ao amplo desenvolvimento da maior das emoções íntimas, o amor sexual individual. Não se pode prever exatamente como serão as relações entre os sexos, pois depende de uma nova geração de mulheres e homens nascidos e criados na sociedade socialista. "Quando essas gerações aparecerem, não darão um vintém por tudo que nós hoje pensamos que elas deveriam fazer. Estabelecerão suas próprias normas de conduta e, em consonância com elas, criarão uma opinião pública para julgar a conduta de cada um. E ponto final". O foco de Engels no conteúdo emocional e sexual das relações interpessoais no seio da família refletiu uma visão comum de que elas representam a essência da chamada Questão da Mulher (Engels, 1972, p. 145).[10]

Apenas em um ponto dessa seção ele se detém nas implicações da futura abolição das funções econômicas da família,

---

[10] Os temas do amor e da sexualidade são abordados ainda mais amplamente em Bebel (1971).

observando que, com os meios de produção sendo de propriedade comum, "a família individual deixará de ser a unidade econômica da sociedade. A economia doméstica converter-se-á em indústria social". Além disso, "o trato e a educação das crianças tornar-se-ão assunto público" (Engels, 1972, p. 139). Essas breves dicas oferecem a orientação programática mínima, e não diferem, em substância, das propostas comunitárias do século XIX. Em resumo, o capítulo de Engels sobre a família n'*A origem* permanece uma mistura desarticulada do materialismo seco de Morgan com uma visão radical da libertação sexual – temperada com novas abordagens sobre a natureza das relações sociais e de propriedade, e salpicada deliberadamente com o calor e a inteligência de Engels.

Do capítulo 3 ao 8 d'*A origem*, correspondentes à seção sobre governo em *A sociedade antiga*, Engels examina a natureza da sociedade de clãs e traça a ascensão do Estado. Como no capítulo 2 sobre a família, ele segue a linha geral de argumentação de Morgan enquanto, ao mesmo tempo, foca na família e a integra ao material sobre a propriedade. Nas palavras de Engels, "Morgan descreve principalmente as modificações formais; as condições econômicas que as produziram, tive eu mesmo que acrescentá-las, em grande parte" (Engels, 1972, p. 171). A discussão resultante apresenta falhas similares às já observadas na análise de Engels sobre a família. Além disso, torna-se ainda mais óbvio nesses capítulos que Engels identifica a propriedade privada e a troca de mercadorias no mercado como os desenvolvimentos sociais centrais na história. No entanto, em nenhum momento ele discute claramente esses fenômenos em termos das relações sociais que constituem o modo de produção no qual eles se originam.

Nesses capítulos, uma crítica da propriedade toma o lugar de uma crítica das relações de classe. A propriedade, não a exploração – a apropriação do mais-trabalho da classe produtora por outra classe –, torna-se o objeto implícito da luta de classes. Do ponto de vista da teoria da reprodução social de Marx, entretanto, tanto a propriedade privada quanto a troca de mercadorias representam apenas manifestações específicas de tipos particulares da sociedade de classes. Em tais sociedades, um dado conjunto de relações de exploração sempre domina, constituindo a base para relações sociais específicas e formas de propriedade privada, mercado, Estado, e assim por diante. A diferença entre essa formulação e aquela d'*A origem* é crucial, e não simplesmente uma questão de estilo ou de forma de exposição. Ela revela que os argumentos apresentados por Engels n'*A origem* geralmente permanecem dentro do quadro teórico de uma crítica utópica da propriedade. Os comentários de Marx sobre seu alvo socialista utópico favorito, Proudhon, se aplicariam igualmente a Engels: ele deveria ter analisado "as relações de propriedade como um todo, não em sua expressão legal como relações de vontade, mas em sua forma real, ou seja, como relações de produção. [Em vez disso], ele enredou o conjunto dessas relações econômicas na concepção jurídica geral de 'propriedade'". Além disso, Engels confundiu a circunstância de que os produtos do trabalho são trocados em uma sociedade com a presença de relações de produção[11] capitalistas, ou pelo menos de classe.

No capítulo 9, "Barbárie e civilização", no encerramento d'*A origem*, Engels examina as "condições econômicas gerais" por trás dos desenvolvimentos apresentados nos capítulos anteriores. "Para isso", observa ele, "*O capital* de Marx vai nos ser tão necessário quanto o livro de Morgan" (Engels, 1972, p. 217). Infelizmente, já tarde demais, pois as debilidades analí-

---

[11] Marx a J. D. Schweitzer, 24 de Janeiro de 1865 (Marx e Engels, 1965, p. 153). Marx (1971a, p. 115-116, 165-167).

ticas encontradas ao longo d'*A origem* permeiam esse capítulo altamente repetitivo.

Engels reitera sua compreensão sobre a evolução social no período de declínio das sociedades baseadas no clã e do surgimento da civilização, dessa vez apontando uma série de marcos importantes. Nos estágios intermediários do barbarismo, a separação das tribos pastorais em relação à massa de outros povos marca a "*primeira grande divisão social do trabalho*". Essas tribos domesticam os animais e desenvolvem a agricultura; como resultado, logo se veem com produtos que tornam possível o intercâmbio regular. Inevitável e automaticamente, o aumento do intercâmbio leva a uma maior produtividade, mais riqueza e uma sociedade na qual o aproveitamento do mais-trabalho se torna viável. Assim, surge a escravização. "Da primeira grande divisão social do trabalho nasceu a primeira grande divisão da sociedade em duas classes: senhores e escravos, exploradores e explorados." Engels relembra o leitor de que a mudança na divisão do trabalho também tem consequências para as relações entre os sexos na família. Como a divisão de trabalho pré-existente havia supostamente atribuído a tarefa de obter a subsistência dos homens, eles se tornam os detentores da nova riqueza, e as mulheres se veem subordinadas e confinadas ao trabalho doméstico privado. Uma "segunda grande divisão do trabalho" ocorre no final do período de barbárie, quando o artesanato se separa da agricultura. Sobre essa base, desenvolve-se uma nova clivagem da sociedade em classes, a oposição entre ricos e pobres. Desigualdades de propriedade entre os chefes de família masculinos individuais levam agora à separação da unidade doméstica comunal, e o casamento em pares se dissolve na família monogâmica individual, ainda mais opressiva para as mulheres. Finalmente, uma terceira divisão do trabalho surge no período da civilização: emerge uma classe de comerciantes, parasitas cujas atividades nefastas levam a crises comerciais periódicas. Enquanto isso, o surgimento das clivagens de classe exigiu a substituição da constituição gentílica por uma terceira força, poderosa, mas aparentemente acima da luta de classes – isto é, o Estado (Engels, 1972, p. 218-225).

Em suma, o capítulo conclusivo d'*A origem* argumenta que a civilização resulta da contínua evolução da divisão do trabalho, que por sua vez dá origem à troca, à produção de mercadorias, às clivagens de classe, à subordinação da mulher, à família única como unidade econômica da sociedade e ao Estado. O que está errado com esse quadro é que Engels mais uma vez simplesmente listou os fenômenos sem enraizá-los nas relações sociais e no funcionamento de um modo de produção dominante. Mais, ele atribui o papel principal à divisão técnica do trabalho no processo de trabalho – o que Morgan havia considerado sob a rubrica "artes de subsistência". O desenvolvimento das clivagens de classe, ou seja, das relações sociais de exploração, simplesmente acontece automaticamente, uma vez atingido um certo nível de produtividade material. Em outras palavras, o estado das forças de produção determina mecanicamente a natureza das relações de produção. A ênfase na divisão técnica do trabalho nesse capítulo constitui um novo elemento, tendendo, de certa forma, a substituir o foco dos capítulos anteriores na emergência da propriedade privada como o principal motor da mudança social. Ao mesmo tempo, Engels, assim como Morgan, frequentemente invoca a ganância humana e a competitividade, inatas, para explicar o desenvolvimento histórico (Engels, 1972, p. 223, 224, 235).[12] No fim, a análise dispersa do desenvolvimento social apresentada nesse capítulo final representa alguns dos raciocínios mais fracos d'*A origem*.

---

[12] Ver também as p. 119, 161.

6 – ENGELS: UMA FORMULAÇÃO INADEQUADA

Não é de surpreender que a síntese presente d'*A origem* nesse capítulo sobre a emancipação da mulher exibam ambiguidades semelhantes. Engels destaca, mais uma vez, o impacto esmagador causado pela "primeira grande divisão social do trabalho" sobre a posição das mulheres, e depois salta para uma conclusão supostamente óbvia:

> Isso demonstra que a emancipação da mulher e sua equiparação ao homem são e continuarão sendo impossíveis enquanto ela permanecer excluída do trabalho produtivo social e confinada ao trabalho doméstico, que é um trabalho privado. A emancipação da mulher só se torna possível quando ela pode participar em grande escala, em escala social, da produção, e quando o trabalho doméstico lhe toma apenas um tempo insignificante. Essa condição só pode ser alcançada com a grande indústria moderna, que não apenas permite o trabalho da mulher em grande escala, mas até o exige, e tende cada vez mais a transformar o trabalho doméstico privado em uma indústria pública. (Engels, 1972, p. 221)

Como no capítulo sobre a família, Engels pressupõe aqui que o trabalho doméstico é puramente trabalho das mulheres, não localiza sua afirmação com respeito a uma sociedade de classes específica e embaça a relação entre a eventual libertação da mulher na sociedade comunista e os objetivos estratégicos imediatos.

Engels formula a relação entre transformação social e igualdade das mulheres mais especificamente em uma carta escrita em 1885: "É minha convicção que a verdadeira igualdade de mulheres e homens só pode se tornar realidade quando a exploração de ambos pelo capital tiver sido abolida e o trabalho doméstico privado tiver sido transformado em uma indústria pública". Nesse meio tempo, é necessária uma legislação de proteção.

> Que a mulher trabalhadora precisa de proteção especial contra a exploração capitalista por causa de suas funções fisiológicas especiais me parece óbvio [...]. Admito que estou mais interessado na saúde das futuras gerações do que na absoluta

igualdade formal dos sexos durante os últimos anos do modo de produção capitalista.[13]

Mais uma vez, Engels se debate com o problema de distinguir a igualdade jurídica da igualdade social real.

N'*A origem,* Engels defendeu um argumento que o movimento socialista posteriormente se recusou a endossar, mas que foi recentemente retomado pelas teóricas do movimento contemporâneo de libertação das mulheres. Em uma passagem frequentemente citada do prefácio de 1884 ao livro, Engels falou de dois tipos de produção que prosseguiriam em paralelo: por um lado, a produção dos meios de subsistência e, por outro, a produção de seres humanos. A formulação dualista lembra de forma impressionante a nunca publicada *A ideologia alemã* de 1846, na qual Marx e Engels haviam sugerido uma caracterização semelhante da dupla essência da reprodução social: "A produção da vida, tanto da própria, no trabalho, quanto da alheia, na procriação, [...] aparece desde já como uma relação dupla – de um lado, como relação natural, de outro, como relação social" (Engels, 1972, p. 71-72).[14]

A dependência d'*A origem* na *A ideologia alemã,* 40 anos mais velha, não se limita a esse dramático paralelo linguístico. Engels se baseou bastante no manuscrito esquecido de sua juventude e da de Marx, que ele havia acabado de redescobrir entre os escritos de Marx.[15] Assim, ambos os textos fazem uma distinção relativamente nítida entre fenômenos

---

[13] Engels a Gertrude Guillaume-Schak, 5 de julho de 1885 (Marx e Engels, 1965, p. 386).

[14] Texto da passagem citado no capítulo 3 de Marx e Engels (1975b, p. 43).

[15] Marx e Engels (1956b, p. 33-34); ver também as p. 39, 41 e 54, e Engels (1972, p. 6). Para *A ideologia alemã*, ver capítulo 4. Sobre a similaridade textual, ver também Geiger (1968, p. 30-32).

naturais e sociais, enfatizando o caráter puramente biológico ou animalesco da procriação. Além disso, *A ideologia alemã* atribui, assim como *A origem*, um papel motivador central no desenvolvimento social para a contínua evolução da divisão do trabalho. De acordo com *A ideologia alemã*, a sociedade se desenvolve em estágios, a partir das formas mais simples, nas quais a única divisão do trabalho é natural e enraizada no ato sexual. Com o desenvolvimento da divisão do trabalho, as relações sociais se distinguem das naturais, e a "relação familiar" se torna subordinada. Tanto *A ideologia alemã* quanto *A origem* se referem ao desenvolvimento, nesse ponto da história, de uma relação de escravização latente dentro da família, representando "a primeira forma de propriedade" (Marx e Engels, 1975a, p. 33, 46; Engels, 1972, p. 121, 134, 137). Finalmente, ambos os textos apresentam uma imagem equivocada da família como um germe ou núcleo no qual se originam ou se refletem contradições sociais maiores, e que constitui, por si só, a pedra fundamental da sociedade (Marx e Engels, 1975b, p. 46; Engels, 1972, p. 121-122, 129, 131, 137).

A grande confiança de Engels n'*A ideologia alemã* tem o efeito de importar para *A origem* muitas das fragilidades teóricas do manuscrito em questão. Em 1846, quando Marx e Engels conceberam *A ideologia alemã*, eles estavam no início de duas vidas de profundas contribuições para o movimento socialista. O manuscrito carrega, entretanto, as marcas de seu lugar muito incipiente no desenvolvimento da contribuição desses autores. Assim, quando Engels, no prefácio d'*A origem*, faz eco à dicotomia sugerida em *A ideologia alemã*, postulando dois sistemas separados de produção de vida material, ele simplesmente leva uma distinção muito primitiva entre fenômenos naturais e sociais à sua conclusão lógica. O retorno a essa dicotomia – muito tempo depois que ele, e mais ainda Marx, que em geral a transcendeu em trabalhos subsequentes – resume a ambiguidade teórica encontrada em toda *A origem*. Os socialistas na virada do século [XX] acharam a afirmação do prefácio a respeito da dualidade da reprodução social "muito notável", de fato, "quase incompreensível". Os comentaristas soviéticos acabaram por concordar que Engels estava equivocado, e que a afirmação só pode se referir ao período inicial da história humana, quando as pessoas eram supostamente tão parte da natureza que não se podia dizer que as relações sociais de produção existiam.[16] O que incomodou esses teóricos foi a conclusão de que a família representa um centro autônomo, se não totalmente independente, de desenvolvimento social. E foi precisamente essa conclusão que captou a imaginação das feministas socialistas contemporâneas, muitas vezes tentando-as para uma leitura bastante desdenhosa d'*A origem*.

O propósito de Engels ao escrever *A origem* era "expor os resultados das investigações de Morgan para esclarecer todo o seu alcance em relação com as conclusões da sua (até certo ponto posso dizer nossa) análise materialista da história" (Engels, 1972, p. 71). No entanto, o tratamento do material por Engels fica aquém desse objetivo, pois ele transforma apenas parcialmente o materialismo cru de Morgan. *A origem*, em sua totalidade, é marcada pelo fracasso de Engels em basear a discussão em uma exposição adequada da teoria do desenvolvimento social de Marx. Em vez disso, Engels se apoia, de forma bastante errática, em vários marcos teóricos, além da sua

---

[16] Sobre os socialistas da virada do século, ver Geiger (1968, p. 31-2); opiniões semelhantes têm sido expressas mais recentemente em Hindess e Hirst (1975, p. 58-59). Sobre a visão soviética, ver Stern (1948, p. 48, n. 10). Para outras críticas ao dualismo implícito em *A origem*, ver Brown (1979) e O'Laughlin (1975, p. 5-7).

compreensão do trabalho de Marx: o determinismo tecnológico implícito n'*A sociedade antiga* de Morgan, sua principal fonte de dados; a versão inicial do materialismo histórico d'*A ideologia alemã*; e uma crítica em larga medida utópica da propriedade e de uma perspectiva sobre o futuro socialista. Embora *A origem* consiga, em alguns momentos, ultrapassar esse ecletismo, seus pontos fracos e omissões teóricas acabaram por ter sérias consequências. *A origem* constituiu um texto inadequado cujas formulações teóricas e políticas ambíguas, no entanto, tornaram-se parte integrante do legado socialista.

PARTE 3 – O MOVIMENTO SOCIALISTA

7 – A SEGUNDA INTERNACIONAL

No quarto de século que precedeu a Primeira Guerra Mundial, um poderoso movimento da classe trabalhadora, representado por sindicatos e partidos socialistas, surgiu em praticamente todos os países europeus. Os novos partidos da classe trabalhadora partilhavam um compromisso, por mais abstrato que fosse, com a eventual transformação da sociedade capitalista em uma sociedade sem classes, comunista. Ao mesmo tempo, lutaram pela extensão do sufrágio aos trabalhadores e, por vezes, às mulheres, realizaram campanhas eleitorais impressionantes e, muitas vezes, bastante exitosas, e buscaram a aprovação de leis para a melhoria das condições de trabalho e proteção dos trabalhadores contra doenças, deficiências ocasionadas por acidentes de trabalho e desemprego. Acima de tudo, encorajaram a organização dos trabalhadores em sindicatos para que estes pudessem negociar diretamente com os empregadores e, se necessário, realizar greves. O principal dos partidos socialistas era o Partido Social-Democrata Alemão [*Sozialdemokratische Partei Deutschlands*], o SPD – presumidamente considerado o herdeiro do manto de Marx e Engels, líder do movimento sindical alemão, e capaz, no seu auge, de ostentar 4,5 milhões de votos e mais de 1 milhão de membros.

7 – A Segunda Internacional

Por volta de 1889, já estavam estabelecidas as bases para a Segunda Internacional, um organismo que buscava coordenar a discussão entre os vários partidos nacionais e suas respectivas ações. Na teoria, o socialismo e o objetivo de construir uma sociedade comunista, sem classes, constituíam, em última instância, tarefas internacionais, principalmente quando o capitalismo se desenvolvia em um sistema imperialista em grande escala. Na prática, os movimentos individuais da classe trabalhadora e os seus partidos respondiam a condições de caráter essencialmente nacional, e geralmente percorreriam caminhos separados, ainda que paralelos. Quando a guerra eclodiu em 1914, esses caminhos divergiram. Com algumas importantes exceções, a Internacional se dividiu de acordo com a linha de cada Exército envolvido.

Para o movimento socialista, o problema da opressão às mulheres era, em princípio, uma parte inseparável do que foi chamado de "Questão Social". Os partidos socialistas abordavam a chamada Questão da Mulher em seus jornais e produziam uma modesta quantidade de literatura teórica e de agitação. Com certa relutância, eles incorporaram os direitos políticos das mulheres em seus programas, buscaram construir movimentos de mulheres de massa e encorajaram sindicatos a organizarem as mulheres trabalhadoras. Apesar das fragilidades, o movimento socialista oferecera o apoio mais completo e consistente até então disponível para a luta pela igualdade entre os sexos e pela libertação das mulheres. Ao mesmo tempo, o exame de alguns exemplares da literatura partidária sobre a Questão da Mulher sugere que, em sua maioria, a Segunda Internacional não conseguiu elucidar, menos ainda, ampliar, o legado incompleto do trabalho teórico deixado por Marx e Engels. Além disso, ao codificar e, em certa medida, santificar, esse legado, o movimento socialista na verdade dificultou a sua capacidade de superar as ambiguidades herdadas.

Entre os militantes de partidos e de sindicatos capazes de encontrar tempo para ler livros socialistas, *A mulher e socialismo*, do líder social-democrata alemão August Bebel, atingiu o primeiro lugar em popularidade. Originalmente publicado em 1879, por volta de 1895 tinha completado 25 edições, e ao redor de 1910, 50, sem mencionar as numerosas traduções estrangeiras. Durante anos, *A mulher e o socialismo* foi o livro mais emprestado das bibliotecas de trabalhadores na Alemanha, e continuou a cumprir a função de principal cartilha socialista durante as primeiras décadas do século XX.

O que foi que atraiu tão persistentemente trabalhadores e socialistas para um livro de quase 500 páginas? Em primeiro lugar, *A mulher*, como o movimento alemão apelidou o livro, era praticamente a única obra na literatura marxista da época que correspondia ao desejo das pessoas por um quadro detalhado e específico do futuro socialista. Analisando o passado opressivo e dissecando o presente capitalista, o livro também dedicou seções inteiras a esboçar os traços gerais de como poderia ser a vida na sociedade socialista vindoura. "É bastante seguro dizer", observou um periódico em 1910, "que foi a partir desse livro que as massas proletárias derivaram o seu socialismo". E anos mais tarde, um militante do partido lembrou que, "para nós, jovens socialistas, o livro de Bebel não era apenas um programa, era um evangelho". Até que a Revolução Bolchevique abrisse a possibilidade de um exemplo da vida real, a obra *A mulher* ofereceu a visão mais desenvolvida em relação ao objetivo da luta dos socialistas.[17]

Mas o livro não era apenas sobre socialismo, era também sobre as mulheres – *A mulher no passado, presente e futuro*, como

---

[17] Sobre a popularidade do livro de Bebel como uma visão do socialismo, ver Steinberg (1976).

o título da segunda edição anunciou. Para algumas leitoras, o livro documentou a angústia da sua própria experiência como mulheres, inspirando "esperança e alegria de viver e lutar". Com essas palavras, Ottilie Baader, uma mulher da classe trabalhadora, recordou o impacto que o livro teve sobre ela quando, em 1887, com a idade de 40 anos, vivia "resignada e sem esperança" sob o fardo das "necessidades amargas da vida, do excesso de trabalho e da moralidade da família burguesa".

> Embora eu não fosse social-democrata, eu tinha amigos que pertenciam ao Partido. Por meio deles, eu acessei o precioso trabalho. Eu o li noites a fio. Era minha própria sina e a de milhares das minhas irmãs. Nem na família nem na vida pública eu tinha ouvido falar de toda a dor que a mulher tem de suportar. Desconhecia-se a sua vida. O livro de Bebel corajosamente rompeu com o antigo silêncio [...]. Eu li o livro não uma, mas dez vezes. Porque tudo era tão novo, foi necessário um esforço considerável para compreender a visão de Bebel. Tive de romper com muitas coisas que anteriormente eu havia considerado corretas. (Quataert, 1979, p. 120)

Baader passou a integrar o Partido e a assumir uma participação ativa na vida política.

Para certos militantes do Partido Social-Democrata Alemão, a publicação de *A mulher e o socialismo* tinha um significado ainda maior. Clara Zetkin, por exemplo, observou, em 1896, que o livro de Bebel, independentemente de quaisquer defeitos, "deve ser julgado levando em conta o momento em que apareceu. E era então mais do que um livro, era um acontecimento, uma realização", pois proporcionava aos membros do Partido uma demonstração da relação entre a subordinação das mulheres e o desenvolvimento da sociedade. Zetkin interpretou a publicação da obra de Bebel como um símbolo do compromisso prático do Partido com o desenvolvimento das mulheres enquanto militantes socialistas. "Pela primeira vez", ela observou, "desse livro saiu a palavra de ordem: só podemos conquistar o futuro se ganharmos as mulheres como companheiras de luta".[18]

À medida que *A mulher* avançava edição após edição, Bebel continuamente revisava e ampliava o seu texto. A primeira edição, um total de apenas 180 páginas e não subdividida em capítulos, surgiu logo depois que o governo alemão tentou reprimir o crescente movimento socialista, ao banir o SPD e instituir uma severa censura. Apesar do *status* ilegal do livro, a edição se esgotou em uma questão de meses. Apenas em 1883 Bebel conseguiu encontrar outra editora disposta a produzir o livro, bem como arranjar tempo para expandi-lo e revisá-lo. Em uma tentativa fracassada de contornar as leis antissocialistas, ele mudou o título da segunda edição, de 220 páginas, para *A mulher no passado, presente e futuro,* uma mudança correspondente à nova estrutura dos capítulos. Embora ainda assim proibido pelas autoridades, o livro foi, mais uma vez, um sucesso imediato e se esgotou rapidamente, tal como as seis edições subsequentes, nos anos seguintes. Em 1890, as leis antissocialistas foram suspensas e Bebel preparou uma nona edição, substancialmente reformulada, publicada no início de 1891. Rebatizada de *A mulher e o socialismo,* e ampliada para 384 páginas, a nona edição também incorporou, pela primeira vez, partes da análise de Engels em *A origem*. Foi essa versão de *A mulher,* repetidamente reimpressa, e, em 1895, ampliada para 472 páginas para sua 25ª edição, que se tornou o clássico socialista.

O movimento socialista de língua alemã teve, assim, o mérito de ter produzido duas grandes obras sobre a questão da opressão às mulheres em um intervalo de apenas alguns anos: a primeira, *A mulher e o socialismo,* de Bebel, grande líder do poderoso Partido Socialista Alemão; a segunda, *A origem*, publicada em 1884

---

[18] Para a observação de Zetkin, ver Draper e Lipow (1976, p. 197-198).

por Engels, colaborador de Marx, naquele momento uma figura tremendamente respeitada, apesar de um pouco isolada, vivendo no exílio político. Dada a convergência temática e política nos dois livros, seria de se esperar que a volumosa correspondência entre os autores incluísse uma troca substancial de pontos de vista sobre essas questões. Em vez disso, reinou um estranho silêncio, interrompido apenas por alguns comentários casuais. Em 18 de janeiro de 1884, Engels agradece a Bebel por ter lhe enviado uma cópia da segunda edição de *A mulher*. "Li com grande interesse", observa ele, "o livro contém muito material valioso. O que diz sobre o desenvolvimento da indústria na Alemanha é especialmente lúcido e refinado". Em 6 de junho, ele menciona a publicação que estava por sair d'*A origem*, e promete enviar uma cópia a Bebel. Nos dias 1 e 2 de maio de 1891, ele registra o seu desejo de preparar a nova edição d'*A origem*, o que ocorreu em junho daquele ano. As cartas de Bebel à Engels mencionam o seu próprio livro apenas no contexto de problemas surgidos com a tradução para o inglês, e não se refere em momento algum *À origem*. As cartas de Engels a outros correspondentes documentam a concepção, a escrita e a preparação para publicação d'*A origem* durante os primeiros cinco meses de 1884, mas nada dizem da sua opinião sobre a obra de Bebel. Permanece a impressão de uma polêmica silenciosa entre pontos de vista divergentes. Apesar da sua relação especial com o movimento socialista, Engels provavelmente considerou pouco sensato, do ponto de vista tático, fazer mais do que publicar *A origem*, e esperar que esta fosse reconhecida como a abordagem mais acurada sobre a questão da opressão às mulheres.[19]

---

[19] A correspondência entre Bebel e Engels aparece em Blumenberg (ed.) (1965, n. 58, 59, 62, 80, 157, 280, 298). As cartas de Engels a outros correspondentes estão listadas em Krader (1972, p. 388-390). Ver também a discussão sobre *A origem*, de Engels, no capítulo 6.

Bebel divide *A mulher e o socialismo* em três seções principais: "Mulher no passado", "Mulher no presente", e "Mulher no futuro". A maior parte da constante revisão textual em impressões sucessivas consiste em alterações de natureza factual, feitas para aprofundar e atualizar os argumentos. Somente a publicação d'*A origem*, de Engels, exigiu que Bebel fizesse modificações substanciais, as quais ele limita, em grande parte, à primeira seção. Na versão inicial de "A mulher no passado", ele tinha apresentado uma abundância de evidências etnográficas de forma bastante desordenada, sob o pressuposto de que "embora as formas de opressão [à mulher] tenham variado, a opressão permaneceu sempre a mesma".

O trabalho de Engels o fez perceber a inexatidão desta afirmação e, como ele afirmou mais tarde, o permitiu colocar o material histórico sobre uma base correta. Bebel reformulou completamente a seção para argumentar que as relações entre os sexos, como todas as relações sociais, "haviam mudado materialmente no curso prévio do desenvolvimento humano [...] em sintonia com os sistemas existentes de produção, por um lado, e de distribuição dos produtos do trabalho, por outro". Com a contribuição d'*A origem*, ele pôde agora apresentar o material etnográfico no contexto de um esboço mais sistemático da história do desenvolvimento da família, da propriedade privada, do Estado e do capitalismo. Essas mudanças, contudo, praticamente não afetaram a análise de Bebel no restante do livro.[20]

---

[20] Para a história das primeiras edições de *A mulher e o socialismo*, ver "Vorrede zur neunten Auflage" de Bebel, datada de 24 de dezembro de 1890, em Bebel (1891). A discussão seguinte cita as traduções em inglês facilmente localizáveis da segunda e 33ª edições para representar, respectivamente, a versão inicial e o texto clássico d'*A mulher e o socialismo*. A segunda edição é Bebel (1976), a 33ª é Bebel (1971), citada ulteriormente como *Woman*. As citações neste parágrafo são de Bebel (1976, p. 18) e Bebel (1971, p. 10). Para uma avaliação pertinente do trabalho de Bebel, ver Evans (1977, p. 156-9).

A seção "A mulher no presente" constitui a maior parte de *A mulher e o socialismo*. Inclui dois longos capítulos sobre a crise do capitalismo e sobre a natureza da sociedade socialista ("O Estado e a sociedade" e "A socialização da sociedade"). Estes capítulos, bem como as quatro seções que encerram o livro – "A mulher no futuro", "O internacionalismo", "População e superpopulação", e "Conclusão" –, quase não fazem referência à situação das mulheres. Em outras palavras, apesar de seu título e dos títulos dos capítulos, mais de um terço de *A mulher e o socialismo* se concentra na mais ampla "Questão Social". Não é de se admirar que tantos socialistas tenham lido o livro mais como uma espécie de texto geral inspirador do que como um estudo específico sobre a questão das mulheres.

A força de *A mulher e o socialismo* reside precisamente em sua denúncia poderosa da sociedade capitalista, e na imagem contrastante que o livro apresenta de um futuro socialista. À medida que detalhes são seguidos por mais detalhes e passagens convincentes se multiplicam, Bebel reúne uma massa de informações sobre praticamente todos os aspectos da subordinação das mulheres e da Questão Social em geral. Na sociedade capitalista, o casamento e a sexualidade adquiriram um caráter distorcido e não natural. "O casamento, baseado nas relações de propriedade burguesas, é mais ou menos um casamento por compulsão, que conduz a inúmeros males no seu curso". A repressão sexual resulta em adoecimento mental e suicídio. O sexo sem amor também é prejudicial, pois "o homem não é um animal. A mera satisfação física não é suficiente". Onde "a união entre os sexos é um ato puramente mecânico: tal casamento é imoral". A contrapartida aos casamentos sem amor baseados em necessidades econômicas é a prostituição, que "se torna uma instituição social no mundo capitalista, tal qual a polícia, os Exércitos permanentes, a Igreja e o controle salarial"

(Bebel, 1971, p. 85, 86, 146). A suposta vocação natural das mulheres como mães, esposas e provedoras de sexo resulta em discriminação contra elas enquanto trabalhadoras. Devido ao emprego generalizado de mulheres, frequentemente sob as mais árduas condições, é fácil para Bebel documentar a hipocrisia de tal preconceito.

> Os homens das classes altas olham de cima para baixo, e o mesmo acontece com quase todo o sexo masculino em relação à mulher. A maioria dos homens vê na mulher apenas um artigo de lucro e prazer; reconhecê-la como igual vai de encontro à natureza dos seus preconceitos [...]. Que absurdo, não é? Falar da 'igualdade de todos' e ainda assim procurar manter metade da raça humana de fora! (Bebel, 1971, p. 192)

Além disso, Bebel insiste que o desenvolvimento industrial tende a libertar as mulheres. Em geral, *"a tendência da sociedade é levar a mulher para fora da esfera limitada da vida estritamente doméstica, para uma participação plena na vida pública do povo"*. Mas enquanto o capitalismo sobreviver, a mulher "sofre tanto como uma entidade social quanto sexual, e é difícil dizer em qual dos dois aspectos ela sofre mais" (Bebel, 1971, p. 187, 79).

Bebel retrata o socialismo como um paraíso feliz, livre dos conflitos que caracterizam a sociedade capitalista, e preocupado somente com o bem-estar do povo. Os seus comentários são muito mais concretos e programáticos do que qualquer sugestão de Marx e Engels. Ele vislumbra uma sociedade em que todos trabalham e são iguais. Os órgãos administrativos democráticos substituem o poder de classe organizado do Estado. Os casamentos baseados na livre escolha prevalecem, oferecendo a ambos os parceiros intimidade acolhedora, tempo para desfrutar com seus filhos e oportunidades para uma participação mais ampla na vida social e política. A sexualidade desenvolve-se livremente, pois "o indivíduo deve ele próprio supervisionar a satisfação dos seus próprios instintos. A satisfação do instinto sexual é tanto uma preocupação privada como a satisfação de qualquer outro instinto natural". Os serviços e as comodidades disponíveis apenas para os poucos privilegiados são estendidos à classe trabalhadora. A educação e os cuidados com a saúde são assegurados, bem como agradáveis condições de trabalho e de vida. O trabalho doméstico é socializado, na medida do possível, por meio de grandes prédios de apartamentos semelhantes aos hotéis, com sistema de aquecimento e encanamento centrais, e energia elétrica. Cozinhas, lavanderias e serviços de limpeza coletivos tornam as instalações individuais obsoletas. Afinal, "a pequena cozinha privada é, tal como a pequena oficina mecânica, um estágio de transição, um arranjo no qual o tempo, a energia e o material são insensatamente esbanjados e desperdiçados" (Bebel, 1971, p. 343, 338-339).[21] Ao mesmo tempo, os aspectos mais sombrios da sociedade capitalista desaparecem: repressão sexual, prostituição, deterioração da vida familiar, condições de trabalho perigosas, métodos produtivos ineficientes, produtos de baixa qualidade, divisões entre trabalho intelectual e trabalho manual, entre cidade e campo e assim por diante. Acima de tudo, o indivíduo tem uma enorme liberdade de escolha de se desenvolver ao máximo em todas as áreas possíveis: trabalho, lazer, sexualidade e amor.

Ao longo de todo o livro *A mulher e o socialismo*, Bebel desafia o pressuposto de que as divisões sexuais do trabalho existentes representam fenômenos naturais.

O que é natural, diz ele, é o próprio instinto sexual. De fato, "de todos os impulsos naturais instintivos dos seres humanos, o impulso sexual, junto ao de comer e beber, é o mais forte".

---

[21] Sobre casas sem cozinha, ver Hayden (1981).

Apesar de ser uma visão bastante simplista sobre o instinto, o longo ataque de Bebel à noção de divisões sexuais do trabalho eternamente fixas se destaca como uma importante contribuição política para o movimento socialista. Pela primeira vez, um líder socialista confrontou o caráter ideológico das alegações sobre as consequências sociais das diferenças sexuais fisiológicas (Bebel, 1971, p. 79).[22]

Com todos os seus pontos fortes, *A mulher e o socialismo* padece, no entanto, de um aparato teórico seriamente empobrecido, bem como de vários problemas políticos. A perspectiva teórica de Bebel na verdade consiste em uma mistura eclética de duas grandes tendências no interior da tradição socialista, tendências contra as quais o próprio Marx tinha por muitas vezes lutado. Por um lado, *A mulher e o socialismo* reflete uma perspectiva utópico-socialista reminiscente de Fourier e de outros socialistas do início do século XIX, particularmente em sua visão sobre o desenvolvimento individual dentro de um contexto comunitário. E, por outro lado, o livro apresenta uma interpretação mecânica e incipientemente reformista do marxismo, anunciando, assim, o acentuado reformismo que prevaleceu na maioria dos partidos da Segunda Internacional na virada do século. Na ausência de um fundamento teórico adequado, a discussão de Bebel sobre a opressão e libertação das mulheres segue um percurso errático e, por vezes, contraditório. Desde o início, ele conceitualiza as questões em termos do livre desenvolvimento do indivíduo do sexo feminino.

> A chamada 'Questão da Mulher' [...] diz respeito à posição que a mulher deve ocupar em nosso organismo social; como ela pode desdobrar os seus poderes e faculdades em todas as direções, com a finalidade de se tornar um membro completo

---

[22] Ver também as p. 79-88, 182-215.

e útil à sociedade humana, desfrutando de direitos iguais para todos. (Bebel, 1971, p. 1)

No presente, a sociedade capitalista carimba todas as facetas da experiência das mulheres com a opressão e a desigualdade.

> A massa do sexo feminino sofre em dois aspectos: por um lado, a mulher sofre de dependência econômica e social em relação ao homem. É verdade que essa dependência pode ser aliviada, colocando-a formalmente de maneira igualitária perante a lei, em termos de direitos; mas a dependência não é eliminada. Por outro lado, a mulher sofre da dependência econômica em que a mulher em geral e a mulher trabalhadora em particular se encontram, ao lado do trabalhador. (Bebel, 1971, p. 4)

A igualdade e a libertação são, assim, sempre questões tanto sociais como individuais, e Bebel se apressa ao acrescentar que a "solução da Questão da Mulher coincide completamente com a solução da Questão social" – colocando incidentalmente a resolução final da questão em um futuro distante (Bebel, 1971, p. 5). Enquanto isso, a classe trabalhadora, e não o movimento feminista burguês, constitui-se como a aliada estratégica natural das mulheres na luta. Além disso, a participação no movimento revolucionário permite que

> relações mais favoráveis entre marido e mulher [surjam] no bojo da classe trabalhadora, na medida em que ambos percebem que estão a puxar a mesma corda, e só há um meio para obter condições satisfatórias para si próprios e para a sua família – a reforma radical da sociedade que fará de todos eles seres humanos. (Bebel, 1971, p. 115)[23]

Na medida em que Bebel considera o social como sendo a fonte da opressão generalizada às mulheres, ele recorre ao conceito de dependência. Em geral, afirma, "toda a dependência social e opressão [têm as suas] raízes na dependência econômica dos

---

[23] Ver também as p. 89-90 e 233.

oprimidos em relação ao opressor". Assim, a opressão à mulher é fundada na sua dependência dos homens. "Economicamente e socialmente desprovida de liberdade" na sociedade capitalista, por exemplo, a mulher "é obrigada a ver no casamento o seu meio de subsistência; logo, ela passa a depender do homem e se torna uma propriedade para ele". Se a opressão tem a sua base na dependência pessoal, então a libertação no futuro socialista deve envolver a independência do indivíduo. "A mulher da sociedade futura é social e economicamente independente; já não está mais sujeita nem sequer a um vestígio de domínio e exploração; é livre, igual ao homem, mestra de seu destino" (Bebel, 1971, p. 9, 120, 343). Exceto por assumir a desconcertante implicação teórica de que a escravidão-mercadoria é característica do capitalismo, uma vez que cada esposa deve ser "um pedaço de propriedade", afirmações desse tipo mostram que Bebel perdeu o contato com a essência da orientação de Marx. Para Marx, a luta de classes dentro de um modo de produção específico constitui a base do desenvolvimento social, e a opressão individual tem a sua raiz, portanto, em um conjunto particular de relações sociais de exploração que operam no âmbito das classes. Bebel, enredado pelas tendências reformistas do seu tempo, substitui o conceito de exploração de classe de Marx pela noção vaga e muito menos conflitante de dependência, particularmente a dependência do indivíduo em relação aos outros. O bem-estar social é medido, então, pela localização do indivíduo em uma escala que vai da dependência à independência, não pela natureza das relações sociais de produção em uma dada sociedade. Da mesma forma, o socialismo é retratado em grande parte em termos de redistribuição de bens e serviços já disponíveis na sociedade capitalista para indivíduos independentes, e não em termos de reorganização total da produção e das relações sociais. Apesar do compromisso de Bebel com o socialismo, sua ênfase no pleno desenvolvimento do indivíduo na sociedade futura lembra nada mais do que o liberalismo, a filosofia política da burguesia do século XIX.

É o foco na dependência individual, vista em grande parte como isolada dos mecanismos que regem o desenvolvimento social como um todo, que compromete a perspectiva estratégica de Bebel. Em *A mulher e o socialismo*, a opressão às mulheres é tratada como um problema importante, mas teoricamente confuso, e não é surpreendente que Bebel apresente uma variedade de abordagens estratégicas implicitamente contraditórias. Em primeiro lugar, ele insiste frequentemente que a resolução completa do problema deva ser adiada para o futuro revolucionário, quando possa ser plenamente abordada no contexto da resolução da Questão Social. No entanto, a atividade prática sobre a questão continua a ser crítica no presente. Ao mesmo tempo, a questão se torna, de alguma forma, subsumida à luta do movimento da classe trabalhadora contra o capitalismo. Finalmente, Bebel retrata frequentemente a solução para a chamada Questão da Mulher em termos de alcançar direitos iguais de participação na sociedade, sem distinção de sexo. Essa abordagem falha em diferenciar os objetivos socialistas do objetivo liberal-feminista da igualdade entre os sexos na sociedade capitalista. Em suma, Bebel não conseguiu, apesar das suas melhores intenções socialistas, especificar suficientemente a relação entre a libertação das mulheres no futuro comunista e a luta pela igualdade no presente capitalista. Ele conceitualizou a chamada Questão da Mulher como uma questão relativa à situação da mulher como indivíduo, por um lado, e às condições sociais em geral, por outro, mas não foi capaz de construir uma conexão fundamentada entre os dois níveis de análise.

A popularidade de *A mulher e o socialismo* refletiu, no interior da Segunda Internacional, a consolidação de uma posição específica sobre a questão das mulheres, não obstante a oposição discreta e um tanto ambígua de Engels em *A origem*. Na medida em que o movimento socialista se ocupou dos problemas da opressão às mulheres, ele abraçou espontaneamente a análise de Bebel.

Na Inglaterra, por exemplo, Eleanor Marx – a filha mais nova de Marx e participante ativa nos movimentos trabalhistas e socialistas britânicos – escreveu com o seu marido, Edward Aveling, um panfleto intitulado *A questão da mulher* (Marx e Aveling, 2021).[24] Publicado pela primeira vez em 1886, e reimpresso em 1887, o panfleto popular tomou a forma de uma resenha especulativa da recém-publicada edição em inglês de *A mulher,* de Bebel. As suas dezesseis páginas representaram "uma tentativa de explicar a posição dos socialistas em relação à questão da mulher".

Tal como *A mulher* de Bebel, *A questão da mulher* está centrada em questões sobre amor, sexualidade e sentimento humano, ao mesmo tempo que desafia o caráter supostamente natural do lugar da mulher nas relações sociais. Quanto à origem da opressão às mulheres na sociedade capitalista, a autora e o autor insistem repetidamente que "a base de toda a questão é econômica", mas dificilmente oferecem qualquer exposição do que isso significa. No entanto, a implicação é que eles acompanham a posição de Bebel ao indicar a dependência econômica da mulher em relação aos homens como o problema essencial. Em uma futura sociedade socialista, ao contrário, "haverá igualdade para todos, sem distinção de sexo", e, portanto, as mulheres serão independentes. A igualdade, no sentido da igualdade de direitos, constitui o tema

---

[24] Para a publicação-história do panfleto, ver Kapp (1976, p. 82-85).

principal em *A questão da mulher*. Ao contrário das feministas, o panfleto afirmava, os socialistas pressionam para além do conceito de igualdade de direitos como uma questão "sentimental ou profissional", pois reconhecem a base econômica da Questão da Mulher e a impossibilidade de resolvê-la no interior da sociedade capitalista.

A questão da mulher chama a atenção quando argumenta abertamente que a posição das mulheres em relação aos homens é paralela à dos homens em relação aos capitalistas. "As mulheres são as criaturas de uma tirania organizada pelos homens, assim como os trabalhadores são as criaturas de uma tirania organizada pelos ociosos". As mulheres "foram expropriadas dos seus direitos como seres humanos, tal como os trabalhadores foram expropriados quanto aos seus direitos como produtores" (Marx e Aveling, 2021, p. 22-27). Em suma, a ambos os grupos foi negada a sua liberdade. Com tais formulações, os autores conceituam a opressão principalmente em termos da falta de direitos políticos e da presença de relações de autoridade hierarquizadas. Além disso, a ideia de que a situação da mulher é paralela a dos trabalhadores sugere uma estratégia de lutas sociais paralelas pela liberdade.

> Tanto as classes oprimidas quanto as mulheres e os produtores diretos devem entender que sua emancipação virá deles mesmos. [...] As mulheres não têm nada a esperar dos homens em geral, e os trabalhadores não têm nada a esperar da classe média como um todo. (Marx e Aveling, 2021, p. 23)

Apesar da posição socialista do panfleto, suas imagens de negações de direitos e movimentos de libertação enquanto paralelos se aproxima bastante das visões liberais de liberdades puramente políticas na sociedade burguesa.

Essa ênfase explícita nos paralelos entre opressões de sexo e classe dá um passo lógico para além de *A origem*, de Engels, e de

A mulher, de Bebel. Em *A origem*, o paralelismo havia permanecido latente na série de dualidades que Engels utilizou para enquadrar os seus argumentos: família e sociedade, trabalho doméstico e produção pública, produção de seres humanos e produção dos meios de existência, igualdade de direitos entre os sexos e igualdade legal das classes. Em *A mulher e o socialismo*, Bebel contrapôs, por vezes, Questão da Mulher à Questão Social, ambiguamente atribuindo a elas o mesmo peso, seja como questões separadas ou, paradoxalmente, como questões idênticas. Além disso, ao argumentar que "as mulheres devem esperar tão pouca ajuda dos homens quanto os homens trabalhadores esperam da classe capitalista", ele postulou implicitamente uma estratégia de movimentos sociais paralelos (Bebel, 1971, p. 121). A noção de um paralelo teórico e estratégico entre as lutas entre os sexos e as classes obviamente tinha uma certa aderência dentro da Segunda Internacional. Enquanto *A questão da mulher* representava uma das primeiras formulações claras da posição, os teóricos e militantes socialistas já tinham evidentemente adotado sua substância, e ela rapidamente tornou-se um dos elementos mais importantes da herança socialista.

A mulher e o socialismo, de Bebel, e *A questão da mulher,* de Eleanor Marx e Edward Aveling, podem ser considerados como um indicativo das visões dominantes no âmbito da Segunda Internacional. Na medida em que o movimento socialista do final do século XIX retomou um trabalho prático sobre a questão da subordinação das mulheres, essas posições geralmente alicerçaram os programas e táticas que foram desenvolvidos. Com demasiada frequência, o movimento ofereceu uma perspectiva sobre a opressão às mulheres que combinava promessas visionárias de libertação sexual individual e social em um futuro socialista distante, por um lado, com uma compreensão

7 – A Segunda Internacional

da igualdade de direitos como um objetivo imediato, porém, eventualmente burguês, por outro. Dessa forma, a Segunda Internacional deixou um legado de teoria e prática sobre a chamada Questão da Mulher que tendia a dissociar a luta pela igualdade das tarefas de transformação social revolucionária.

8 – RUMO À REVOLUÇÃO

À medida que o século XX se aproximava, os partidos da Segunda Internacional passaram a substituir uma preocupação com ganhos práticos imediatos por uma visão revolucionária de longo prazo. No âmbito teórico, esse reformismo, cujas origens remontam à década de 1870, foi apelidado de revisionismo porque supostamente reviu muitas das posições originais de Marx. O revisionismo afetou todos os aspectos da visão teórica da Internacional, mas seu impacto na abordagem do movimento socialista sobre a chamada Questão da Mulher é difícil de avaliar. Mesmo na época de Marx e Engels, o trabalho socialista sobre o problema da opressão às mulheres permaneceu bastante embrionário e a subestimação geral da Segunda Internacional sobre seu significado político só perpetuou esse estado de pouco desenvolvimento. Não era inteiramente óbvio, portanto, no que constituía a posição revolucionária ortodoxa, nem de que forma esta poderia ser submetida à revisão por parte dos reformistas.

O reformismo não passou sem oposição no âmbito da Segunda Internacional. Emergiu uma ala à esquerda, que procurou reconduzir o movimento a um caminho revolucionário. Embora, em última análise, sem sucesso, o esforço aprofundou a compreensão de seus participantes sobre o marxismo e sobre praticamente todas as principais tarefas teóricas e práticas enfrentadas pelos socialistas. Devido à história confusa do trabalho sobre a Questão das Mulheres, bem como ao compromisso geralmente fraco dos socialistas para com esta questão, o problema da opressão às mulheres não passou por um escrutínio explícito no decorrer dessa luta. Sobre essa questão, então, a oposição ao reformismo dentro do movimento socialista só poderia adquirir uma forma rudimentar, mais visivelmente dentro do Partido Social-Democrata Alemão.

O SPD sempre esteve na vanguarda do movimento socialista sobre a questão da opressão à mulher, embora sua teoria e prática deixassem muito a desejar. O Partido produziu o principal texto político sobre a questão, *A mulher e o socialismo,* de Bebel. No âmbito da Segunda Internacional, assumiu, consistentemente, as posições mais fortes e avançadas para o sufrágio das mulheres e contra todos os tipos de legislação discriminatória. A parcela feminina de seus membros foi a maior de todos os partidos socialistas, atingindo 16% pouco antes da Primeira Guerra Mundial. Nos anos finais do século XIX, o Partido Social-Democrata Alemão poderia se orgulhar de um grande movimento de mulheres socialistas, bem organizado e extremamente militante.

Muitas dessas realizações são evidências do trabalho dedicado das próprias mulheres socialistas alemãs. Além disso, em todas as grandes questões, as mulheres membras do Partido assumiram geralmente posições políticas bem à esquerda em relação ao Partido como um todo. À medida que a luta em torno do reformismo se intensificou, o movimento feminista-socialista se tornou um bastião da ortodoxia revolucionária de esquerda.[1]

---

[1] Para discussões sobre as realizações e limitações do trabalho do SPD sobre as mulheres, ver Evans (1980); Evans (1977, p. 159-165); Honeycutt (1979-1980), Nolan (1977); Quataert (1979).

Embora a questão da subordinação das mulheres nunca tenha se tornado um ponto de desacordo, os membros da esquerda apresentaram perspectivas teóricas e práticas que sugeriam oposição às posições dominantes do SPD sobre as mulheres.

Os discursos e escritos de Clara Zetkin, líder do movimento feminista-socialista do SPD e uma das primeiras oponentes do reformismo que envolvia o Partido, oferecem algumas das declarações mais nítidas dessa abordagem de esquerda implícita ao problema da opressão às mulheres. Em 1896, por exemplo, Zetkin proferiu um discurso sobre o assunto no congresso anual do Partido, que foi posteriormente distribuído como um panfleto (Zetkin, 1957b).[2] O discurso de 1896 foi um pronunciamento político oficial do movimento socialista alemão. Ao mesmo tempo, seu texto sugeria uma posição teórica que implicitamente contrariava a tendência reformista do movimento.

Zetkin abre o discurso de 1896 com um breve esboço das origens da subjugação social da mulher. Morgan e outros escritores mostraram que o desenvolvimento da propriedade privada gera uma contradição dentro da família entre o homem como proprietário e a mulher como não proprietária. Nessa base, surge a dependência econômica de todo o sexo feminino e sua falta de direitos sociais. No entanto, ao citar Engels, para quem tal falta de direitos sociais constitui "uma das primeiras e mais antigas formas de dominação de classe" (Zetkin, 1957b, p. 95), Zetkin retrata a unidade doméstica familiar pré-capitalista em termos convencionalmente idílicos.

---

[2] Tradução em inglês, com pequenos cortes, em Draper e Lipow (1976, p. 192-201). De acordo com Karen Honeycutt, algumas mudanças e exclusões foram feitas na publicação de 1957 do discurso de 1896 (Honeycutt 1975, capítulo 5, n. 106, 129). Embora apenas um único texto possa ser analisado aqui, a abrangência completa das contribuições teóricas e práticas da Zetkin não deve ser subestimada. Para o período até 1914, ver Honeycutt (1975).

> Foi o modo de produção capitalista que primeiro provocou a transformação social que trouxe a questão da mulher moderna: ele esmagou a velha economia familiar que, nos tempos pré-capitalistas, tinha fornecido à grande massa de mulheres o sustento e o conteúdo significativo da vida. (Zetkin citada em Draper e Lipow, 1976, p. 192)[3]

Até esse ponto, a abordagem de Zetkin geralmente segue as linhas estabelecidas pela tradição socialista dominante. Apenas a observação sobre a especificidade da "questão da mulher moderna" no modo de produção capitalista sugere uma perspectiva diferente.

Zetkin avança ainda mais em sua análise sobre o caráter teoricamente específico da Questão da Mulher. Tendo observado seu surgimento como uma questão "moderna" com a ascensão da sociedade capitalista, ela então passa a dissecá-la em termos de classe. "Há uma questão feminina para as mulheres do proletariado, da burguesia média e da intelectualidade, e dos Dez Mil Superiores [Upper Ten Thousand]; ela assume várias formas, dependendo da situação de classe desses estratos". Nas passagens seguintes, que ocupam metade do texto do discurso, Zetkin esboça essas três formas da questão, especificando em cada caso a fonte da opressão à mulher, a natureza das exigências de igualdade e os obstáculos para sua adoção. Enquanto

---

[3] Honeycutt observa que tanto Bebel como Liebknecht queriam que Zetkin eliminasse referências à dominação de classe dos homens sobre as mulheres no discurso de 1896, mas Zetkin argumentou com sucesso que o conceito poderia ser encontrado n'*A origem* de Engels; Draper e Lipow usaram a frase sem comentários ou elipses (Honeycutt 1975, p. 193). Anteriormente, Zetkin havia se vinculado ainda mais ao trabalho de Bebel. Por exemplo, em um discurso proferido em 1889 na conferência de fundação da Segunda Internacional, ela enfatizou a dependência econômica das mulheres e sustentou que "da mesma forma que o trabalhador é escravizado pelo capital, a mulher também é escravizada pelo homem; e ela permanecerá escravizada enquanto não for economicamente independente" (Zetkin, 1957a, p. 4); Honeycutt (1975, p. 90).

em alguns momentos sua discussão hesite, por vezes de forma bastante grave, a própria tentativa de desenvolver uma análise tão sistemática constituiu uma reprovação implícita aos equívocos da posição socialista dominante.

Zetkin começa com as mulheres da classe dominante dos "Dez Mil Superiores". A especificidade da Questão da Mulher aqui envolve a dependência sexual e econômica das esposas em relação aos homens da sua própria classe. Não seria o trabalho, remunerado ou não, mas sim a propriedade que representa o cerne de seu problema, uma vez que as mulheres desta classe podem contratar empregadas domésticas para realizar praticamente todas as suas tarefas domésticas e conjugais. Quando essas mulheres "desejam dar às suas vidas um conteúdo sério, elas devem primeiro aumentar a demanda por um controle livre e independente sobre seus bens". Para alcançar essa demanda, elas lutam contra os homens da sua própria classe, assim como a burguesia antes tinha que lutar contra todas as classes privilegiadas. Nesse sentido, a luta das mulheres da classe dominante pelo controle de sua própria riqueza após o casamento constitui "a última etapa na emancipação da propriedade privada", e Zetkin a vê como inteiramente consistente com as pretensões burguesas de libertar o indivíduo.

A Questão da Mulher se apresenta de uma forma social bastante diferente entre as mulheres da pequena e média burguesia e da *intelligentsia* burguesa. Aquelas são os estratos intermediários, que sofrem uma tensão intensificada com a expansão das relações capitalistas de produção em toda a sociedade. Como classe, a pequena e média burguesia é cada vez mais levada à ruína, suas empresas de pequena escala são incapazes de competir com a indústria capitalista. Ao mesmo tempo, o capital requer uma força de trabalho especializada e qualificada, e incentiva a "superprodução de trabalhadores cientificamente qualificados", com o resultado de que a *intelligentsia* burguesa perde gradualmente sua posição social e material anteriormente assegurada. Os homens da pequena e média burguesia e da *intelligentsia* frequentemente adiam o casamento, ou até mesmo o recusam por completo. A base da vida familiar nesses estratos se torna cada vez mais precária, com um número crescente de mulheres solteiras, e Zetkin argumenta que "as mulheres e filhas destes círculos são empurradas para a sociedade para estabelecer uma vida para si mesmas, não apenas uma que forneça pão, mas também uma que possa satisfazer o espírito". Entre essas mulheres da pequena e média burguesia e da *intelligentsia* burguesa, uma questão da mulher específica aparece na forma de uma demanda pela igualdade econômica das mulheres com os homens da sua própria classe no campo do emprego. As mulheres lutam pela igualdade no acesso à educação que lhes permitirá ingressar nas profissões liberais, e pelo direito de exercer essas profissões. Essas exigências equivalem a nada menos que um apelo ao capitalismo para cumprir seu compromisso de promover a livre competição em todas as áreas, dessa vez entre mulheres e homens. E, segundo Zetkin, é o medo dessa competição dentro das profissões liberais que está por trás das obstinações mesquinhas da resistência masculina. A batalha competitiva logo leva as mulheres desses estratos a organizarem um movimento de mulheres e reivindicar direitos políticos, a fim de superar as barreiras para sua plena participação econômica e social.

Ao falar do movimento das mulheres burguesas, Zetkin se refere principalmente à atividade organizada das mulheres da pequena e média burguesia e da *intelligentsia*. Tal como as mulheres da classe dominante, essas mulheres focam em sua falta de igualdade com os homens da sua própria classe, embora como assalariadas e não como proprietárias. Em ambos os casos, existe uma lacuna entre a promessa de igualdade oferecida pela sociedade burguesa e sua ausência real na vida cotidiana. Enquanto o aspecto econômico representa o cerne da questão, Zetkin observa que o movimento burguês de mulheres engloba muito mais do que motivos puramente econômicos. "Ele também tem um lado intelectual e moral muito mais profundo. a mulher burguesa não só exige ganhar seu próprio pão, mas também quer viver uma vida plena intelectualmente e desenvolver sua própria individualidade". Além disso, em todos os âmbitos, "os esforços das mulheres burguesas por direitos são inteiramente justificados".[4]

Entre as mulheres do proletariado, a Questão da Mulher assume ainda outra forma. As mulheres da classe trabalhadora não precisam lutar para entrar na vida econômica capitalista; elas já estão lá. "Para a mulher proletária, é a necessidade de exploração do capital, sua busca incessante pela força de trabalho mais barata, que criou a Questão da Mulher". Além disso, afirma Zetkin, a mulher da classe trabalhadora já goza tanto da igualdade quanto da independência econômica, embora pague caro por elas, em razão de suas duplas obrigações como trabalhadora, tanto na fábrica quanto na unidade doméstica familiar. "Nem como pessoa, nem como mulher ou esposa ela tem a possibilidade de viver uma vida plena como indivíduo. Por seu trabalho como esposa e mãe, ela recebe apenas as migalhas que são retiradas da mesa pela produção capitalista". Como o capitalismo a dispensou da necessidade de lutar pela igualdade com os homens da sua própria classe, a mulher da classe trabalhadora tem outras demandas. No futuro imedia-

---

[4] O termo "direitos das mulheres" é tão estranho em alemão quanto em inglês e foi empregado polemicamente dentro do movimento socialista. Ver Draper e Lipow (1976, p. 180).

to, "trata-se de erguer novas barreiras contra a exploração da mulher proletária; trata-se de restaurar e garantir seus direitos como esposa e mãe". Além disso, "o objetivo final de sua luta não é a livre competição com os homens, mas sim a instauração do governo político do proletariado". Ao lado dos homens da sua própria classe, e não em competição com eles, ela luta para atingir esse objetivo. Seu principal obstáculo é, portanto, o próprio capitalismo. Ao mesmo tempo, acrescenta Zetkin, a mulher da classe trabalhadora apoia as demandas do movimento de mulheres burguesas, "mas ela considera a realização dessas demandas apenas como um meio para um fim, para que ela possa entrar na batalha ao lado dos homens trabalhadores e igualmente armada".

Obviamente, muito do que Zetkin tem a dizer sobre as três formas da Questão da Mulher afasta-se das realidades da sociedade capitalista. Até certo ponto, essas imprecisões se devem à sua incapacidade de distinguir, no discurso de 1896, o argumento teórico da descrição empírica, uma confusão compartilhada pela maioria dos escritores socialistas de sua época. Além desse problema, entretanto, a contribuição de Zetkin continua limitada por certas debilidades teóricas. Ou seja, as distorções na consideração de Zetkin sobre a Questão da Mulher parecem ser em grande parte empíricas, mas têm raízes teóricas, bem como sérios desdobramentos políticos.

Em primeiro lugar, ao lado de praticamente todos seus contemporâneos, para não mencionar Marx e Engels, Zetkin se debruça sobre a questão do trabalho doméstico no seio da unidade doméstica familiar. Ela subestima severamente as contradições que surgem da divisão sexual desse trabalho nas três classes. Dessa forma, ela perde uma oportunidade importante de reforçar seu argumento a favor da existência de formas específicas da Questão da Mulher, de acordo com a classe. Empiricamente, a relação mediada da esposa da classe dominante com o trabalho doméstico tem pouca semelhança com a interminável escravidão doméstica da mulher da classe trabalhadora. E no âmbito teórico, a distinção se destaca ainda mais acentuadamente, pois apenas o trabalho doméstico não remunerado no interior da classe trabalhadora contribui para a reprodução da força de trabalho necessária para a produção capitalista.

Em segundo lugar, a imagem de Zetkin da mulher da classe trabalhadora constitui uma abstração que é quase uma caricatura. Embora a possibilidade de ter um salário sempre implique um certo nível de independência, de forma alguma se poderia afirmar que "a esposa do proletário, em consequência, alcançou sua independência econômica". Em 1896, não menos do que agora, as mulheres da classe trabalhadora sofriam gravemente por sua falta de igualdade com os homens da sua própria classe no local de trabalho, de todas as formas possíveis: remuneração, condições de trabalho, acesso ao emprego, oportunidade de promoção, e assim por diante. Além disso, as mulheres da classe trabalhadora não tinham igualdade na esfera civil e eram oprimidas como mulheres no interior da família da classe trabalhadora. Em outra parte do texto, Zetkin chega a citar vários exemplos dos efeitos nocivos desses fenômenos, não apenas para as mulheres, mas para o movimento da classe trabalhadora. Ao não confrontar tais fatos teoricamente, Zetkin simplifica sua análise, passando, assim, por cima do problema de especificar a relação entre a luta pela igualdade das mulheres e a luta contra o capitalismo. Além disso, assim como a maioria dos teóricos socialistas de sua época, ela não consegue distinguir as mulheres empregadas das mulheres da classe trabalhadora; ou seja, ao falar da mulher proletária, ela sempre pressupõe que a mulher participa no trabalho assalariado. Dessa forma, os membros da unidade doméstica que não se dedicam ao trabalho assalariado – por exemplo, esposas, crianças pequenas, pessoas idosas, doentes – tornam-se, analiticamente, e, portanto, politicamente, invisíveis. Na raiz dessas confusões que assombram a atividade socialista até hoje está a invisibilidade teórica do trabalho não remunerado necessário para reproduzir a força de trabalho na unidade doméstica da classe trabalhadora.

Finalmente, Zetkin erra ao argumentar que questões específicas da mulher surgem somente no interior dessas classes impulsionadas pelo modo capitalista de produção. Em um período em que os camponeses ainda constituíam a maioria das massas oprimidas europeias, ela, assim como muitos outros socialistas, idealizou o campesinato como representante de uma "economia natural", porém "encolhida e esfarrapada" sob o impacto do capitalismo emergente. Em geral, os partidos da Segunda Internacional tenderam a ignorar os difíceis problemas teóricos e estratégicos apresentados pela existência desse campesinato gigantesco ao lado de um proletariado industrial crescente, e, apesar de sua acuidade política, Zetkin caiu nessa armadilha com demasiada facilidade. As camponesas, afirmou, "encontraram um conteúdo significativo de vida no trabalho produtivo [...]; sua falta de direitos sociais não colidiu com sua consciência", e, portanto, "não encontramos nenhuma questão da mulher surgindo nas fileiras do campesinato". Aqui, a realidade de qualquer sociedade campesina, do passado ou do presente, contradiz radicalmente as observações de Zetkin. Entre os camponeses europeus do final do século XIX, a Questão da Mulher tinha seu próprio caráter, bastante específico, o que exigia uma análise do movimento socialista. Os camponeses não podiam, assim como as mulheres, ser excluídos de uma perspectiva revolucionária.

Tendo explicado, o melhor que pôde, as questões teóricas envolvidas no problema da opressão às mulheres, Zetkin dedica o restante do discurso de 1896 à situação do movimento de mulheres na Alemanha e às tarefas práticas a serem assumidas pelo Partido. A longo prazo, o objetivo do movimento de mulheres da burguesia – igualdade com os homens da sua própria classe – dificilmente ameaça as relações de poder capitalistas; portanto, "a sociedade burguesa não toma uma postura de oposição básica às exigências do movimento de mulheres da burguesia". Na Alemanha, porém, uma burguesia preconceituosa e míope teme toda e qualquer reforma, não entendendo que, se as reformas fossem concedidas, nada mudaria. "A mulher proletária iria para o campo do proletariado, a mulher burguesa para o campo da burguesia". Zetkin também adverte contra "afloramentos socialistas no movimento das mulheres burguesas, que só aparecem enquanto as mulheres burguesas se sentirem oprimidas". Nesse contexto, cabe ao Partido Social-Democrata Alemão a responsabilidade de honrar seu compromisso de fortalecer o movimento de mulheres socialista.

Zetkin propõe algumas diretrizes gerais para o trabalho socialista entre as mulheres. A principal tarefa do partido é despertar a consciência de classe da mulher trabalhadora e envolvê-la na luta de classes. Portanto, "não temos nenhuma agitação específica das mulheres para seguir, mas sim uma agitação socialista entre as mulheres". Zetkin adverte contra a tendência de se concentrar nos "interesses mesquinhos das mulheres do momento" e enfatiza a importância, assim como a dificuldade, de organizar as mulheres trabalhadoras em sindicatos. Ela observa que vários obstáculos importantes, específicos das mulheres enquanto mulheres, dificultam a realização exitosa da atividade socialista entre as mulheres da classe trabalhadora. As mulheres frequentemente trabalham em ocupações que as deixam isoladas, dificultando sua mobilização política. As mulheres jovens acreditam que seu trabalho assalariado é temporário, enquanto as mulheres casadas sofrem o fardo da dupla jornada. Finalmente, leis especiais na Alemanha negam às mulheres o direito de reunião e associação política e, portanto, as mulheres da classe trabalhadora não podem se organizar junto aos homens. Zetkin enfatiza que formas especiais de trabalho devem ser concebidas a fim de realizar o trabalho socialista entre as mulheres.

Por exemplo, uma proposta que recebe o apoio de Zetkin é a de que o partido nomeie organizadores de base cuja tarefa seria incentivar as mulheres da classe trabalhadora a participar de sindicatos e apoiar o movimento socialista. A ideia já havia sido endossada no Congresso de 1894 e os comentários de Zetkin representam, na verdade, uma insistência de que o Partido faça valer seu compromisso. Se desenvolvida de forma sistemática, consistente e em grande escala, argumenta, a rede de organizadores de base atrairia muitas mulheres da classe trabalhadora para o movimento socialista.

As obrigações familiares impossibilitam a participação de muitas mulheres nas reuniões e, portanto, Zetkin ressalta o papel fundamental do material impresso. Ela sugere que o partido produza uma série de panfletos "que aproximariam as mulheres do socialismo em sua qualidade de trabalhadoras, esposas e mães". Ela critica a imprensa diária do Partido por não adotar uma abordagem mais política em artigos concebidos para falar ao seu público feminino. Ela propõe que o Partido se comprometa com a distribuição sistemática de panfletos de agitação às mulheres: "Não os panfletos tradicionais que enchem todo o programa socialista de um lado da folha, com toda a erudição da época – não, pequenos folhetos que levantam uma simples questão prática com um único ângulo, do ponto de vista da luta de classes". Além disso, esses panfletos devem ser impressos de forma atrativa, em papel decente e em letras grandes. Como bons exemplos de material de agitação para as mulheres, Zetkin cita a literatura contemporânea dos Estados Unidos e a literatura do Movimento da Temperança britânico. Por trás desses comentários está mais do que uma crítica ao trabalho do Partido entre as mulheres. Zetkin faz, nitidamente, uma denúncia geral sobre a abordagem oficial, burocrática e passiva, da agitação e propaganda socialista. Ao contrário dos reformistas, ela insiste que o Partido assuma "o ponto de vista da luta de classes: isto é o principal". Quando o Partido se dirige às mulheres, deve tratá-las como seres políticos. Tanto a curto como a longo prazo, a revolução socialista precisa da participação criativa das mulheres, pelo menos tanto quanto as mulheres da classe trabalhadora precisam da libertação total. O trabalho entre as mulheres

> é difícil, é trabalhoso, exige grande devoção e grande sacrifício, mas este sacrifício será recompensado e deve ser feito. Pois, assim como o proletariado só pode alcançar sua emancipação se lutar junto, sem distinção de nacionalidade ou de ocupação, também só pode alcançar sua emancipação enquanto se manterver junto sem distinção de sexo.

Ainda mais importante, conclui, "o envolvimento da grande massa de mulheres proletárias na luta emancipatória do proletariado é uma das condições prévias para a vitória da ideia socialista, para a construção de uma sociedade socialista".

Em suma, o discurso de Zetkin de 1896 realizou uma importante contribuição teórica e política para a compreensão do movimento socialista sobre o problema da subordinação da mulher. Significativamente, o discurso raramente menciona amor, sexualidade, relações interpessoais ou sentimentos humanos, assuntos que representavam o núcleo da chamada Questão da Mulher para a maioria dos socialistas do século XIX. Em vez disso, Zetkin se concentra nas questões teóricas e nas tarefas práticas que confrontam o movimento socialista. Apenas seus comentários sobre a família da classe trabalhadora por vezes se afastam dessa postura pragmática e pouco romântica, até mesmo idealizando as mulheres trabalhadoras como esposas nobres e mães do – homem – proletário lutador. Da mesma forma, seu retrato do futuro socialista lembra o trabalho de Bebel em sua representação da família como uma entidade isolada, assim como sua ênfase na independência da mulher.

> Quando a família desaparece como uma unidade econômica e seu lugar é tomado pela família como uma unidade moral, as mulheres desenvolverão sua individualidade como camaradas que avançam no mesmo nível dos homens com direitos iguais, um papel igual na produção e aspirações iguais, ao mesmo tempo que são capazes de cumprir suas funções como esposas e mães ao mais alto grau.

De um ponto de vista teórico, tais observações se afastam da posição apresentada no corpo do discurso. Politicamente, sugerem uma concessão quase ritualística à ambiguidade da tradição socialista, provavelmente necessária para garantir a aceitação do discurso por parte dos delegados do Partido.

A maior parte do texto de Zetkin tentou construir uma base teórica para uma estratégia revolucionária. Mais explicitamente do que qualquer pensador socialista antes dela, ela examinou o caráter teórico particular do problema da subordinação da mulher na sociedade de classes. Sua discussão sobre as formas específicas tomadas pela chamada Questão da Mulher em termos de diferentes modos de produção e as várias classes dentro deles, permanece, apesar de seus problemas, importante. De fato, suas falhas, que podem ser atribuídas a inadequações compartilhadas pelo movimento socialista como um todo, na verdade delineiam um novo conjunto de tarefas teóricas. Na medida em que Zetkin elaborou sua análise no âmbito da teoria da reprodução social de Marx, ela geralmente evitou os pântanos teóricos – utopismo, determinismo econômico e afins – nos quais tanto Engels como Bebel haviam caído. Nesse sentido, o teor das observações de Zetkin a colocou em oposição à tendência reformista de rever a teoria marxista, por mais subdesenvolvida que essa teoria tivesse permanecido sobre a questão da opressão às mulheres.

Consistente com sua vigorosa oposição ao reformismo que se espalhou pelo movimento socialista, a orientação estratégica de Zetkin no discurso de 1896 foi muito além dos dois obstáculos que dificultavam o trabalho socialista entre as mulheres. Primeiro, ela questionou a tendência da Segunda Internacional de identificar a Questão da Mulher com a Questão Social geral, mesmo que não especificasse adequadamente sua relação concreta. Dessa forma, ela tentou forçar o movimento socialista a confrontar os problemas práticos decorrentes de seus compromissos professados. E em segundo lugar, ela insistiu que a participação ativa das mulheres é central para a revolução socialista e, portanto, recusou-se a adiar o trabalho socialista sério com as mulheres. Nos anos seguintes, com a visão *a posteriori* proporcionada por várias décadas de experiência, Zetkin chegou à conclusão de que a Segunda Internacional tinha sido, de fato, totalmente incapaz de fornecer uma base teórica ou organizacional sólida para tal tarefa. Além do reformismo e "os mais triviais preconceitos filisteus contra a emancipação da mulher", o movimento socialista não adotou "nenhuma iniciativa no esclarecimento teórico dos problemas ou na realização prática do trabalho". Nesse sentido, comentou Zetkin, "o progresso alcançado foi essencialmente o trabalho das próprias mulheres" (Zetkin, 1929, p. 373, 375, 376).[5]

---

[5] Gostaria de agradecer a Charlotte Todes Stern, da cidade de Nova York, por trazer esse artigo à minha atenção.

8 – Rumo à revolução

A eclosão da Primeira Guerra Mundial em 1914 forçou, até o ponto de ruptura, a tensão no interior do movimento socialista entre o reformismo e uma perspectiva mais revolucionária. A maioria dos partidos da Segunda Internacional apoiou a guerra, tomando o lado que sua burguesia nacional adotasse. O internacionalismo operário parecia evaporar, à medida que um estreito patriotismo varria as fileiras socialistas. Enquanto isso, individualmente, alguns socialistas de esquerda reconheceram que haviam perdido a batalha contra o reformismo, e começaram a se reagrupar. Eles se opuseram à guerra, assumindo uma postura essencialmente pacifista ou mais militantemente, vendo-a como uma oportunidade para uma ação revolucionária. Com o arrastar das hostilidades, o descontentamento popular substituiu a euforia patriótica inicial e setores importantes da população se voltaram para aqueles que procuravam acabar com a guerra. Como consequência, as minorias pacifistas e revolucionárias em todos os partidos socialistas se fortaleceram. Sua perspectiva antiguerra pareceu comprovada quando o Partido Bolchevique chegou ao poder na Rússia, em 1917.

A Revolução Bolchevique transformou não somente a Rússia, mas também o movimento socialista internacional. Pela primeira vez, os revolucionários tinham lutado por e ganhado a oportunidade de iniciar a transição para uma sociedade comunista, e o esforço mereceu a atenção dos socialistas em todo o mundo. A tomada do poder do Estado foi apenas o primeiro passo, e problemas de peso foram enfrentados pela nova sociedade. Externamente, as forças do capitalismo tentaram, de todas as formas possíveis, incluindo a intervenção militar, minar o sucesso da revolução. E, internamente, a tarefa de construir uma sociedade socialista rapidamente se revelou tremendamente difícil. Todas as questões que anteriormente já preocupavam o movimento socialista internacional se tornavam agora uma questão da máxima urgência, a ser resolvida em detalhes concretos, tanto na teoria como na prática. Entre essas tarefas, pairava o problema da subordinação das mulheres, que se tornou ainda mais premente devido a várias peculiaridades da Revolução Russa. Em primeiro lugar, a maioria da população russa era constituída por camponeses, metade dos quais viviam a vida particularmente difícil de mulheres camponesas – muitas vezes trabalhando no campo, bem como no lar, e brutalmente oprimidas pelas tradições feudais da supremacia masculina. Em segundo lugar, as mulheres assalariadas constituíam um grupo relativamente novo e em rápido crescimento, especialmente no pequeníssimo setor industrial russo, onde sua presença chegou a incluir 40% da força de trabalho industrial durante a guerra. Por último, os movimentos radicais na Rússia tinham tradicionalmente atraído um grande número de mulheres militantes, que frequentemente desempenhavam papéis de liderança, e o Partido Bolchevique não era exceção. Objetivamente, e desde o início, a Questão das Mulheres representava uma questão crucial para o futuro do socialismo na Rússia.

A história da situação das mulheres na União Soviética ainda está por ser analisada em sua totalidade. A maioria das abordagens traça um quadro sombrio em que numerosos obstáculos conspiram para bloquear a libertação total das mulheres: recursos materiais insuficientes; prioridades políticas erradas ou oportunistas; atraso ideológico generalizado; um baixo nível de atenção teórica. Embora corretas em seus contornos gerais, o quadro continua sendo pouco nítido. Em particular, apesar de um grande trabalho de pesquisa, tais abordagens não conseguem situar a história da Questão das Mulheres em uma compreensão adequada do desenvolvimento da Revolução Russa e dos movimentos socialistas e comunistas internacionais.[6] Além disso, o problema da natureza e da origem do quadro teórico subjacente ao programa soviético sobre a questão da subordinação da mulher quase não foi abordado.

Os pilares iniciais desse quadro teórico foram estabelecidos por V. I. Lenin, o líder do Partido Bolchevique e escritor prolífico sobre questões de teoria e prática socialista. Os comentários de Lenin sobre as mulheres constituem apenas uma ínfima parte do seu trabalho, e não é nítido até que ponto foram incorporados pelo Partido Bolchevique ou implementados na prática. No entanto, são importantes por sua compreensão do cerne teórico do problema da opressão às mulheres.

Tal como Zetkin, Lenin tomou uma posição à esquerda na luta contra o reformismo. No contexto russo, contudo, essa luta adquiriu uma forma própria, bastante distinta da batalha pública travada no interior do enorme e poderoso partido alemão. Sob os tsares, o marxismo continuou a ser um movimento ilegal em um país atrasado. Nem um forte movimento sindicalista nem um partido socialista filiado à Segunda Internacional puderam ser construídos. A grande tarefa teórica para os socialistas russos no final do século XIX era assimilar a teoria marxista para colocá-la em prática no seu próprio país, onde as condições difeririam fortemente das nações industrializadas da Europa Ocidental e da América do Norte. A oposição ao revisionismo entre os socialistas russos assumiu inicialmente, portanto, a forma particular de um esforço para agarrar e defender o próprio marxismo.

---

[6] Estudos recentes importantes sobre as mulheres na Rússia incluem: Bobroff (1974); Clements (1982-3). Glickman (1977); Hayden (1976); Heitlinger (1979); Lapidus (1977); Massell (1972); Stites (1978).

Duas tendências dentro do radicalismo russo dificultaram o desenvolvimento do movimento marxista. Em primeiro lugar, os populistas russos, ou *narodniks*, argumentaram que o campesinato constituía a espinha dorsal do processo revolucionário, que a Rússia seria capaz de contornar a fase do capitalismo industrial, e que a comuna camponesa forneceria o germe de uma futura sociedade comunista. Em segundo lugar, um grupo conhecido como os "marxistas legais", assim chamados porque escreviam de um modo capaz de passar pela censura russa, abraçou o marxismo principalmente porque reconheciam o caráter historicamente progressista do capitalismo. Em oposição aos *narodniks*, os "marxistas legais" celebraram o capitalismo como um primeiro estágio necessário no caminho para o socialismo; como seria de se esperar, muitos deles perderam, mais tarde, o seu interesse na revolução e se tornaram burgueses liberais convictos.

Um tema central nos primeiros escritos de Lenin foi a defesa do marxismo contra os ataques dos *narodniks*, por um lado, e as distorções dos "marxistas legais", por outro. Ao mesmo tempo, ele começou a elaborar uma análise marxista sobre o desenvolvimento do capitalismo na Rússia e sobre as perspectivas de uma revolução socialista. Quando os marxistas russos fundaram o Partido Social-Democrata dos Trabalhadores, após a virada do século, o liberalismo burguês tornou-se mais um alvo de suas polêmicas.

Os primeiros comentários de Lenin sobre o problema da opressão às mulheres aparecem na sua crítica, de 1894, ao escritor Nikolay Mikhailovsky, integrante dos *narodnik*, que havia caricaturado a teoria marxista. A questão da situação das mulheres surge porque Mikhailovsky ridiculariza a discussão de Engels sobre "a produção do próprio homem", ou seja, a "procriação", no prefácio d'*A origem*, criticando-a duramente como uma forma peculiar de "materialismo econômico". Em vez disso, sugere que "não só as relações jurídicas, mas também as próprias relações econômicas constituem uma 'superestrutura' nas relações sexuais e familiares". Em resposta, Lenin ridiculariza o argumento de Mikhailovsky de que "a procriação não é um fator econômico", e pergunta, sarcasticamente:

> Onde é que você leu nas obras de Marx ou Engels que eles falavam, necessariamente, de materialismo econômico? Quando descreveram a sua visão de mundo, chamaram-na simplesmente de materialismo. A sua ideia básica [...] era que as relações sociais estão divididas em materiais e ideológicas. O Sr. Mikhailovsky realmente não pensa que as relações de procriação são ideológicas? (Lenin, 1960, p. 148)

A forma como Lenin defende as afirmações de Engels no prefácio, por mais questionável que seja o seu *status* teórico, é significativa. Ele coloca a maior ênfase no ponto de que o marxismo não é determinismo econômico. E ele insiste na centralidade material incorporada em todas as relações sociais, mesmo naquelas que envolvem as mulheres, a família e a sexualidade (Lenin, 1970a, p. 152).[7] Essa perspectiva, que se baseia muito mais em Marx do que em teóricos socialistas posteriores, tornou-se o fundamento da abordagem de Lenin ao problema da subordinação da mulher.

O capitalismo se desenvolveu na Rússia com base em uma cultura feudal ferozmente patriarcal. Em "O desenvolvimento do capitalismo na Rússia", publicado em 1899, Lenin examinou o impacto das relações sociais capitalistas na vida das pessoas camponesas. Devido aos seus processos de trabalho altamente socializados, o capitalismo "recusa-se, absolutamente, a tolerar sobrevivências do patriarcalismo e da dependência pessoal" a longo prazo. Lenin argumenta que, nesse sentido, "a inserção

---

[7] Para uma análise do prefácio d'*A origem*, de Engels, veja o capítulo 6.

das mulheres e dos jovens na produção é, no fundo, progressiva", apesar das condições particularmente opressivas que esses setores se deparam, frequentemente sob o domínio do capital. Em suma,

> Ao destruir o isolamento patriarcal desses setores da população que, anteriormente, nunca saíram do círculo estreito das relações domésticas e familiares, atraindo-os para a participação direta na produção social, a grande indústria de máquinas estimula o seu desenvolvimento e aumenta a sua independência, por outras palavras, cria condições de vida que são incomparavelmente superiores à imobilidade patriarcal das relações pré-capitalistas. (Lenin, 1974, p. 552).

Lenin salienta que quaisquer tentativas "de proibir o trabalho das mulheres e dos jovens na indústria, ou de manter o modo de vida patriarcal que excluiu tal trabalho, seriam reacionárias e utópicas" (Lenin, 1974, p. 552). Com essas observações, Lenin utilizou simplesmente a teoria marxista para desenvolver uma análise do significado, na Rússia, da participação das mulheres e das crianças no trabalho social. Por mais óbvia que essa abordagem possa parecer, naquele momento representou um raro retorno ao melhor do pensamento de Marx e de Engels.

Nessas primeiras décadas do movimento socialista russo, Lenin também abordou vários problemas específicos relacionados à opressão específica às mulheres enquanto mulheres. Condenou a prostituição, situando-a nas condições sociais e criticando diretamente as tentativas liberais de acabar com ela. Analisou o caráter de classe do movimento de controle de natalidade, contrastando as ideias do pequeno burguês liberal com a do trabalhador consciente. Ao mesmo tempo, enfatizou a necessidade de os socialistas apoiarem a abolição de todas as leis que limitassem a possibilidade do aborto ou do uso de métodos contraceptivos. "Uma coisa são a liberdade da propaganda médica e a defesa dos direitos democráticos fundamentais para os cidadãos de ambos os sexos; outra, a doutrina social do neomalthusianismo" (Lenin, 1966, p. 30). Mais importante, Lenin denunciou, repetidamente, as "tradições centenárias de vida patriarcal" do campesinato e as suas implicações particularmente brutais para as mulheres (Lenin, 1974, p. 546).[8]

Nos anos seguintes, Lenin começou a prestar especial atenção à relação entre a opressão sexual e as clivagens de classe. Embora ele sempre tivesse apoiado a igualdade entre mulheres e homens, à maneira tradicional socialista, deparou-se agora com o problema mais difícil de especificar a natureza dessa igualdade. Inicialmente, o problema surgiu no contexto de discussões sobre a chamada Questão Nacional. Entre os socialistas, as questões da igualdade das nações e dos direitos das minorias nacionais se tornaram questões de debate acalorado no início do século XX, à medida que os sentimentos nacionalistas e os conflitos políticos se intensificavam em todo o mundo. Na origem destes desenvolvimentos esteve a emergência do imperialismo, com a sua cadeia de nações oprimidas e opressoras. Assim, foi o imperialismo que obrigou Lenin a examinar a natureza da igualdade na sociedade burguesa e a delinear o papel da luta pelos direitos democráticos no contexto de um movimento revolucionário para derrubar o capitalismo.

O caráter peculiar da questão dos direitos democráticos deve sua existência, segundo Lenin, ao fato de que,

---

[8] Sobre o aborto, ver também Lenin (1966, p. 28-29). Sobre o campesinato, ver também Lenin (1966, p. 33-35, 60), e a seção intitulada "Socialismo" no artigo "Karl Marx", de Lenin (Lenin, 1960-70b, p. 71-74). Sobre a prostituição, ver Lenin (1966, p. 26, 31-32). O número relativamente alto de artigos publicados em 1913 sem dúvida teve a ver com o renascimento de um movimento socialista de mulheres russas em 1912-4, e a primeira celebração do Dia Internacional da Mulher na Rússia, em 1913; ver Stites (1978, p. 253-258).

na sociedade capitalista, os fenômenos políticos têm uma certa autonomia em relação aos fenômenos econômicos. Numerosos males econômicos fazem parte do capitalismo enquanto tal, de modo que "é impossível eliminá-los economicamente sem eliminar o próprio capitalismo". Em contraste, as contradições da democracia constituem males políticos e, em princípio, podem ser resolvidos dentro da estrutura da sociedade capitalista. Lenin cita o exemplo do divórcio, um exemplo usado pela primeira vez por Rosa Luxemburgo em uma discussão sobre a Questão Nacional e o direito de defender a autonomia nacional. Lenin argumenta que é perfeitamente possível, ainda que raro, que um Estado capitalista promulgue leis que concedam o direito à plena liberdade do divórcio. No entanto,

> Na maior parte dos casos, no regime capitalista, o direito ao divórcio permanece letra morta porque o sexo oprimido é sufocado economicamente; porque em qualquer democracia, quando existe o regime capitalista, a mulher permanece uma 'escrava doméstica', presa ao quarto de dormir, ao quarto das crianças, à cozinha. [...]. O direito ao divórcio, como todos os direitos democráticos, sem exceção, dificilmente se pode exercer no regime capitalista, é relativo, restrito, formal e mesquinho. (Lenin, 1966, p. 42-44)

Em suma, "o capitalismo combina a igualdade formal com a desigualdade econômica e, consequentemente, social" (Lenin, 1966, p. 80).

Se a igualdade é tão difícil de ser realizada na sociedade capitalista, por que os socialistas deveriam entrar na luta para defender e ampliar os direitos democráticos? Por que dedicar energia a uma batalha aparentemente inútil em um terreno burguês? Em primeiro lugar, porque cada vitória significa um avanço em si mesma, por mais limitado que seja, na medida em que proporciona condições de vida um pouco melhores para toda a população. Em segundo lugar, porque a luta pelos direitos democráticos aumenta a capacidade de todos de identificarem seu inimigo. Como Lenin disse:

> Os marxistas não ignoram que a democracia não elimina o jugo de classes, mas apenas torna a luta de classes mais nítida, mais ampla, mais aberta, mais aguda; é isso que ocorre no caso. Quanto mais completa a liberdade de divórcio, mais claro se torna para a mulher que sua 'escravidão doméstica' se deve ao capitalismo e não à privação de direitos. Quanto mais democrática é a estrutura do Estado, mais claro para os operários que a causa de todos os males é o capitalismo e não a privação de direitos. Quanto mais completa é a igualdade de direitos das nações (e ela *não* é completa sem o direito à separação), mais claro se torna para os operários da nação oprimida que a podridão está no capitalismo e não na privação de direitos. E assim por diante. (Lenin, 1966, p. 43).

Nesse sentido, a batalha pelos direitos democráticos é um meio de estabelecer e manter a melhor configuração dentro da qual se pode realizar a luta de classes.

O trabalho de Lenin sobre os direitos democráticos foi muito além das análises socialistas anteriores sobre a natureza da igualdade. No âmbito teórico, ele ofereceu um sério *insight* sobre o mistério da relação entre sexo, classe e opressão nacional nas sociedades capitalistas. E constituiu, praticamente, um elemento importante no desenvolvimento de uma estratégia revolucionária em relação às minorias nacionais, às nações oprimidas e às mulheres. Aqui, dois perigos assombraram o movimento socialista. Por um lado, alguns negaram o significado crítico dessas opressões específicas e se recusaram a levá-las a sério na prática, e muitas vezes também na teoria. Por outro lado, muitos desenvolveram posições reformistas que praticamente não se diferenciavam, no nível prático, do nacionalismo burguês ou do feminismo liberal. Armado com uma compreensão do caráter dos direitos democráticos, o movimento socialista tinha mais chances de enfrentar a opressão nacional e as mulheres sem cair em nenhum dos dois erros.

Uma vez derrubado o Estado burguês em uma revolução socialista, como aconteceu na Rússia em 1917, a plena igualdade política entra imediatamente na ordem do dia. O novo governo soviético começou a legislar concedendo igualdade formal às mulheres em muitas áreas. No entanto, precisamente porque a igualdade formal permanece distinta da igualdade social real, mesmo na transição socialista, a legislação poderia não ser suficiente. De fato, observa Lenin, "quanto mais limparmos o terreno do entulho das velhas leis e instituições burguesas, melhor vemos que com isso apenas limpamos o terreno para construir e não empreendemos ainda a própria construção" (Lenin, 1966, p. 63). No caso das mulheres, ele identifica o fenômeno material do trabalho não remunerado no interior da unidade doméstica familiar como a maior barreira para se avançar ainda mais. Escrevendo em 1919, por exemplo, ele aponta que apesar de

> todas as leis libertadoras, continua uma *escrava doméstica*, porque é oprimida, sufocada, embrutecida, humilhada pela *mesquinha* economia *doméstica*, que a prende à cozinha, aos filhos e lhe consome as forças num trabalho bestialmente improdutivo, mesquinho, enervante, que embrutece e oprime. (Lenin, 1966, p. 64).

Desde o início, Lenin sempre colocou mais peso no problema da opressão material às mulheres no interior da unidade doméstica familiar individual do que na falta de direitos, na sua exclusão de participação social igualitária ou na sua dependência em relação aos homens. Referindo-se às mulheres camponesas e proletárias, e por vezes também às mulheres pequeno-burguesas, ele desenhou, repetidamente, um quadro de escravidão e servidão domésticas, subjugação humilhante pelas exigências cruéis da cozinha, do berçário, e afins (Lenin, 1966, p. 25, 26, 43, 60, 63-64). Essa ênfase foi única na literatura marxista, e provavelmente teve origem no foco de Lenin sobre o campesinato, com suas tradições de relações patriarcais, como um elemento crítico na luta revolucionária. Qualquer que fosse sua fonte, a preocupação de Lenin com o problema do trabalho doméstico lhe permitiu formular as questões da opressão às mulheres e das condições para a sua libertação com uma nitidez não alcançada anteriormente.

Lenin argumenta que a opressão específica às mulheres na sociedade capitalista tem uma dupla raiz. Em primeiro lugar, como as minorias nacionais, as mulheres sofrem a desigualdade política enquanto grupo. E em segundo lugar, as mulheres são aprisionadas no que Lenin descreve como escravidão doméstica – ou seja, elas executam, sob condições opressivas, o trabalho não remunerado no lar necessário para manter e renovar as classes produtoras:

> A metade feminina da raça humana é duplamente oprimida sob o capitalismo. A mulher trabalhadora e a mulher camponesa são oprimidas pelo capital, mas além e acima disso, mesmo na mais democrática das repúblicas burguesas, elas permanecem, em primeiro lugar, privadas de alguns direitos porque a lei não lhes dá igualdade com os homens; e, em segundo lugar – e isto é o principal –, elas permanecem em 'escravidão doméstica', continuam a ser 'escravas domésticas', pois estão sobrecarregadas com o trabalho penoso da labuta mais sórdida, extenuante e estupidificante na cozinha e na casa da família individual.

Nessa passagem, Lenin deixa evidente que ele considera o segundo fator – a escravidão doméstica – como "a questão principal" (Lenin, 1966, p. 83-84).

Assim como a raiz da opressão à mulher é dupla, as condições básicas para sua plena libertação também o são. Obviamente, a falta de igualdade de direitos deve ser remediada, mas essa obrigação política é apenas o primeiro passo, e o mais fácil, porque "mesmo quando existe plena igualdade de direitos, essa opressão da mulher continua de fato a subsistir, porque sobre ela cai todo o peso do trabalho doméstico" (Lenin, 1966, p. 69).[9] Lenin reconhece que desenvolver as condições materiais para acabar com a histórica servidão doméstica das mulheres constitui uma tarefa muito mais difícil. Ele menciona a necessidade "de que a mulher participe do trabalho produtivo geral" e da vida pública em bases igualitárias, mas coloca maior ênfase nos esforços para transformar as pequenas e rotineiras tarefas domésticas em uma série de serviços socializados em larga escala: cozinhas comunitárias, refeitórios públicos, lavanderias, oficinas de costura, creches, jardins de infância e assim por diante.[10] Finalmente, além das condições políticas e materiais para a libertação das mulheres, Lenin aponta para o papel crítico da luta ideológica na remodelação das mentalidades "mais arraigadas, inveteradas, obstinadas e rígidas" herdadas da velha ordem (Lenin, 1966, p. 84).

Para implementar suas políticas com respeito às mulheres, o novo governo soviético enfrentou a tarefa de desenvolver métodos de trabalho apropriados em várias frentes. Era suficientemente fácil aprovar leis que eliminassem a desigualdade legal das mulheres, mas persuadir as pessoas a viverem com essa mudança era algo muito diferente. Lenin abordou essa questão em um discurso ao apressadamente organizado Primeiro Congresso das Mulheres Trabalhadoras de toda a Rússia, realizado em Moscou em novembro de 1918, onde sua presença causou impacto e parecia oferecer

---

[9] Veja também as p. 59-60, 63, 66-68, 80-81, 84, 88, 116.
[10] Sobre as mulheres na produção social, ver Lenin (1966, p. 69); ver também as p. 64, 81. Sobre os serviços socializados, ver Lenin (1966, p. 64, 69-70, 84, 115-116).

provas tangíveis do apoio bolchevique à realização de um trabalho específico junto às mulheres camponesas e proletárias. Usando a nova lei sobre o casamento como seu exemplo, Lenin enfatizou a importância da propaganda e da educação, pois "conduzindo uma luta mais áspera, poderemos irritar as massas; uma luta desse tipo aprofunda a divisão das massas por motivos religiosos, enquanto a nossa força reside na unidade". Da mesma forma, a incorporação das mulheres na força de trabalho e a iniciativa de adotar medidas para começar a socializar o trabalho doméstico e o cuidado das crianças exigiram a máxima sensibilidade às condições existentes. Aqui, Lenin argumenta que "a emancipação das operárias deve ser obra das próprias operárias", pois são elas que desenvolverão as novas instituições. Ao mesmo tempo, o partido tinha a obrigação de orientar e dedicar recursos ao seu trabalho, e em 1919 Lenin já achava seu compromisso insuficiente. "Ocupamo-nos bastante, na prática, dessa questão", pergunta ele, "que, teoricamente, é clara para todo comunista? Naturalmente, não. Temos suficiente cuidado com os germes do comunismo que já existem nesse terreno? Ainda uma vez não, e não! [...] não cuidamos, como seria preciso, desses germes da nova sociedade" (Lenin, 1966, p. 60, 70, 64).[11]

A participação das mulheres na vida política constituía uma área de grande preocupação, pois "não se pode atrair as massas para a política sem atrair também as mulheres para a política". Aqui, novamente, Lenin considerou insuficientes os tímidos esforços tanto do movimento socialista internacional quanto de seu próprio Partido Bolchevique. Dois grandes obstáculos entravaram o trabalho. Em primeiro lugar, muitos socialistas

---

[11] Sobre o Congresso de 1918, ver o relato em Stites (1978, p. 60, 70, 64. 329-331). Para uma visão geral dos obstáculos enfrentados pelos bolcheviques, ver Clements (1982-3).

temiam que qualquer tentativa de realizar um trabalho específico entre as mulheres inevitavelmente esbarraria no feminismo burguês ou no revisionismo e, portanto, atacavam todas essas atividades. Para essa postura, Lenin não tinha nada além de desprezo. Embora argumentando que, dentro do próprio Partido, uma organização separada de mulheres seria facciosa, ele insistiu que a realidade da situação das mulheres significava que "devemos ter nossos próprios grupos para trabalhar entre [as mulheres], métodos especiais de agitação e formas especiais de organização". Ainda mais grave foi a falta de entusiasmo entre os socialistas quando se tratou de prestar apoio prático para o trabalho específico entre as mulheres. Em uma conversa registrada por Zetkin, Lenin criticou a passividade geral e o atraso dos camaradas do sexo masculino em relação a esta questão:

> O trabalho de agitação e de propaganda entre as mulheres, a difusão do espírito revolucionário entre elas, são considerados problemas ocasionais, tarefas que cabem unicamente às companheiras. [...] Infelizmente, ainda pode dizer-se de muitos companheiros: 'Raspa um comunista e encontrarás um filisteu!'

Por trás dessa visão está o desprezo pelas mulheres. "Em última análise, trata-se de uma subestimação da mulher e de seu trabalho". Como evidência da gravidade do problema, Lenin descreve como os homens do partido observam, complacentemente, suas próprias esposas assumindo os fardos e preocupações do lar, nunca pensando em estender a mão. Lenin conclui que deve ser feito um trabalho específico sobre essas questões entre os homens. "Nosso trabalho de comunistas entre as mulheres, nosso trabalho político, exige uma boa dose de trabalho educativo entre os homens. Devemos varrer por completo a velha ideia do 'patrão', tanto no Partido, como entre as massas". De acordo com as notas de Zetkin, Lenin chegou ao ponto de ponderar essa tarefa igualmente com a de formar uma equipe e organizações para trabalhar entre as mulheres (Lenin, 1966, p. 83, 114-115).[12]

As observações de Lenin sobre o chauvinismo do sexo masculino nunca adquiriram forma programática, e a campanha contra o atraso ideológico masculino permaneceu, no máximo, um tema menor na prática bolchevique. Ainda assim, suas observações sobre o problema representaram um reconhecimento extremamente raro de sua seriedade. Quanto ao desenvolvimento de um trabalho específico entre as mulheres, incontáveis socialistas, quase todas mulheres, assumiram tal tarefa da melhor forma possível.

Sobre as questões de amor e sexualidade, Lenin, como Zetkin, disseram muito pouco, e nada que fosse destinado à publicação oficial. Em uma correspondência com Inessa Armand em 1915, ele critica sua noção de amor livre pela falta de clareza. Embora concordando que o amor deve ser livre de restrições econômicas, sociais e patriarcais, ele adverte contra uma "interpretação burguesa" que deseja libertar o amor da responsabilidade interpessoal (Lenin, 1966, p. 36-41). Mais tarde, na conversa registrada por Zetkin, Lenin direciona uma longa discussão contra aqueles que dão demasiada atenção aos "problemas sexuais e matrimoniais". Ele critica as lideranças socialistas alemãs que se debruçam sobre o assunto nas discussões com as mulheres trabalhadoras e também se preocupa com tentativas na União Soviética de transformar a tradição niilista do radicalismo sexual em uma estrutura socialista:

> Muitos qualificam sua posição de 'revolucionária' e 'comunista'. Creem sinceramente que assim seja. Não nos ouvem, a nós, velhos. Embora eu não seja absolutamente um asceta melancólico, essa

---

[12] Deve-se lembrar que praticamente nenhum socialista neste período desafiou seriamente a divisão sexual do trabalho doméstico, nem mesmo Alexandra Kollontai; ver Heinen (1978).

nova vida sexual da juventude e frequentemente, dos adultos, me parece muitas vezes totalmente burguesa, um dos múltiplos aspectos de um lupanar burguês. Tudo isso nada tem a ver com a 'liberdade do amor', tal como nós comunistas a concebemos.

Para Lenin e grande parte da tradição socialista, era o amor--sexual individual na sociedade socialista que estava destinado a transcender a vida sexual hipócrita e dupla das sociedades capitalistas, abolindo os casamentos repressivos de um lado e a prostituição, de outro. O amor-sexual individual era a resposta socialista à "A decadência, a putrefação, a lama do casamento burguês, com as suas dificuldades de dissolução, com a liberdade para o marido e a escravidão para a mulher, a mentira infame da moral sexual e das relações sexuais". Qualquer outra coisa cheirava a promiscuidade, e "promiscuidade em questões sexuais é burguesa. É um sinal de degeneração" (Lenin, 1966, p. 101, 105-107).[13] As formulações de Lenin, como foi lembrado por Zetkin e publicado após sua morte, funcionaram, principalmente, como uma razão para o conservadorismo sexual entre os socialistas.

A longo prazo, a experiência da Revolução Russa levantou tantas questões sobre a relação da libertação da mulher com a transformação socialista quanto as respondeu. Zetkin deve ter observado que também aqui a história havia colocado uma pergunta específica sobre a mulher, distinta daquelas que foram impulsionadas pelas relações capitalistas de produção: a Questão das Mulheres na era da transição para o comunismo.

Dado o estado geralmente não desenvolvido do trabalho socialista sobre o problema da opressão às mulheres, as contri-

---

[13] Sobre o radicalismo sexual niilista e sobre a questão da sexualidade no movimento socialista russo, ver Stites (1978, p. 89-99, 258-269, 346-391).

buições teóricas de Zetkin e de Lenin não conseguiram causar um impacto duradouro. Com algumas exceções, os socialistas e comunistas do século XX adotaram posições muito semelhantes àquelas dominantes dentro da Segunda Internacional. No entanto, o legado é, ao mesmo tempo, incompleto e ambíguo.

PARTE 4 – DA QUESTÃO DA MULHER À LIBERTAÇÃO DAS MULHERES

9 – UM DUPLO LEGADO

Como os capítulos anteriores demonstraram, a tradição marxista do século XIX e do início do século XX oferece apenas uma orientação teórica limitada sobre os problemas duplos da opressão às mulheres e da libertação das mulheres. Marcada por omissões e inconsistências, a literatura clássica não conseguiu confrontar as questões de uma maneira sistemática. Grande parte dela, além disso, baseia-se em uma compreensão inadequada da teoria do desenvolvimento social de Marx. Apesar de um compromisso geral com o marxismo, os comentários também tendem a hesitar entre as várias críticas diferentes da sociedade burguesa, notadamente, o socialismo utópico, o materialismo vulgar e o feminismo liberal. Em resumo, nenhum quadro teórico marxista estável foi estabelecido para a consideração da Questão das Mulheres pelos socialistas.

Dado o estado desordenado desse trabalho teórico, não é de se surpreender que certos padrões tenham passado despercebidos. De fato, duas abordagens essencialmente contraditórias do problema da subordinação das mulheres sempre coexistiram dentro da tradição socialista, embora a distinção não tenha sido explicitamente reconhecida, nem as posições nitidamente diferenciadas

9 – Um duplo legado

uma da outra. Um debate implícito entre as duas alternativas tem, portanto, assombrado os esforços para abordar uma variedade de grandes questões teóricas e práticas relativas à opressão e à libertação das mulheres. As origens desse debate oculto remontam às próprias obras de Marx e Engels, tendo ganhado forma concreta na teoria e na prática ambíguas dos movimentos socialistas e comunistas posteriores. A controvérsia implícita recentemente reapareceu, transformada de maneira significativa, no interior do movimento de mulheres contemporâneo.

Há, então, duas visões distintas da situação das mulheres emaranhadas dentro da literatura socialista, correspondentes a posições teóricas divergentes. Por conveniência, as duas posições podem ser rotuladas de acordo com o seu ponto de partida para a análise da opressão às mulheres. Por um lado, está a "perspectiva dos sistemas duplos": a opressão às mulheres deriva de sua situação dentro de um sistema autônomo de divisões sexuais do trabalho e de supremacia dos homens. Por outro lado, está a "perspectiva da reprodução social": a opressão às mulheres tem suas raízes na posição diferencial das mulheres dentro da reprodução social como um todo.[1] A breve caracterização das duas perspectivas, a seguir, visa simplesmente sugerir a base teórica e as consequências analíticas de cada posição. A perspectiva da reprodução social é explorada com mais profundidade nos próximos capítulos.

Em essência, a perspectiva dos sistemas duplos parte do que parece ser óbvio: das divisões do trabalho e da autoridade

---

[1] Essa terminologia revisa aquela utilizada em Vogel (1979), que opunha o "argumento da família" ao "argumento da produção social". O termo perspectiva dos sistemas duplos é adotado de Young (1980). Sou grata a Nancy Holmstrom por uma discussão que explicou tanto a terminologia quanto a análise deste capítulo. Para um paralelo interessante, ver a discussão das duas posições sobre a chamada Questão Nacional em Blaut (1982).

de acordo com o sexo, da opressão às mulheres e da família. Esses fenômenos são tratados mais ou menos como dados, analiticamente separáveis, pelo menos em parte, das relações sociais em que estão inseridos. A principal tarefa analítica é examinar a origem e o desenvolvimento da correlação empírica entre as divisões sexuais do trabalho e a opressão social às mulheres. Em geral, o que estabelece a opressão é o envolvimento das mulheres na divisão sexual do trabalho e sua relação direta – de dependência e de luta – com os homens, e não a sua inserção na reprodução social geral. Ao mesmo tempo, a opressão às mulheres e a divisão sexual do trabalho são vistas como vinculadas ao modo de produção dominante em uma determinada sociedade e variam de acordo com a classe. Esses últimos fatores entram na investigação como variáveis importantes que, no entanto, são essencialmente externos ao funcionamento da opressão às mulheres.

As opressões de classe e sexual parecem ser, portanto, fenômenos autônomos do ponto de vista dos sistemas duplos. Apesar das afirmações de uma "relação inextricável" entre sexo e classe, essa perspectiva não especifica o caráter dessa relação. Logicamente falando, contudo, a perspectiva dos sistemas duplos implica que a opressão às mulheres segue um curso que é essencialmente independente da opressão de classe. E sugere, além disso, que certo mecanismo sistemático, peculiar à divisão sexual do trabalho e separado da luta de classes, que caracteriza um dado modo de produção, constitui a principal força por trás da opressão às mulheres. Em outras palavras, de acordo com a teoria implícita na perspectiva dos sistemas duplos, dois motores poderosos impulsionam o desenvolvimento da história: a luta de classes e a luta entre os sexos.

Enquanto a perspectiva dos sistemas duplos começa com fenômenos empiricamente dados cujas correlações são interpretadas por meio de uma cadeia de inferências plausíveis, a perspectiva da reprodução social parte de uma posição teórica – isto é, que a luta de classes em torno das condições de produção representa a dinâmica central do desenvolvimento social em sociedades caracterizadas pela exploração. Nessas sociedades, o mais-trabalho é apropriado por uma classe dominante e uma condição essencial para a produção é a existência e a renovação constantes de uma classe subordinada de produtores diretos comprometidos com o processo de trabalho. Na maior parte dos casos, a reposição geracional fornece a maioria dos novos trabalhadores necessários para reabastecer essa classe, e a capacidade das mulheres de gerar filhos desempenha, portanto, um papel fundamental nas sociedades de classe.

Do ponto de vista da reprodução social, a opressão às mulheres nas sociedades de classe está enraizada na sua posição diferencial em relação aos processos de reposição geracional. As famílias constituem a forma social historicamente específica por meio da qual a reposição geracional normalmente ocorre. Nas sociedades de classe, "não se pode falar da família *'enquanto tal'*", como afirmou Marx, uma vez que as famílias têm posições muito variadas dentro da estrutura social (Marx e Engels, 1975a, p. 180). Nas classes proprietárias, as famílias atuam geralmente como portadoras e transmissoras de propriedade, embora possam também ter outros papéis. Aqui, a opressão às mulheres decorre do seu papel na manutenção e sucessão da propriedade. Nas classes subordinadas, as famílias geralmente estruturam o local onde os produtores diretos são mantidos e reproduzidos; essas famílias também podem participar diretamente na produção imediata. A opressão feminina nas classes subordinadas deriva do envolvimento das mulheres em processos que renovam os produtores diretos, bem como da sua participação na produção. Embora a opressão às mulheres nas sociedades de classe seja vivida em muitos níveis, em última análise, ela recai sobre esses fundamentos materiais. O funcionamento específico dessa opressão é um tema de investigação histórica, não teórica.

Apresentada de forma cristalizada, a distinção entre os sistemas duplos e a perspectiva da reprodução social é relativamente evidente. Entre ambas, a perspectiva da reprodução social está em maior concordância com a análise de Marx sobre o funcionamento do modo de produção capitalista, particularmente conforme elaborado n'*O capital*. No entanto, a demarcação entre as duas perspectivas sempre foi pouco nítida, mesmo quando a presença de posições contraditórias está subjacente à grande parte da ambiguidade que marca o trabalho teórico produzido pelo movimento socialista. A perspectiva dos sistemas duplos prevaleceu em geral sobre a perspectiva da reprodução social, apesar dos esforços regulares para encontrar uma análise da Questão das Mulheres na obra de Marx.

A origem de Engels, por exemplo, apoia-se fortemente na perspectiva de sistemas duplos. Em primeiro lugar, a perspectiva está embutida na própria organização do livro. Ao designar um capítulo separado à família, Engels implicitamente sugere que a categoria família – cuja formação geral pela divisão sexual do trabalho ele toma como dada – pode ser considerada de modo praticamente autônomo. Além disso, ele considera a divisão sexual do trabalho como biologicamente fundada e historicamente inflexível, enquanto todos os outros fenômenos importantes n'*A origem* têm uma base social. Assim, Engels atribui um papel central à divisão sexual do trabalho na família, mas a coloca em um limbo teórico. Da mesma forma, a opressão às mulheres parece brotar da natureza independente da divisão sexual do trabalho em si. As observações do prefácio sobre o duplo caráter da produção explicitam esses dualismos. A perspectiva de sistemas duplos adquire a forma geral, n'*A origem*, de uma ênfase na divisão sexual do trabalho e na família como fenômenos fundamentalmente importantes que, no entanto, não estão firmemente situados na reprodução social geral.

Em *A origem*, a caracterização da família individual como a "unidade econômica da sociedade", com a implicação adicional de que "a sociedade moderna é uma massa cujas moléculas são as famílias individuais", ilustra ainda mais sua dependência implícita sobre a perspectiva dos sistemas duplos. Nessas afirmações, Engels mantém a família separada da reprodução social, mas atribui de forma peculiar um papel constitutivo dominante para a família. A maneira pela qual a unidade familiar funciona dentro da reprodução social, à exceção do caso da classe dominante, para manter a propriedade, nunca foi nitidamente definida. Na mesma linha, Marx, assim como Engels, discutiram várias vezes a divisão sexual do trabalho na família como uma espécie de representação em miniatura da divisão social do trabalho na sociedade.

> A família moderna contém, em germe, não apenas a escravidão (servitus) como também a servidão, pois, desde o começo, está relacionada com os serviços da agricultura. Encerra, em miniatura, todos os antagonismos que se desenvolvem, mais adiante, na sociedade e em seu Estado.

Engels também usa a metáfora para descrever as relações entre os sexos. "Dentro da família, [o marido] é o burguês, e a esposa representa o proletariado". Uma vez que nem Marx nem Engels especificam, de qualquer maneira precisa, a natureza dessa "representação" – isto é, a relação entre o "germe" da família e o todo social – essas imagens funcionam como paralelos simplistas. Na melhor das hipóteses, são metáforas perigosas; na pior, empréstimos desprovidos de senso crítico da filosofia política burguesa anterior.[2]

Por fim, a discussão d'*A origem* sobre a família como o local de uma luta entre os sexos está de acordo com a perspectiva dos sistemas duplos. Embora Engels ressalte o surgimento simultâneo de conflitos de classe e entre os sexos, ele nunca alcança uma imagem nítida de sua conexão. Os dois desenvolvimentos permanecem historicamente como fenômenos paralelos, cuja relação teórica é mais bem caracterizada pela autonomia. Para a família proprietária, a opressão às mulheres tem sua origem na necessidade do marido de preservar e transmitir a sua propriedade privada. Obviamente, a ausência de propriedade privada deveria ser acompanhada por uma ausência de conflito entre os sexos. Na verdade, como Engels é obrigado a reconhecer, as mulheres ocupam um lugar subordinado em unidades domésticas não proprietárias. Engels não oferece nenhuma base teórica para essa opressão histórica, embora, no prefácio, o conceito de uma sistemática "produção dos seres humanos" insinue, de forma oblíqua, um mecanismo distinto.

A origem não negligencia por completo a perspectiva da reprodução social. Ela está implícita quando Engels afirma que a participação na produção pública oferece o caminho para a emancipação da mulher proletária, quando ele insiste que o trabalho doméstico deve ser convertido em uma indústria pública, ou quando ele argumenta que a família individual deve deixar de ser a unidade econômica da sociedade. Essas afirma-

---

[2] Sobre a família como "unidade econômica da sociedade" ver Engels (1972, p. 138, 139, 223, 235, 236). Sobre a família como a "forma celular da sociedade civilizada", ver Engels (1972, p. 121-122,129, 131, 137); ver também Marx e Engels (1975a, p. 46, e Marx, 1973b, p. 484). Para uma análise similar, ver Brown (1978, p. 38-41).

ções funcionam como importantes *insights* que precisam, no entanto, ser apoiados teoricamente. Por que a participação na produção pública oferece uma condição prévia para a igualdade social? O que significa dizer que o caráter da família como unidade econômica deve ser abolido? Em que sentido a família é uma unidade econômica? Como essas questões estão ligadas à exigência de que o trabalho doméstico seja convertido em uma indústria pública? Infelizmente, Engels nunca conseguiu dar o suporte teórico explícito necessário para responder essas questões de modo adequado. Marx havia apresentado os esboços de uma teoria da reprodução da força de trabalho e da classe trabalhadora que poderia, pelo menos em princípio, ter constituído o ponto de partida. Mas uma extensão tão séria como essa do trabalho de Marx representava um compromisso para o qual faltava tempo a Engels e, talvez, motivação. Com a publicação d'*A origem*, a combinação contraditória de Engels entre as perspectivas de sistemas duplos e da reprodução social tornou-se, com efeito, o fundamento teórico frágil para todas as investigações socialistas subsequentes da chamada Questão da Mulher.

A lacuna não reconhecida entre as duas perspectivas se ampliou à medida que a luta entre o marxismo e o revisionismo se intensificou na Segunda Internacional. Enquanto Engels tinha conseguido combinar ambas as perspectivas, ainda que de forma estranha, em um único texto, as análises subsequentes tendiam a enfatizar mais explicitamente uma em detrimento da outra. Em geral, a perspectiva dos sistemas duplos dominou dentro da ala reformista do movimento socialista, enquanto uma versão muito inacabada da perspectiva da reprodução social esteve subjacente aos esforços ocasionais de oponentes ao reformismo na abordagem da Questão das Mulheres.

Por trás da enorme quantidade de dados em *A mulher e o socialismo*, de August Bebel, há, por exemplo, um quadro conceitual completamente em conformidade com a perspectiva dos sistemas duplos. A posição do livro, nos termos da perspectiva dos sistemas duplos, é estabelecida, em primeiro lugar, pelo pressuposto de Bebel de que a categoria "mulher" representa um ponto de partida teórico apropriado. Apesar das afirmações habituais de que a "solução da Questão da Mulher coincide completamente com a solução da Questão Social", Bebel trata o fenômeno da opressão às mulheres como analiticamente separável do desenvolvimento social como um todo. Além disso, ele argumenta que a dependência individual das mulheres em relação aos homens é a origem de sua opressão na sociedade de classes e não consegue situar essa dependência dentro da reprodução social geral. Em suma, *A mulher e o socialismo*, de Bebel, coloca a divisão sexual do trabalho e a relação de dependência entre mulheres e homens, tomadas como empiricamente óbvias e dadas como a-históricas (pelo menos até o advento da sociedade socialista), no coração do problema da opressão às mulheres.

Em comparação com a confusão teórica e política que permeia *A mulher e o socialismo*, a análise de Engels n'*A origem* tem força e lucidez consideráveis. Em vez de ziguezaguear erraticamente entre as chamadas Questão da Mulher e a Questão Social, ele se concentra no fenômeno social que produz a posição da mulher em uma dada sociedade e nas condições que podem levar a mudanças nessa posição. Ele faz o melhor que pode para delinear as relações entre os fatores envolvidos na opressão às mulheres – a família, as divisões sexuais do trabalho, as relações de propriedade, a sociedade de classes e o Estado –, por vezes dando pistas também sobre o conceito mais abrangente da reprodução da força de trabalho implícito na perspectiva da reprodução social. Embora a discussão de Engels n'*A origem* careça da poderosa perspectiva teórica e política que Marx poderia ter trazido ao assunto, ele vai muito além do esforço de Bebel em *A mulher e o socialismo*.

O panfleto de Eleanor Marx e Edward Aveling – *A questão da mulher de um ponto de vista socialista* – confirma, ainda mais nitidamente do que *A mulher e o socialismo* de Bebel, o predomínio da perspectiva dos sistemas duplos dentro do movimento socialista. Como Bebel, os autores afirmam que a base da opressão às mulheres é a dependência econômica, mas eles não conseguem explicar como [isso se dá], separando assim, efetivamente, o problema da subordinação das mulheres da sua localização dentro do desenvolvimento social. A conceituação da posição da mulher no panfleto, principalmente em termos de amor, sexualidade, casamento, divórcio e dependência dos homens, reforça essa demarcação teórica entre as mulheres, a família e a divisão sexual do trabalho, por um lado, e a reprodução social, por outro. Finalmente, a explícita formulação no panfleto sobre as opressões de sexo e de classe como fenômenos paralelos engendrando lutas paralelas, cuja relação nunca é discutida, revela de forma mais acentuada sua inclinação à perspectiva de dois sistemas.

No âmbito teórico, a força crescente do reformismo na Segunda Internacional encontrou, sem dúvida, um reflexo na consolidação da perspectiva dos sistemas duplos como a base implícita de qualquer esforço socialista para abordar a Questão das Mulheres. Contra essa posição, a ala esquerda do movimento socialista apresentou um desafio implícito, se bem que pouco desenvolvido, que concordava com as premissas gerais da perspectiva da reprodução social. Assim, em suas aproximações à questão da subordinação das mulheres, Zetkin e Lenin, ambos líderes na luta contra o reformismo, rejeitam as categorias universais da "mulher" ou da "família" como pontos de partida teóricos. Em vez disso, cada um se concentra na especificidade da opressão às mulheres em diferentes classes em um dado modo de produção.

Em seu discurso de 1896 no Congresso do Partido, por exemplo, Zetkin insiste que o caráter da chamada Questão da Mulher nas sociedades capitalistas é dependente da classe. Ela identifica três distintas questões da mulher, todas demandando resolução, mas diferenciadas pela origem da opressão, pela natureza das demandas para a igualdade e pelos obstáculos para alcançá-las. Recusando-se a considerar a Questão da Mulher como uma abstração sem classe a ser resolvida no futuro, ela sugere um programa abrangente de atividades organizacionais. No nível prático, a oposição de Zetkin ao reformismo tomou a forma de um compromisso de desenvolvimento do trabalho socialista entre as mulheres de todas as classes – trabalho que apoiaria reformas sem cair no reformismo e, simultaneamente, manteria o objetivo revolucionário firmemente no horizonte. Em contraste com muitos de seus contemporâneos no movimento socialista, ela viu a luta por mudanças nas relações entre as mulheres e os homens como uma tarefa para o presente, não para algum futuro socialista indefinido.

Com mais precisão teórica do que Zetkin, ainda que com menos originalidade e compromisso, Lenin coloca a questão da subordinação das mulheres no contexto da reprodução da força de trabalho na sociedade de classes. Sua reiterada ênfase no papel decisivo do trabalho doméstico, reforçada pela experiência da Revolução Bolchevique, reflete um entendimento da base material da opressão às mulheres. Sua compreensão do funcionamento da reprodução social capitalista lhe permite esboçar as linhas gerais de uma relação teoricamente coerente entre as opressões de sexo e de classe, por meio do conceito de direitos democráticos. Essas posições constituem a base teórica subjacente à clareza estratégica de Lenin sobre a importância do trabalho específico voltado para as mulheres, sobre a necessidade de organizações de massa de mulheres que reúnam mulheres de todas as classes, e sobre o problema de combater o atraso ideológico dos homens – nunca suficientemente implementados na prática pelos bolcheviques. Consideradas em conjunto, as observações de Zetkin e Lenin sobre as mulheres oferecem as bases de um uso específico da perspectiva da reprodução social para analisar a opressão às mulheres na sociedade capitalista.

No contexto do movimento de mulheres moderno na América do Norte e na Europa Ocidental, especificamente em sua vertente feminista-socialista, a tensão entre as duas perspectivas tomou uma nova forma. Enquanto o movimento socialista do final do século XIX procurou, principalmente, diferenciar suas posições sobre o problema da opressão às mulheres em relação ao feminismo liberal, o feminismo-socialista contemporâneo se desenvolveu em resposta compreensiva às visões do feminismo radical bem como de ambas as falhas do feminismo liberal e da tradição socialista. É essa posição avançada, em parte, que tem permitido ao movimento feminista-socialista dar muitas de suas contribuições significativas.

De certa forma, o trabalho teórico produzido a partir do quadro analítico feminista-socialista recria as principais características da perspectiva dos sistemas duplos. Por exemplo, as teóricas feministas-socialistas tendem, independentemente das suas intenções declaradas, a separar da reprodução social[3] a questão das divisões do trabalho e da autoridade de acordo com o sexo. Além disso, elas permanecem geralmente incapazes de situar teoricamente a opressão às mulheres em termos de

---

[3] Mais recentemente, por exemplo, Young desmontou de maneira inteligente o dualismo de grande parte da teoria feminista-socialista, mas depois sugere uma ênfase na "análise da divisão do trabalho por gênero" que ameaça recriar o próprio dualismo que ela deseja evitar (Young, 1981).

modo de produção e classe. E elas dão uma ênfase unilateral na família, nas questões de sexualidade e da dependência pessoal. Por último, as feministas socialistas não forneceram sustentação teórica para a sua ênfase estratégica no papel integral, na luta pelo socialismo, da organização autônoma das mulheres em relação a todos os setores da sociedade. Dessa forma, as feministas socialistas frequentemente reproduzem as fragilidades da perspectiva de sistemas duplos, mas sua atividade também aponta o caminho para uma compreensão teórica mais adequada da questão da opressão às mulheres. Em particular, elas insistem sobre a centralidade de alcançar uma compreensão materialista da situação da mulher dentro da família – como capaz de conceber e cuidar de crianças e como trabalhadora doméstica – enquanto a chave para o problema da persistência da opressão às mulheres em diferentes modos de produção e classes. É aqui que as teóricas feministas-socialistas têm feito contribuições especialmente importantes. Aquelas que se concentram na tarefa em termos da teoria de reprodução social de Marx, além disso, renovaram os elementos dessa perspectiva e a aprofundaram de forma nunca antes vista, nem por Marx nem pela tradição socialista. Em suma, a seriedade política do envolvimento feminista-socialista no trabalho teórico, impulsionada pela militância contínua das mulheres em movimentos sociais ao redor do mundo, tem tanto reproduzido quanto transformado a tensão entre as duas perspectivas. Por um lado, o feminismo-socialista revive a coexistência contraditória das duas perspectivas teóricas, que se originaram com Marx e Engels e desapareceram sob as pressões do revisionismo. Por outro lado, o feminismo-socialista vai muito além das limitações estabelecidas no período anterior.

A teoria feminista-socialista recapitula, sem o saber, certas fragilidades da tradição socialista clássica, ao mesmo tempo que lança as bases para corrigi-las. Como grande parte do movimento socialista do final do século XIX e início do século XX, ela adotou, indiscriminadamente, algumas posições que estão essencialmente em desacordo com seu compromisso com o marxismo e a revolução social. Ao contrário daquele movimento, porém, não se fechou para uma perspectiva revolucionária e, portanto, tem todo interesse em transcender a contradição.

10 – A REPRODUÇÃO DA FORÇA DE TRABALHO

A discussão até aqui tomou a forma de uma leitura crítica de certos textos socialistas relativos à opressão às mulheres e à sua libertação. É hora de sistematizar os resultados.

Marx, Engels e seus seguidores imediatos contribuíram mais para a compreensão da opressão às mulheres do que as membras do movimento de mulheres moderno costumam reconhecer. Ao mesmo tempo, a abordagem da tradição socialista a essas questões que supostamente compõem a chamada Questão da Mulher tem sido não apenas incompleta, mas seriamente falha. Na ausência de qualquer quadro analítico estável, os socialistas tiveram que se basear, em termos de orientação teórica, em uma miscelânea de noções extraídas de fontes variadas. Esse legado centenário de ambiguidade ainda dificulta o trabalho sobre a Questão das Mulheres, embora desenvolvimentos recentes, tanto na teoria como na prática, sugerem que já existem as condições para resolvê-lo. As mulheres hoje assumem um papel cada vez mais ativo na transformação revolucionária em todo o mundo, forçando os movimentos socialistas a reconhecer e facilitar sua participação. Nesse contexto, os recentes avanços realizados por teóricas feministas-socialistas têm uma importância central. Eles refletem um novo ímpeto para desenvolver uma base teórica adequada para o trabalho socialista sobre as mulheres. E vão além de muitas das fragilidades herdadas da tradição socialista.

Assim, objetivamente falando, as preocupações dos socialistas no movimento de mulheres moderno, e dos revolucionários no movimento socialista, convergiram. A relação das lutas das mulheres com a transformação social, uma questão que é simultaneamente prática e teórica, aparece mais uma vez como uma questão premente na agenda revolucionária.

Na esfera teórica, o primeiro requisito para um maior avanço é abandonar a ideia de que a chamada Questão da Mulher representa uma categoria adequada de análise. Apesar de sua longa história como um problema sério para os socialistas, o termo acaba por não ter um significado coerente como conceito teórico. As variadas noções associadas a ele na verdade escondem, como as feministas socialistas apontaram, um problema teórico de importância fundamental: a reprodução da força de trabalho no contexto da reprodução social geral. Os teóricos socialistas nunca enfrentaram suficientemente esse problema, mas as bases para uma abordagem prática estão enterradas logo abaixo da superfície da análise de Marx sobre a reprodução social n'*O capital*.

A discussão neste capítulo e no próximo sugere um quadro teórico que pode situar o fenômeno da opressão às mulheres em termos da reprodução social. Dada a fraca tradição de trabalho teórico sobre a Questão das Mulheres, são necessárias algumas advertências. A teoria é, obviamente, fundamental para o desenvolvimento de análises específicas sobre a situação das mulheres. Explícita ou implicitamente, os fenômenos empíricos devem ser organizados em termos de uma construção teórica para serem apreendidos conceitualmente. Ao mesmo tempo, a teoria é, por sua própria natureza, severamente limitada. Como uma estrutura de conceitos, um referencial teórico simplesmente fornece orientação para a compreensão das sociedades reais, passadas e presentes. Por mais indispensável que seja essa orientação teórica, estratégias específicas, programas ou táticas para a transformação, não podem ser deduzidas diretamente da teoria. Tampouco o fenômeno da alteração da situação das mulheres ao longo do tempo, e em diferentes sociedades, pode ser abordado apenas por meio da teoria. Estas são questões para análise concreta e investigação histórica. No entanto, o argumento nestes capítulos é em grande parte teórico e, portanto, necessariamente abstrato. Não há aqui qualquer tentativa de desenvolver análises detalhadas da opressão às mulheres, por exemplo, na sociedade capitalista contemporânea. Esses estudos, e as conclusões e tarefas políticas que implicam, serão realizados em outro lugar.

O fenômeno da opressão às mulheres é uma experiência altamente individual e subjetiva, muitas vezes minuciosamente analisada em termos descritivos complexos, com ênfase em questões de sexualidade, relações interpessoais e ideologia. Como observa Michèle Barrett,

> o movimento de libertação das mulheres colocou grande ênfase em aspectos da experiência da opressão no casamento, nos relacionamentos sexuais e na ideologia da feminilidade e dominação masculina. Ao estabelecer a 'política sexual' como área central de luta, conseguiu retirar o véu das relações privatizadas. Essa politização da vida pessoal [...] é uma conquista importante da atividade feminista com a qual o marxismo aprendeu muito. (Barrett, 1980, p. 79)

No entanto, Barrett argumenta que tais análises não são suficientes, pois elas "tenderam a ignorar as maneiras pelas quais a opressão privada está relacionada a questões mais amplas de relações de produção e da estrutura de classe". Nas páginas seguintes, o foco estará nesta última questão, em particular, no aspecto econômico ou material da situação das mulheres. Por mais restrita que a abordagem possa parecer do ponto de vista do desejo de uma exposição plena da opressão às mulheres, é necessário estabelecer esses fundamentos materiais. Uma vez colocados, eles formarão a base indispensável para trabalhos futuros. Em suma, o ponto de partida desses capítulos é uma perspectiva teórica sobre a reprodução social, mas o objetivo final é enfrentar os problemas duplos da opressão às mulheres e das condições para a sua libertação (Barrett, 1980, p. 79).[1]

Para situar a opressão às mulheres em termos de reprodução social e reprodução da força de trabalho, vários conceitos precisam ser especificados, começando pelo próprio conceito de força de trabalho. Marx define a força de trabalho como algo latente em todas as pessoas: "Por força de trabalho ou capacidade de trabalho deve-se entender o conjunto das capacidades mentais e físicas existentes em um ser humano, que ele exerce sempre que produz um valor de uso de qualquer espécie". Um valor de uso é "uma coisa útil", algo que "por suas propriedades satisfaz necessidades humanas de um tipo ou de outro". Os valores de uso e o trabalho útil que pode entrar em sua produção existem em todas as sociedades, embora varie a forma social precisa que eles assumem. "Até aqui [...], como o trabalho é criador de valor de uso, é trabalho útil, é condição necessária, independente de todas as formas de sociedade, para a existência do gênero humano". A força de trabalho, que é simplesmente a capacidade de trabalho útil,

---

[1] Agradeço a Ira Gerstein por seus muitos comentários perspicazes sobre os argumentos teóricos sobre este capítulo e o seguinte.

é, portanto, também "independente de todas as fases sociais da existência [humana], ou melhor, é comum a todas essas fases" (Marx, 1971a, p. 164, 43, 50, 179).

A força de trabalho é uma capacidade latente de todo ser humano. A sua potencialidade é realizada quando a força de trabalho é colocada em uso – consumida – em um processo de trabalho. Uma vez inserido no processo de trabalho, o portador da força de trabalho contribui com trabalho, pois "a força de trabalho em uso é o próprio trabalho" (Marx, 1971a, p. 173). A força de trabalho deve, portanto, ser distinguida da existência corporal e social de seu portador.

Os processos de trabalho não existem isoladamente. Estão inseridos em determinados modos de produção. Além disso, toda produção é, ao mesmo tempo, reprodução.

> Uma sociedade não pode deixar de produzir, assim como não pode deixar de consumir. Quando visto, portanto, como um todo conectado e fluido com renovação incessante, todo processo social de produção é, ao mesmo tempo, um processo de reprodução. (Marx, 1971a, p. 53)

A reprodução social implica, finalmente, a reprodução das condições de produção. Por exemplo, na sociedade feudal, "o produto do servo deve ser [...] suficiente para reproduzir suas condições de trabalho, além de sua subsistência" (Marx, 1971a, p. 53). Essa é

> uma circunstância que permanece a mesma em todos os modos de produção. Pois não é o resultado de sua forma específica, mas um requisito natural de todo trabalho contínuo e reprodutivo em geral, de qualquer produção continuada, que é sempre simultaneamente reprodução, isto é, incluindo a reprodução de suas próprias condições de operação. (Marx, 1971b, p. 790)

Entre outras coisas, a reprodução social exige que haja sempre uma oferta de força de trabalho disponível para pôr em movimento o processo de trabalho.

Os portadores da força de trabalho são, porém, mortais. Aqueles que trabalham sofrem desgastes. Alguns são jovens demais para participar do processo de trabalho, outros são velhos demais. Com o tempo, todo indivíduo morre. Processos que atendam às necessidades pessoais contínuas dos portadores da força de trabalho como indivíduos humanos são, portanto, uma condição da reprodução social, assim como processos que reponham trabalhadores que morreram ou foram retirados da força de trabalho ativa. Esses processos de manutenção e reposição são muitas vezes confundidos de forma imprecisa, ainda que útil, sob o termo reprodução da força de trabalho.[2]

Apesar da semelhança linguística dos termos produção e reprodução, os processos que compõem a reprodução da força de trabalho e aqueles que fazem parte da produção de uma sociedade não são comparáveis do ponto de vista teórico. A reprodução da força de trabalho é uma condição da produção, pois *re*coloca ou *re*põe a força de trabalho necessária à produção. A reprodução da força de trabalho não é, porém, ela mesma uma forma de produção. Isto é, não envolve necessariamente alguma combinação determinada de matérias-primas e meios de produção em um processo de trabalho cujo resultado é o produto

---

[2] O termo reprodução da força de trabalho também tem sido usado de várias outras maneiras. É por vezes usado para designar processos associados ao desenvolvimento de competências e à manutenção da hegemonia ideológica. Por exemplo, o sistema educacional na sociedade capitalista desempenha um papel importante na reprodução social e foi analisado em termos de seu papel na assim chamada reprodução da força de trabalho. Outro uso do termo se refere, ainda, ao trabalho envolvido na produção e distribuição dos meios de subsistência. Diz-se que os trabalhadores de restaurantes e fábricas de roupas na sociedade capitalista contribuem, por exemplo, para a reprodução da força de trabalho. Embora esses vários usos do termo reprodução da força de trabalho sejam sugestivos, desconsideram o caráter especial do trabalho que é socialmente organizado em uma economia em oposição ao trabalho que não o é. Ver também os comentários em Hindess e Hirst (1975, capítulo 1).

força de trabalho. Embora alguns tenham argumentado que a reprodução da força de trabalho é um processo de produção que ocorre nas unidades domésticas familiares, de fato, tais atividades representam apenas um modo possível de renovar os portadores da força de trabalho. Campos de trabalho ou dormitórios também podem ser usados para manter os trabalhadores, e a força de trabalho pode ser reabastecida por meio da imigração ou escravização, bem como pela substituição geracional dos trabalhadores existentes.

Para dar forma teórica preliminar ao problema da reprodução da força de trabalho, Marx introduziu o conceito de consumo individual (discutido no capítulo 5). O consumo individual se refere ao consumo de meios de subsistência do produtor direto. Marx ressalta a diferença entre o consumo individual e o consumo produtivo que ocorre no processo social de trabalho.

> Tal consumo produtivo se distingue do consumo individual pelo fato de que este consome produtos como meio de subsistência para o indivíduo vivo; o anterior, apenas como meio pelo qual o trabalho, a força de trabalho do indivíduo vivo, pode agir. O produto, portanto, do consumo individual, é o próprio consumidor; o resultado do consumo produtivo, é um produto distinto do consumidor. (Marx, 1971a, p. 179)

Tal como aqui utilizado, o conceito de consumo individual se refere essencialmente aos processos diários que restauram o produtor direto e lhe permitem retornar ao trabalho. Ou seja, não abrange a reposição geracional de trabalhadores existentes, nem a manutenção de indivíduos que não estejam trabalhando, como idosos e doentes. Tampouco se refere ao recrutamento de novos trabalhadores para a força de trabalho por meio, por exemplo, de escravização ou imigração. O consumo individual diz respeito apenas à manutenção de um produtor direto individual já enredado no processo de produção; ele permite que o trabalhador se engaje, repetidas vezes, no processo de produção imediato.³

O conceito de consumo individual se refere, então, à reprodução da força de trabalho no âmbito do processo de produção imediato. Na esfera da reprodução social total, não é o produtor direto individual, mas a totalidade dos trabalhadores que é mantida e reposta.⁴ É evidente que essa renovação da força de trabalho pode ser realizada de várias maneiras. Em princípio, pelo menos, o atual conjunto de trabalhadores pode trabalhar até a morte, e então ser reposto por um conjunto inteiramente novo. No caso mais provável, uma força de trabalho existente é reabastecida tanto geracionalmente quanto pela entrada de novos trabalhadores. Filhos de trabalhadores crescem e integram a força de trabalho. Mulheres que não estavam envolvidas anteriormente começam a participar na produção. Imigrantes ou escravizados de fora dos limites de uma sociedade entram na força de trabalho. Na medida em que Marx considerou brevemente essas questões em termos gerais, ele falou de leis de população. "Todo modo de produção histórico especial tem

---

3   Marx não foi nada consistente em sua discussão sobre o conceito de consumo individual. Por vezes, ele a restringe claramente à manutenção diária do produtor direto individual. Em outros momentos, ele escorrega em formulações que abrangem a manutenção e renovação do trabalhador "e de sua família". Feministas socialistas apontaram essas inconsistências como evidência das inadequações da tradição marxista. A dificuldade não está apenas nas observações, mas na ausência de qualquer exame detalhado do trabalho assalariado nos outros volumes d'*O capital*, que consideram a reprodução social como um todo. Se Marx tivesse completado seu plano original, que projetava um volume separado sobre o trabalho assalariado, alguns desses problemas poderiam ter sido solucionados. Sobre os planos para *O capital*, ver nota 42 do capítulo 5.
4   Para a questão dos níveis teóricos, ver Establet (1973) e Gerstein (1976). A expressão "reprodução social total" é usada aqui para se referir ao nível teórico em que o volume III d'*O capital* opera, ou, nos termos de Gerstein, para "a unidade complexa da produção e circulação" (Gerstein, 1976, p. 265); ver também a p. 253-256.

suas próprias leis especiais de população, historicamente válidas apenas dentro de seus limites. Uma lei abstrata de população existe apenas para plantas e animais, e apenas na medida em que o homem não interferiu neles" (Marx, 1971a, p. 592). Além disso, nem todos os trabalhadores em um determinado período permanecerão trabalhando em um período de produção subsequente. Alguns ficarão doentes, incapacitados ou velhos demais. Outros podem ser excluídos, como quando a legislação de proteção foi promulgada para proibir o trabalho infantil ou o trabalho noturno das mulheres. Em suma, no âmbito da reprodução social total, o conceito de reprodução da força de trabalho não implica a reprodução de uma unidade limitada da população.[5]

A discussão até agora não exigiu que o gênero dos produtores diretos fosse especificado. Do ponto de vista teórico, ainda não importa se são mulheres ou homens, desde que estejam de alguma forma disponíveis para compor a força de trabalho. O que levanta a questão de gênero é, evidentemente, o fenômeno da reposição geracional dos portadores da força de trabalho – isto é, a substituição de trabalhadores existentes por novos trabalhadores da próxima geração. Se a reposição geracional precisa acontecer, a reprodução biológica deve intervir. E aqui, é preciso admitir, os seres humanos não se reproduzem por partenogênese. Mulheres e homens são diferentes.

O significado teórico crítico da distinção biológica entre mulheres e homens em relação à capacidade de gerar filhos aparece, então, no nível da reprodução social total. Embora a

---

[5] A distinção dos níveis teóricos não deixa dúvidas que o debate sobre o trabalho doméstico discutido no capítulo 2 diz respeito propriamente ao problema do consumo individual no nível do processo de produção imediato no modo de produção capitalista – e não, como parecia a alguns na época, a reprodução da força de trabalho em geral.

reprodução da força de trabalho no âmbito da reprodução social total não implique necessariamente a reposição geracional, é nessa esfera teórica que a questão deve ser localizada.

Antes de prosseguir, um equívoco analítico muito comum deve ser apontado. As pessoas normalmente vivenciam os processos de reposição geracional em contextos de parentesco individualizado, e as tentativas de desenvolver uma teoria da reprodução da força de trabalho geralmente se concentram na unidade familiar ou doméstica como ponto de partida. Tal procedimento, por mais compreensível que seja, representa uma séria confusão em relação aos âmbitos teóricos. Como comumente entendido, a família é uma estrutura social baseada no parentesco na qual ocorrem processos que contribuem para a manutenção diária do trabalhador – seu consumo individual contínuo. As famílias também fornecem o contexto em que as crianças nascem e crescem, e frequentemente incluem indivíduos que não estão atualmente participando da força de trabalho. Na maioria das sociedades, as famílias, portanto, atuam como locais importantes tanto para a manutenção quanto para a reposição geracional de trabalhadores existentes e potenciais.[6] Elas não são, no entanto, os únicos lugares onde os trabalhadores se renovam diariamente. Por exemplo, muitos trabalhadores na África do Sul vivem em alojamentos perto de seus trabalhos e têm permissão para visitar suas famílias em áreas distantes uma vez ao ano. Outros membros da família podem, por vezes, entrar na força de trabalho durante o período da colheita, por exemplo, ou durante crises econômicas. Finalmente, as famílias não são a única fonte de tal reabastecimento; outras possibilidades, como anteriormente mencionado, incluem a migração

---

[6] Para uma discussão adequada dos significados do senso comum sobre o termo família, consultar Rapp (1978).

e a escravização de populações estrangeiras. Essas observações demonstram que a identificação da família como o único local de manutenção da força de trabalho sobrevaloriza o seu papel na esfera da produção imediata. Simultaneamente, fetichiza a família no âmbito da reprodução social total, representando a reposição geracional como a única fonte de renovação da força de trabalho da sociedade.

Em todo caso, é prematuro, do ponto de vista teórico, introduzir neste estágio da discussão um lugar social específico da reprodução da força de trabalho, como a família. No entanto, duas observações adicionais devem ser feitas sobre a existência de uma distinção biológica entre mulheres e homens com relação à capacidade de gerar filhos. Em primeiro lugar, as diferenças biológicas constituem a pré-condição material para a construção social das diferenças de gênero, bem como um fator material direto na posição diferencial dos sexos em uma sociedade.[7] Em segundo lugar, as diferenças entre os sexos não podem ser consideradas à parte de sua existência dentro de um sistema social definido, e nada mais pode ser dito, neste ponto, sobre seu significado para o processo de reprodução da força de trabalho. Os conceitos relativos à questão da reprodução da força de trabalho foram desenvolvidos até agora sem referência a um modo de produção específico. Assim, a discussão procedeu necessariamente em um nível extremo de abstração – ou, como Marx coloca, falando do processo de trabalho, "independentemente da forma particular que ele assume sob determinadas condições sociais" (Marx, 1971a, p. 173). Passemos agora a uma

---

[7] Sobre a construção social das diferenças sexuais, ver: Barrett (1980, p. 74-77); Benería (1979); Marrom (1978); Edholm, Harris e Young (1977); Molyneux (1977). Para uma boa crítica dessa literatura, ver Sayers (1982). Ver também os trabalhos citados na nota 14 deste capítulo.

reflexão sobre a reprodução da força de trabalho na sociedade de classes.

A apropriação do mais-trabalho, ou exploração, constitui o fundamento das relações de classe. Em uma sociedade de classes, a classe dominante se apropria do mais-trabalho realizado por uma classe explorada de produtores diretos. Marx resume a essência da sociedade de classes em uma importante passagem:

> A forma econômica específica em que o mais-trabalho não pago é extraído dos produtores diretos determina a relação de dominação e servidão, tal como esta advém diretamente da própria produção e, por sua vez, retroage sobre ela de modo determinante. Nisso se funda, porém, toda a estrutura da entidade comunitária econômica, nascida das próprias relações de produção; simultaneamente com isso, sua estrutura política peculiar. Em todos os casos, é na relação direta entre os proprietários das condições de produção e os produtores diretos – relação cuja forma eventual sempre corresponde naturalmente a determinada fase do desenvolvimento dos métodos de trabalho e, assim, a sua força produtiva social – que encontramos o segredo mais profundo, a base oculta de todo o arcabouço social e, consequentemente, também da forma política das relações de soberania e de dependência, isto é, da forma específica do Estado existente em cada caso. (Marx, 1971b, p. 791)[8]

Em uma sociedade de classes, o conceito de força de trabalho adquire um significado de classe específico. A força de trabalho se refere à capacidade de um membro da classe dos produtores diretos de realizar o mais-trabalho apropriado pela classe dominante. Em outras palavras, os portadores da força de trabalho constituem a classe explorada. Para uma sociedade de classes, o conceito de reprodução da força de trabalho pertence, estritamente falando, à manutenção e renovação da classe dos portadores da força de trabalho sujeitos à exploração. Embora uma sociedade de classes também deva desenvolver algum processo de manutenção e

---

[8] Ver também Marx (1971a, p. 209).

reposição dos indivíduos que compõem a classe dominante, este não pode ser considerado como parte da reprodução da força de trabalho na sociedade. Por definição, a força de trabalho em uma sociedade de classes é suportada apenas pelos membros da classe dos produtores diretos.[9]

Marx contrapõe o mais-trabalho realizado pelos produtores diretos em uma sociedade de classes com o seu trabalho necessário, definindo ambos em termos de tempo despendido por um único produtor em uma jornada de trabalho. O trabalho necessário é definido como a parte da jornada de trabalho da qual o trabalhador extrai sua própria reprodução. A parte restante da jornada é o trabalho excedente, apropriado pela classe exploradora (Marx, 1971a, p. 208-209, 226-229). Na realidade, uma parte da jornada de trabalho do produtor direto pode também ser dedicada à reprodução de outros membros da classe explorada. Quando, por exemplo, crianças, idosos ou uma esposa não participam da produção excedente como produtores diretos, uma certa quantidade de tempo de trabalho deve ser despendida para a sua manutenção. Marx nunca foi explícito sobre o que é coberto pelos conceitos de consumo individual e trabalho necessário. Como debatido anteriormente, o conceito de consumo individual tem se restringido aqui à manutenção imediata do produtor direto. O trabalho necessário é utilizado, entretanto, para cobrir todo o trabalho realizado para a manutenção e renovação tanto dos produtores diretos como dos membros da classe subordinada que não trabalham atualmente como produtores diretos.

---

[9] As discussões feministas-socialistas sobre a reprodução da força de trabalho por vezes ampliam o termo – implicitamente, quando não explicitamente – para incluir a renovação dos indivíduos na classe dominante. Ao fazê-lo, elas não apenas produzem confusão conceitual, mas também eliminam a distinção essencial entre classes, aquela entre exploradores e explorados.

O trabalho necessário normalmente abarca vários processos constitutivos. Em primeiro lugar, fornece certa quantidade de meios de subsistência para consumo individual por produtores diretos. Em uma sociedade feudal, por exemplo, os produtores diretos podem reter uma parte da produção total. Em uma sociedade capitalista, os salários permitem a compra de mercadorias no mercado. Na maioria dos casos, os meios de subsistência brutos assim adquiridos não asseguram por si só a manutenção do trabalhador. Uma certa quantidade de trabalho suplementar deve ser realizada para que os bens necessários possam ser consumidos apropriadamente: a lenha deve ser cortada, os alimentos devem ser cozinhados, a horta deve ser cultivada, as roupas consertadas e assim por diante. Além desses processos de trabalho que possibilitam o consumo individual dos produtores diretos, dois outros conjuntos de processos de trabalho podem ser identificados. Uma parte do trabalho necessário é direcionada para fornecer meios de subsistência para manter os membros das classes exploradas que não estão trabalhando no momento como produtores diretos – os idosos, os doentes, a esposa. E uma importante série de processos de trabalho associada com a reposição geracional da força de trabalho também pode ocorrer – ou seja, os processos de gestação, parto, lactação e criação das crianças da classe subordinada. Conforme já discutido, esses aspectos variados do trabalho necessário têm uma certa autonomia do ponto de vista teórico. Juntos representam uma condição indispensável para a reprodução da força de trabalho e, portanto, para a reprodução social geral. Deve-se observar que o conceito de trabalho necessário se refere estritamente às tarefas associadas à reprodução da força de trabalho na classe explorada. Os indivíduos da classe exploradora também requerem manutenção diária e normalmente são repostos por meio da reprodução geracional. No entanto, tais atividades não se qualificam como trabalho necessário no sentido atribuído por Marx, pois não dizem respeito à renovação da força de trabalho explorável.

Em uma dada sociedade de classes, as circunstâncias e o resultado dos processos de reprodução de força de trabalho são essencialmente indeterminados ou contingentes. Sustentar o contrário seria cair no argumento funcionalista de que as necessidades de força de trabalho de um sistema devem ser inevitavelmente satisfeitas pelo funcionamento do próprio sistema. As relações sociais por meio das quais o trabalho necessário é realizado não podem ser postuladas, consequentemente, de forma independente de casos históricos específicos. Particularmente, a família, independentemente de sua definição, não é um universal atemporal da sociedade humana. Assim como em qualquer estrutura social, a forma das relações de parentesco depende sempre do desenvolvimento social e é potencialmente um terreno de luta (O'Laughlin, 1977, p. 6-7; Rapp, 1979, p. 319, 321-322; Vogel, 1978).[10]

Embora sejam analiticamente distintos, o trabalho necessário e o excedente podem perder sua especificidade e particularidade quando experienciados na vida real dos processos concretos de trabalho. Vários exemplos sugerem um leque de possibilidades. Primeiro, em uma sociedade feudal na qual servos pagam o arrendamento em espécie, dando ao senhor uma parte da produção, o trabalho necessário e o excedente se interpenetram como processos de trabalho. No caso do trabalho arrendado, em contrapartida, em que os servos trabalham os campos do senhor independentemente de sua própria terra,

---

[10] Para discussões sobre funcionalismo na teoria feminista-socialista, ver Barrett (1980, p. 93-96) e Sayers (1982, p. 202).

uma clara demarcação espacial e temporal divide o trabalho excedente do trabalho necessário. Nas sociedades capitalistas, como veremos no capítulo 11, aparece uma distinção entre dois componentes do trabalho necessário, um realizado em combinação com o trabalho excedente e outro que acontece fora da esfera de apropriação do trabalho excedente.

Por último, consideremos o exemplo hipotético de um sistema de escravização que importa trabalhadores de fora de suas fronteiras e os força a trabalhar a um ritmo literalmente mortal. Sob tais condições, a reposição geracional poderia se tornar quase impossível e a quantidade de trabalho necessário poderia ser reduzida a quase zero.

Dos três aspectos do trabalho necessário – manutenção dos produtores diretos, manutenção dos membros da classe subordinada que não estão trabalhando e processos de reposição geracional –, apenas o último exige, em termos absolutos, que exista uma divisão sexual do trabalho ainda que mínima. Se crianças devem nascer, são as mulheres que vão gestá-las e pari-las. As mulheres que pertencem à classe subordinada têm, portanto, uma função especial em relação à reposição geracional da força de trabalho. Mesmo que elas possam ser também produtoras diretas, é o seu papel diferenciado na reprodução da força de trabalho a raiz da sua opressão na sociedade de classes. Esse papel diferenciado pode ser situado em termos teóricos. Os parágrafos que se seguem, que elaboram o argumento apresentado pela primeira vez por Paddy Quick, oferecem tal estrutura teórica como base para a análise da opressão às mulheres (Quick, 1977).[11]

---

[11] Além de sua consideração sobre a opressão às mulheres em sociedades de classes, Quick contrasta sociedades de classes e sociedades sem classes, argumentando que "é somente na sociedade de classes que o envolvimento das mulheres na gestação resulta na opressão às mulheres" (p. 45). Ao longo de linhas seme-

A argumentação se articula em torno da relação entre gerar filhos e a apropriação do mais-trabalho na sociedade de classes. Gerar filhos ameaça diminuir a contribuição que uma mulher da classe subordinada pode dar como produtora direta e como participante do trabalho necessário. A gravidez e a lactação envolvem, no mínimo, vários meses de alguma redução na capacidade de trabalhar.[12] Mesmo quando uma mulher continua a participar na produção de excedentes, gerar filhos interfere, assim, em alguma medida na apropriação imediata do mais-trabalho. Além disso, o trabalho dela é normalmente requisitado para a manutenção da força de trabalho, e a gravidez e a lactação podem diminuir a capacidade da mulher também nessa área. Do ponto de vista da classe dominante, a curto prazo, então, gerar filhos implica potencialmente uma diminuição dispendiosa da capacidade para trabalhar da mãe, ao mesmo tempo que exige que ela seja mantida durante o período de diminuição da sua contribuição. Em princípio, parte do trabalho necessário

---

lhantes, ela faz a sugestão radical de que "'a família' [...] é um termo aplicável apenas às sociedades de classes, nas quais a produção (e a reprodução) tem um significado distinto da organização da produção no interesse da sociedade como um todo (ou seja, sociedades comunistas, tanto primitivas quanto avançadas)" (p. 47).

[12] Para discussões sobre a relação entre biologia, divisões sexuais do trabalho e opressão às mulheres, ver Barrett (1980, p. 72-77, 195-199), e Sayers (1982). Mark Cousins afirma que a distinção biológica do sexo não pode ser abordada pelo marxismo, pois "o capitalista e o operário são personificações [que são] abstratas e indiferentes ao problema da diferença sexual" (Cousins, 1978, p. 63). Em contrapartida, Marx não desconsiderou o papel da biologia na reprodução social. Ele insistiu, por exemplo, que a mortalidade dos produtores diretos requer sua manutenção e reposição, tornando assim o problema da reprodução da força de trabalho fundamental para a reprodução social da sociedade de classes. No caso do capitalismo, "a reprodução da força de trabalho constitui, de fato, um elemento essencial da reprodução do próprio capital" (Marx, 1971a, p. 575-576). Se o fato biológico da mortalidade é central para a análise marxista, por que o fato biológico do dimorfismo sexual também não o é?!

que a sustenta durante esse período poderia, em outras circunstâncias, ter sido parte do mais-trabalho apropriado pela classe dominante. Ou seja, o trabalho necessário normalmente tem que aumentar um pouco para cobrir sua manutenção durante o período de gestação e lactação, implicando uma diminuição correspondente do trabalho excedente. Ao mesmo tempo, gerar filhos é um processo que beneficia a classe dominante, pois deve ocorrer se a força de trabalho precisar ser reabastecida por meio da reposição geracional. Do ponto de vista da classe dominante, existe, então, uma potencial contradição entre sua necessidade imediata de apropriação de trabalho excedente e sua demanda de longo prazo por uma classe que o realize.

O argumento apresentado no parágrafo anterior analisa as implicações potenciais de um fenômeno empírico – a capacidade das mulheres de gerar crianças – para os processos de apropriação do trabalho excedente. A discussão opera, e isso deve ser enfatizado, no âmbito teórico, o que revela uma contradição. Para resolver a contradição em uma sociedade concreta, a classe dominante prefere estratégias que minimizam o trabalho necessário a longo prazo, enquanto asseguram a reprodução da força de trabalho. Até que ponto de fato consegue implementar tais estratégias é, certamente, uma questão da luta de classes.

Como um elemento na resolução histórica da contradição, os arranjos concretos para a reprodução da força de trabalho geralmente se aproveitam dos relacionamentos entre mulheres e homens que se baseiam na sexualidade e no parentesco. Outros adultos, normalmente o pai biológico e seus parentes, ou parentes masculinos da própria mulher que gera filhos, historicamente têm sido responsáveis por garantir o sustento da mulher durante o período de diminuição de sua atividade associada à reprodução biológica. Os homens da classe subordinada adquirem assim um papel histórico especial, relacionado à reposição geracional da força de trabalho: assegurar que os meios de subsistência sejam fornecidos à mulher que gera filhos.

Em princípio, os papéis diferenciados das mulheres e dos homens na reprodução da força de trabalho são de duração finita. Eles entram em cena somente durante os meses em que as mulheres realmente estão voltadas para os processos biológicos de reprodução. Na realidade, os papéis assumem forma histórica específica na variedade de estruturas sociais conhecidas como família. Do ponto de vista teórico, as famílias das classes subordinadas podem ser conceitualizadas como unidades sociais baseadas no parentesco dentro das quais os homens têm maior responsabilidade pela provisão de meio de subsistência para as mulheres que geram filhos durante o período de redução da sua contribuição para o trabalho. Como estruturas institucionalizadas em sociedades de classes concretas, as famílias de uma classe subordinada normalmente se tornam locais sociais importantes para a realização da manutenção e dos aspectos da reposição geracional do trabalho necessário. Aqui, portanto, está uma fonte da divisão histórica do trabalho de acordo com o sexo que atribui às mulheres e homens diferentes papéis no que diz respeito ao trabalho necessário e ao trabalho excedente. Geralmente, as mulheres têm maior responsabilidade pelas tarefas contínuas associadas ao trabalho necessário, e especialmente ao trabalho relacionado às crianças. Os homens, de forma correspondente, frequentemente têm maior responsabilidade pela provisão dos meios materiais de subsistência, uma responsabilidade que é normalmente acompanhada por seu envolvimento desproporcionalmente maior na realização do trabalho excedente.

Ainda que as mulheres tenham tido historicamente maior responsabilidade pelas tarefas contínuas do trabalho necessário nas sociedades de classes, não é correto dizer que existe uma esfera doméstica universal separada do mundo da produção pública. Em sociedades de classes baseadas na agricultura – o feudalismo, por exemplo –, os processos de trabalho do trabalho necessário estão frequentemente integrados com os da produção de excedentes.[13] É o desenvolvimento do capitalismo, como mostra o capítulo 11, que cria uma demarcação precisa entre a arena na qual o mais--trabalho é realizado e uma esfera que pode ser adequadamente chamada de doméstica. Na medida em que os analistas afirmam a universalidade de alguma esfera doméstica invariável, eles estão de fato projetando nas sociedades de classes não capitalistas uma distinção que é produto das relações de produção capitalistas.

A forma exata pela qual os homens obtêm mais meios de subsistência do que o necessário para o seu próprio consumo individual varia de sociedade para sociedade, mas o arranjo é normalmente legitimado por sua dominação sobre as mulheres e reforçado por estruturas institucionalizadas da opressão feminina. A classe dominante, a fim de estabilizar a reprodução da força de trabalho, assim como de manter a quantidade necessária de trabalho em patamares aceitáveis, incentiva a supremacia masculina dentro da classe explorada. Quick dá contorno a essa dinâmica:

> Qualquer tentativa das mulheres de se apropriarem de mais do que é necessário para sua subsistência é uma demanda indireta de parte do excedente apropriado pela classe dominante. Assim, a autoridade masculina sobre as mulheres é apoiada e até mesmo imposta pela classe dominante. Por outro lado, qualquer tentativa dos homens para escapar de suas 'responsabilidades' no sustento das mulheres encontra resistência, dentro dos limites de um sistema que se baseia na supremacia masculina. O controle dos homens sobre mais meios de subsistência do que o necessário para sua própria reprodução em um nível diário é 'garantido' a eles somente para que possam contribuir para a reprodução de sua classe. (Quick, 1977, p. 47)

---

[13] Ver, por exemplo, Middleton (1979).

Tais estratégias trabalham em nome da classe dominante, quaisquer que sejam as vantagens imediatas da supremacia masculina para os homens.

É a provisão pelos homens dos meios de subsistência para as mulheres durante o período em que estão voltadas para os processos biológicos de reprodução, e não a divisão sexual do trabalho em si, que forma a base material para a subordinação das mulheres na sociedade de classes. O fato de mulheres e homens estarem envolvidos de forma diferenciada na reprodução da força de trabalho durante a gravidez e a lactação, e muitas vezes por muito mais tempo, não constitui necessariamente uma fonte de opressão. Divisões do trabalho existem em todas as sociedades. Mesmo nas sociedades mais igualitárias de caça e coleta, uma variedade de tarefas é realizada todos os dias, requerendo uma divisão do trabalho. As diferenças entre as pessoas decorrentes do desenvolvimento biológico e social também caracterizam todas as sociedades. Alguns indivíduos podem ter deficiências físicas ou atrasos no desenvolvimento mental. Alguns podem ser heterossexuais, outros homossexuais. Alguns podem se casar, outros não. E, evidentemente, alguns podem ser homens, e outros mulheres, com a capacidade de gerar filhos. O significado social de divisões do trabalho e das diferenças individuais é construído no contexto da sociedade concreta na qual estão inseridas. Em sociedades de classes, a capacidade das mulheres de gerar filhos cria contradições do ponto de vista da necessidade da classe dominante de se apropriar do mais-trabalho. A opressão às mulheres na classe explorada se desenvolve no processo de luta de classes sobre a resolução dessas contradições.

As mulheres da classe dominante também podem ser subordinadas aos homens da sua classe. Quando tal subordinação existe, repousa, em última instância, no seu papel especial relacionado à reposição geracional dos membros individuais da classe dominante. Como a tradição socialista tem argumentado, a questão, aqui, é a propriedade. Se a propriedade vier a ser detida por homens e legada a crianças, a opressão feminina se torna uma forma útil de assegurar a paternidade dessas crianças. Em uma sociedade particular, experiências compartilhadas e respostas culturais à opressão feminina podem produzir um certo grau de solidariedade entre mulheres que transcendem os limites de classe. Embora essa solidariedade tenha uma base na realidade, e possa ser de grande importância política, as situações das mulheres nas classes dominantes e exploradas são fundamentalmente distintas a partir de uma perspectiva teórica. Somente as mulheres da classe subordinada participam na manutenção e reposição da força indispensável que mantém uma sociedade de classes – a força de trabalho explorável.

A existência da opressão às mulheres é, e isso deve ser enfatizado, um fenômeno histórico. Pode ser analisada, como aqui, com a orientação de um quadro teórico, mas não é em si mesma dedutível teoricamente. A confusão quanto ao caráter da opressão às mulheres tem gerado frequentemente uma busca improdutiva por alguma causa teórica ou origem última da opressão às mulheres. As origens existem, evidentemente, mas são históricas e não teóricas.[14]

O argumento até este ponto pode ser recapitulado como segue. Os seres humanos têm a capacidade de produzir mais valores de uso do que necessitam para sua própria subsistência imediata. Em uma sociedade de classes, este potencial é organizado em benefício de uma classe dominante, que se apropria do mais-trabalho de uma classe subordinada de acordo com algum

---

[14] Para discussão das origens históricas da opressão às mulheres, ver Alexander (1976); Benería (1979); Caulfield (1981); Ciancanelli (1980); Deere e León de Leal (1981); Godelier (1981); Middleton (1979); Young (1981).

conjunto determinado de relações sociais. Para essa sociedade de classes sobreviver, uma força de trabalho explorável deve estar sempre disponível para realizar trabalho excedente. Os trabalhadores, contudo, não vivem para sempre; eles sofrem "desgaste e morte, [e] devem ser continuamente repostos por, pelo menos, uma quantidade igual de força de trabalho renovada" (Marx, 1971a, p. 168). Quando a reposição acontece por reprodução geracional, o fato de que seres humanos se dividem em dois grupos biológicos distintos, mulheres e homens, entra em cena. A capacidade para trabalhar das mulheres, em alguma medida diminuída durante o período de gestação e lactação, potencialmente cria uma contradição para a classe dominante. Partindo da luta de classes para resolver essa contradição, desenvolveu-se ao longo da história uma grande variedade de formas de reprodução da força de trabalho. Em praticamente todos os casos, elas implicam uma maior responsabilidade dos homens pela provisão dos meios de subsistência materiais, a responsabilidade maior das mulheres pelas tarefas contínuas do trabalho necessário, e formas institucionalizadas de dominação masculina sobre as mulheres. Mesmo que exceções existam, e possam, de fato, oferecer importantes percepções sobre a questão da reprodução da força de trabalho nas sociedades de classes, o legado histórico continua a ser caracterizado, para o bem ou para o mal, como patriarcal. Nesse sentido, Joan Kelly está certa em apontar que o "patriarcado [...] está em cada casa. A família privada é seu domínio adequado" (Kelly-Gadol, 1975-1976, p. 821).

Na maioria das sociedades de classes, são as mulheres da classe explorada que participam em alguma medida da produção de excedentes e do trabalho necessário.[15] As suas

---

[15] De forma similar, os homens normalmente participam, em certa medida, das tarefas imediatas do trabalho necessário. É importante reconhecer que as

responsabilidades específicas e a subordinação nas tarefas de trabalho necessário podem ter consequências para o trabalho que realizam na área da produção de excedentes. Por exemplo, a responsabilidade individual pelo cuidado das crianças na sociedade capitalista confere às mulheres uma vulnerabilidade excepcional às condições opressivas do trabalho no lar. Em contrapartida, o envolvimento no trabalho excedente pode afetar as formas de trabalho necessário das mulheres. Nas *plantations* dos EUA, por exemplo, a maioria das mulheres escravizadas trabalhavam nos campos do senhor, enquanto as tarefas de cozinha e de cuidado das crianças eram realizadas coletivamente pelas mulheres mais velhas e crianças muito pequenas (Alexander, 1976; Davis, 1971). Em um determinado momento do desenvolvimento de uma dada sociedade de classes, a opressão às mulheres na classe explorada é moldada não apenas pela relação das mulheres com os processos de manutenção e renovação da força de trabalho, mas pela extensão e natureza da sua participação no mais-trabalho.

O funcionamento concreto das formas de reprodução da força de trabalho de uma sociedade específica é uma questão de investigação histórica – e, no presente, também de intervenção política. Certas tendências podem ser deduzidas, no entanto, do quadro teórico ora apresentado. Em situações que minimizam a importância da reposição geracional da força de trabalho, as divisões sexuais do trabalho e instituições familiares na classe explorada podem ser relativamente frágeis. Se uma classe dominante depende do trabalho migrante de fora das fronteiras dessa sociedade, por exemplo, ela pode acomodar esses trabalhadores

---

tarefas de manutenção pessoal (tomar banho, escovar os dentes, e assim por diante) constituem trabalho necessário, assim como o trabalho envolvido no deslocamento até o local de produção (caminhar 10 km até a fábrica, se deslocar de trem até o escritório, e assim por diante). [N.T.: no original, 6 milhas].

em alojamentos, colocar mulheres e homens em trabalhos semelhantes, incentivar a contracepção ou esterilização, e ignorar os efeitos do trabalho pesado nas mulheres nos últimos meses da gestação. Normalmente, a reposição geracional fornece a maior parte da necessidade de reprodução da força de trabalho de uma sociedade. Aqui, uma grave escassez de trabalhadores causada por guerra, fome ou catástrofe mundial tenderia a aumentar as pressões contraditórias sobre as mulheres trabalhadoras. Dependendo da situação histórica, tanto o papel da família como local da reprodução geracional quanto a importância da participação das mulheres no trabalho excedente, ou ambos, podem ser enfatizados. Durante um período no qual a necessidade da classe dominante de maximizar o trabalho excedente ultrapassa as considerações de longo prazo, todos os indivíduos da classe explorada podem ser mobilizados na produção de excedentes, causando deslocamento severo nas suas instituições de vida familiar e de dominação masculina. Tal foi o caso na industrialização da Inglaterra durante o século XIX, e, pode-se argumentar, é também o caso nos países de capitalismo avançado hoje.

Essas tendências não prosseguirão sem oposição. Os trabalhadores migrantes podem lutar contra o isolamento em relação aos seus familiares. Os trabalhadores nativos podem se opor ao uso de trabalho estrangeiro. As mulheres podem se recusar a ficar em casa para gerar e criar crianças. Os homens podem resistir à participação das mulheres na força de trabalho. Os trabalhadores podem apoiar medidas legislativas banindo o trabalho infantil. As mulheres e os homens podem se organizar para defender as formas já existentes das suas instituições de vida familiar. Em resumo, os processos de reprodução da força de trabalho na sociedade de classes normalmente constituem um importante terreno de batalha.

11 – PARA ALÉM DO TRABALHO DOMÉSTICO

O capítulo anterior estabeleceu alguns conceitos básicos relativos à reprodução da força de trabalho, e os utilizou para abordar a questão da opressão às mulheres na sociedade de classes. Podemos agora nos voltar para o problema da opressão às mulheres no contexto da reprodução social capitalista. Nas sociedades capitalistas, a exploração se dá por meio da apropriação de mais-valia, e o mais-trabalho aparece sob a forma de trabalho assalariado. A força de trabalho adquire a forma particular de mercadoria, comprada e vendida no mercado. Conforme Marx descobriu, essa mercadoria possui a propriedade peculiarmente útil de ser uma fonte de valor. Embora seja trocada no mercado, não é uma mercadoria como qualquer outra, pois não é produzida de forma capitalista. Em vez disso, algum processo de reprodução dos portadores da força de trabalho explorável continuamente produz essa força de trabalho enquanto uma mercadoria. Esse processo é uma condição de existência para o capital. Nas palavras de Marx, o trabalhador

> produz constantemente riqueza material objetiva, contudo, na forma de capital, um poder alheio que o domina e explora; e o capitalista produz constantemente força de trabalho, porém na

forma de uma fonte subjetiva de riqueza, separada dos objetos nos quais e pelos quais ela pode ser individualmente realizada; em suma, ele produz o trabalhador, contudo, como um trabalhador assalariado. Essa reprodução incessante, esta perpetuação do trabalhador, é a condição *sine qua non* da produção capitalista. (Marx, 1971a, p. 535-536)

Tais afirmações dramáticas são verdadeiras em um sentido amplo, mas não evidenciam muito sobre o *status* teórico da reprodução da força de trabalho na sociedade capitalista, e menos ainda sobre a maneira como ela ocorre.[1]

A reprodução capitalista exige que a força de trabalho esteja disponível como uma mercadoria passível de ser comprada em quantidade e qualidade adequadas, bem como a um preço apropriado. Por mais imperfeitas que sejam, essas necessidades moldam os processos que mantêm os portadores da força de trabalho existentes, ao mesmo tempo que a força de trabalho como um todo é continuamente reconstituída de acordo com as necessidades futuras. A forma como os vendedores da força de trabalho vivem as suas vidas é, em princípio, indiferente para a classe capitalista. Em contraste, representa uma preocupação central para os portadores da força de trabalho. Nesse sentido,

---

[1] Declarações semelhantes aparecem nas p. 533, 537, 538, e 542, assim como em Marx (1973b, p. 458, 676-677, 717). Os famosos comentários de Marx de que o trabalhador "pertence a si mesmo, e desempenha suas funções vitais necessárias fora do processo de produção", um desempenho que "o capitalista pode deixar [...] aos instintos do trabalhador de autopreservação e de propagação", reconhecem, implicitamente, a reprodução da força de trabalho como um processo que deve permanecer externo à produção capitalista de mercadorias. Sua infeliz frase, apropriadamente objeto de crítica feminista, parece isentar o processo de exame teórico, escondendo, no entanto, o cerne de uma genuína percepção teórica (Marx, 1971a, p. 536-537). Molyneux argumenta que "o trabalho doméstico, como trabalho individual privatizado não sujeito à lei do valor, está fora da teoria do modo de produção capitalista", mas ela não nega a importância de desenvolver uma análise marxista do trabalho doméstico na sociedade capitalista (Molyneux, 1977, p. 20).

as circunstâncias sob as quais a reprodução da força de trabalho ocorre, o que inclui a determinação de seu preço, são sempre um resultado da luta de classes.

Diversas características da reprodução da força de trabalho e da opressão às mulheres na sociedade capitalista decorrem da lógica própria da acumulação capitalista. Talvez a mais relevante seja a forma especial assumida pelo trabalho necessário. O trabalho necessário se divide em dois componentes. Um deles, o qual podemos chamar de componente social do trabalho necessário, está indissoluvelmente ligado ao trabalho excedente no processo de produção capitalista. Como Marx demonstrou, a jornada de trabalho no emprego capitalista inclui uma certa quantidade de tempo durante o qual o trabalhador produz valor equivalente ao valor das mercadorias necessárias para a reprodução da sua força de trabalho. Esse é, para Marx, o trabalho necessário do trabalhador. Durante o restante da jornada de trabalho, o trabalhador produz mais-valia para o capitalista, valor pelo qual ele não é pago. Do ponto de vista do trabalhador, entretanto, não existe distinção entre tempo de trabalho necessário e tempo de trabalho excedente, e o salário parece cobrir ambos. Nas palavras de Marx, "a forma salário extingue, assim, cada traço da divisão do dia de trabalho em trabalho necessário e trabalho excedente, em trabalho remunerado e não remunerado. Todo trabalho aparece como trabalho pago" (Marx, 1971a, p. 505).

Marx não identificou um segundo componente do trabalho necessário na sociedade capitalista, o qual podemos chamar de componente doméstico do trabalho necessário – ou trabalho doméstico. O trabalho doméstico é a parte do trabalho necessário realizado fora da esfera da produção capitalista. Para que a reprodução da força de trabalho ocorra, tanto o componente doméstico como o componente social do trabalho necessário são requeridos. Ou seja, os salários podem permitir que um trabalhador compre mercadorias, mas o trabalho adicional – o trabalho doméstico – geralmente deve ser executado antes que as mercadorias sejam consumidas. Além disso, muitos dos processos de trabalho associados à reposição geracional da força de trabalho são realizados como parte do trabalho doméstico. Portanto, nas sociedades capitalistas, a relação entre o trabalho excedente e o trabalho necessário tem dois aspectos. Por um lado, a demarcação entre trabalho excedente e o componente social do trabalho necessário é ocultado pelo pagamento de salários no processo de trabalho capitalista. Por outro lado, o componente doméstico do trabalho necessário se dissocia do trabalho assalariado, arena na qual o trabalho excedente é realizado.

À medida que a acumulação avança, a oposição entre o trabalho assalariado e o trabalho doméstico se intensifica. O impulso do capitalismo para aumentar a mais-valia por meio do aumento da produtividade, especialmente via industrialização, força uma severa separação espacial, temporal e institucional entre o trabalho doméstico e o processo de produção capitalista. Os capitalistas devem organizar a produção para que, cada vez mais, ela esteja sob seu controle direto em oficinas e fábricas, onde o trabalho assalariado é realizado por quantidades de tempo especificadas. O trabalho assalariado passa a ter um caráter totalmente distinto do modo de vida do trabalhador fora desse trabalho, inclusive em relação ao seu envolvimento com o componente doméstico do trabalho necessário. Ao mesmo tempo, o salário medeia tanto os processos de manutenção diária quanto os de reposição geracional, complementado ou, algumas vezes, substituído por benefícios estatais. Ou seja, o componente social do trabalho necessário do trabalhador facilita, indiretamente, a reprodução da força de trabalho, provendo dinheiro que deve, por conseguinte, ser trocado para a aquisição de mercadorias.

Essas duas características – a separação entre trabalho assalariado e trabalho doméstico e o pagamento de salários – são materializadas no desenvolvimento de locais especializados e unidades sociais para a realização do trabalho doméstico. As famílias da classe trabalhadora, localizadas em unidades domésticas privadas, representam a forma dominante na maioria das sociedades capitalistas, mas o trabalho doméstico também ocorre em campos de trabalho forçado, alojamentos, orfanatos, hospitais, prisões e outras instituições similares.[2]

---

[2] As unidades nas quais se realiza o componente doméstico do trabalho necessário podem ser analisadas em termos do que foi chamado de dupla "separação" do produtor direto, que não detém nem a "propriedade" nem a "posse" dos meios e condições para a produção capitalista. O pagamento de salários e o local isolado de trabalho doméstico encarnam essa dupla separação. Trabalhadores assalariados não podem se apropriar ou possuir mais-valia. Tampouco podem ativar ou possuir o processo de trabalho concreto. Nesse sentido, o pagamento do salário corresponde à ausência de qualquer propriedade do trabalhador, salvo sua própria força de trabalho. A separação espacial, temporal e institucional entre o local de trabalho doméstico e o local de trabalho assalariado reflete a impossibilidade do trabalhador de pôr em atividade os instrumentos do trabalho social. Em suma, os portadores da força de trabalho estão em estado de não propriedade e não posse dos meios e condições de produção. Desse ponto de vista, as unidades para a realização do trabalho doméstico constituem um subconjunto especial de unidades sociais na sociedade capitalista. São formas concretas materializadas pela relação entre a ausência de propriedade e a ausência de posse da classe trabalhadora sobre os meios e condições de produção. Observe a caracterização de Poulantzas da empresa como "a forma concreta da relação entre uma propriedade econômica e uma posse pertencentes, ambas, ao capital" (Poulantzas, 1975, p. 123). Ver também Althusser e Balibar (1970), e Bettelheim (1975). Como essas unidades sociais materializam uma relação específica com os meios e condições de produção – qual seja, de não propriedade e não posse por parte dos portadores da força de trabalho –, elas não podem ser vistas como enclaves privados que se desenvolvem em relativo isolamento dos processos de produção capitalista. A forma, a composição e a estrutura interna do conjunto especial de unidades sociais que atuam como locais de trabalho doméstico são, na realidade, diretamente afetadas pelo curso da acumulação capitalista. Em um sentido limitado, as unidades sociais nas quais ocorre o componente do trabalho doméstico necessário são as contrapartes das empresas capitalistas. Desse ponto de vista, a discussão de Bettelheim sobre o "deslocamento dos

11 – Para além do trabalho doméstico

Nas sociedades capitalistas, o fardo do componente doméstico do trabalho necessário recai desproporcionalmente sobre as mulheres, enquanto o provimento de mercadorias tende a ser desproporcionalmente de responsabilidade dos homens, cumprida por meio da participação no trabalho assalariado. Esse posicionamento diferencial entre mulheres e homens em relação ao trabalho excedente e aos dois componentes do trabalho necessário, que geralmente é acompanhado por um sistema de supremacia masculina, tem origem em um legado histórico de divisões opressivas do trabalho nas primeiras sociedades de classes. É, então, reforçado pela particular separação entre trabalho doméstico e trabalho assalariado gerada pelo modo de produção capitalista. O trabalho doméstico ocorre, cada vez mais, em unidades sociais especializadas, cujo isolamento, no espaço e no tempo, em relação ao trabalho assalariado, é ainda mais acentuado pela supremacia masculina. Essas condições marcam o caráter específico do trabalho doméstico.

Empiricamente, a natureza particular do trabalho doméstico na sociedade capitalista industrial dá origem, tanto para mulheres quanto para homens, a sentimentos intensos de oposição entre a vida privada e a esfera pública dos indivíduos. A demarcação altamente institucionalizada do trabalho doméstico em relação ao trabalho assalariado, em um contexto de supremacia masculina, forma a base para uma série de estruturas ideológicas poderosas, que desenvolvem uma vigorosa vida

---

limites" da empresa, com o surgimento do capitalismo monopolista, sugere uma conceituação semelhante do desenvolvimento das unidades domésticas familiares na sociedade capitalista. A supressão de certas funções da unidade doméstica privada, por exemplo, e o desenvolvimento do consumo coletivo, representam deslocamentos de limites análogos. Cabe enfatizar que falar de unidades de trabalho doméstico como contrapartes daquelas da produção capitalista não implica simples paralelismo.

própria. O isolamento das unidades de trabalho doméstico parece ser, também, uma separação natural entre mulheres e homens. O confinamento a um mundo que está isolado da produção capitalista parece ser o cenário natural, consagrado, da mulher. Uma série de correlatos opostos dá corpo à divisão aparentemente universal da vida em duas esferas de experiência: privada e pública; doméstica e social; família e trabalho; mulheres e homens. Enraizada no funcionamento econômico do modo de produção capitalista, e reforçada por um sistema de supremacia masculina, essa ideologia de esferas separadas tem uma força que é extremamente difícil de transcender. Onde algumas categorias de trabalhadores do sexo masculino recebem salários suficientes para manter uma unidade doméstica privada composta por uma esposa que não esteja trabalhando, a ideologia assume uma forma institucional particularmente intransigente.

O impulso por acumulação provoca constante transformação nas sociedades capitalistas, incluindo mudanças na quantidade e no caráter do componente doméstico do trabalho necessário. Como Marx demonstrou, a acumulação capitalista depende do crescimento do mais-trabalho, apropriado sob a forma de mais-valia absoluta e relativa (Marx, 1971a, cap. 12 e 16). Ele discutiu essas duas formas de aumento de mais-valia em termos de uma jornada de trabalho de dez horas diárias na produção capitalista estabelecida em uma sociedade em particular, dividida em cinco horas de trabalho necessário e cinco horas de trabalho excedente. Se as horas de trabalho forem prolongadas até, digamos, 12 horas, os capitalistas se apropriam de duas horas de mais-valia absoluta de cada trabalhador. Se a quantidade de trabalho necessário cair para, digamos, quatro horas, eles se apropriam de uma hora de mais-valia relativa de cada trabalhador. Embora ambos os processos contribuam para a acumulação capitalista, a mais-valia relativa normalmente desempenha um papel mais significativo, pois a jornada de trabalho estabelecida para um indivíduo só pode ser estendida até um certo limite. Marx analisou as duas formas principais de se produzir mais-valia relativa à disposição dos capitalistas: introdução de maquinaria, melhorias tecnológicas e similares, e redução dos custos dos meios de subsistência. Juntas, ele observou, elas estimulam a entrada do capitalismo em todos os setores da vida social.

A necessidade do capital de aumentar a mais-valia implica uma contradição entre o trabalho doméstico e o trabalho assalariado. Enquanto componente do trabalho necessário, o trabalho doméstico potencialmente afeta o compromisso que os trabalhadores têm com a realização do trabalho excedente por meio da participação no trabalho assalariado. Objetivamente, portanto, o trabalho doméstico compete com o impulso de acumulação do capital. Se uma pessoa cuida da sua própria horta, corta a própria lenha, cozinha as próprias refeições e caminha dez quilômetros para trabalhar, a quantidade de tempo e energia disponíveis para o trabalho assalariado é menor do que se essa pessoa comprar comida em um supermercado, morar em um apartamento com aquecimento central, comer em restaurantes e utilizar transporte público para se deslocar para o trabalho. Da mesma forma, se alguém sustenta outra pessoa, por exemplo, uma esposa, para que ela cuide do trabalho doméstico, essa pessoa estará menos disponível para participar do trabalho assalariado, ao mesmo tempo que o salário daquele alguém deverá cobrir os custos dos meios de consumo dela. Na medida em que o trabalho doméstico de uma sociedade capitalista ocorre dentro de unidades domésticas privadas, a pressão pela acumulação capitalista resulta em uma tendência a diminuir a quantidade desse trabalho em cada unidade doméstica. Ou seja, o componente doméstico do trabalho necessário é severamente reduzido. Ao mesmo tempo, mais membros da unidade doméstica podem adentrar o mercado de trabalho, aumentando a quantidade total de trabalho assalariado realizado pela unidade doméstica, um fenômeno semelhante à intensificação do trabalho de um único trabalhador. Em resumo, a redução do trabalho doméstico potencialmente cria tanto mais-valia relativa quanto mais-valia absoluta.

Uma maneira importante de reduzir o trabalho doméstico é socializar suas tarefas. Lavanderias, lojas de roupas prontas para venda e cadeias de *fast-food*, por exemplo, transferem as tarefas de trabalho doméstico para o setor lucrativo, proporcionando também novas oportunidades aos empresários capitalistas. A educação pública e os cuidados com a saúde transformam aspectos do trabalho doméstico em responsabilidades do Estado, ao mesmo tempo que distribui mais amplamente os custos da reprodução da força de trabalho, por meio de contribuições e impostos. O trabalho doméstico total de uma sociedade também pode ser reduzido empregando pessoas institucionalizadas (trabalho prisional, trabalho de militares), e importando o trabalho migrante de fora das fronteiras nacionais. Ao longo do tempo, a tendência a reduzir o trabalho doméstico afeta, de inúmeras maneiras, as unidades nas quais este é realizado, muitas documentadas por pesquisadores em termos de mudanças na família e na relação entre trabalho e família. A história do impacto dessa tendência nos locais de reprodução da força de trabalho que não são baseados em parentesco (prisões, alojamentos, campos de trabalho imigrante) é estudada com menos rigor.

O componente doméstico do trabalho necessário não pode ser completamente socializado na sociedade capitalista. A principal barreira é econômica, pois os custos são extremamente altos em áreas como a criação de crianças e a manutenção da unidade doméstica (Blumenfeld e Mann, 1980; Holmstrom, 1981). Por exemplo, redes de creches lucrativas ainda precisam ser desenvolvidas e os serviços de limpeza da casa não conseguiram reduzir os custos a um nível que os tornem disponíveis para as unidades domésticas da classe trabalhadora. As barreiras políticas e ideológicas para a socialização do trabalho doméstico também desempenham seu papel. A socialização do trabalho anteriormente realizado no lar pode ser vivenciada como um ataque aos estilos de vida estabelecidos da classe trabalhadora, como quando a introdução da educação pública encontrou oposição entre alguns militantes da classe trabalhadora, temerosos da doutrinação capitalista. A recente expansão dos cuidados para idosos em casas de repouso foram por vezes rejeitadas como parte de um declínio geral dos chamados valores tradicionais da família. Contudo, as famílias da classe trabalhadora nas sociedades capitalistas têm, geralmente, recepcionado positivamente os avanços na socialização do trabalho doméstico. Ao fazê-lo, elas registram sua apreciação por ter o trabalho poupado, bem como pela potencial melhora qualitativa da experiência social.[3] Um tipo diferente de barreira política para a socialização do trabalho doméstico existe no caso de trabalhadores imigrantes alojados em dormitórios ou campos de trabalho forçado. Tais arranjos reduzem o trabalho doméstico e barateiam o custo de sua renovação, mas, como os recentes eventos na África do Sul demonstram, eles também representam uma ameaça política para a classe dominante, ao facilitar a auto-organização. Uma última barreira à socialização do trabalho doméstico é constituída pela biologia. Embora o trabalho doméstico possa, em tese, ser reduzido a um mínimo, por meio da socialização da

---

[3] O potencial libertador inerente à socialização do trabalho doméstico era especialmente evidente nos séculos XIX e início do XX; ver Hayden (1981).

maioria de suas tarefas, o processo fisiológico básico da reprodução biológica continuará a ser competência das mulheres.[4]

A tendência para a redução do trabalho doméstico na sociedade capitalista permanece sendo, certamente, não mais do que uma tendência geral. Os arranjos concretos dependem e se desenvolvem a partir da história de uma sociedade em particular, e são afetados por seus conflitos de classe. É nesse contexto que fenômenos como o salário-família, a participação da força de trabalho feminina, a discriminação contra as mulheres no mercado de trabalho, a legislação de proteção e as leis sobre o trabalho infantil devem ser analisados. De modo geral, as quantidades e tipos específicos de trabalho doméstico realizados em uma determinada sociedade são resultados, em vários níveis, da luta de classes. O trabalho doméstico tem, na realidade, um papel altamente contraditório na reprodução social capitalista. Por um lado, constitui uma condição essencial para o capitalismo. Para que a produção capitalista ocorra, ela deve ter força de trabalho, e para que a força de trabalho esteja disponível, o trabalho doméstico deve ser realizado. Por outro lado, o trabalho doméstico atrapalha o impulso capitalista por lucro, pois também limita a disponibilidade de força de trabalho. Do ponto de vista do capital, o trabalho doméstico é simultaneamente indispensável e um obstáculo à acumulação. No longo prazo, a classe capitalista procura estabilizar a reprodução da força de trabalho a um custo baixo e com um mínimo de trabalho doméstico. Ao mesmo tempo, a classe trabalhadora, seja como uma força unificada, seja fragmentada em setores concorren-

---

[4] Em seu desejo por igualdade e libertação, as feministas tentaram abolir algumas vezes o papel da biologia. Por exemplo, Firestone apela para "a libertação das mulheres da tirania de sua biologia por qualquer meio disponível", incluindo a reprodução artificial fora do útero (Firestone, 1970, p. 206). Ver Sayers (1982) para uma discussão sobre o caráter contraditório e antimaterialista de tais posições.

tes, esforça-se para obter as melhores condições possíveis para sua própria renovação, o que pode incluir um tipo e um nível particular de trabalho doméstico.

O trabalho doméstico toma como sua matéria-prima uma certa quantidade e qualidade de mercadorias compradas com os salários que os trabalhadores obtêm por meio da venda de sua força de trabalho no mercado. Como os salários são determinados?

Na perspectiva de Marx, o valor da força de trabalho é determinado pela quantidade de trabalho socialmente necessário incorporado aos meios de subsistência necessários para manter e repor o trabalhador. Ou seja, o valor da força de trabalho é equivalente ao valor das mercadorias que o trabalhador necessita. Marx adverte, no entanto, que na determinação desse valor entra o "elemento histórico e moral". Dois outros fatores também afetam a determinação do valor da força de trabalho: primeiro, os custos do desenvolvimento da força de trabalho com as habilidades apropriadas; e segundo, "sua diversidade natural, a diferença entre a força de trabalho de homens e mulheres, de crianças e adultos", um fato que "faz uma grande diferença no custo de manutenção da família do trabalhador, e no valor da força de trabalho do homem trabalhador adulto". Na maior parte de sua argumentação, Marx faz a suposição simplista de que o efeito desses vários fatores pode ser desconsiderado (Marx, 1971a, p. 168, 486).[5]

Trabalhos recentes sobre o valor da força de trabalho, particularmente os desenvolvidos no contexto do feminismo socialista, têm apontado para ambiguidades na formulação de Marx. De especial interesse, aqui, está a discussão centrada

---

[5] Para uma exposição mais detalhada da discussão de Marx sobre o valor e preço da força de trabalho, e dos salários, ver capítulo 5.

no papel das mulheres desempregadas e outros dependentes sustentados pelo salário do trabalhador. A questão da contribuição, se houver alguma, feita pelo trabalho doméstico para a determinação do valor da força de trabalho, levou a uma controvérsia prolongada conhecida como o Debate sobre o Trabalho Doméstico (analisado no capítulo 2). A resposta mais satisfatória a essa questão foi inicialmente proposta por Ira Gerstein e desenvolvida de forma mais rigorosa por Paul Smith. Ambos argumentam que o trabalho doméstico, como trabalho concreto e útil, simplesmente transfere o valor das mercadorias compradas com o salário para a força de trabalho portada pelo trabalhador. A norma do salário-família – um salário pago a um único trabalhador do sexo masculino, suficiente para cobrir o consumo de toda sua família – representa, para Gerstein, um exemplo específico de como o "elemento histórico e moral" afeta a determinação do valor da força de trabalho (Gerstein, 1978; Smith, 1978).[6] Ou seja, as normas salariais não apenas incluem uma certa quantidade e qualidade de mercadorias, mas também implicam uma certa quantidade e qualidade de trabalho doméstico.

O salário de um trabalhador corresponde, então, ao valor total das mercadorias necessárias para sua manutenção e reposição em condições particulares, historicamente estabelecidas. Essas condições podem ou não incluir dependentes que não estejam trabalhando, como esposas, filhos, pais idosos, e assim por diante. A existência do salário-família para alguns trabalhadores do sexo masculino tem suscitado discussões sobre a

---

[6] Smith não aborda a questão do destino do valor contido nos meios de subsistência consumidos pelos membros da unidade doméstica que não estejam trabalhando e não diz nada sobre o salário-família. A consequência é que as pessoas não engajadas no trabalho assalariado ficam, de alguma forma, fora do modo de produção capitalista.

interpretação adequada do "elemento histórico e moral" nesse caso. Alguns defendem que o salário-família representa um padrão de vida mais elevado e, portanto, uma vitória para a classe trabalhadora em sua batalha contra o capital. O salário-família foi disponibilizado, no entanto, apenas para determinados setores dentro da classe trabalhadora; a maioria das unidades domésticas desta classe nas sociedades capitalistas não consegue se sustentar com uma única renda. Outros alegam, por conseguinte, que o salário-família funciona como uma concessão feita pelo capital a certos setores da classe trabalhadora em troca de uma estabilidade política baseada na supremacia masculina. Nessa perspectiva, o salário-família não constitui uma vitória, mas um privilégio oferecido a um subgrupo de trabalhadores do sexo masculino. Essa controvérsia não pode ser resolvida em abstrato. O significado da demanda e da realização do salário--família deve ser determinado por meio de análises concretas, e não de deduções lógicas. Deve ficar evidente, entretanto, que a presença de uma esposa que não está trabalhando não diminui o valor da força de trabalho do homem e, portanto, não é um benefício inevitável para a classe capitalista. Muito ao contrário: ter uma esposa fora da força de trabalho requer que o homem tenha um salário suficientemente grande para cobrir o consumo de dois adultos. A classe capitalista avaliará esse nível salarial com muita cautela, ponderando os custos econômicos em relação aos benefícios e às pressões políticas e ideológicas.[7]

Os socialistas, por vezes, endossaram o salário-família como parte de uma estratégia geral para defender a família da classe trabalhadora, entendida como uma unidade nuclear

---

[7] Sobre a controvérsia na interpretação do salário-família, ver Barrett e McIntosh (1980). Para discussões sobre como uma esposa dependente, não pertencente à força de trabalho, aumenta (em vez de diminuir) o valor da força de trabalho, ver Holmstrom (1981) ou Molyneux (1979).

heterossexual com um único trabalhador do sexo masculino assalariado. No entanto, a defesa do direito da classe trabalhadora por melhores condições para sua própria renovação não implica, de nenhum modo, uma forma social fixa em particular. Em algumas situações, a reivindicação por um salário-família pode, na verdade, distorcer a luta legítima pelas melhores condições possíveis para a reprodução da classe trabalhadora, portadora da força de trabalho. Por exemplo, onde as unidades domésticas chefiadas por mulheres constituem um grande setor da população, a demanda por um salário-família, muito provavelmente, ameaçará a posição da mulher no mercado de trabalho e aprofundará as divisões já existentes no interior da classe trabalhadora. Em suma, o conteúdo específico das reivindicações socialistas na dimensão da reprodução da força de trabalho (como em outras dimensões) deve partir de uma análise concreta. Como uma primeira condição para o desenvolvimento de tal análise, os socialistas precisam descartar noções ideológicas rígidas sobre a família da classe trabalhadora tomada como invariável, única unidade social na qual a força de trabalho é mantida e reposta, e como eterna merecedora de um salário-família.

Vista a partir da perspectiva da reprodução social geral, a reprodução da força de trabalho não é, devemos recordar, um processo limitado de renovação de uma unidade fixa da população. A reprodução capitalista requer apenas que uma força de trabalho mais ou menos adequada esteja disponível para pôr em movimento o processo de produção. A princípio, os capitalistas podem utilizar o contingente atual de força de trabalho até a morte, desde que tenham meios de recrutar um novo contingente. Na prática, eles geralmente adotam alternativas. Normalmente, a força de trabalho ativa de uma sociedade é composta por alguma combinação de trabalhadores estabelecidos e trabalhadores novos – estes últimos incluem filhos dos trabalhadores já estabelecidos, membros do exército industrial de reserva e imigrantes.

Nesse nível, a reprodução da força de trabalho se torna uma questão de reprodução da classe trabalhadora como um todo. O termo classe trabalhadora é por vezes interpretado como referindo-se apenas aos trabalhadores assalariados. Nessa utilização, por exemplo, apenas as mulheres empregadas seriam consideradas mulheres da classe trabalhadora. Essa categorização relega todos aqueles que não pertencem à força de trabalho – crianças, idosos e pessoas com deficiência, bem como as esposas que não estão trabalhando – a um limbo teórico fora da estrutura da classe. Aqui, a classe trabalhadora será vista como sendo constituída pela força de trabalho assalariada passada, presente e potencial de uma sociedade, ao lado de todos aqueles cuja manutenção depende do salário, mas que não entram ou não podem entrar no trabalho assalariado. Em um dado momento, ela compreende a força de trabalho ativa, o exército industrial de reserva e a parte da superpopulação relativa que não está incorporada no exército industrial de reserva. A história do capitalismo demonstra que esta última categoria tem, por vezes, incluído muito poucas pessoas, com exceção das crianças pequenas e bebês. Até mesmo aqueles gravemente incapacitados desde o nascimento foram, em alguns casos, forçados a entrar no mercado de trabalho e, por isso, pertenceram, ainda que de modo não substancial, ao exército industrial de reserva.

A fim de situar teoricamente as mulheres nos termos da classe trabalhadora, alguns analistas as definiram como um grupo do exército industrial de reserva. As mulheres, argumentam, formam uma reserva que pode ser facilmente convocada durante períodos de expansão e devolvida ao lar quando já não for necessária. As mulheres não apenas participam deste movimento cíclico como representam um elemento cada vez mais importante das contemporâneas camadas flutuantes, latentes e estagnadas dentro do exército industrial de reserva. A maioria dessas discussões sugere, por fim, que a entrada das mulheres nas fileiras do exército industrial de reserva é bastante recente e deixa sem resposta a questão da sua localização anterior no interior da classe trabalhadora. Embora essa análise das mulheres em termos da sua posição no exército industrial de reserva seja sugestiva, uma visão mais adequada reconheceria que os setores majoritários de mulheres na população estão presentes no exército industrial de reserva há décadas, mesmo que, nas palavras de Engels, "só em momentos de comércio excepcionalmente bom é que elas se apercebem [disso]" (Engels, 1972, p. 98). As mulheres da classe trabalhadora que não pertencem ao exército industrial de reserva fariam parte da superpopulação relativa.[8]

A questão da posição das mulheres em relação ao exército industrial de reserva não é, na realidade, uma questão teórica, mas sim uma questão de análise concreta. Quais grupos de mulheres de uma dada sociedade se movem mais ativamente entre o exército industrial de reserva e o trabalho assalariado? Quão grandes são os números e quão intensa é sua participação nos vários setores? Quais grupos de mulheres permanecem circunscritos na superpopulação relativa, fora do exército industrial de reserva, e por quê? Quais os obstáculos políticos e ideológicos à entrada de certas mulheres no mercado de trabalho assalariado? Quais determinantes podem ser observados nesses movimentos? Em uma sociedade capitalista particular, por exemplo, as filhas

---

[8] Para um resumo da discussão recente sobre as mulheres e o exército industrial de reserva, ver Simeral (1978). Ver também: Anthias (1980); Barrett (1980, p. 24-27, 158-162); Bruegel (1979).

não casadas que vivem nas unidades domésticas de seus pais podem trabalhar até ao casamento. Em outros lugares, as filhas residentes nas zonas rurais podem migrar para concentrações industriais, onde se tornam o principal apoio das famílias que ficaram para trás. Mulheres em unidades domésticas de imigrantes, mas vivendo fora de suas culturas de origem, ou mães negras de crianças em idade escolar, diferentemente das brancas, podem entrar no trabalho assalariado. As esposas podem manter o emprego até o nascimento dos filhos, depois de sua entrada na escola, ou depois de saírem de casa. Em períodos de intensificação da exploração do trabalho, as mães de crianças em idade pré-escolar podem participar do trabalho assalariado. Como Veronica Beechey aponta,

> a questão de quem constitui as fontes preferidas do exército industrial de reserva em qualquer situação histórica dada deve ser concretamente investigada. Não pode ser derivada da lógica do capitalismo, mas determinada pela luta de classes – pelas estratégias empregadas pelos capitais individuais, pelas práticas sindicais e pelas políticas estatais que são, elas próprias, um produto da luta de classes. (Beechey 1980, p. 58)

Beechey argumenta que as mulheres casadas na Grã-Bretanha têm sido um setor importante do exército industrial de reserva desde a Segunda Guerra Mundial. Ao que se deve acrescentar que a tendência geral nos países capitalistas avançados é em direção à equalização das taxas de participação entre as diferentes categorias de mulheres, no sentido de um maior envolvimento de todas elas no trabalho assalariado. Nos EUA, por exemplo, as taxas de participação da força de trabalho entre diferentes grupos de mulheres têm convergido. Como tanto as esposas brancas quanto as negras estão na força de trabalho em igual proporção, mais mães de crianças muito pequenas estão agora trabalhando, e assim por diante.

A equalização da participação da força de trabalho feminina é uma manifestação particular da tendência estrutural na sociedade capitalista rumo à livre disponibilidade de toda a força de trabalho. Tal como a tendência para a redução do trabalho doméstico, esta tendência encarna o impulso da acumulação capitalista. Marx discutiu isso explicitamente no contexto da sua análise sobre a concorrência entre capitais individuais. O capital se movimenta de setores com taxa de lucro relativamente baixa para setores de taxa de lucro elevada, contribuindo assim para a equalização da taxa de lucro em diferentes ramos de produção e entre diferentes capitais individuais. Quanto maior for a mobilidade do capital e da força de trabalho, mais fácil e rápida pode a concorrência gerar seus efeitos no estabelecimento de uma taxa média de lucro. Assim, em princípio, a acumulação capitalista exige uma mobilidade perfeita da força de trabalho e, por conseguinte, nas palavras de Marx,

> a abolição de todas as leis que impedem os trabalhadores de se transferir de uma esfera de produção a outra e de um centro local de produção a outro; indiferentemente do trabalhador ou da natureza de seu trabalho; a maior redução possível do trabalho em todas as esferas de produção ao trabalho simples; a eliminação de todos os preconceitos vocacionais entre os trabalhadores; e por último, mas não menos importante, a subjugação do trabalhador ao modo capitalista de produção. (Marx, 1971b, p. 196)

Onde existem barreiras à mobilidade, a força da expansão capitalista tenta afastá-las. Se certos obstáculos se mantêm, eles podem em parte refletir a posição contraditória da classe capitalista, aprisionada nas pressões conflituosas da sua demanda econômica de mobilidade perfeita a longo prazo, nas suas exigências a curto prazo por diferentes categorias de trabalhadores, e a sua necessidade de manter a hegemonia política e ideológica sobre uma classe trabalhadora dividida. Na medida em que as mulheres permanecem segregadas dentro e fora da força de trabalho, tais fatores conflituosos desempenham um papel importante.[9]

Enquanto principais responsáveis pelo trabalho doméstico, as mulheres contribuem fortemente para a manutenção e renovação da superpopulação relativa, bem como da força de trabalho ativa. Tradicionalmente, como observa Marx, "a sociedade nas suas partes fracionárias compromete-se com o Sr. Capitalista a manter seu instrumento virtual de trabalho – o seu desgaste – intacto enquanto reserva para uso posterior" (Marx, 1973b, p. 609-610). A classe trabalhadora paga a maior parte da manutenção da superpopulação e as mulheres da classe trabalhadora fazem a maior parte das tarefas domésticas necessárias. No entanto, na medida em que as mulheres se inserem no trabalho assalariado, elas se tornam menos capazes de cuidar de membros da unidade doméstica que não se encontram atualmente na força de trabalho. Em uma situação particular, as vantagens para o capital de uma maior participação feminina na força de trabalho podem compensar os ataques hostis à capacidade das mulheres para realizarem o trabalho doméstico. A intervenção estatal de vários tipos pode, então, tornar-se mais importante na manutenção da superpopulação relativa. Nos EUA, por exemplo, as pessoas idosas e com deficiência se tornam cada vez mais responsabilidade direta das instituições governamentais.

Até aqui, o conceito de reprodução da força de trabalho na sociedade capitalista foi desenvolvido como um fenômeno econômico. As questões políticas e ideológicas entraram na discussão

---

[9] Gaudemar desenvolveu o conceito de tendência à perfeita mobilidade da força de trabalho. No entanto, nem uma vez ele considera a barreira formada pela existência do trabalho doméstico e da unidade doméstica familiar (Gaudemar, 1976).

principalmente no processo de descrever o modo pelo qual as tendências estruturais localizadas no nível econômico tomam forma específica nas sociedades concretamente existentes. Há, contudo, um fenômeno político importante que tem a sua raiz no funcionamento econômico do modo de produção capitalista. A tendência à igualdade de todos os seres humanos, uma característica política fundamental da sociedade burguesa, tem uma base na articulação do nível econômico da produção e da circulação. (Isso não quer dizer que a igualdade entre as pessoas, mesmo em termos formais, seja um complemento inevitável das relações capitalistas de produção. O fato é que inúmeros obstáculos entravam o desenvolvimento dessa tendência. A extensão em que a tendência à igualdade entre as pessoas se torna uma realidade em uma sociedade específica depende do seu desenvolvimento histórico, e, em particular, da força dos movimentos sociais populares no interior das classes subordinadas).

Como demonstrou Marx, a ideia de igualdade assume diferentes formas em diferentes sociedades, alcançando uma base firme apenas no modo de produção capitalista. "Igualdade e liberdade pressupõem relações de produção ainda não realizadas no mundo antigo e na Idade Média" (Marx, 1973b, p. 245).[10] Dois aspectos sobre a igualdade na sociedade capitalista são de interesse para a análise da opressão às mulheres: primeiro, a forma como o fenômeno da igualdade entre as pessoas está encarnada no funcionamento econômico do modo de produção capitalista em si; e segundo, as transformações deste fenômeno com a evolução do capitalismo.

A forma particular assumida pela igualdade na sociedade capitalista deriva, em última instância, do caráter especial das mercadorias. A mercadoria é um produto do trabalho que possui

---

[10] Ver também Engels (1947, p. 124-129).

tanto valor como valor de uso. Nas páginas iniciais do volume I d'*O capital*, Marx analisa a natureza das mercadorias com grande cuidado, mostrando que o valor surge em um processo de equalização do trabalho humano. A troca de mercadorias coloca a grande variedade de trabalho útil concreto que as produz em pé de igualdade. Por meio da troca dessas mercadorias, "o trabalho útil privado de cada produtor está em pé de igualdade com o de todos os outros". As mercadorias podem ser trocadas porque cada uma delas encarna uma certa quantidade da mesma coisa: o trabalho humano em abstrato, ou seja, o valor. "A igualdade de todo tipo de trabalho humano é expressa objetivamente pelo fato de os seus produtos terem todos valores equivalentes". A existência do valor requer que as diferenças entre os vários tipos de trabalho sejam desconsideradas. "A equalização dos mais diferentes tipos de trabalho só pode ser o resultado de uma abstração das suas desigualdades, ou de as reduzir ao seu denominador comum, ou seja, dispêndio de força de trabalho humano ou trabalho humano abstrato". Em suma, a equalização das diferenças no trabalho humano é uma característica fundamental do modo de produção capitalista, fornecendo a base para a formação de valor (Marx, 1971a, p. 78, 76-77, 78).[11] A expansão do capitalismo traz consigo, além disso, uma crescente equalização do trabalho. A acumulação exige que o trabalho humano assuma cada vez mais a forma de trabalho abstrato indiferenciado.

A própria força de trabalho que, quando posta em uso, libera trabalho, é em si mesma uma mercadoria, embora um pouco peculiar. Como todas as mercadorias, a força de trabalho tem tanto valor como valor de uso. Seu valor, como vimos, consiste na soma dos valores das mercadorias necessárias para

---

[11] Ver também Marx (1971a, capítulo 1, Seção 2 e 4; 1970a, capítulo 1); Rubin (1972, capítulos 10-14).

a manutenção e reposição do seu portador humano, levando em conta as circunstâncias "históricas e morais" particulares. Seu valor de uso, do ponto de vista do capitalista, é a sua capacidade de contribuir na produção com mais valor do que ela própria possui, gerando assim mais-valia. Como mercadoria, a força de trabalho é comprada e vendida no mercado. O trabalhador entra no mercado portando a sua mercadoria – força de trabalho – em busca de um comprador. Da mesma forma, o capitalista chega ao mercado trazendo a sua mercadoria – o dinheiro – procurando comprar força de trabalho. Cada um é um proprietário, desejando vender uma massa de trabalho humano abstrato cristalizada em uma mercadoria. Como proprietários de mercadorias, são negociantes iguais que se encontram no mercado para estabelecer uma troca – o acordo salarial. A sua transação segue as leis da troca de mercadorias. Para comprar a força de trabalho do trabalhador, o capitalista deve oferecer um salário que seja equivalente ao seu valor. Marx dedicou esforços consideráveis para mostrar que essa troca de equivalentes "com base na igualdade de direitos" de comprador e vendedor anda de mãos dadas com a exploração característica da produção capitalista (Marx, 1971a, p. 165).[12] Na esfera da circulação, paradoxalmente, as exigências do próprio modo de produção capitalista decretam que a igualdade deve reinar.

Para que os capitalistas possam comprar a força de trabalho, seus portadores têm de ser capazes de vendê-la. Ou seja, os portadores da força de trabalho têm de entrar no mercado como negociantes independentes, buscando uma troca de equivalentes. Nas palavras irônicas de Marx, os trabalhadores assalariados devem ser "livres no duplo sentido". Primeiro, têm de ser os pro-

---

[12] Ver também Marx (1971a, p. 156-157, 164-166, 172, 188, 547-550). Sobre as leis de troca das mercadorias, ver Marx (1971a, p. 88-96, 106-115).

prietários livres da sua força de trabalho, capazes de dispor dela como quiserem. Não podem, por exemplo, estar enredados em restrições feudais, pessoalmente dependentes e incapazes de ação autônoma. Em segundo lugar, têm de estar livres de qualquer outra forma de colocar sua força de trabalho em uso por conta própria. Aqueles que têm outras fontes de subsistência não se submeterão facilmente às exigências do capitalista. É precisamente esta dupla liberdade que obriga os trabalhadores no mercado a venderem a sua força de trabalho (Marx, 1971a, p. 164-167).[13]

A igualdade entre as pessoas é situada na esfera da circulação, onde a força de trabalho é comprada e vendida. "Com certeza", observa Marx,

> a questão parece bastante diferente se considerarmos a produção capitalista no fluxo ininterrupto da sua renovação, e se, em vez do capitalista individual e do trabalhador individual, virmos na sua totalidade a classe capitalista e a classe trabalhadora a confrontarem-se mutuamente. Mas, ao fazê-lo, deveríamos aplicar normas totalmente estranhas [ao acordo salarial]. (Marx, 1971a, p. 550)[14]

As relações de classe estão enraizadas no processo de produção capitalista, não na esfera da circulação onde se conclui a negociação individual do salário. É no processo de produção que a força de trabalho comprada no mercado é consumida e que a mais-valia é produzida. Na esfera da produção, as regras da exploração e do poder econômico, em vez da igualdade política, regem as relações entre capitalistas e trabalhadores.

Forças poderosas da opressão de classe, portanto, se escondem por trás da tendência à igualdade entre pessoas estabelecida na esfera da circulação. O fenômeno da liberdade individual

---

[13] Essa "dupla liberdade" encarna a dupla separação discutida na nota 3 deste capítulo.

[14] Veja também as citações na nota 11 deste capítulo.

não é, contudo, uma projeção ilusória das relações sociais capitalistas. Ao contrário, é uma tendência real, vinculada à exploração de classe pela própria lógica da reprodução capitalista. O capitalismo conjuga a liberdade política à restrição econômica em uma tensão que é característica da sociedade burguesa. É essa contradição que Lenin analisou em termos do conceito de direitos democráticos.

A igualdade entre pessoas não é, portanto, simplesmente um princípio político abstrato ou uma falsa ideologia. É um fenômeno complexo com raízes materiais nas relações de produção capitalistas. À medida que o capitalismo se desenvolve, os processos sociais ficam cada vez mais sob o domínio do capital, acompanhados por tendências à crescente equalização do trabalho humano e, potencialmente, aumentando a igualdade entre as pessoas. Na realidade, essas tendências encontram uma variedade de obstáculos e a história mostra que o capitalismo é, na realidade, compatível com um mercado de trabalho estratificado, bem como com arranjos políticos altamente antidemocráticos. Mesmo naquelas sociedades com uma história relativamente contínua de democracia, o fenômeno da igualdade entre as pessoas passa por uma transformação significativa ao longo do tempo.

Nos estágios iniciais da sociedade capitalista, o fenômeno da igualdade entre as pessoas emergiu contra um contexto de restrições feudais à propriedade e ao indivíduo. O capitalismo nascente expandiu uma promessa inspiradora de libertação daquelas restrições a todos os indivíduos, independentemente das diferenças pessoais. Escravizados, servos, ou livres, com ou sem propriedade, homem ou mulher – a cada um o capitalismo ofereceu esperança de igualdade, liberdade e libertação. Embora a promessa de igualdade tenha sido cumprida para alguns, amplos setores da população permaneceram ordinariamente desprovidos de liberdade, ou pelo menos excluídos da plena igualdade civil e política. A Declaração de Independência proclamou, por exemplo, que é "evidente" que todas as pessoas são "criadas iguais, dotadas pelo seu Criador de certos direitos inalienáveis como vida, a liberdade, e a busca da felicidade". No entanto, a Constituição dos EUA excluiu os escravizados, as mulheres e os não proprietários do mesmo *status* de cidadãos. Grande parte da história do século XIX reflete as lutas para alcançar a liberdade básica de dispor de si e de sua propriedade, negada a esses grupos.[15]

Duzentos anos após o advento do capitalismo industrial, as desigualdades civis e políticas mais gritantes desapareceram em boa parte. No entanto, a promessa de igualdade da sociedade burguesa continua em vigor, e campanhas para torná-la uma realidade ainda maior continuam. Hoje em dia, os tipos de diferenças pessoais que demandam ser equalizadas são muito mais sutis. Nos EUA, por exemplo, os negros e as mulheres persistem em lutas iniciadas há muito tempo, mas agora com uma interpretação mais precisa sobre a discriminação. Além disso, cada grupo étnico ou racial que tem uma história distinta se organiza para erradicar a sua herança particular de desigualdade. E numerosos outros grupos que foram identificados como coletivamente diferentes – homossexuais, idosos, pessoas com deficiência, pacientes com transtornos mentais egressos de internações, até mesmo as pessoas obesas – documentam a sua discriminação e lutam pelos seus direitos.

As reivindicações por igualdade no final do século XX refletem em parte a tendência à perfeição das condições para a livre venda da força de trabalho. Ao mesmo tempo, elas

---

[15] Para uma boa discussão sobre a natureza da igualdade nos EUA nos séculos XVIII e XIX, ver: Dawley (1976, p. 1-10, 60-68, 207-211); DuBois (1978, p. 40-47; 1971, capítulos 1-2).

encarnam o elevado grau de equalização do trabalho humano que ocorre com a expansão da esfera de valor no capitalismo avançado. Subjetivamente, as reivindicações por igualdade revelam uma intensificação do desejo pela liberdade prometida pelo capitalismo, mas nunca consistentemente cumprido. De fato, mesmo quando as pessoas lutam por ela, o objetivo da igualdade na sociedade burguesa já não parece tão convincente, pois perde cada vez mais suas conotações de liberdade pessoal e de libertação humana. Nas últimas décadas do século XX, as maravilhosas promessas do capitalismo por igualdade e realização individual se chocam mais abertamente do que nunca com suas realidades brutais. Persiste uma velha questão, agora colocada com energia renovada: por que vender a própria força de trabalho, de qualquer forma – seja em uma base de igualdade ou não? Prometendo a libertação da própria exploração, movimentos socialistas em todo o mundo sugerem uma resposta.

Dado o caráter contraditório da igualdade na sociedade capitalista, as lutas por direitos democráticos têm potencialmente uma implicação revolucionária importante. Lutar pela igualdade significa, em primeiro lugar, reivindicar e defender as melhores condições possíveis para as pessoas dentro da sociedade capitalista. Por sua própria natureza, porém, essas condições são severamente limitadas. Como coloca Lenin, "o capitalismo alia à igualdade puramente formal a desigualdade econômica e, portanto, social" (Lenin, 1966, p. 80). A tendência de ampliação da igualdade tem, portanto, um resultado altamente contraditório. Quanto mais os direitos democráticos são estendidos a todas as pessoas, mais se revela o caráter econômico e social opressivo do capitalismo. A luta pela igualdade ameaça o domínio das relações sociais capitalistas em duas frentes. Promete reduzir as divisões dentro e entre classes oprimidas, bem como entre essas classes e outros setores, ao colocar todas as pessoas em pé de maior igualdade. Simultaneamente, revela que o fundamento da sociedade burguesa está na exploração de classe, não na igualdade individual. Longe de um exercício inútil do reformismo burguês, a luta pelos direitos democráticos pode apontar para além do capitalismo.

Muitos grupos, de composição e caráter variados, têm seus direitos negados na sociedade capitalista. Alguns, como os que são constituídos por pessoas de origem africana ou originária nos EUA, têm histórias específicas como povos oprimidos. A falta de igualdade dos seus membros deriva de uma história de opressão que passa incessantemente de geração em geração, marcando a experiência de cada pessoa ao longo de toda a vida. Outros grupos, como os homossexuais, as pessoas com deficiência ou os idosos, são compostos por indivíduos com características particulares adquiridas de forma mais ou menos acidental, e não necessariamente compartilhadas por parentesco. Essas características, que podem ou não ser permanentes, constituem uma base para a discriminação e a negação de direitos. As mulheres nas sociedades capitalistas não são nem um povo oprimido com uma história distinta nem uma coleção de indivíduos com determinadas características. Elas são, ao contrário, os 51% dos seres humanos que têm a capacidade de gerar filhos, o que, caso seja feito, pode reabastecer o estoque de força de trabalho do capital. Em outras palavras, a falta de igualdade, neste caso, tem um caráter específico que a distingue da negação de direitos democráticos a outros grupos. É um caráter específico enraizado no lugar diferenciado das mulheres na reprodução social capitalista. De forma análoga, os obstáculos à realização da verdadeira igualdade social para as mulheres têm o seu próprio caráter, separável daqueles que bloqueiam a igualdade para outros grupos.

A discussão nesse capítulo estabeleceu um quadro teórico para analisar a opressão às mulheres no contexto da reprodução social capitalista. A posição especial das mulheres na sociedade capitalista tem dois aspectos determinantes. Em primeiro lugar, como em todas as sociedades de classes, as mulheres e os homens estão situados diferencialmente no que diz respeito aos aspectos materiais importantes da reprodução social. Em segundo lugar, as mulheres, como muitos outros grupos na sociedade capitalista, não gozam de direitos democráticos plenos.

A posição diferencial de mulheres e homens em relação à reprodução social varia de acordo com a classe. As mulheres da classe trabalhadora têm uma responsabilidade desproporcional pelo componente doméstico do trabalho necessário, ou seja, pelas tarefas contínuas envolvidas na manutenção e reposição da força de trabalho. De forma correspondente, os homens da classe trabalhadora têm uma responsabilidade desproporcional pelo componente social do trabalho necessário, ou seja, pela provisão dos meios de subsistência que assumem a forma de mercadorias, uma responsabilidade que só podem esperar cumprir ao se inserirem no trabalho assalariado. Na classe capitalista, as mulheres podem ter uma responsabilidade desproporcional pelos processos envolvidos na reposição geracional dos membros individuais da classe, enquanto os homens podem estar desproporcionalmente envolvidos na manutenção dos processos de acumulação capitalista. (Não tento desenvolver aqui uma análise sobre quais mulheres na sociedade capitalista contemporânea se enquadram na categoria de classe trabalhadora. Ela faz parte da muito debatida e ainda confusa investigação marxista sobre a estrutura de classe contemporânea. Na medida em que esse problema permanece não resolvido, o movimento pela libertação das mulheres não dispõe da necessária orientação teórica).

11 – Para além do trabalho doméstico

Enquanto apenas certas mulheres realizam trabalho doméstico na sociedade capitalista – a saber, mulheres da classe trabalhadora, cujos esforços mantêm e renovam a força de trabalho explorável –, todas as mulheres sofrem com a falta de igualdade sob o capitalismo, pelo menos em princípio. A falta de igualdade das mulheres constitui uma característica específica da opressão às mulheres na sociedade capitalista, em oposição a outras sociedades de classe. As convenções discriminatórias que sobrevivem de sociedades de classe anteriores são suplementadas e fortalecidas por mecanismos de discriminação política burguesa recentemente desenvolvidos. Tanto o sistema jurídico como uma série de práticas sociais informais sustentam a opressão e a desigualdade das mulheres. Ao mesmo tempo, o capitalismo promete igualdade a todas as pessoas e onde não cumpre o que promete, como no caso das mulheres, a falta é fortemente sentida. Tal como outros grupos aos quais a igualdade de direitos é negada, as mulheres lutam para alcançá-los. No passado, o movimento feminista se concentrou nas grandes desigualdades da sociedade civil, especialmente aquelas incorporadas nos códigos legais. Nos países capitalistas avançados de hoje, a batalha pela igualdade continua, e chega a áreas nunca antes sonhadas pelas feministas do século XIX. As mulheres lutam pela igualdade de direitos na chamada esfera privada, formalmente considerada como amplamente fora do escopo da reparação legal e social. Por exemplo, elas se concentram na igualdade na unidade doméstica, na liberdade de orientação sexual e no direito de ter ou não filhos. No âmbito do trabalho remunerado, as mulheres levam a questão da igualdade para além das reivindicações por salários iguais e igualdade de oportunidades, exigindo também uma remuneração igual para trabalhos de valor comparável. Na essência, as recentes reivindicações por igualdade muitas vezes colocam a questão do significado da igualdade formal em uma sociedade baseada na desigualdade real. Os países capitalistas avançados se tornaram, além disso, as primeiras sociedades de classe nas quais as diferenças entre mulheres e homens por vezes parecem superar as diferenças entre as classes. Nesses países, a expansão das camadas médias da estrutura de classe e o desenvolvimento de um estilo de vida consumista homogeneizado se combinam com a ainda poderosa demarcação entre a "esfera das mulheres" – do trabalho doméstico – e "esfera dos homens" – do trabalho assalariado –, para proporcionar um contexto no qual a falta de igualdade em relação aos homens pode parecer ser o fator social mais consequente na vida de muitas mulheres. É muito fácil ignorar a distinção fundamental entre a classe trabalhadora e outros setores da sociedade. As feministas socialistas insistem que Jacqueline Kennedy Onassis não é, em nenhum sentido real, uma irmã, mas outras distinções tendem a desaparecer.

O caráter específico da opressão às mulheres nas sociedades capitalistas é estabelecido, em suma, pela particular dupla posição das mulheres em relação ao trabalho doméstico e à igualdade de direitos. Ao mesmo tempo, o *status* especial da mulher constitui um obstáculo a certas tendências inerentes à acumulação capitalista. Assim, as barreiras à participação e o isolamento da força de trabalho feminina em uma unidade doméstica privada inibem as tendências à redução do trabalho doméstico e à livre disponibilidade de força de trabalho. Com o tempo, a maioria das sociedades capitalistas, de fato, vivencia uma redução do isolamento das mulheres, bem como um aumento da participação feminina no trabalho assalariado. Na medida em que o *status* especial das mulheres continua, ele permite que a discriminação contra elas possa operar a favor do capital. Por exemplo, os salários dos empregos "de mulheres" permanecem notoriamente baixos. No âmbito político, a falta de direitos das mulheres entra em crescente contradição com a tendência a ampliar o escopo da igualdade nos países capitalistas avançados. No século XX, as barreiras à igualdade para as mulheres foram enormemente reduzidas, revelando a tensão subjacente entre igualdade formal e igualdade substantiva. Para muitas mulheres, assim como para a maioria dos membros de outros grupos oprimidos na sociedade capitalista, a igualdade burguesa se mostra agora nitidamente distinta da libertação em uma sociedade justa.

A falta de igualdade enquanto um grupo constitui a base para os movimentos de mulheres que unem mulheres de diferentes classes e setores. Esses movimentos irão divergir de acordo com sua interpretação, explícita ou implícita, do significado da igualdade. Alguns podem, por exemplo, ver a igualdade de mulheres e homens na sociedade burguesa como um objetivo essencialmente satisfatório. Tais movimentos seriam chamados muito apropriadamente de movimentos burgueses de mulheres. As contradições do capitalismo tardio tornam provável, entretanto, que os movimentos de mulheres tenham pelo menos alguma percepção da diferença entre a igualdade burguesa e a igualdade social real. Isso poderia formar uma base para o desenvolvimento de um movimento de mulheres orientado para o socialismo. Nos últimos 20 anos, os movimentos de mulheres nos países capitalistas avançados têm frequentemente demonstrado esse potencial. Infelizmente, a esquerda raramente tem sido capaz de intervir de forma construtiva. Sua incapacidade resultou, em parte, da ausência de uma teoria adequada sobre a opressão às mulheres.

A posição desenvolvida aqui – que analisa a opressão às mulheres em termos do trabalho doméstico e da igualdade de direitos – difere consideravelmente de boa parte da análise socialista e feminista-socialista. Os escritos feministas-socialistas frequentemente localizam a opressão às mulheres na sociedade capitalista em sua dupla posição de trabalhadoras domésticas e trabalhadoras assalariadas. Em uma formulação típica, Margaret Coulson, Branka Magas e Hilary Wainwright (1975, p. 65) afirmam, por exemplo, que

> a característica central da posição das mulheres sob o capitalismo é o fato de serem ao mesmo tempo trabalhadoras domésticas e assalariadas, que os dois aspectos de sua existência não estão de forma alguma harmoniosamente relacionados e que esse papel duplo e contraditório gera a dinâmica específica da sua opressão.

Jean Gardiner elaborou a mesma distinção em termos da "dupla relação com a estrutura de classes" das mulheres, diretamente como trabalhadoras assalariadas e, indiretamente, como membros da família dependentes dos homens e responsáveis pelo trabalho doméstico (Gardiner, 1977, p. 159). Esse argumento, que aparece com frequência tanto no trabalho socialista contemporâneo quanto no feminista-socialista, concentra-se unicamente nos fenômenos econômicos, e não consegue dar conta da opressão às mulheres não pertencentes à classe trabalhadora, assim como não consegue explicar nem o potencial para a construção de organizações progressistas de mulheres que atravessem as divisões de classe, nem os possíveis obstáculos à união de mulheres de grupos raciais ou nacionais distintos em um único movimento de mulheres. Em outras palavras, a afirmação de que a opressão às mulheres se baseia em sua dupla posição em relação ao trabalho doméstico e assalariado é economicista. Apesar do compromisso do movimento feminista-socialista com a libertação de todas as mulheres, com a autonomia organizacional e com a importância da experiência subjetiva, ele paradoxalmente abraçou uma visão da opressão às mulheres bastante semelhante ao economicismo de grande parte da tradição socialista. Em contraste, o argumento de que a opressão às mulheres está enraizada em sua dupla posição, com respeito ao trabalho doméstico e à igualdade de direitos, provê um quadro teórico tanto para compreender a posição das mulheres no trabalho assalariado quanto para analisar como um movimento de libertação das mulheres amplo pode representar um componente fundamental na luta pelo socialismo.

Embora muitas mudanças no caráter do trabalho doméstico e no *status* da igualdade de direitos tenham ocorrido na era da dominação capitalista, a opressão às mulheres continua sendo um componente invariável da sociedade capitalista. Como em toda sociedade de classes, a classe dominante consegue, de uma forma ou de outra, estabilizar a reprodução da força de trabalho com um mínimo de trabalho necessário historicamente estabelecido. A atual configuração de trabalho doméstico, direitos das mulheres e opressão às mulheres representa o resultado de lutas específicas sobre a reprodução da força de trabalho.

Enquanto o capitalismo sobreviver, o trabalho doméstico será necessário para a sua reprodução, desproporcionalmente realizado pelas mulheres e, muito provavelmente, acompanhado por um sistema de supremacia masculina.

Agora já é possível situar, em termos teóricos, a família da classe trabalhadora no contexto da reprodução social capitalista. Na sua essência, a família da classe trabalhadora é um local de reprodução da força de trabalho baseado em parentesco. Como a maioria das unidades de trabalho doméstico na sociedade capitalista, ela está socialmente isolada do âmbito do trabalho assalariado. Normalmente, esse local toma a forma de uma unidade doméstica, ou uma série de unidades domésticas ligadas por redes de obrigações mútuas. Por exemplo, uma família da classe trabalhadora pode incluir várias gerações de adultos com seus filhos, vivendo em apartamentos alugados e adjacentes. Ou pode ser composta por duas pessoas, com ou sem filhos, vivendo em sua casa própria. No caso do trabalho imigrante, um único trabalhador ou trabalhadora pode participar em duas unidades domésticas. Uma delas estaria em seu local de origem e incluiria parentes dependentes; a outra estaria no local de trabalho, e poderia tomar a forma de dormitórios, alojamentos e similares. Na maioria das sociedades capitalistas, as unidades domésticas da família da classe trabalhadora têm a maior responsabilidade pelos processos que mantêm e renovam os portadores da força de trabalho.

A realização do componente doméstico do trabalho necessário constitui o eixo material da unidade doméstica familiar da classe trabalhadora. Dado que essa tarefa tem sido historicamente realizada principalmente por mulheres, em um contexto geralmente caracterizado pela supremacia masculina, a família da classe trabalhadora se torna um repositório altamente institucionalizado da opressão às mulheres. Como trabalhadoras domésticas na unidade doméstica privada, as mulheres parecem dedicar muito de seu tempo à realização de serviços não pagos para homens assalariados, uma situação que pode dar origem a relações antagônicas entre os sexos. Além disso, a desigualdade política e social das mulheres, e sua luta para adquirir direitos, constituem outra fonte potencial de conflito entre os sexos. Nesse ambiente de tensão crônica nas unidades domésticas familiares privadas, a opressão às mulheres pode parecer apenas uma opressão exercida pelos homens, enraizada em uma divisão sexual do trabalho trans-historicamente antagônica e encarnada na família. No entanto, é a responsabilidade pelo trabalho doméstico necessário à reprodução social capitalista – e não a divisão sexual do trabalho ou a família *em si* – que sustenta materialmente a perpetuação da opressão e desigualdade das mulheres na sociedade capitalista.

Esses comentários, deve-se enfatizar, fornecem apenas um esboço da base material da família da classe trabalhadora. Sua forma e caráter atuais variam amplamente, de acordo com o desenvolvimento histórico específico de uma determinada sociedade capitalista. Normalmente, a experiência da família da classe trabalhadora reflete o papel contraditório do trabalho doméstico e da reprodução da força de trabalho na reprodução social capitalista. Por um lado, a vida em família na sociedade capitalista é geralmente caracterizada pela supremacia masculina e pela opressão às mulheres, produzindo tensões e conflitos que podem fragmentar ainda mais uma classe trabalhadora já dividida. Por outro lado, as famílias constituem importantes instituições de apoio nas comunidades da classe trabalhadora, oferecendo significado e acolhimento aos seus membros, e potencialmente fornecendo uma base de oposição às tentativas da classe capitalista de impor ou estender seu domínio econômico, político ou ideológico. Em outras palavras, a família não é nem totalmente um pilar de defesa e solidariedade para a classe trabalhadora, como afirmariam alguns socialistas, nem uma instituição tão dilacerada pela luta interna e pela dominação masculina que deva ser abolida, como algumas feministas socialistas poderiam argumentar. Em vez disso, as famílias da classe trabalhadora geralmente incorporam elementos tanto de apoio quanto de conflito, ligados em uma combinação dinâmica que não é necessariamente fixa. A investigação concreta revelará se os aspectos de apoio ou de conflito dominam em uma situação particular. Em uma greve bem-sucedida, por exemplo, a solidariedade no interior e entre as famílias da classe trabalhadora pode ser um fator determinante, embora esse aspecto defensivo da vida em família da classe trabalhadora possa recuar após a conclusão da greve. Em outra situação, uma greve de trabalhadores do sexo masculino poderia ser perdida em parte porque os organizadores não conseguiram envolver esposas e crianças no seu apoio, aumentando, assim, as tensões já existentes na família. A controvérsia sobre o salário-família, ou a segregação de sexo na estrutura ocupacional, também tem raízes na experiência contraditória da vida familiar da classe trabalhadora. De fato, a história social do século XIX e XX está repleta de estudos de casos que demonstram o papel fundamental e contraditório da família da classe trabalhadora: um refúgio seguro para os seus membros contra as investidas da acumulação capitalista e, simultaneamente, um local concentrado de relações patriarcais.[16]

No final do século XX, o sucesso das lutas populares e da classe trabalhadora se tornou cada vez mais dependente da mobilização tanto de mulheres quanto de homens. O chauvinismo masculino e a opressão às mulheres nas famílias da classe trabalhadora representam, portanto, o maior obstáculo à realização dos objetivos socialistas. Um movimento socialista que apoia acriticamente as formas existentes de vida familiar da classe trabalhadora, ou que apenas trata superficialmente o problema da subordinação feminina, corre o risco de alienar mais da metade de seus militantes e aliados. Em contrapartida, movimentos populares que enfrentam vigorosamente o chauvinismo masculino e se opõem à opressão às mulheres têm o potencial de lançar as bases para uma sociedade futura na qual a verdadeira igualdade social de mulheres e homens possa ser construída.

Enquanto uma sociedade for dominada pelo modo de produção capitalista, existirá uma oposição entre trabalho

---

[16] Rayna Rapp resume a literatura sobre essas variações em Rapp (1978-1979).

excedente e trabalho necessário, e entre trabalho assalariado e trabalho doméstico. Embora seja concebível que a tendência e a luta pela igualdade de direitos possam reduzir ao mínimo as diferenças entre os sexos na realização do componente doméstico do trabalho necessário, esse mínimo ainda atribuiria uma responsabilidade desproporcional às mulheres em sua capacidade de gerar crianças e, potencialmente, forneceria a base material para um sistema de supremacia masculina. A extensão da democracia, por mais ampla que seja, não pode jamais abolir a exploração capitalista, nem pode libertar as mulheres.

Em uma sociedade não caracterizada pela exploração de classe, a relação entre os processos de produção de excedente e reprodução da força de trabalho é qualitativamente distinta daquela que caracteriza as sociedades em que a exploração é dominante. Naquelas sociedades, segundo Marx, o mais-trabalho é identificado pela natureza da sua contribuição para a reprodução social, e não pelo fato de ser apropriado de forma privada. O mais-trabalho produz a parte do produto social total que é excedente em vários sentidos. Parte dele é reservado para substituir meios de produção já desgastados, para a expansão futura, como seguro contra catástrofes, custos administrativos, e assim por diante. O produto excedente também proporciona a satisfação coletiva de necessidades como educação e cuidados com a saúde, e serve para manter aqueles indivíduos que, por razões etárias, enfermidades etc., não estejam participando da produção no momento. Para Marx, o trabalho necessário em uma sociedade como essa parece ser simplesmente aquele trabalho "cujo produto é diretamente consumido individualmente pelos produtores e suas famílias". Além disso, o trabalho que contribui para a reprodução da força de trabalho não está em contradição antagônica com a produção de um excedente (Marx, 1971b, p. 877).[17] Os antropólogos examinaram esse fenômeno nas primeiras sociedades humanas, argumentando que a produção "doméstica" ou "familiar" nessa sociedade é produção pública (Caulfield, 1981, p. 213).[18] Para os socialistas, uma sociedade sem classes, ou "comunista", na qual todo trabalho – seja ele trabalho necessário, seja trabalho excedente – forma parte da produção social, representa o objetivo final da revolução socialista. Para chegar ao objetivo do comunismo, a sociedade deve passar por um longo período de transição.

O que acontece com o trabalho doméstico, com a família e com a opressão às mulheres no decurso da transição socialista? A pergunta só pode, evidentemente, encontrar respostas adequadas na realidade da experiência de uma sociedade concreta. Algumas características gerais do período de transição são, no entanto, nítidas.

Uma oposição entre dois componentes do trabalho necessário – um social, ou público, e o outro doméstico, ou privado – continua em vigor durante a transição socialista. A produção não pode ser organizada de imediato em uma base comunista. Manteremos o termo trabalho doméstico para designar o trabalho necessário envolvido na reprodução da força de trabalho realizada fora do âmbito da produção pública. Evidentemente, o trabalho doméstico desempenha um papel importante du-

---

[17] Para a relação não antagônica entre produção excedente e reprodução da força de trabalho, ver também Marx (1970b; 1971a, p. 82-3, 496; 1971b, p. 818-820, 847, 878). Embora eu siga o uso de Marx, sua manutenção dos termos trabalho necessário e trabalho excedente para análise de sistemas sem exploração pode ser mais confusa do que útil, como ele mesmo sugere quando comenta que "uma parte do que é agora trabalho excedente então contaria como trabalho necessário; quero dizer, o trabalho de formar um fundo para reserva e acumulação" (Marx, 1971a, p. 496).

[18] Ver também Leacock (1977).

rante a transição socialista. Ao mesmo tempo, tem início um longo processo de transformação [do trabalho doméstico] em um componente integral da produção social em uma sociedade comunista.

Tal como na sociedade capitalista, existe uma tendência à redução da quantidade de trabalho doméstico realizado em unidades domésticas individuais. No entanto, em vez de incorporar o impulso capitalista para a acumulação, ela representa a tendência socialista para que todo trabalho se torne parte da produção social em uma sociedade comunista. Embora a redução desse trabalho doméstico contribua para o desenvolvimento das forças produtivas, ela não resulta de tendências indiferentes à esfera econômica. Em princípio, a sociedade socialista diminui a carga do trabalho doméstico realizado nas unidades domésticas individuais de forma planejada e consciente, correspondendo às necessidades das pessoas como um todo.

Uma característica política fundamental da transição socialista é a transformação da democracia. Na sociedade capitalista, a democracia permanece sempre severamente limitada. Somente os membros das classes proprietárias do sexo masculino possuem efetivamente os direitos que a sociedade burguesa promete a todas as pessoas. Para alcançar a verdadeira igualdade social, a sociedade socialista deve eliminar as muitas restrições que limitam a democracia a uma pequena minoria. Com respeito às mulheres, a democracia para a maioria na sociedade socialista implica, em primeiro lugar, direitos iguais. Nesse caso, é bastante óbvio que as leis por si só não são suficientes. Como um obstáculo à igualdade efetiva para as mulheres, o trabalho doméstico tem uma presença material persistente que nenhuma legislação, em si, pode superar. Um indicador importante da sociedade socialista é, portanto, a redução progressiva da sobrecarga desproporcional imposta às mulheres pelo trabalho doméstico. Dois caminhos estão disponíveis para este objetivo. Primeiro, o próprio trabalho doméstico pode ser reduzido por meio da socialização de suas tarefas. O segundo, o trabalho doméstico que permanece a ser feito fora da produção pública pode ser compartilhado entre mulheres, homens e, em proporção adequada, crianças. Como o trabalho doméstico não pode ser substancialmente reduzido, muito menos eliminado da noite para o dia, a sociedade socialista deve seguir ambos os caminhos a fim de assegurar às mulheres uma verdadeira igualdade social.

Os locais de reprodução da força de trabalho baseados em parentesco – ou seja, as famílias – têm um papel definido na reprodução social durante a transição socialista. Em princípio, diferem em vários aspectos importantes das famílias da classe trabalhadora na sociedade capitalista. De forma crescente, todos os membros da família participam da produção pública e da vida política como indivíduos iguais. Ao mesmo tempo, o trabalho doméstico no seio da unidade doméstica familiar é progressivamente reduzido. O que resta do trabalho doméstico é compartilhado em uma base cada vez mais equitativa.

As sociedades socialistas existentes fizeram importantes avanços na área da participação igualitária das mulheres na produção pública e na vida política. No entanto, de modo geral, têm sido incapazes de enfrentar os problemas do trabalho doméstico e da subordinação das mulheres de forma sistemática. Até certo ponto, foram feitos esforços para socializar o trabalho doméstico, mas a divisão opressiva do trabalho no interior da unidade doméstica familiar permanece em grande parte intocada. Como resultado, as feministas socialistas por vezes argumentam que a inserção de mulheres na produção pública nas sociedades socialistas não representa a libertação, mas a imposição de uma penosa dupla jornada. Somente desde os anos 1970, em alguns poucos países socialistas, a questão do compartilhamento das tarefas domésticas e das responsabilidades com o cuidado das crianças foi considerada. O quão adequados são os passos concretos dados nessa área é uma questão que requer investigação séria.[19]

No longo prazo, o estabelecimento de uma igualdade social efetiva entre mulheres e homens na sociedade socialista encontra um obstáculo nas diferenças reais entre eles, particularmente na questão da capacidade de gerar. Enquanto uma transformação das contradições inerentes à sociedade capitalista, a igualdade na sociedade socialista tem, em si mesma, um caráter contraditório. Nas palavras de Marx, "direito igual [na sociedade socialista] é um direito desigual para trabalho desigual". Isto é, as diferenças entre as pessoas significam que uma mesma remuneração por quantidades iguais de trabalho na sociedade socialista terá, muito provavelmente, um resultado desigual.

> Um trabalhador é casado, o outro não; um tem mais filhos do que o outro, e assim por diante. Assim, com uma produção igual e, portanto, com uma participação igual no fundo de consumo social, um receberá de fato mais do que o outro, um será mais rico do que o outro, e assim por diante. Para evitar esses problemas, o direito, em vez de ser igual, teria que ser desigual. (Marx, 1970b, p. 9-10)

---

[19] Cuba iniciou a discussão sobre o compartilhamento das tarefas domésticas e as responsabilidades de cuidado das crianças por volta de 1973, assim como a China, e o tema foi considerado na Albânia já em 1967. A União Soviética ainda não deu apoio oficial à equiparação das responsabilidades domésticas. Para estudos cuidadosos sobre as mulheres na transição socialista, ver Croll (1978; 1981-2); Molyneux (1982); Stacey (1983), assim como os trabalhos sobre a União Soviética citados na nota 7 do capítulo 8. Além de documentar a desigualdade das mulheres nas unidades domésticas nos países socialistas, esses estudos analisam a persistência de uma divisão sexual do trabalho nas áreas da produção pública e da vida política que também desfavorece as mulheres. Sobre a Albânia, ver Omvedt (1975, especialmente p. 25-26).

Da mesma forma, a verdadeira igualdade social para as mulheres de fato exigirá tratamento desigual em determinados momentos: licenças maternidade, trabalho mais leve durante os últimos meses da gestação, períodos de descanso, quando necessário, para mulheres em período menstrual, e assim por diante. Dessa forma, as condições materiais para a plena participação das mulheres em todas as áreas da vida social – produção, política, cultura, relações pessoais, e assim por diante – podem ser desenvolvidas.

A sociedade socialista não abole, evidentemente, a família no sentido de acabar com as unidades sociais individuais nas quais o trabalho doméstico é realizado. Tampouco elimina a divisão sexual do trabalho. O que ela faz é minar as bases para a opressão às mulheres dentro da unidade doméstica individual e na sociedade. A extensão da democracia, a inserção de mulheres na produção pública e a transformação progressiva do trabalho doméstico durante a transição socialista abrem a possibilidade do que Marx chama de "uma forma mais elevada de família e de relações entre os sexos" (Marx, 1971a, p. 460). A forma exata que essas relações assumirão não pode ser prevista de antemão. Como Engels argumenta, "o que agora podemos conjeturar sobre a forma como serão organizadas as relações sexuais após a iminente derrubada da produção capitalista é principalmente de caráter negativo, limitado na maior parte do tempo ao que irá desaparecer". Cabe às gerações futuras determinar como desejam viver. "Quando essas gerações aparecerem, não darão um vintém por tudo que nós hoje pensamos que elas deveriam fazer. Estabelecerão suas próprias normas de conduta e, em consonância com elas, criarão uma opinião pública para julgar a conduta de cada um. E ponto final" (Engels, 1972, p. 145).

Confrontados com a terrível realidade da opressão às mulheres, os socialistas utópicos do século XIX reivindicaram a abolição da família. Sua demanda drástica continua a encontrar defensores entre os socialistas ainda hoje. Em seu lugar, no entanto, o materialismo histórico coloca a difícil questão de simultaneamente reduzir e redistribuir o trabalho doméstico no curso da sua transformação em um componente integral da produção social na sociedade comunista. Assim como na transição socialista "o Estado não é 'abolido', ele desaparece", também o trabalho doméstico deve desaparecer (Engels, 1947, p. 333).[20] A gestão adequada do trabalho doméstico e do trabalho das mulheres durante a transição para o comunismo é, portanto, um problema crítico para a sociedade socialista, pois, somente nessa base, as condições econômicas, políticas e ideológicas para a verdadeira libertação das mulheres podem ser estabelecidas e mantidas. Nesse processo, a família em sua forma histórica particular na sociedade de classes, como uma unidade social de reprodução da força de trabalho explorável baseada em parentesco, desaparecerá – e, com ela, tanto as relações familiares patriarcais quanto a opressão às mulheres.

---

[20] Ver também a p. 338.

APÊNDICE: TRABALHO DOMÉSTICO REVISITADO[1]

Desde o final dos anos 1960, e ao longo da década de 1970, feministas socialistas buscaram analisar o trabalho não pago realizado pelas mulheres no interior da família sob o viés da economia política marxista.[2] Elas pensavam que tal análise po-

---

[1] Este artigo apareceu pela primeira vez em Vogel (2000). Ele foi baseado em uma apresentação feita no encontro da Conference of Socialist Economists [Conferência dos Economistas Socialistas] em Leeds, na Inglaterra, em julho de 1994. Meus agradecimentos a Filio Diamante pelo convite feito a mim, bem como aos meus copalestrantes e aos espectadores pelo animado debate. Ao preparar este texto para publicação, beneficiei-me dos comentários muito úteis de Christine Di Stefano e de vários revisores anônimos de ambos os lados do Atlântico. Tenho uma dívida especial de gratidão com meu colega James Dickinson, cujas observações detalhadas e questões pertinentes foram, como sempre, inestimáveis.

[2] Não é possível separar um feminismo socialista de um feminismo marxista, como era feito nos anos 1970; por isso, utilizo o termo feminismo socialista de forma inclusiva. Neste artigo, sigo, em geral, os usos terminológicos contemporâneos nos EUA. Do final dos anos 1960 até meados dos anos 1970, era comum o uso do termo *women's liberation* [libertação das mulheres] no intuito de contrapor as vertentes mais jovens – e presumivelmente mais radicais – do movimento de mulheres ao chamado feminismo burguês da National Organization for Women [Organização Nacional das Mulheres]. Dentro do movimento de libertação das mulheres, as feministas socialistas formaram uma tendência própria. No final da década de 1970, o termo libertação das mulheres passa a

deria fornecer uma base para a compreensão do posicionamento diferenciado das mulheres enquanto mães, membras da família e trabalhadoras e, deste modo, para uma análise materialista da subordinação das mulheres. Naquela época, o interesse nas implicações da teoria marxista sobre a libertação das mulheres parecia perfeitamente normal – e não apenas para as feministas socialistas. As feministas radicais também adotaram e transformaram o que elas entendiam como conceitos marxistas.[3]

Desses esforços surgiu uma volumosa literatura. As militantes do movimento de libertação das mulheres[4] estudaram textos marxistas, confrontaram-se com conceitos marxistas, e produziram uma variedade de formulações originais combinando, ou ao menos mesclando, marxismo e feminismo. Seu entusiasmo por essa temática é hoje difícil de recapturar.[5] Além disso, esse entusiasmo acabou por ser relativamente breve. Ao final dos anos 1970, o interesse pela teorização do trabalho doméstico declinou drasticamente. O afastamento do chamado Debate sobre o Trabalho Doméstico foi especialmente pronunciado nos EUA. Neste artigo, deparo-me mais uma vez com o desafio de teorizar o trabalho não remunerado de realizar as tarefas domésticas, gerar filhos e de criá-los. Defendo que grande parte da literatura pioneira sobre o trabalho doméstico seguiu um programa intelectual que não foi bem compreendido, revendo meu próprio trabalho sob essa ótica. Em seguida, considero a

---

ser substituído pelo termo feminismo. O termo feminismo era agora um termo mais amplo do que havia sido antes, o que talvez tenha refletido na diminuição da importância de distinguir as vertentes dentro do movimento de mulheres.

[3] Por exemplo, Firestone (1970) e Millett (1970).
[4] No original, "Women's liberationists". (N.T.)
[5] Para descrições do entusiasmo com que as feministas enfrentaram a teoria marxista nos anos 1960 e 1970, ver Echols (1989); Vogel (1998); e os relatos pessoais em Duplessis e Snitow (eds.) (1998).

recepção de tais esforços pelo seu público. Finalmente, sugiro que o projeto inicial inacabado das teóricas do trabalho doméstico merece mais atenção.

Teorias e teorização

A noção que algo chamado "trabalho doméstico" deveria ser teorizado emerge como parte de uma crítica iniciada por militantes do movimento de libertação das mulheres norte-americanas no final dos anos 1960, e logo se expandiu por outros lugares, especialmente para a Grã-Bretanha. Embora central na experiência das mulheres, o trabalho não pago e as responsabilidades pela vida familiar eram raramente abordados pelo pensamento radical e pela prática socialista. As militantes da libertação das mulheres, querendo fundamentar sua militância em uma teoria mais adequada, passaram a se preocupar com o *status* teórico do trabalho doméstico e de cuidados com as crianças realizado tradicionalmente pelas mulheres nas unidades domésticas familiares. Nos anos seguintes, uma enorme variedade de textos coletivamente conhecidos como o Debate sobre o Trabalho Doméstico analisou esse quebra-cabeça.[6]

A literatura sobre o trabalho doméstico identificou as unidades domésticas familiares como locais de produção. Reconceitualizadas como trabalho doméstico, as tarefas domésticas e de cuidados com as crianças poderiam assim ser examinadas como processos de trabalho. A partir daí surgiu uma série de perguntas. Se o trabalho doméstico é um processo de trabalho, qual é o seu produto? Pessoas? Mercadorias? Força de trabalho? O produto tem valor? Em caso afirmativo, como é determina-

---

[6] Para panoramas precisos (e bem breves) do Debate sobre o Trabalho Doméstico, ver Himmelweit (1983a e 1983c). Para um levantamento bibliográfico, ver Vogel (1986). Ver também os ensaios em Sargent (org.) (1981) e em Hansen e Philipson (1990).

do esse valor? Como e por que o produto é consumido, e por quem? Quais são as circunstâncias, condições e limitações do trabalho doméstico? Qual é a relação do trabalho doméstico com a reprodução da força de trabalho? E com a reprodução social geral? E com a acumulação capitalista? Pode um modo de reprodução de pessoas ser posto, comparado a, mas separado do modo de produção? As respostas a estas perguntas podem explicar as origens da opressão às mulheres?

A crescente literatura sobre o trabalho doméstico parecia inicialmente confirmar, e mesmo legitimar, o duplo compromisso das feministas socialistas com a libertação das mulheres e com o socialismo. Em pouco tempo, no entanto, vários problemas surgiram. Conceitos e categorias que inicialmente pareciam evidentes perderam sua estabilidade. Por exemplo, a noção de reprodução da força de trabalho tornou-se surpreendentemente elástica, estendendo-se da procriação biológica para qualquer tipo de trabalho que contribuísse com a manutenção diária das pessoas – fosse pago ou não, em residências particulares, no mercado ou no local de trabalho. Da mesma forma, o significado da categoria trabalho doméstico flutuou. Referia-se simplesmente às tarefas domésticas? Ou incluía a capacidade de gerar e o cuidado das crianças também? Argumentos circulares eram comuns. Por exemplo, o trabalho doméstico era frequentemente identificado com o trabalho das mulheres e vice-versa, assumindo assim a divisão sexual do trabalho que as militantes do movimento de libertação das mulheres desejavam explicar. Além disso, a preocupação quase exclusiva do debate com os trabalhos domésticos não pagos diminuiu a importância do trabalho pago das mulheres, fosse como empregadas domésticas ou como trabalhadoras assalariadas. E seu foco no econômico parecia deixar escapar questões políticas, ideológicas, psicológicas e sexuais.

As militantes da libertação das mulheres também consideraram frustrante o nível de abstração da literatura sobre o trabalho doméstico. O Debate se desenvolveu de maneiras não apenas difíceis de acompanhar, mas também distantes das preocupações militantes. Os conceitos pareciam interagir entre si, sem conexão com o mundo empírico. A discussão não era apenas abstrata, mas também parecia a-histórica. Talvez ainda pior, grande parte da literatura do trabalho doméstico adotara um referencial explicativo funcionalista. Por exemplo, tomou-se a necessidade de trabalho doméstico por parte de um sistema social como um indicativo de que essa necessidade era invariavelmente satisfeita. Em qual lugar no Debate, muitas se perguntavam, estava a agência humana? Enquanto isso, as pautas feministas estavam repletas de outros assuntos, teóricos e práticos. No início dos anos 1980, a maioria das feministas socialistas tinha decidido ir "além do Debate sobre o Trabalho Doméstico". Elas deixaram para trás a ambiguidade, a complexidade, a imprecisão conceitual, a circularidade e as pontas soltas de um projeto inacabado.[7]

O afastamento do esforço de teorizar o trabalho doméstico dentro de um escopo da Economia Política marxista parecia fazer sentido. Muitas militantes do movimento de libertação das mulheres adotaram o pressuposto de que a teoria era diretamente pertinente às atividades cotidianas e pensaram que uma dada teoria tinha implicações políticas e estratégicas determinantes. Apontando para uma outra direção, elas buscaram relatos empíricos da história e das circunstâncias atuais como uma maneira de constituir a base apropriada para a teoria.[8]

---

[7] Cf. Molyneux (1979).
[8] Ver, por exemplo, Brenner e Holmstrom (1983); Molyneux (1979); ou, à sua própria maneira, Nicholson (1986).

Apêndice: Trabalho doméstico revisitado

Rejeitando as abstrações da literatura inicial sobre o trabalho doméstico, procuraram um aparato conceitual que pudesse ser usado para organizar e interpretar os dados sobre a vida das mulheres.

Essa abordagem refletia uma orientação epistemológica particular, que coloca a teoria em um tipo de relação de igual-para-igual com o empírico. A teoria foi assumida como isomórfica com o que foi entendido como sendo a realidade. Como tal, poderia produzir generalizações empíricas, declarações de regularidade e modelos. Explicação e prognóstico dependeriam então da extrapolação dessas representações presumivelmente precisas. Nessa visão, familiar à literatura sociocientífica, a teoria é uma atividade intelectual abrangente, fundamentada no empírico e capaz de fornecer descrições, explicações e prognósticos – e, portanto, capaz de orientar políticas ou estratégias.

Essa não é a única maneira de se pensar a teoria, no entanto. Grande parte da literatura inicial sobre o trabalho doméstico adotara implicitamente uma perspectiva diferente, enraizada em certas leituras da teoria marxista comuns nas décadas de 1960 e 1970. Associada memoravelmente ao filósofo francês Louis Althusser, essa perspectiva alternativa confere à teoria uma especificidade epistemológica e um escopo limitado. Teoria, nessa visão, é um projeto poderoso, mas altamente abstrato e nitidamente diferente da história.[9] Como Althusser colocou, tratando de *O capital* de Marx:

> De fato, e apesar das aparências, Marx não analisa uma 'sociedade concreta', nem mesmo a Inglaterra, da qual ele fala insistentemente no Livro I, mas o *modo de produção capitalista* e nada mais. Esse objeto é abstrato: isso significa que ele é terrivelmente real e nunca existe em estado puro, porque só existe

---

[9] Ver, entre outros, Althusser (1971a); Hindess e Hirst (1975); Willer e Willer (1973); assim como Marx (1973d).

em sociedades capitalistas. Simplesmente: para poder analisar essas sociedades capitalistas concretas (Inglaterra, França, Rússia etc.), é necessário saber que elas são dominadas por essa realidade terrivelmente concreta e 'invisível' (a olhos nus) que é o modo de produção capitalista. 'Invisível', portanto abstrata. (Althusser, 1971a, p. 77).

Nessa perspectiva, a teoria é necessariamente abstrata, bem como severamente limitada em suas implicações. Pode apontar para elementos-chave e tendências, mas não pode fornecer relatos ricamente texturizados da vida social. Muito menos explica diretamente os eventos, sugere estratégias ou avalia as perspectivas de ação política. Essas são questões para um tipo de investigação qualitativamente distinta – uma que examine as especificidades de conjunturas históricas particulares em formações sociais existentes.

Dito de outra forma, essa abordagem alternativa conceitualiza a teoria como uma espécie de lente. Por si só, a lente nos diz pouco sobre as especificidades de uma determinada sociedade em um momento particular. É somente usando a lente que os observadores podem avaliar tais especificidades e estratégias para o futuro. Comparado com a teorização – a produção da lente –, essas tarefas de investigação empírica e análise política constituem trabalho intelectual de um tipo diferente, e eu diria, mais desafiador.

Um ponto de partida diferente

Volto-me agora para o meu próprio estudo sobre o trabalho doméstico. Meu objetivo com isso é oferecer um exemplo de teorização da libertação das mulheres dentro do quadro intencionalmente abstrato que acabo de descrever. Nessa perspectiva, o Debate sobre o Trabalho Doméstico foi um projeto teórico, e não histórico ou sociológico. Era esperado que seu resultado tomasse a forma de conjuntos de conceitos abstratos e identificações de possíveis mecanismos e tendências. Estes não poderiam, por si sós, realmente "explicar" nada concreto – nem o caráter rico, idiossincrático e construído da experiência, nem a natureza específica e a direção da mobilização popular ou da transformação social. Muito menos poderiam sugerir estratégias políticas. Tais questões seriam tema de pesquisas empíricas e análises políticas pelos atores envolvidos.

O desafio, então, era descobrir ou criar categorias para teorizar o trabalho não pago que as mulheres realizam no interior da família como um processo material. As militantes do movimento de libertação das mulheres – incluindo eu mesma – examinaram os textos clássicos de Marx, Engels, Bebel e outros, descobrindo apenas um precário legado teórico, na melhor das hipóteses. Essa descoberta levou, no meu caso, a uma longa leitura crítica de Marx. Nessa leitura, segui o que entendi ser o conselho de Althusser:

> não buscar n'O capital um livro de história 'concreta' ou um livro de economia política 'empírica', no sentido em que os historiadores e os economistas entendem esses termos, mas um livro de teoria que analisa o *modo de produção capitalista*. A história (concreta) e a economia (empírica) têm outros objetos. (Althusser, 1971a, p. 78).

Usando essa abordagem para a teoria, esperava conseguir contribuir para a construção de uma lente teórica mais satisfatória para analisar a subordinação das mulheres.

Como ponto de partida conceitual, considerei duas noções básicas para a obra de Marx: a força de trabalho e a reprodução da força de trabalho. Para Marx, a força de trabalho é uma capacidade portada por um ser humano e distinguível da existência corporal e social de seu portador. O potencial da força de trabalho é realizado quando seu portador produz algo útil – um valor de uso – que pode ou não ser trocado. Os portadores da força de trabalho são, no entanto, mortais e sofrem desgaste; cada indivíduo, em algum momento, morre. Algum processo que satisfaça as necessidades pessoais dos portadores da força de trabalho é, portanto, uma condição da reprodução social, assim como algum processo que os reponha com o tempo. Esses processos de manutenção diária e reposição a longo prazo estão fundidos no termo reprodução da força de trabalho.

Em sociedades divididas em classes, as classes dominantes de alguma forma controlam e direcionam a capacidade da força de trabalho de produzir valores de uso para seu próprio benefício. Para não deixar dúvidas, eu restringi o conceito de reprodução da força de trabalho aos processos que mantêm e repõem a força de trabalho capaz de produzir excedente para uma classe de apropriadores.[10] No restante desta seção, observo muito brevemente várias características da reprodução de tal força de trabalho: os processos envolvidos, o papel da procriação biológica e certas contradições inerentes. Isso prepara o caminho para a discussão da próxima seção sobre a reprodução da força de trabalho nas sociedades capitalistas.

Marx considerou a reprodução da força de trabalho como central para a reprodução social, mas nunca ofereceu uma exposição exaustiva do que ela implicava. Por vezes, ele se concentrou na renovação do trabalhador individual; em outros momentos, ressaltou a importância da manutenção e reposição dos membros da classe trabalhadora que não estivessem trabalhando. Para não deixar dúvidas, novamente, distingo, por isso, três tipos de processos que formam a reprodução da força de

---

[10] O conceito de reprodução da força de trabalho torna-se, portanto, pertinente, estritamente falando, apenas para as classes subordinadas. Isso não quer dizer que mulheres da classe dominante não experimentem subordinação de gênero. No entanto, sua subordinação está associada a seus papéis na manutenção e reposição das classes proprietárias, e isso requer uma análise própria.

trabalho nas sociedades de classes. Primeiro, uma variedade de atividades diárias restaura as energias dos produtores diretos e lhes permite retornar ao trabalho. Segundo, atividades similares mantêm membros das classes subordinadas que não estejam trabalhando – aquelas pessoas que são muito jovens, idosas ou doentes, ou que estão, elas mesmas, envolvidas nas atividades de manutenção ou fora da força de trabalho por outros motivos. E, terceiro, processos de reposição que renovam a força de trabalho, repondo membros das classes subordinadas que faleceram ou não trabalham mais.

Com esses três tipos de processos desembaraçados, o conceito de reprodução da força de trabalho pode ser liberado das noções normativas relativas à procriação biológica em contextos familiares heterossexuais. Embora a reprodução da força de trabalho nas sociedades existentes tenha geralmente envolvido a criação de crianças em ambientes baseados em laços de parentesco chamados família, esta pode, em princípio, ser organizada de outras formas, pelo menos por um período. O atual conjunto de trabalhadores poderia ser alojado em dormitórios, mantido coletivamente, trabalhar até a morte e depois ser reposto por novos trabalhadores, trazidos de fora. Muitas vezes na história, houve aproximação com esse árduo regime. As minas de ouro no Egito romano, as plantações de borracha na Indochina francesa e os campos de concentração nazistas,[11] todos vêm à mente. O mais comum é uma força de trabalho existente ser reabastecida de duas formas. Primeiro, por processos que chamo de "reposição geracional", em que os trabalhadores têm filhos que crescem para se tornarem eles mesmos trabalhadores. A segunda, pela entrada de novos trabalhadores na força de trabalho. Por exemplo, indivíduos que

---

[11] No original, *Nazi Arbeitslager*. (N.T.)

nunca haviam participado anteriormente podem se envolver no trabalho assalariado, como quando as esposas entraram no mercado de trabalho estadunidense na década de 1950. As pessoas podem entrar na força de trabalho esporadicamente, na colheita, por exemplo, ou durante crises econômicas. Imigrantes podem cruzar as fronteiras nacionais para entrar na força de trabalho de uma sociedade. As pessoas também podem ser sequestradas à força, transportadas para longe de casa e coagidas a entrar em uma nova força de trabalho, como foi feito nas *plantations* de escravizados do Novo Mundo.

Do ponto de vista teórico, em outras palavras, a reprodução da força de trabalho não está invariavelmente associada com as unidades domésticas privadas baseadas em parentesco, como o Debate sobre o Trabalho Doméstico geralmente supunha. Em particular, não implica necessariamente nenhuma ou todas as seguintes: heterossexualidade, procriação biológica, formas de família ou reposição geracional. Ainda assim, a maioria das sociedades de classes institucionalizou os processos de manutenção diária e de reposição geracional em um sistema de formas de família heterossexuais. Que tais arranjos sejam empiricamente tão comuns provavelmente reflete suas vantagens – contestadas e constantemente renegociadas – em relação às alternativas.

As sociedades de classes que dependem da procriação biológica para a reprodução da força de trabalho encontram várias contradições. Durante a gestação e por um curto momento após, as mulheres da classe subordinada passam, pelo menos por um breve período, por algum tipo de capacidade reduzida de trabalhar e/ou de se envolver nas atividades de manutenção diária. Durante tais períodos de menor atividade, as próprias mulheres devem ser mantidas. Dessa maneira, a reprodução biológica pode diminuir a contribuição das mulheres da classe subordinada enquanto produtoras diretas e participantes de atividades de manutenção.[12] Do ponto de vista das classes dominantes, essa reprodução biológica é potencialmente onerosa, já que o trabalho das mulheres grávidas e daqueles que as mantêm poderia, de outra forma, fazer parte do trabalho excedente. Ao mesmo tempo, a geração de filhos na classe subordinada reabastece a força de trabalho e, portanto, beneficia as classes dominantes. Há uma contradição latente, portanto, entre a necessidade das classes dominantes de se apropriar do mais-trabalho e suas necessidades quanto à força de trabalho para realizá-lo.

Da perspectiva das classes subordinadas, outras contradições podem surgir. Os arranjos para a reprodução da força de trabalho geralmente são favorecidos pelas relações entre mulheres e homens baseadas na sexualidade e no parentesco. Outros indivíduos, frequentemente o pai biológico e seus parentes ou os da própria mulher gestante, têm a responsabilidade de assegurar que as mulheres sejam providas durante períodos de atividade diminuída associados à reprodução biológica. Embora, em princípio, os papéis diferenciados de mulheres e homens precisem durar apenas pelos meses de gestação e lactação, a maioria das sociedades os atribui à variedade de estruturas sociais conhecidas como famílias, que se tornam locais para a realização da manutenção diária, bem como de reposição geracional. Os arranjos são geralmente legitimados pela dominação masculina apoiada por estruturas institucionalizadas de opressão feminina.

A questão de como essas várias contradições se manifestam e são confrontadas nas sociedades de classes realmente existentes não pode ser diretamente derivada de sua existência nesse

---

[12] Paddy Quick argumenta que a principal base material da subordinação das mulheres nas sociedades de classes não é a divisão sexual do trabalho ou a diferença de gênero em si, mas a necessidade de manutenção das mulheres da classe subordinada durante a gravidez (Quick, 1977).

nível muito geral. Essa discussão mostra simplesmente que a capacidade de gerar filhos das mulheres da classe subordinada as posiciona de maneira diferente dos homens em relação aos processos de apropriação do excedente e reprodução da força de trabalho. Embora também possam ser trabalhadoras, é o papel diferenciado das mulheres da classe subordinada na manutenção e reposição da força de trabalho que marca sua situação particular.[13]

Capitalismo e trabalho doméstico

A seção anterior considerou elementos da reprodução da força de trabalho no caso de sociedades divididas por classes. Nesta seção, analiso a reprodução da força de trabalho no tipo distinto de sociedade de classes conhecido como capitalismo. Sobre esse tema, Marx teve muito a contribuir, mas, como a literatura sobre o trabalho doméstico mostrou, não foi o suficiente.[14]

Nas sociedades capitalistas, de acordo com Marx, a força de trabalho assume a forma específica de uma mercadoria, isto é, algo que tem não apenas valor de uso, mas também valor de troca. Portada por pessoas, essa mercadoria tem certas peculiaridades. Seu valor de uso é sua capacidade de, quando posta para trabalhar em um processo de produção capitalista, ser fonte de mais valor do que ela mesma vale. Seu valor de troca – quanto custa comprar a força de trabalho no mercado – é "o valor dos meios de subsistência necessários à manutenção de seu possuidor" (Marx, 1971a, p. 167), uma quantia estabele-

---

[13] Da mesma forma, as mulheres da classe dominante possuem um papel especial, mas bastante diferenciado, na manutenção e reposição de sua classe.
[14] Os três parágrafos a seguir resumem radicalmente as discussões de Marx sobre aspectos da reprodução da força de trabalho. Marx discutiu o tema detalhadamente e com ampla ilustração empírica.

cida histórica e socialmente em uma dada sociedade e em um momento particular.

Para explorar a relação entre o valor da força de trabalho e o interesse do capital na apropriação de excedente, Marx utilizou uma abstração: a jornada de trabalho de um único trabalhador, expressa em horas. (Para Marx, o trabalhador sempre foi um homem, evidentemente). Ele definiu "trabalho necessário" como a parte da jornada de trabalho que permite ao trabalhador comprar os meios de subsistência. E ele definiu "trabalho excedente" como o restante da jornada de trabalho, do qual o capitalista se apropria.[15] Dito de outra forma, o trabalhador trabalha parte do tempo para si e o restante do tempo para o patrão. O primeiro, o trabalho necessário do trabalhador, corresponde ao seu salário; o segundo, seu trabalho excedente, constitui mais-valia à disposição do patrão.

Para Marx, a acumulação capitalista cria um sistema orientado para o lucro em constante mudança. Se os capitalistas devem buscar cada vez mais lucros, é de seu interesse buscar reduções do trabalho necessário. Marx discutiu métodos (para além das fraudes) que os capitalistas podem usar para conseguir tal redução. Por um lado, podem prolongar as horas de trabalho ou intensificar o ritmo de trabalho sem alterar o valor da força de trabalho. Mais horas de trabalho ou mais intensidade significam que o trabalhador gasta mais força de trabalho pelo mesmo salário. Ou seja, sua força de trabalho é barateada. Marx chamou esse tipo de redução do trabalho necessário de "mais-valia absoluta". Por outro lado, os capitalistas podem reduzir o trabalho necessário tornando o processo de produção mais produtivo. Maior produtividade significa que o trabalhador

---

[15] A rigor, uma parte do valor criado pelo trabalho do trabalhador vai para substituir o capital constante.

precisa de menos horas de trabalho para completar o trabalho necessário e mais mais-valia vai para o patrão. Dentro de certos limites, um aumento salarial poderia até ser concedido. Marx chamou esse tipo de redução do trabalho necessário de "mais-valia relativa".

A discussão de Marx sobre a relação entre o trabalho necessário e o trabalho excedente na jornada de trabalho é maravilhosamente clara. Ao mesmo tempo, seu enfoque em um único trabalhador individual necessariamente exclui a consideração de todo o trabalho adicional que assegura não só a manutenção e a reposição do homem trabalhador, mas também a de seus parentes, de sua comunidade e da força de trabalho em geral.[16] Que esses vários processos possam ser omitidos da exposição de Marx, pelo menos nesse ponto, é um efeito da organização social específica do capitalismo. Como em nenhum outro modo de produção, as tarefas de manutenção diária e de reposição geracional estão espacial, temporária e institucionalmente isoladas da esfera da produção. Em seu conceito de "consumo individual", Marx reconheceu que o capitalismo dá à vida fora do trabalho um caráter radicalmente distinto do que dá ao trabalho assalariado. O consumo individual acontece quando "o trabalhador utiliza o dinheiro pago pela compra da força de trabalho em meios de subsistência" (Marx, 1971a, p. 536). O principal interesse de Marx, aqui, é contrastar o consumo individual de meios de subsistência do trabalhador com seu "consumo produtivo" de meios de produção durante o trabalho. Mas ele disse pouco sobre o trabalho propriamente envolvido no consumo individual. Este é um âmbito de atividade econô-

---

[16] Em outros momentos, Marx reconheceu que esse trabalho era uma condição para a reprodução social geral.

mica essencial para a produção capitalista, apesar de ausente na exposição de Marx.

A literatura sobre o trabalho doméstico procurou, de várias maneiras, tornar visível o funcionamento da reprodução da força de trabalho nas sociedades capitalistas. Do meu ponto de vista, isso significava reconceituar o trabalho necessário para incorporar os processos de reprodução da força de trabalho. O trabalho necessário tem, eu argumentei, dois componentes. O primeiro, discutido por Marx, é o trabalho necessário que produz valor equivalente aos salários. Este componente, que chamei de componente social do trabalho necessário, está indissoluvelmente ligado ao trabalho excedente no processo de produção capitalista. O segundo componente do trabalho necessário, profundamente velado na descrição de Marx, é o trabalho não remunerado que contribui para a renovação diária e de longo prazo dos portadores da mercadoria força de trabalho e da classe trabalhadora como um todo.[17] Chamei isso de componente doméstico do trabalho necessário, ou trabalho doméstico.

Definido dessa forma, o trabalho doméstico tornou-se um conceito específico do capitalismo e sem atribuição fixa de gênero. Isso o libertou de vários pressupostos do senso comum que assombravam o Debate sobre o Trabalho Doméstico, especialmente a noção de que o trabalho doméstico é universal e que é necessariamente trabalho das mulheres.

Os componentes social e doméstico do trabalho necessário não são diretamente comparáveis, pois este último não tem

---

[17] Neste nível de abstração, utilizo o termo "classe trabalhadora" para indicar todos aqueles que são desprovidos de propriedade no sentido de não possuírem os meios de produção. A maioria da população dos EUA hoje, como em qualquer outro lugar, é, nesse sentido, classe trabalhadora, o que torna necessário, em contextos menos abstratos, considerar a estratificação das unidades domésticas por ocupação, educação, renda, e assim por diante.

valor.[18] Isso significa que o componente social, altamente visível e muito valioso do trabalho necessário é acompanhado por um componente de trabalho doméstico obscuro, não quantificável e (tecnicamente) sem valor. Embora apenas um componente apareça no mercado e possa ser visto claramente, a reprodução da força de trabalho envolve ambos. Os salários podem permitir que os trabalhadores comprem mercadorias, mas um trabalho adicional – trabalho doméstico – também deve, em geral, ser realizado. Os produtos alimentícios são preparados e as roupas são conservadas e limpas. As crianças não são apenas cuidadas, mas também educadas nas habilidades necessárias para se tornarem adultos competentes da classe trabalhadora. Os indivíduos da classe trabalhadora que estão doentes, deficientes ou debilitados são assistidos. Essas várias tarefas são, pelo menos em parte, realizadas pelo trabalho doméstico.

Em outras palavras, argumentei que o trabalho necessário é uma categoria conceitual mais complicada do que se pensava anteriormente. Ela tem dois componentes, um com valor e outro sem valor. O trabalho doméstico, o segundo componente até então ausente, é nitidamente diferente do componente social, mas igualmente indispensável à reprodução social capitalista. Falta-lhe valor, mas, ainda assim, desempenha um papel fundamental no processo de apropriação de mais-valia. Imbricados na realização do trabalho necessário, o trabalho social e seu novo parceiro, o trabalho doméstico, formam um par estranho, nunca antes encontrado na teoria marxista.[19]

---

[18] A questão sobre se o trabalho doméstico tem ou não valor no sentido marxista desencadeou o seu próprio minidebate na literatura do movimento de libertação das mulheres. A meu ver, não o tem. Para uma exposição sobre o porquê, ver Smith (1978).

[19] Essa discussão, que elucida, mas não altera o meu argumento anterior (Vogel, 1983), agora me parece menos convincente. O que está nítido, no entanto, é

APÊNDICE: TRABALHO DOMÉSTICO REVISITADO

O interesse dos capitalistas em reduzir o trabalho necessário pode se estender tanto ao seu componente doméstico quanto ao seu componente social. Se algumas pessoas dedicam grande parte de suas energias ao trabalho doméstico – tirando água do poço, cozinhando na lareira, lavando roupas com água fervente, ensinando às crianças o básico de leitura, escrita e aritmética, e assim por diante – estão, portanto, menos disponíveis para o trabalho na produção. Em contrapartida, quando o trabalho doméstico é reduzido, força de trabalho adicional é potencialmente liberada para o mercado de trabalho. A redução do trabalho doméstico tem sido um processo contínuo nos séculos XIX e XX. No início dos anos 1900, a preparação de alimentos consumia menos tempo, lavar roupa era, de certa forma, menos oneroso e as escolas haviam assumido a maior parte da tarefa de ensinar as competências básicas. Mais recentemente, alimentos congelados, microondas, lavanderias e o aumento da disponibilidade de creches, berçários, jardins de infância e programas extracurriculares diminuíram o trabalho doméstico ainda mais.[20] A redução do trabalho doméstico por meios tecnológicos e não tecnológicos inevitavelmente faz com que as unidades domésticas enviem mais força de trabalho dos seus

---

que, quer o trabalho doméstico seja conceitualizado como um componente do trabalho necessário ou não, o resultado final é que deve ser encontrada alguma maneira de teorizá-lo no interior da Economia Política marxista.

[20] Nona Glazer (1987) discute a "transferência de trabalho" como uma importante contratendência do século XX para a redução do trabalho doméstico. A transferência de trabalho ocorre quando o trabalho anteriormente desempenhado por funcionários é transferido para os clientes por meio do autoatendimento, aumentando assim o trabalho doméstico. Martha Gimenez (1990) incorpora a transferência de trabalho de Glazer em sua discussão sobre os quatro tipos distintos de trabalho doméstico. Embora os vários mecanismos de transferência de trabalho sejam significativos, eu duvidaria que eles contradigam as tendências de longo prazo de as unidades domésticas diminuírem a quantidade total de trabalho doméstico realizado.

membros para o mercado. No entanto, isso cria uma maior possibilidade de que possam fazê-lo.

Em resumo, os capitalistas como classe ficam presos em uma série de pressões conflituosas, incluindo: a sua necessidade de longo prazo de força de trabalho, suas demandas a curto prazo por diferentes categorias de trabalhadores e consumidores, seu imperativo de lucro e seu desejo de manter a hegemonia sobre uma classe trabalhadora dividida. Nos termos da minha construção teórica, essas pressões contraditórias geram tendências, é evidente, não inevitabilidades predeterminadas. Tais tendências não necessariamente produzem resultados favoráveis às classes dominantes, como as interpretações funcionalistas postulariam. Ao contrário, os processos de reprodução da força de trabalho constituem um terreno em batalha. Nas sociedades atuais, os capitalistas adotam uma variedade de estratégias, algumas das quais envolvem a manipulação do trabalho doméstico de formas que podem ser analisadas como criação de mais-valia absoluta ou relativa. Ao mesmo tempo, os trabalhadores se esforçam para obter as melhores condições para sua própria renovação, que pode incluir um determinado nível e tipo de trabalho doméstico. Como tanto o capital quanto o trabalho são normalmente fragmentados em setores distintos, os resultados não são uniformes entre eles.

Uma dinâmica contraditória tendencial passa, assim, por lutas históricas sobre as condições de reprodução da mercadoria força de trabalho. Desenvolvimentos específicos incluem o salário-família para certos grupos, legislação protetiva abrangendo mulheres e crianças trabalhadoras nas indústrias, segregação sexual e racial no mercado de trabalho, trabalho imigrante acomodado em alojamentos e assim por diante.[21]

---

[21] Essa análise do trabalho doméstico como componente essencial da reprodução da força de trabalho tem uma contrapartida empírica na maneira como

APÊNDICE: TRABALHO DOMÉSTICO REVISITADO

Até aqui, discuti a reprodução da mercadoria força de trabalho como um fenômeno econômico.[22] Há, no entanto, um fenômeno político central que também concerne a essa reprodução, uma tendência à igualdade. Marx argumentou que essa característica política fundamental das sociedades capitalistas tem base na articulação entre produção e circulação.[23] Na produção, uma grande variedade de trabalho concreto útil é tornada equivalente ao trabalho humano abstrato, ou valor. Na circulação, as mercadorias podem ser trocadas no mercado quando incorporam montantes comparáveis desse valor. A força de trabalho é, evidentemente, também uma mercadoria, comprada e vendida no mercado. Trabalhadores e capitalistas, portanto, encontram-se no mercado como proprietários que buscam trocar suas mercadorias. Para que as transações ocorram, os capitalistas devem oferecer salários equivalentes ao valor da força de trabalho dos trabalhadores. Contrariamente às noções de capitalismo como um sistema de trapaça, essa é uma troca igualitária. A igualdade no mercado anda de mãos dadas com a exploração na produção.

A igualdade entre pessoas não é, então, um princípio abstrato ou uma falsa ideologia, mas uma tendência complexa com

---

os estudos da classe trabalhadora mudaram nas últimas três décadas. Em vez de focar apenas nos trabalhadores e seus sindicatos, numerosos pesquisadores analisam de maneira mais ampla os lares e comunidades da classe trabalhadora como portadoras, mantenedoras e repositoras da força de trabalho. Cf. Sacks (1989); Glucksmann (1990).

[22] Concordo com Nancy Fraser (1998) que a maior parte do que pode ser vagamente denominado relações de gênero não está na esfera econômica. Minha afirmação aqui é que há, não obstante, alguma parte que é econômica, que desempenha um papel na dinâmica da acumulação capitalista e que sua teorização pertence à Economia Política. Esse importante, porém limitado, aspecto econômico da opressão às mulheres no capitalismo é certamente um dos fatores que marca sua especificidade em oposição, por exemplo, à subordinação racial ou de classe.

[23] Aqui, novamente, resumo radicalmente uma consideração muito mais ampla de Marx.

raízes na articulação das esferas de produção e circulação. A falta de igualdade, eu argumento, representa uma característica específica da opressão às mulheres (e de outros grupos) nas sociedades capitalistas. Somente mulheres da classe subordinada realizam trabalho doméstico, como discutido anteriormente, mas todas as mulheres sofrem pela falta de igualdade nas sociedades capitalistas.

Os esforços para expandir o horizonte da igualdade criam desafios radicais em, pelo menos, duas frentes. Primeiro, tendem a reduzir as divisões dentro e entre camadas e setores subordinados, movendo todas as pessoas para uma base mais igualitária. Em segundo lugar, podem revelar o caráter fundamentalmente explorador do capitalismo, pois quanto mais direitos são ampliados, mais o caráter econômico e social do capitalismo é exposto. Longe das experiências infrutíferas de reformismo ou políticas de identidade presumidamente divisionista, as lutas pela igualdade podem contribuir para a construção de alianças estratégicas e até mesmo apontar para além do capitalismo.

Para resumir o cenário teórico que apresentei, em toda sua abstração: no modo de produção capitalista, a lógica da acumulação e a articulação entre as esferas de produção e circulação marcam duplamente a posição das mulheres. Por um lado, mulheres e homens da classe subordinada têm uma localização diferenciada em relação aos aspectos econômicos importantes da reprodução social. Por outro lado, a todas as mulheres são negados direitos iguais. Nas sociedades atuais, a dinâmica da subordinação das mulheres responde a esse duplo posicionamento, entre outros fatores.

Públicos e paradigmas

Os esforços para teorizar o trabalho doméstico se dirigiram a dois públicos distintos na década de 1970: as feministas, especialmente feministas socialistas, e a esquerda. A maioria das feministas acabou rejeitando a literatura sobre o trabalho doméstico como um esforço equivocado de aplicar categorias marxistas inapropriadas. A maioria dos marxistas simplesmente desconsiderou o debate, não acompanhando e nem participando dele. Nem o público potencial compreendeu completamente as maneiras pelas quais as feministas socialistas estavam sugerindo, implícita ou explicitamente, que a teoria marxista tinha que ser revisada.

Um fator que, em última instância, acabou limitando o público feminista foi a abordagem teórica do Debate sobre o Trabalho Doméstico. Como discutido anteriormente, muitas feministas tiveram dificuldades com a perspectiva epistemológica que subjaz à grande parte da literatura sobre trabalho doméstico. Não era apenas extremamente abstrata, como também considerava o escopo da teoria como severamente limitado. Em particular, as questões sobre subjetividade e agenciamento ficaram fora desse tipo de teoria. Essas perguntas pertenciam, ao contrário, ao difícil e confuso âmbito da pesquisa e análise histórica concreta. A maioria das feministas passou a rejeitar essa visão sobre a teoria e buscou, em vez disso, fundamentar a teoria em uma descrição empírica detalhada. Uma poderosa, mas geralmente não reconhecida, diferença de paradigma teórico separou, assim, as duas perspectivas. Como é muito mais evidente para mim agora do que há anos, as representantes de uma não conseguiam se comunicar efetivamente com as da outra. Mesmo a tarefa de ler o trabalho uma da outra, para não mencionar a de criticá-los de forma útil, encontrou o obstáculo da incompatibilidade de paradigmas.[24]

---

[24] Thomas Kuhn (1962) descreve as muitas maneiras pelas quais os paradigmas teóricos permanecem invisíveis enquanto enquadram vigorosamente o pensamento de seus adeptos. Com relação ao quadro teórico em discussão, Althusser (1993, p. 185-186) também comenta o fenômeno: "Desde o início, insistimos

Durante os anos 1970, a esquerda foi em sua maioria hostil à ideia de desenvolver um socialismo feminista, e mais ainda à de revisar a teoria marxista. Em muitos setores, o feminismo era considerado inerentemente burguês, bem como uma ameaça à unidade de classe. Os teóricos marxistas dos EUA, em sua maioria homens, geralmente ignoravam a literatura sobre o trabalho doméstico. Em parte, o problema aqui era novamente uma incompatibilidade de paradigmas, dessa vez de um tipo diferente. De uma perspectiva tradicional marxista, a dinâmica do capitalismo tinha a ver, em última instância, com a exploração de classes. Outras questões – por exemplo, opressão de gênero, raça ou nacionalidade – podem ser preocupações importantes para os socialistas, mas estão fora do que era entendido como o âmbito da teoria marxista.

O público da teorização sobre o trabalho doméstico se contraiu drasticamente nos anos 1980. Certamente o clima político cada vez mais conservador e o declínio ou a destruição de muitos movimentos sociais radicais desempenharam um papel nessa crise. O trabalho intelectual feminista conseguiu florescer, mas com muito menos vínculos com a militância do movimento de mulheres do que antes. Sobrevivendo nos *campi* de faculdades e universidades, encontrou uma série de restrições disciplinares e pressões profissionais. Além disso, as gerações mais jovens de acadêmicas feministas perderam a chance de participar do movimento radical de libertação das mulheres enraizado nos levantes da década de 1960. Não é de surpreender que a confiança na relevância do pensamento socialista para a teoria feminista tenha diminuído.

---

em estabelecer uma distinção estrutural entre uma *combinatória* (abstrata) e uma *combinação* (concreta), que criou o grande problema. Mas alguém reconheceu isso? Ninguém notou a distinção... Ninguém estava interessado em [minha abordagem da] teoria. Apenas algumas pessoas entenderam minhas razões e objetivos".

As décadas de 1980 e 1990 não testemunharam, para surpresa de alguns, o desaparecimento da teorização sobre o trabalho doméstico. Ao contrário, um certo nível de interesse persistiu. Onde há tradições relativamente fortes da teoria marxista, por uma razão ou outra – como na Inglaterra e no Canadá –, pequenas comunidades de economistas, sociólogos e historiadores, tanto homens quanto mulheres, continuam a abordar questões que descendem daquelas colocadas no início da literatura sobre trabalho doméstico.[25]

Nos EUA, durante esses anos, no entanto, relativamente poucos pesquisadores estiveram envolvidos com as questões colocadas no Debate sobre o Trabalho Doméstico. As feministas que continuam a usar a terminologia costumam fazê-lo de maneira mais metafórica do que analítica. O trabalho doméstico, por exemplo, ainda é entendido como algo cujo lugar e trabalhadores são óbvios (a residência privada, as mulheres) e cujo conteúdo é autoevidente (geralmente, tarefas domésticas ou tarefas domésticas e cuidados com as crianças). Reprodução, um termo que possui significados no interior de várias tradições intelectuais distintas, que foram no início objeto de muita discussão, também adquiriu um significado genérico.[26] Ao lado de uma nova expressão, "trabalho reprodutivo", agora frequentemente abrange uma ampla gama de atividades que contribuem para a renovação das pessoas, incluindo o trabalho emocional e intelectual, bem como o trabalho manual,

---

[25] Sobre a Inglaterra, ver a bibliografia em Gardiner (1997) e a revista *Capital & Class*. Sobre o Canadá, ver Hamilton e Barrett (1990), e a revista *Studies in Political Economy*.

[26] Para considerações dos anos 1970 sobre os significados do conceito de reprodução, ver Edholm, Harris e Young (1977); e Beechey (1979). Ver também Himmelweit (1983b).

remunerado e não remunerado. Revisando a literatura, Evelyn Nakano Glenn (1992) observa que:

> O termo *reprodução social* passou a ser concebido de forma mais ampla [...] para se referir à criação e recriação de pessoas como seres culturais e sociais, bem como físicos. Portanto, envolve trabalho mental, emocional e manual. Esse trabalho pode ser organizado de inúmeras maneiras – dentro e fora do lar, como trabalho remunerado ou não remunerado, criando valor de troca ou apenas o valor de uso [...]. [Por exemplo, a produção de alimentos] pode ser realizada por um membro da família como trabalho não remunerado ou por um empregado remunerado no lar, ou ainda por um auxiliar de cozinha em um restaurante de *fast-food* como trabalho assalariado que gera lucro.

Os teóricos marxistas dos EUA nas décadas de 1980 e 1990 continuaram sendo majoritariamente homens e em geral desatentos às várias décadas de produção acadêmica e de debates feministas-socialistas. Muitos consideram o feminismo como um exemplo da chamada "política identitária" que só poderia dividir a esquerda. Eles também se preocupam com a unidade da teoria marxista. Ao mesmo tempo, parecem não estar cientes da variedade de debates e discussões atuais que abordam esses mesmos problemas. Um pequeno grupo, no entanto, começou a entrar no diálogo. Alguns abrangem um terreno já bastante percorrido pelo Debate sobre o Trabalho Doméstico, até mesmo reinventando as análises propostas pela primeira vez por feministas nos anos 1970. Outros interpretam as questões em torno da opressão às mulheres como questões de linguagem, psicologia ou sexualidade. Ao fazê-lo, eles elaboram a subordinação das mulheres como totalmente externa aos processos de apropriação de excedente e reprodução social capitalista e, portanto, não como objeto da Economia Política marxista.

As primeiras teóricas do trabalho doméstico procuraram colocar a vida das mulheres no centro do funcionamento do capitalismo. Estavam entre as primeiras a intuir a vindoura crise do marxismo e a começar a explorar as limitações da teoria marxista. Seu desafio à teoria feminista e à tradição da Economia Política marxista permanece, a meu ver, como um projeto inacabado.

Trabalho doméstico no século XXI

A literatura do trabalho doméstico insistiu que a opressão às mulheres é central para a reprodução social geral. Apesar de todos os seus problemas, essa ideia permanece válida. O capital ainda exige fontes confiáveis de força de trabalho explorável e consumidores de mercadorias adequadamente configurados – demandas que são perenemente objeto de luta e nem sempre são atendidas. Com a reestruturação global, os processos pelos quais a força de trabalho é mantida e reposta estão passando por uma transformação radical, e o trabalho doméstico continua sendo central para essas mudanças. As formas de trabalho doméstico proliferam, afastando-se cada vez mais da norma da família nuclear do homem-provedor/mulher-dependente. A maioria das unidades domésticas contribui com quantidades crescentes de tempo para o trabalho assalariado, geralmente reduzindo a quantidade e a qualidade de trabalho doméstico realizado por seus membros. Outras unidades domésticas são atingidas por desemprego persistente, intensificando a marginalidade, e um nível e tipo de trabalho doméstico empobrecido. Aqui, pode-se argumentar, a reprodução de um setor da força de trabalho está em questão.[27] Os processos de renovação da força de trabalho também se dispersam geograficamente, frequentemente cruzan-

---

[27] Gimenez (1990, p. 37) sugere que essas unidades domésticas "simplesmente reproduzem pessoas; e [a força de trabalho das] pessoas [...] sem habilidades comercializáveis, [não] têm valor sob condições capitalistas". Para uma interpretação diferente, ver Sassen (1998).

do as fronteiras nacionais. A migração torna-se mais difundida, dividindo famílias e produzindo novos tipos de trabalho doméstico baseados ou não em relações de parentesco. Enquanto isso, o escopo ampliado e a disponibilidade da igualdade baseada em direitos para grupos tradicionalmente marginalizados, benéfica em muitos aspectos, cria riscos antes imprevisíveis.[28]

Na virada do século XXI, fardos pesados recaem sobre as mulheres, em paralelo a mudanças inegavelmente empoderadoras. Esses fardos incluem, entre outros, a dupla jornada de trabalho, maridos ausentes, o isolamento dos parentes e a maternidade solo sem apoio social adequado. Em suma, a experiência das mulheres ainda aponta para a questão da teorização do trabalho doméstico e o seu papel na reprodução social capitalista.

---

[28] Ver, por exemplo, Vogel (1995).

REFERÊNCIAS

ALEXANDER, Sally. Women's work in nineteenth-century London: A study of the years 1820-1850'. In: MITCHELL, Juliet; OAKLEY, Ann (eds.) *The rights and wrongs of women*. Harmondsworth: Penguin Books, 1976.

ALLEN, Theodore. *The invention of the white race:* Volume one, racial oppression and social control. London: Verso, 1994.

ALLEN, Theodore. *The invention of the white race:* Volume two, the origins of racial oppression in Anglo-America. London: Verso, 1997.

ALTBACH, Edith (ed.) *From feminism to liberation*. Cambridge, MA: Schenkman Publishing, 1971.

ALTHUSSER, Louis. *Lenin and philosophy and other essays*. New York: Monthly Review Press, 1971b.

ALTHUSSER, Louis. Preface to capital volume one. *In:* ALTHUSSER, Louis. *Lenin and philosophy and other essays*. New York: Monthly Review Press, 1971a [1969].

ALTHUSSER, Louis. *The future lasts forever*. New York: The New Press, 1993.

ALTHUSSER, Louis; BALIBAR, Etienne. *Reading capital*. London: New Left Books, 1970.

ANONYMOUS. *International Workingmen's Association*. General Council Minutes. v. 4. Moscow: Progress Publishers, 1964.

ANONYMOUS. The National Conference on Socialist-Feminism. *Socialist Revolution*, n. 26, p. 85-116, 1975.

REFERÊNCIAS

ANTHIAS, Floya. Women and the reserve army of labour: A critique of Veronica Beechey. *Capital and Class*, n. 10, p. 50-63, 1980.

ARMSTRONG, Pat; ARMSTRONG, Hugh. Beyond sexless class and classless sex: Towards Feminist Marxism. *Studies in Political Economy*, n. 10, p. 7-43, 1983.

ATKINSON, Jane. Anthropology. *Signs*, n. 8, p. 236-58, 1982-3.

ATKINSON, Dorothy; DALLIN, Alexander; LAPIDUS, Gail Warhofsky (eds.) *Women in Russia*. Stanford: Stanford University Press, 1977.

AVELING, Edward; MARX, Eleanor Aveling. The Woman Question. repr. (with subtitles added). *Marxism Today*, v. 16, n. 3, p. 80-8, 1972 [1886]. [MARX, Eleanor; AVELING, Edward. *A questão da mulher:* de um ponto de vista socialista. Tradução e notas: Helena Barbosa, Maíra Mee Silva e Maria Tereza Mhereb. Apresentação: Cecilia Farias, Letícia B. Souto e Lia Urbini. São Paulo: Expressão Popular, 2021.]

BAKKER, Isabella; GILL, Stephen (eds.) *Power, production and social reproduction, houndsmills*. Basingstoke: Palgrave Macmillan, 2003.

BAKKER, Isabella; SILVEY, Rachel. Introduction: Social reproduction and global transformations – from the everyday to the global. *In:* BAKKER, Isabela; SILVEY, Rachel. *Beyond States and Markets:* The Challenges of Social Reproduction. New York: Routledge, 2008.

BANNERJI, Himani. *Thinking through:* Essays on feminism, marxism and anti-racism. Toronto: Women's Press, 1995.

BARKER, Diana Leonard; ALLEN, Sheila (eds.) *Dependence and exploitation in work and marriage*. New York: Longman, 1976.

BARON, Ava. Women and the making of the american working class: A study of the proletarianization of printers. *Review of Radical Political Economics*, v. 14, n. 3, p. 23-42, 1982.

BARRETT, Michèle. *Women's oppression today:* Problems in marxist feminist analysis. London: Verso, 1980.

BARRETT, Michèle; MCINTOSH, Mary. The "Family Wage": Some Problems for Socialists and Feminists. *Capital and Class*, n. 11, p. 51-72, 1980.

BEBEL, August. *Die frau und der sozialismus*. Stuttgart: Dietz Verlag, 1891.

BEBEL, August. *Woman in the Past, Present and Future*. New York: AMS Press, 1976 [1885].

BEBEL, August. *Woman under socialism*. Translated by Daniel De Leon. Reprint. New York: Schocken Books, 1971 [1904].

BEECHER, Jonathan; BIENVENU, Richard (eds.) *The utopian vision of Charles Fourier*. Boston: Beacon Press, 1971.

BEECHEY, Veronica. On Patriarchy. *Feminist Review*, n. 3, p. 66-82, 1979.

BEECHEY, Veronica. Some notes on female wage labour in capitalist production. *Capital and Class*, n. 3, p. 45-66, 1977.

BEECHEY, Veronica. Women and production: A critical analysis of some sociological theories of women's work. *In:* KUHN, Annette; WOLPE, Annemarie (eds.) *Feminism and materialism:* women and modes of production. Boston: Routledge and Kegan Paul, 1978.

BENERÍA, Lourdes. Reproduction, production and the sexual division of labour. *Cambridge Journal of Economics*, n. 3, p. 203-25, 1979.

BENSTON, Margaret. The political economy of women's liberation. *Monthly Review*, v. 21, n. 4, p. 13-27, 1969.

BERREMAN, Gerald (ed.) *Social inequality:* Comparative and developmental approaches. New York: Academic Press, 1981.

BETTELHEIM, Charles. *Economic calculation and forms of property.* New York: Monthly Review Press, 1975.

BEZANSON, Kate; LUXTON, Meg (eds.) *Social Reproduction:* Feminist political economy challenges neo-liberalism. Montreal: McGill--Queen's Press, 2006.

BLAUT, James. Nationalism as an autonomous force. *Science and Society*, n. 46, p. 1-23, 1982.

BLUMENBERG, Werner (ed.) *August Bebels briefwechsel mit Friedrich Engels.* The Hague: Mouton, 1965.

BLUMENFELD, Emily; MANN, Susan. Domestic labour and the reproduction of labour power: Towards an analysis of women, the family, and class. *In:* FOX, Bonnie (ed.) *Hidden in the household:* Women's domestic labour under capitalism. Toronto: Women's Press, 1980.

BOBROFF, Anne. The Bolsheviks and Working Women, 1905-1920. *Soviet Studies*, n. 26, p. 540-67, 1974.

BOTTOMORE, Tom (ed.) *A dictionary of marxist thought.* Cambridge, MA: Harvard University Press, 1983.

BOXER, Marilyn; QUATAERT, Jean (eds.) *Socialist women:* European socialist feminism in the nineteenth and early twentieth centuries. New York: Elsevier, 1978.

BRENNER, Johanna. Review: Marxist theory and the Woman Question. *Contemporary Sociology*, v. 13, n. 6, p. 698-700, 1984.

BRENNER, Johanna. Intersections, locations, and capitalist class relations: Intersectionality from a marxist perspective. *In:* BRENNER, Johanna (ed.) *Women and the politics of class.* New York: Monthly Review Press, 2000.

BRENNER, Johanna (ed.) *Women and the politics of class.* New York: Monthly Review Press, 2000.

BRENNER, Johanna; RAMAS, Maria. Rethinking women's oppression. *New Left Review*, v. I, n. 144, p. 40-7, 1984.

BRENNER, Johanna; HOLMSTROM, Nancy. Women's self-organization: Theory and strategy. *Monthly Review*, n. 34, p. 34-46, 1983.

BRIDENTHAL, Renate. The dialectics of production and reproduction in history. *Radical America*, v. 10, n. 2, p. 3-11, 1976.

BRIDENTHAL, Renate; KOONZ, Claudia (eds.) *Becoming visible:* Women in european history. Boston: Houghton Mifflin Co., 1977.

BROWN, Beverly. *Natural and social division of labour:* Engels and the domestic labour debate. m/f, n. 1: p. 25-47, 1978.

BROWN, Liz. *The family and its genealogies:* A discussion of Engels' Origin of the family. m/f, n. 3: p. 5-34, 1979.

BRUEGEL, Irene. Women as a reserve army of labour: A note on recent british experience. *Feminist Review*, n. 3, p. 12-23, 1979.

BUHLE, Paul; BUHLE, Mari Jo; GEORGAKAS, Dan (eds.) *Encyclopedia of the american left.* 2. ed. Oxford: Oxford University Press, 1998.

BUJRA, Janet, Female solidarity and the sexual division of labour. *In:* CAPLAN, Patricia; BUJRA, Janet (eds.) *Women united, women divided.* London: Tavistock Publications, 1978.

BURMAN, Sandra (ed.) *Fit work for women.* London: Croom Helm, 1979.

BURRIS, Val. The dialectic of women's oppression: Notes on the relation between capitalism and patriarchy. *Berkeley Journal of Sociology*, n. 27, p. 51-74, 1982.

CAMFIELD, David. Beyond adding on gender and class: Revisiting marxism and feminism. *Studies in Political Economy*, n. 68, p. 37-54, 2002.

CAPLAN, Patricia; BUJRA, Janet (eds.) *Women united, women divided.* London: Tavistock Publications, 1978.

CARROLL, Berenice (ed.) *Liberating women's history.* Urbana: University of Illinois Press, 1976.

CAULFIELD, Mina Davis. Imperialism, the family, and cultures of resistance. *Socialist Revolution*, n. 20, p. 67-85, 1974.

CAULFIELD, Mina Davis. Equality, sex and mode of production. In: BERREMAN, Gerald (ed.) *Social inequality:* Comparative and developmental approaches. New York: Academic Press, 1981.

CHINCHILLA, Norma Stoltz. Ideologies of Feminism: Liberal, Radical, Marxist. Social Sciences Research Reports, n. 61, *School of Social Sciences*, University of California at Irvine, 1980.

CHINCHILLA, Norma Stoltz. Mobilizing women: Revolution in the revolution. *Latin American Perspectives*, v. 4, n. 4, p. 83-102, 1977.

CHINCHILLA, Norma Stoltz. Working-class feminism: Domitila and the housewives committee. *Latin American Perspectives*, v. 6, n. 3, p. 87-92, 1979.

CIANCANELLI, Penelope. Exchange, reproduction and sex subordination among the Kikuyu of East Africa. *Review of Radical Political Economics*, v. 12, n. 2, p. 25-36, 1980.

CLARK, Anna. *The struggle for the breeches:* Gender and the making of the british working class. Berkeley, CA: University of California Press, 1995.

CLEMENTS, Barbara Evans. Working-Class and peasant women in the Russian Revolution, 1917-1923. *Signs*, n. 8, p. 215-35, 1982-3.

COLLINS, Jane L.; GIMENEZ, Martha E. (eds.) *Work without wages:* Domestic labor and self-employment within capitalism. Albany, NY: SUNY Press, 1990.

COLLINS, Patricia Hill. Toward a new vision: Race, class, and gender as categories of analysis and connection. *Race, Sex & Class,* v. 1, n. 1, p. 25-45, 1993.

COLLINS, Patricia Hill. The tie that binds: race, gender, and US violence. *Ethnic and Racial Studies*, v. 21, n. 5, p. 918-38, 1998.

COLLINS, Patricia Hill; ANDERSON, Margaret (eds.) *Race, class and gender:* An anthology. Belmont, CA: Wadsworth Publishing, 1992.

COULSEN, Margaret; MAGAS, Branka; WAINWRIGHT, Hilary. "The housewife and her labour under capitalism": A critique. *New Left Review*, n. 89, p. 59-71, 1975.

COUSINS, Mark. *Material Arguments and Feminism.* m/f, n. 2, p. 62-70, 1978.

CROLL, Elisabeth. *Feminism and socialism in China.* London: Routledge and Kegan Paul, 1978.

CROLL, Elisabeth. Women in rural production and reproduction in the Soviet Union, China, Cuba, and Tanzania. *Signs,* n. 7, p. 361-99, 1981-2.

DALLA COSTA, Mariarosa. Women and the subversion of the community. *In:* DALLA COSTA; JAMES, Selma (eds.) *The power of women and the subversion of the community.* Bristol: Falling Wall Press, 1972.

DALLA COSTA, Mariarosa; JAMES, Selma (eds.) *The power of women and the subversion of the community.* Bristol: Falling Wall Press, 1972.

DAVIS, Angela. Reflections on the Black Woman's Role in the Community of Slaves. *Black Scholar,* v. 3, n. 4, p. 3-15, 1971.

DAVIS, Angela. *Women race and class.* New York: Random House, 1981.

DAWLEY, Alan. Class and community: The Industrial Revolution. *In:* LYNN, Cambridge. MA: Harvard University Press, 1976.

DECKARD, Barbara Sinclair. *The women's movement:* Political, Socioeconomic, and Psychological Issues. New York: Harper and Row, 1978.

DEERE, Carmen Diana. Rural women's subsistence production in the capitalist periphery. *Review of Radical Political Economics,* v. 8, n. 1, p. 9-17, 1976.

DEERE, Carmen Diana; LEAL, Magdalena León de. Peasant production, proletarianization, and the sexual division of labor in the Andes. *Signs,* n. 7, p. 338-60, 1981-2.

DELMAR, Rosalind. Looking Again at Engels' Origin of the family, private property and the State. *In:* MITCHELL, Juliet; OAKLEY, Ann (eds.) *The rights and wrongs of women.* Harmondsworth: Penguin Books, 1976.

DIXON, Marlene. The centrality of women in proletarian revolution. *Synthesis,* v. 1, n. 4, 1977.

DIXON, Marlene. Where are we going? *Radical America,* v. 4, n. 2, p. 26-35, 1970.

DIXON, Marlene. Why women's liberation – 2?'. *In:* SALPER, Roberta. *Female liberation:* History and current politics. New York: Alfred A. Knopf, 1972.

DRAPER, Hal. Marx and Engels on women's liberation. *In:* SALPER, Roberta. *Female liberation:* History and current politics. New York: Alfred A. Knopf, 1972.

DRAPER, Hal; LIPOW, Anne. Marxist women versus bourgeois feminism. *In:* MILIBAND, Ralph; SAVILLE, John (eds.) *Socialist register.* London: Merlin Press, 1976.

DREITZEL, H. P. (ed.) *Family, marriage, and the struggle of the sexes.* New York: Macmillan Co., 1972.

DUBOIS, Ellen Carol. *Feminism and suffrage:* The emergence of an independent women's movement in America 1848-1869. Ithaca, NY: Cornell University Press, 1978.

DU BOIS, William Edward Burghardt. *Black reconstruction in America 1860-1880.* Reprint. New York: Atheneum Publishers, 1971 [1935].

DU BOIS, William Edward Burghardt. B*lack reconstruction in America 1860-1880.* New York: Free Press, 1998 [1935].

DUPLESSIS, Rachel Blau; SNITOW, Ann (eds.) *The Feminist Memoir Project:* Voices from women's liberation. New York: Three Rivers Press, 1990.

EASTON, Barbara. Feminism and the Contemporary Family. *Socialist Review*, n. 39, p. 11-36, 1978.

ECHOLS, Alice. *Daring to be bad:* Radical feminism in America, 1967-1975. Minneapolis, Minnesota: University of Minnesota Press., 1989.

EDHOLM, Felicity; HARRIS, Olivia; YOUNG, Kate. Conceptualising women. *Critique of Anthropology*, n. 9-10, p. 101-30, 1977.

EISENSTEIN, Zillah (ed.) *Capitalist patriarchy and the case for socialist feminism.* New York: Monthly Review Press, 1978.

ENGELS, Frederick. *Anti-Dühring.* Moscow: Progress Publishers, 1947 [1877].

ENGELS, Frederick. *Ludwig Feuerbach and the Outcome of Classical German Philosophy.* New York: International Publishers, 1967 [1886].

ENGELS, Frederick. *The condition of the working class in England.* Translated and edited by HENDERSON, W. O.; CHALONER, W. H. Stanford, CA: Stanford University Press., 1968 [1844].

ENGELS, Frederick. T*he Origin of the family, private property and the State.* New York: International Publishers, 1972 [1884].

ENGELS, Frederick (ed.) The theses on Feuerbach. *In:* MARX, Karl; ENGELS, Frederick. *The german ideology.* v. 5, 1975a [1845].

ENGELS, Frederick. The condition of the working class in England. *In:* MARX, Karl; ENGELS, Frederick. 1975, v. 4, 1975b [1844].

ENGELS, Frederick. Outlines of a critique of political economy. *In:* MARX, Karl; ENGELS, Frederick. 1975, v. 3, 1975c [1843-44].

ENGELS, Frederick. Draft of a Communist Confession of Faith. *In:* MARX, Karl; ENGELS, Frederick. 1975, v. 6, 1975d [1845].

ENGELS, Frederick. Principles of communism. *In:* MARX, Karl; ENGELS, Frederick. 1975, v. 6, 1975e [1847].

EPSTEIN, Barbara. Thoughts on Socialist Feminism in 1980. *New Political Science,* v. 1, n. 4, p. 25-35, 1980.

ESTABLET, Roger. Presentation du plan du capital. *In:* ESTABLET, Roger; MACHERY, Pierre (eds.) *Lire le capital.* v. 4. Paris: François Maspero, 1973.

ESTABLET, Roger; MACHERY, Pierre (eds.) *Lire le capital.* v. 4. Paris: François Maspero, 1973.

EVANS, Richard. *The feminists:* Women's emancipation movements in Europe, America and Australasia 1840-1920. New York: Barnes and Noble, 1977.

EVANS, Richard. Bourgeois feminists and women socialists in Germany 1894-1914: Lost opportunity or inevitable conflict? *Women's Studies International Quarterly*, n. 3, p. 355-76, 1980.

EVANS, Sara. The origins of the women's liberation movement. *Radical America*, v. 9, n. 2, p. 1-12, 1975.

EVANS, Sara. *Personal politics:* The roots of women's liberation in the civil rights movement and the new left. New York: Alfred A. Knopf, 1979.

FERGUSON, Susan. Building on the strengths of the socialist feminist tradition. *Critical Sociology*, v. 25, n. 1, p. 1-15, 1999.

FERGUSON, Susan. Canadian contributions to social reproduction feminism, race and embodied labor. *Race, Gender and Class*, v. 15, n. 1-2, p. 42-57, 2008.

FIRESTONE, Shulamith. *The dialectic of sex:* The case for feminist revolution. New York: William Morrow and Co., 1970.

FLOYD, Kevin. *The reification of desire:* Toward a queer marxism. Minneapolis: University of Minnesota Press., 2009.

FOX, Bonnie (ed.) *Hidden in the household:* Women's domestic labour under capitalism. Toronto: Women's Press, 1980.

FRASER, Nancy. Heterosexism, misrecognition and capitalism: A response to Judith Butler. *New Left Review*, n. 228, p. 140-9, 1998.

FREEMAN, Caroline. When is a wage not a wage?'. *In:* MALOS, Ellen (ed.) *The politics of housework*. London: Allison and Busby, 1980.

FREEMAN, Jo. The origins of the women's liberation movement. *American Journal of Sociology*, n. 78, p. 792-811, 1973.

FREEMAN, Jo. The women's liberation movement: Its origins, structures, and ideas. *In:* DREITZEL, H. P. (ed.) *Family, marriage, and the struggle of the sexes*. New York: Macmillan Co., 1972.

GARDINER, Jean. The political economy of domestic labour in capitalist society. *In:* BARKER, Diana Leonard; ALLEN, Sheila (eds.) *Dependence and exploitation in work and marriage*. New York: Longman, 1976.

GARDINER, Jean. Women in the labour process and class structure. *In:* HUNT, Alad (ed.) *Class and class structure*. London: Lawrence and Wishart, 1977.

GARDINER, Jean. *Gender, care and economics*. London: Macmillan, 1997.

GAUDEMAR, Jean-Paul de. *Mobilité du travail et accumulation du capital.* Paris: François Maspero, 1976.

GEIGER, H. Kent. *The family in soviet Russia.* Cambridge, MA: Harvard University Press., 1968.

GERSTEIN, Ira. Domestic work and capitalism. *Radical America,* v. 7, n. 4-5, p. 101-28, 1973.

GERSTEIN, Ira. Production, circulation and value. *Economy and Society,* n. 5, p. 243-91, 1976.

GERSTEL, Naomi; GROSS, Harriet Engel (eds.) *Families and work.* Philadelphia, Pennsylvania: Temple University Press., 1987.

GIMENEZ, Martha E. Structuralist Marxism on "The Woman Question". *Science and Society,* v. 42, n. 3, p. 301-23, 1978.

GIMENEZ, Martha E. The dialectics of waged and unwaged work: Waged work, domestic labor and household survival in the United States. *In:* COLLINS, Jane L.; GIMENEZ, Martha E. (eds.) *Work without wages:* Domestic labor and self-employment within capitalism. Albany, NY: SUNY Press, 1990.

GLAZER, Nona Y. Servants to capital: Unpaid domestic labor and paid work. *In:* GERSTEL, Naomi; GROSS, Harriet Engel (eds.) *Families and work.* Philadelphia, Pennsylvania: Temple University Press., 1987.

GLENN, Evelyn Nakano. From servitude to service work: Historical continuities in the racial division of paid reproductive labor. *Signs,* n. 19, p. 1-43, 1992.

GLICKMAN, Rose. The russian factory woman, 1880-1914. *In:* ATKINSON, Dorothy; DALLIN, Alexander; LAPIDUS, Gail Warhofsky (eds.) *Women in Russia.* Stanford: Stanford University Press, 1977.

GLUCKSMANN, Miriam. *Women assemble:* Women workers and the new industries in interwar. Britain, London: Routledge, 1990.

GODELIER, Maurice. *The origins of male domination.* New Left Review, n. 127, p. 3-17, 1981.

GUESDE, Jules. *Textes choisis 1867-1882.* Paris: Éditions Sociales, 1959.

GUETTEL, Charnie. *Marxism and feminism.* Toronto: Women's Press, 1974.

HAMILTON, Roberta; BARRETT, Michèle (eds.) *The politics of diversity.* London: Verso, 1986.

HANSEN, Karen V.; PHILIPSON, Ilene J. (eds.) *Women, class and the feminist imagination:* A socialist-feminist reader. Philadelphia, Pennsylvania: Temple University Press, 1990.

HARRISON, John. The political economy of housework. *Bulletin of the Conference of Socialist Economists*, n. 7, 1973.

HARTMANN, Heidi. The unhappy marriage of marxism and feminism: Towards a more progressive union. *Capital and Class*, n. 8, p. 1-33, 1979.

HARTMANN, Heidi. The unhappy marriage of marxism and feminism: Towards a more progressive union. *In:* SARGENT, Lydia (ed.) *Women and revolution:* A discussion of the unhappy marriage of marxism and feminism. Boston: South End Press, 1981.

HARTMANN, Heidi; BRIDGES, Amy. The unhappy marriage of marxism and feminism. *Working draft*, 1975.

HAUG, Frigga. Gender relations. *Historical Materialism*, v. 13, n. 2, p. 279-302, 2005.

HAYDEN, Carol Eubanks. The Zhenotdel and the Bolshevik Party. *Russian History*, n. 3, p. 150-73, 1976.

HAYDEN, Dolores. *The grand domestic revolution:* A history of feminist designs for american homes, neighborhoods, and cities. Cambridge, MA: M.I.T. Press., 1981.

HEGEL, Georg Wilhelm Friedrich. *The phenomenology of spirit.* Translated by A. V. Miller. Oxford: Oxford University Press., 1977.

HEINEN, Jacqueline. Kollontai and the history of women's oppression. *New Left Review*, n. 110, p. 43-63, 1978.

HEITLINGER, Alena. *Women and State socialism:* Sex inequality in the Soviet Union and Czechoslovakia. London: Macmillan and Co., 1979.

HENNESSY, Rosemary. *Materialist feminism and the politics of discourse.* New York: Routledge, 1993.

HENNESSY, Rosemary. *Profit and pleasure:* Sexual identities in late capitalism. New York: Routledge, 2000.

HENNESSY, Rosemary; INGRAHAM, Chrys (eds.) *Materialist feminism:* A reader in class, difference and women's lives. New York: Routledge, 1997.

HENSMAN, Rohini. Revisiting the Domestic-Labour Debate: An indian perspective. *Historical Materialism*, v. 19, n. 3, p. 3-28, 2011.

HIMMELWEIT, Sue. Domestic labour. *In:* BOTTOMORE, Tom (ed.) *A dictionary of marxist thought.* Cambridge, MA: Harvard University Press, 1983.

HIMMELWEIT, Sue. Reproduction. *In:* BOTTOMORE, Tom (ed.) *A dictionary of marxist thought.* Cambridge, MA: Harvard University Press, 1983.

HIMMELWEIT, Sue. Value of labour power. *In:* BOTTOMORE, Tom (ed.) *A dictionary of marxist thought.* Cambridge, MA: Harvard University Press, 1983.

HINDESS, Barry; HIRST, Paul. *Pre-capitalist modes of production.* London: Routledge and KEGAN, Paul, 1975.

HOLE, Judith; LEVINE, Ellen. *Rebirth of feminism.* New York: Quadrangle Books, 1971.

HOLMSTROM, Nancy. "Women's Work", the family, and capitalism. *Science and Society,* n. 45, p. 186-211, 1981.

HONEYCUTT, Karen. *Clara Zetkin:* A left-wing socialist and feminist in Wilhelmian Germany. PhD. Dissertation. Columbia University, 1975.

HONEYCUTT, Karen. Socialism and feminism in Imperial Germany. *Signs,* n. 5, p. 30-41, 1979-80.

hooks, bell. *Where we stand:* Class matters. New York: Routledge, 2000.

HUMPHRIES, Jane. *Class struggle and the persistence of the working class family.* Cambridge Journal of Economics, n. 1, p. 241-58, 1977.

HUNT, Alad (ed.) *Class and class structure.* London: Lawrence and Wishart, 1977.

IGNATIEV, Noel. *How the irish became white.* New York: Routledge, 1995.

JAMES, Selma. *Sex, race, and class.* Bristol: Falling Wall Press/Race Today Publications, 1975.

JAMESON, Fredric. *The prison-house of language.* Princeton: Princeton University Press., 1972.

JONES, Jacqueline. "My mother was much of a woman": Black women, work, and the family under slavery. *Feminist Studies,* n. 8, p. 235-69, 1982.

KAPP, Yvonne. *Eleanor Marx:* v. II: The crowded years, 1884-1898. London: Lawrence and Wishart, 1976.

KATZ, Cindi. Vagabond capitalism and the necessity of social reproduction. *Antipode,* n. 33, p. 709-38.

KELLY, Joan. The doubled vision of feminist theory. *Feminist Studies,* n. 5, p. 216-27, 1979.

KELLEY, Robin D.G. *Hammer and hoe:* Alabama communists and the great depression. Chapel Hill: University of North Carolina Press, 1990.

KELLEY, Robin D.G. *Race rebels:* Culture, politics and the black working class. New York: Free Press, 1994.

KELLEY, Robin D.G. *Yo' mama's disfunktional:* Fighting the culture wars in urban America. Boston: Beacon Press, 1997.

KELLEY, Robin D.G. *Freedom dreams:* The black radical imagination. Boston: Beacon Press, 2002.

KELLY-GADOL, Joan. The social relation of the sexes: Methodological implications of women's history. *Signs,* n. 1, p. 809-23, 1975-6.

KINSMAN, Gary. *The regulation of desire:* Sexuality in Canada. Montreal: Black Rose Books, 1987.

KRADER, Lawrence (ed.) *The ethnological notebooks of Karl Marx.* Assen: Van Gorcum, 1972.

KUHN, Annette; WOLPE, Annemarie. (eds.) *Feminism and materialism:* Women and modes of production. Boston: Routledge and Kegan Paul, 1978.

KUHN, Thomas. *The structure of scientific revolutions.* Chicago: University of Chicago Press, 1962.

LANDES, Joan. Women, labor and family life: A theoretical perspective. *Science and Society,* n. 41, p. 386-409, 1977-8.

LANDY, Donna; MACLEAN, Gerald. *Materialist feminisms.* Cambridge, MA: Blackwell, 1993.

LANE, Ann. Women in society: A critique of Frederick Engels. *In:* CARROLL, Berenice (ed.) *Liberating women's history.* Urbana: University of Illinois Press, 1976.

LAPIDUS, Gail Warshofsky. Sexual equality in soviet policy: A developmental perspective. *In:* ATKINSON, Dorothy; DALLIN, Alexander; LAPIDUS, Gail Warshofsky (eds.) *Women in Russia.* Stanford: Stanford University Press, 1977.

LARGUIA, Isabel. The economic basis of the status of women. *In:* ROHRLICH-LEAVITT, Ruby (ed.) *Women cross-culturally:* Change and challenge. The Hague: Mouton, 1975.

LASLETT, Barbara; BRENNER, Johanna. Gender and social reproduction: Historical perspectives. *Annual Review of Sociology,* n. 15, p. 381-404, 1989.

LEACOCK, Eleanor. *Introduction to 'Ancient Society' by Lewis Morgan.* Cleveland: World Publishing Co., 1963.

LEACOCK, Eleanor. *Introduction to 'The Origin of the Family, Private Property and the State' by Frederick Engels.* New York: International Publishers, 1972.

LEACOCK, Eleanor. Women in egalitarian society. *In:* BRIDENTHAL, Renate; KOONZ, Claudia (eds.) *Becoming visible:* Women in european history. Boston: Houghton Mifflin Co., 1977.

LENIN, Vladimir I. *Collected Works.* 45 v. Moscow: Progress Publishers, 1960-70.

LENIN, Vladimir I. What the 'friends of the people' are and how they fight the social-democrats. *In: Lenin, 1960-70.* v. 1, 1960-70a [1894].

LENIN, Vladimir I. Karl Marx. *In: Lenin 1960-70.* V. 21, 1960-70b [1914].

LENIN, Vladimir I. T*he emancipation of women.* New York: International Publishers, 1966. [LENIN, Vladimir I. O socialismo e a emancipação da mulher. Rio de Janeiro: Editorial Vitória, 1956. Tradução: Editorial Vitória. Disponível em: www.marxists.org/portugues/lenin/1913/06/29.htm. Acesso em: 13 set. 2022

LENIN, V. I. *The development of capitalism in Russia.* Moscow: Progress Publishers, 1974.

LUXTON, Meg. Feminist political economy in Canada and the politics of social reproduction. *In:* BEZANSON, Kate; LUXTON, Meg (eds.) *Social Reproduction:* Feminist political economy challenges neo--liberalism. Montreal: McGill-Queen's Press, 2006.

MALOS, Ellen (ed.) *The politics of housework.* London: Allison and Busby, 1980.

MCDONOUGH, Roisin; Harrison, Rachel. Patriarchy and relations of production. *In:* KUHN, Annette; WOLPE, Annemarie (eds.) *Feminism and materialism:* Women and modes of production. Boston: Routledge and Kegan Paul, 1978.

MCINTOSH, Mary. The Welfare State and the needs of the dependent family. *In:* BURMAN, Sandra (ed.) *Fit work for women.* London: Croom Helm, 1979.

MACKINTOSH, Maureen. Domestic Labour and the Household. *In:* BURMAN, Sandra (ed.) *Fit work for women.* London: Croom Helm, 1979.

MACKINTOSH, Maureen. Reproduction and patriarchy: A critique of Claude Meillassoux, "Femmes, greniers et capitaux". *Capital and Class*, n. 2, p. 119-27, 1977.

MALOS, Ellen. Housework and the politics of women's liberation. *Socialist Review,* n. 37, p. 41-71, 1978.

MARCUS, Steven. *Engels, Manchester, and the working class.* New York: Random House, 1974.

MARX, Karl. *Letters to Dr. Kugelmann.* New York: International Publishers, 1934.

MARX, Karl. On the consequences of using machinery under capitalism. *In:* MARX, Karl; ENGELS, Frederick. v. 21, 1964 [1868].

MARX, Karl. *Pre-capitalist economic formations*. New York: International Publishers, 1965.

MARX, Karl. *A contribution to the critique of political economy*. Moscow: Progress Publishers, 1970a [1859]. [MARX, Karl. Contribuição à crítica da Economia Política. Tradução: Florestan Fernandes. São Paulo: Editora Expressão Popular, 2008].

MARX, Karl. *Critique of the Gotha Programme*. New York: International Publishers, 1970b [1875]. [MARX, Karl. Crítica ao Programa de Gotha. *In:* ANTUNES, Ricardo (org.) *A dialética do trabalho*. São Paulo: Editora Expressão Popular, 2004.]

MARX, Karl. *Capital*. v. 1. Moscow: Progress Publishers, 1971a [1867]. [MARX, Karl. *O capital:* crítica da economia política. Volume I. Tradução: Regis Barbosa e Flávio R. Kothe. São Paulo: Editora Nova Cultural, 1996. Coleção Os Economistas.]

MARX, Karl. *Capital*. v. 3. Moscow: Progress Publishers, 1971b [1894]. [MARX, Karl. *O capital:* crítica da economia política. Volume III. Tradução: Regis Barbosa e Flávio R. Kothe. São Paulo: Editora Nova Cultural, 1986. Coleção Os Economistas.]

MARX, Karl. *The revolutions of 1848:* Political writings. v. 1. Harmondsworth: Penguin, 1973a.

MARX, Karl. *Grundrisse*. Baltimore: Penguin Books, 1973b [1857]. [MARX, Karl. Grundrisse. São Paulo: Boitempo, 2011]

MARX, Karl. *Wages, price and profit*. Peking: Foreign Languages Press, 1973c [1865]. [MARX, Karl. *Trabalho assalariado e capital & salário, preço e lucro*. São Paulo: Expressão Popular, 2006]

MARX, Karl. Introduction. *In:* Marx 1973b, 81-111, 1973d [1857].

MARX, Karl. *The First International and After*. Edited by David Fernbach. New York: Vintage Books, 1974.

MARX, Karl. *On the Jewish Question in Marx and Engels 1975*. v. 3. 1975a [1844]. [MARX, Karl. *Para a questão judaica*. Tradução: José Barata-Moura. São Paulo: Expressão Popular, 2009]

MARX, Karl. The economic and philosophical manuscripts. *In:* MARX and ENGELS, 1975, v. 3, 1975b [1844]. [MARX, Karl. *Cadernos de Paris & Manuscritos econômico-filosóficos de 1844*. Tradução de José Paulo Netto e Maria Antonia Pacheco. São Paulo: Expressão Popular, 2015]

MARX, Karl. Theses on Feuerbach. *In:* MARX and ENGELS, 1975, v. 5, 1975c [1845]. [MARX, Karl. Teses sobre Feuerbach. *In: A ideologia alemã*. Tradução: Álvaro Pina. São Paulo: Expressão Popular, 2009]

Referências

MARX, Karl. The Poverty of Philosophy. *In:* MARX and ENGELS, 1975, v. 6, 1975d [1847]. [MARX, Karl. *Miséria da filosofia.* Tradução: José Paulo Netto. São Paulo: Expressão Popular, 2009]

MARX, Karl. Wages. *In:* MARX and ENGELS, 1975, v. 6, 1975e [1847].

MARX, Karl. *Capital.* v. 1. Translated by Ben Fowkes. Harmondsworth: Penguin, 1976 [1867].

MARX, Karl. *Capital.* v. 1. New York: Vintage Books, 1977 [1867].

MARX, Karl. Results of the Immediate Process of Production. *In:* Marx, 1977, p. 949-1084, 1977a [1863-6].

MARX, Karl; ENGELS, Frederick. *Werke.* 39 v. Berlin: Dietz Verlag, 1956.

MARX, Karl; ENGELS, Frederick. 'An Kugelmann?'. *In:* MARX und ENGELS, 1956, v. 32, 1956a.

MARX, Karl; ENGELS, Frederick. *Lost 'German Ideology' manuscript later found.* v. 36, 1956b.

MARX, Karl; ENGELS, Frederick. *Selected correspondence.* 2. ed. Moscow: Progress Publishers, 1965.

MARX, Karl; ENGELS, Frederick. *Selected works in one volume.* New York: International Publishers, 1968.

MARX, Karl and ENGELS, Frederick. The Manifesto of the Communist Party. *In:* Marx, 1973a. [MARX, Karl; ENGELS, Friedrich. *Manifesto do Partido Comunista.* Tradução: Victor Hugo Klagsbrunn. São Paulo: Expressão Popular, 2021]

MARX, Karl and ENGELS, Frederick. *Collected Works.* New York: International Publishers, 1975.

MARX, Karl; ENGELS, Frederick. The german ideology. *In:* MARX and ENGELS 1975, v. 5, 1975a [1845]. [MARX, Karl; ENGELS, Friedrich. *A ideologia alemã.* Tradução: Álvaro Pina. São Paulo: Expressão Popular, 2009]

MARX, Karl; ENGELS, Frederick. The Holy Family. *In:* MARX and ENGELS, 1975, v. 4, 1975b [1844][MARX, Karl; ENGELS, Frederick. *A sagrada família.* Tradução: Marcelo Backes. São Paulo: Boitempo, 2003]

MARX, Karl; ENGELS, Frederick. Review of G. Fr. Daumer, Die Religion des neuen Weltalters. Versuch einer combinatorisch-aphoristischen Grundlegung. *In:* MARX and ENGELS, 1975, v. 10, 1975c [1850].

MARX, Karl; ENGELS, Frederick. The Manifesto of the Communist Party. *In:* MARX and ENGELS, 1975, Volume 6, 1975d [1848]. [MARX, Karl; ENGELS, Friedrich. *Manifesto do Partido Comunista.* Tradução: Victor Hugo Klagsbrunn. São Paulo: Expressão Popular, 2021]

MASSELL, Gregory. *The surrogate proletariat:* Moslem women and revolutionary strategies in Soviet Central Asia 1919-1929. Princeton: Princeton University Press, 1972.

MAY, Martha. The historical problem of the family wage: The Ford Motor Company and the five-dollar day. *Feminist Studies,* n. 8, p. 399-424, 1982.

MCCLINTOCK, Anne. *Imperial Leather:* Race, gender and sexuality in the colonial context. New York: Routledge, 1995.

MCNALLY, David. *Bodies of meaning:* Studies on language, labor and liberation. Albany, NY: State University of New York Press, 2001.

MEILLASSOUX, Claude. *Femmes, greniers et capitaux.* Paris: François Maspero, 1975.

MEYER, Alfred. Marxism and the women's movement. *In:* ATKINSON, Dorothy; DALLIN, Alexander; LAPIDUS, Gail Warhofsky (eds.) *Women in Russia.* Stanford: Stanford University Press, 1977.

MIDDLETON, Christopher. The sexual division of labour in feudal England. *New Left Review,* n. 113-14, p. 147-68, 1979.

MIDDLETON, Christopher. Sexual inequality and stratification theory. *In:* PARKIN, Frank (ed.) *The social analysis of class structure.* London: Tavistock Publications, 1974.

MILIBAND, Ralph; SAVILLE, John (eds.) *Socialist Register 1976.* London: Merlin Press, 1976.

MILLETT, Kate. *Sexual politics.* New York: Doubleday and Co., 1970.

MITCHELL, Juliet. Women: The longest revolution. *New Left Review,* n. 40, p. 11-37, 1966.

MITCHELL, Juliet. *Woman's Estate.* Baltimore: Penguin Books, 1971.

MITCHELL, Juliet; OAKLEY, Ann (eds.) *The Rights and Wrongs of Women.* Harmondsworth: Penguin Books, 1976.

MOLYNEUX, Maxine. Androcentrism in marxist anthropology. *Critique of Anthropology,* n. 9-10, p. 55-81, 1977.

MOLYNEUX, Maxine. Beyond the Domestic Labour Debate. *New Left Review,* n. 116, p. 3-27, 1979.

MOLYNEUX, Maxine. Socialist societies old and new: Progress towards women's emancipation. *Monthly Review,* v. 34, n. 3, p. 56-100, 1982.

MORGAN, D. H. J. *Social theory and the family.* London: Routledge and Kegan Paul, 1975.

MORGAN, Lewis. *Ancient Society.* New York: Holt, 1877.

MORTON, Peggy. A woman's work is never done. *In:* ALTBACH, Edith (ed.) *From feminism to liberation.* Cambridge, MA: Schenkman Publishing, 1971.

MURDOCK, George. *Social structure.* New York: Macmillan Co., 1949.

NICHOLSON, Linda. *Gender and history:* The limits of social theory in the age of the family. New York: Columbia University Press, 1986.

NOLAN, Molly. *Proletarischer anti-feminismus:* Dargestellt am Beispielder SPD-Ortsgruppe Düsseldorf, 1890 bis 1914. Frauen und Wissenschaft. Berlin: Courage, 1977.

OKIN, Susan Moller. *Women in western political thought.* Princeton: Princeton University Press, 1979.

O'LAUGHLIN, Bridget. Marxist approaches in anthropology. *Annual Review of Anthropology,* n. 4, p. 341-70, 1975.

O'LAUGHLIN, Bridget. Production and reproduction: Meillassoux's femmes, greniers et capitaux. *Critique of Anthropology,* n. 8, p. 3-32, 1977.

OLLMAN, Bertell; VERNOFF, Edward (eds.) *The Left Academy, 3.* New York: Praeger, 1986.

OMVEDT, Gail. *On the liberation of women in Albania.* New York: Gamma Publishing Co., 1975.

OMVEDT, Gail. Women and rural revolt in India. *Journal of Peasant Studies,* n. 5: p. 370-403, 1978.

OMVEDT, Gail. *We will smash this prision:* Indian women in struggle. London: Zed Press, 1980.

PALMER, Bryan. *Descent into discourse.* Philadelphia: Temple University Press, 1990.

PARKIN, Frank (ed.) *The social analysis of class structure.* London: Tavistock Publications, 1974.

PETCHESKY, Rosalind. Dissolving the Hyphen: A Report on Marxist--Feminist Groups 1-5'. *In:* EISENSTEIN, Zillah (ed.) *Capitalist patriarchy and the case for socialist feminism.* New York: Monthly Review Press, 1978.

POSTER, Mark. *Critical theory of the family.* New York: Seabury Press, 1978.

POULANTZAS, Nicos. *Classes in contemporary capitalism.* London: New Left Books, 1975.

QUATAERT, Jean. Unequal partners in an Uneasy Alliance: Women and the working class in Imperial Germany. *In:* BOXER, Marilyn; QUATAERT, Jean (eds.) *Socialist women:* European socialist feminism in the nineteenth and early twentieth centuries. New York: Elsevier, 1978.

QUATAERT, Jean. *Reluctant feminists in German Social Democracy, 1885-1917.* Princeton: Princeton University Press, 1979.

QUICK, Paddy. The class nature of women's oppression. *Review of Radical Political Economics,* v. 9, n. 3, p. 42-53, 1977.

QUICK, Paddy. Why women work for wages. *New Political Science,* v. 1, n. 4, p. 43-8, 1980.

RAPP, Rayna. Review of Claude Meillassoux, femmes, greniers et capitaux. *Dialectical Anthropology,* n. 2, p. 317-23, 1977.

RAPP, Rayna. Family and class in contemporary America: Notes toward an understanding of ideology. *Science and Society,* n. 42, p. 278-300, 1978.

RAPP, Rayna. Anthropology. *Signs,* n. 4, p. 497-513, 1978-9.

RED APPLE COLLECTIVE. Socialist-Feminist women's unions: Past and present. *Socialist Review,* n. 38, p. 37-57, 1978.

REITER, Rayna R. (ed.) *Toward an anthropology of women.* New York: Monthly Review Press, 1975.

ROBINSON, Lillian. *Robinson on the Woman Question.* Buffalo: Earth's Daughters, 1975.

ROEDIGER, David. *The wages of whiteness:* Race and the making of the american working class. London: Verso, 1991.

ROEDIGER, David. *Toward the abolition of whiteness:* Essays on race, politics and working class history. London: Verso, 1994.

ROEDIGER, David. *How race survived US history:* From settlement and slavery to the Obama phenomenon. London: Verso, 2008.

ROHRLICH-LEAVITT, Ruby (ed.) *Women cross-culturally:* Change and challenge. The Hague: Mouton, 1975.

ROSDOLSKY, Roman. *The making of Marx's 'Capital'.* London: Pluto Press, 1977.

ROWBOTHAM, Sheila. *Women, resistance and revolution:* A history of women and revolution in the modern world. New York: Pantheon Books, 1972.

ROWBOTHAM, Sheila. *Woman's consciousness, man's world.* Baltimore: Penguin Books, 1973.

OWNTREE, Mickey; ROWNTREE, John. Notes on the political economy of women's liberation. *Monthly Review,* v. 21, n. 7, p. 26-32, 1969.

RUBIN, Gayle. The traffic in women: Notes on the "political economy" of sex. *In:* REITER, Rayna R. (ed.) *Toward an anthropology of women.* New York: Monthly Review Press, 1975.

RUBIN, Isaak Illich. *Essays on Marx's theory of value.* Detroit: Black and Red, 1972.

SACKS, Karen. Engels revisited: Women, the organization of production, and private property. *In:* REITER, Rayna R. (ed.) *Toward an anthropology of women.* New York: Monthly Review Press, 1975.

SACKS, Karen Brodkin. Towards a unified theory of class, race, and gender. *American Ethnologist,* n. 16, p. 534-50, 1989.

SAFFIOTI, Heleieth. Women, mode of production, and social formations. *Latin American Perspectives,* v. 4, n. 1-2, p. 27-37, 1977.

SALPER, Roberta. The development of the american women's liberation movement, 1967-1971. *In:* SALPER, Roberta. *Female liberation:* History and current politics. New York: Alfred A. Knopf, 1972.

SALPER, Roberta. *Female Liberation:* History and Current Politics. New York: Alfred A. Knopf, 1972.

SANTAMARIA, U. Review article: The ethnological notebooks of Karl Marx, edited by L. Krader. *Critique of Anthropology,* n. 4-5, p. 156-64, 1975.

SARGENT, Lydia (ed.) *Women and Revolution:* A discussion of the unhappy marriage of marxism and feminism. Boston: South End Press, 1981.

SARGENT, Lydia (ed.) *Women & Revolution:* A discussion of the unhappy marriage of marxism and feminism. Montreal: Black Rose Books, 1982.

SASSEN, Saskia. *Globalisation and its discontents.* New York: The New Press, 1998.

SAYERS, Janet. *Biological politics:* Feminist and anti-feminist perspectives. London: Tavistock Publications, 1982.

SEARS, Alan. Queer anti-capitalism: What's left of lesbian and gay liberation? *Science and Society,* v. 69, n. 1, p. 92-112, 2005.

SECCOMBE, Wally. The housewife and her labour under capitalism. *New Left Review,* n. 83, p. 3-24, 1974.

SIMERAL, Margaret. Women and the reserve army of labor. *Insurgent Sociologist,* v. 8, n. 2-3, p. 164-179, 1978.

SMITH, Barbara (ed.) *Home girls:* A black feminist anthology. Bristol: Falling Wall Press, 1983.

SMITH, Barbara (ed.) *Writings on race, gender and freedom:* The truth that never hurts. New Jersey: Rutgers University Press, 1993.

SMITH, Dorothy. *The everyday world as problematic:* A feminist sociology. Toronto: University of Toronto Press, 1987.

SMITH, Paul. Domestic Labour and Marx's Theory of Value. *In:* KUHN, Annette; WOLPE, Annemarie (eds.) *Feminism and materialism:*

Women and modes of production. Boston: Routledge and Kegan Paul, 1978.

STACEY, Judith. *Patriarchy and socialist revolution in China.* Berkeley: University of California Press, 1983.

STEINBERG, Hans-Josef. Workers' Libraries in Germany before 1914. *History Workshop,* n. 1, p. 166-80, 1976.

STERN, Bernhard. Engels on the family. *Science and Society,* n. 12, p. 42-64, 1948.

STITES, Richard. *The women's liberation movement in Russia:* Feminism, nihilism, and bolshevism, 1860-1930. Princeton: Princeton University Press, 1978.

THOMPSON, Edward Palmer. *The making of the english working class.* Harmondsworth: Penguin, 1963.

THORNTON DILL, Bonnie. Race, class, and gender: Prospects for an all-inclusive sisterhood. *Feminist Studies,* n. 9, p. 131-50, 1983.

URDANG, Stephanie. *Fighting two colonialisms:* Women in Guinea-Bissau. New York: Monthly Review Press, 1979.

VOGEL, Lise. The earthly family. *Radical America,* v. 7, n. 4-5, p. 9-50, 1973.

VOGEL, Lise. The contested domain: A note on the family in the transition to capitalism. *Marxist Perspectives,* v. 1, n. 1, p. 50-73, 1978.

VOGEL, Lise. Questions on the Woman Question. *Monthly Review,* v. 31, n. 2, p. 39-59, 1979.

VOGEL, Lise. Women, work, and family: Some theoretical issues. *Paper presented at the annual meetings of the Society for the Study of Social Problems.* New York City, 1980.

VOGEL, Lise. *Marxism and the oppression of women:* Toward a unitary theory. New Brunswick, New Jersey: Rutgers University Press, 1983.

VOGEL, Lise. Feminist scholarship: The impact of marxism. *In:* OLLMAN, Bertell; VERNOFF, Edward (eds.) *The Left Academy,* 3. New York: Praeger, 1986.

VOGEL, Lise. *Beyond equality:* Some feminist questions. Woman Questions: Essays for a Materialist Feminism. New York: Routledge, 1995.

VOGEL, Lise. Socialist Feminism. *In:* BUHLE, Mari; BUHLE, Paul; GEORGAKAS, Dan (eds.) *Enciclopedia of the american left.* Oxford: Oxford University Press: 1998.

VOGEL, Lise. Domestic labour revisited. *Science & Society,* v. 64, n. 2, p. 151-70, 2000.

WILLER, David; WILLER, Judith. *Systematic empiricism:* Critique of a Pseudoscience. Englewood Cliffs, New Jersey: Prentice Hall, 1973.

YOUNG, Iris. Beyond the unhappy marriage: A critique of the dual systems theory. *In:* SARGENT, Lydia (ed.) *Women and Revolution:* A discussion of the unhappy marriage of marxism and feminism. Boston: South End Press, 1981.

YOUNG, Iris. Socialist feminism and the limits of dual systems theory. *Socialist Review*, n. 50-1, p. 169-88, 1980.

ZETKIN, Clara. Surrender of the Second International in the emancipation of women. *The Communist International*, n. 6, p. 371-82, 1929.

ZETKIN, Clara. Für die Befreiung der Frau! *In: Ausgewählte Reden und Schriften*, n. 1, p. 3-11, 1957a.

ZETKIN, Clara. Nur mit der proletarischen Frau wird der Sozialismus siegen! In: Ausgewählte Reden und Schriften, n. 1, p. 95-111. Translated by Hal Draper and Anne Lipow. *In:* MILIBAND, Ralph; SAVILLE, John (eds.) *Socialist Register* 1976. London: Merlin Press, 1976.

ÍNDICE REMISSIVO

aborto 172, 293, 294
Albânia 388
Althusser, Louis 82, 83, 351, 396, 397, 398, 412
amor livre 302
Annenkov, Pavel Vasilyevich 183
Anti-Dühring (Engels) 222
Armand, Inessa 302
Associação Internacional dos Trabalhadores (Primeira Internacional) 215
Aveling, Eduard 269, 270, 271, 316
Aveling, Eleanor Marx 269, 271, 316

Baader, Ottilie 258
Bachofen, Johann Jakob 236
Bakker, Isabella 90, 91
Bannerji, Himani 88, 89, 90, 93
barbarismo 226-229, 231, 346
barreiras externas
Barrett, Michele 323, 324, 331, 335, 337, 360, 363, 414
Beauvoir, Simone de 59, 124
Bebel, August 34, 80, 124, 224, 243, 257, 258-269, 271, 274, 276, 286, 287, 314, 315, 316, 398
Beechey, Verônica 129, 148, 149, 156, 364, 414
Benston, Margaret 59, 60, 130, 132, 133, 136, 138, 141, 142
Brenner, Johanna 79, 80, 81, 87, 395
Bridenthal, Renate 147
Bridges, Amy 146, 147
Burguesia
        família na 180, 185
        filosofia liberal da 267

casamento na 239
burguesia média, mulheres na 276-280
Zetkin sobre 283
burguesia média 276

Camfield, David 90
'Cadernos Etnológicos' (Marx) 225, 234
campesinato
    Lenin sobre 298
    Zetkin sobre 282
    O capital sobre família no 198
O capital (Marx) 15, 56, 57, 65, 66, 71, 73, 76, 153, 178, 192, 208, 223, 245, 328
    Althusser sobre 396-398
    sobre a divisão do trabalho 202
    sobre família 197-200
    Grundrisse e 196
    sobre consumo individual e produtivo 202-204
    sobre a família proletária 68
    sobre exército de reserva do trabalho em 209-213
    sobre reprodução social 322
    sobre os salários 179
    sobre mulheres 159
capitalismo
    O capital sobre 396-398
    trabalho doméstico sob o 349, 403-411
    posição dual das mulheres dentro do 376-380
    igualdade sob o 366-368
    troca da força de trabalho sob o 367-371
    família sob o 202
    formas de mais-valia no 354
    força de trabalho humana no 65-71
    consumo individual no 206
    reprodução da força de trabalho sob 347-349
    exército de reserva no 209-211
    na Rússia 291-294
casamento
    Bebel sobre 261
    Engels maduro sobre 238-241
    Morgan sobre 225-231
    Ver também família
chauvinismo masculino 383

ÍNDICE REMISSIVO

China 388
clãs 226-230, 232, 237, 244
classe
    na perspectiva dos sistemas duplos 308
    Engels sobre os conflitos entre sexos e 239
    Quick sobre 336
    trabalho excedente e 332, 342
classe dominante 38, 239, 277, 278, 281, 310, 312, 332, 333, 337, 338, 340-345, 356, 380, 399, 403,
classe operária
    O capital sobre a reprodução de 204-206, 210-213
    família na 380-384
    mulheres na 362-365
    Ver também proletariado
Coletivo Combahee River 86
Collins, Patricia Hill 32
Comissão Presidencial sobre o Estatuto da Mulher 109
commodities, força de trabalho como 347-349
comunismo
    trabalho doméstico sob o 385
    família no 181-187
    Lenin sobre as mulheres no 299-302
Confissão de Fé (*Esboço de uma confissão de fé comunista,* Marx e Engels) 184, 186
consumo 26, 73, 74, 109, 131, 134, 138, 141, 164, 173, 183, 192, 193, 204, 206, 209, 327, 359, 360
    consumo individual 164, 203-206, 213, 327-330, 333, 334, 340, 405
    consumo produtivo 203, 204, 327, 405
    contracepção 345
    Coulson, Margaret 379
    Cousins, Mark 337
criar filhos 152
crianças 393
    jovem Engels sobre 171
    Morgan sobre 229-323
Cuba 388

Dalla Costa, Mariarosa 60, 68, 134-138, 142
Declaração de Independência 372
democracia 295, 296, 371, 384, 386, 389
O desenvolvimento do capitalismo na Rússia (Lenin) 292
Dialética do sexo (Firestone) 144
divisão do trabalho 116
    Bebel sobre 263-265

O capital sobre 199, 201
na perspectiva dos 308
na família 181
por gênero 338-340
Engels maduro sobre 235-237, 245-248, 312
divórcio 295, 296, 312, 316
Dixon, Marlene 114, 159, 160
donas de casa
Dalla Costa sobre 132-135
Du Bois, W.E.B. 86, 91
Dühring, Eugen 222

Edholm, Felicity 148, 156, 331, 414
educação 26-29, 41, 77, 173, 186, 244, 264, 278, 300, 355, 356, 384, 406
Engels, Friedrich
Anti-Dühring por 221-223
O capital, II e III, editado por 195
A situação da classe trabalhadora na Inglaterra por 170-177
perspectiva do sistema dual 311-316
sobre a família na sociedade comunista 185-187
sobre o futuro das relações sexuais 389
A ideologia alemã por 179-181
A defesa de Lenin por 291
sobre Morgan 234-236
sobre a opressão das mulheres 188
A origem da família, da propriedade privada e do Estado por 152-156, 223-225, 231, 234-252, 259-261, 270
história pessoal de 167, 221
sobre a prostituição 184
feministas radicais sobre 143
sobre o exército de reserva do trabalho 193
sobre os salários 176-180
sobre mulheres 158-164
Esboço de uma confissão de fé comunista (Marx e Engels) 182-186
Estado, Morgan sobre as origens do 227
Evans, Richard 158, 261, 274
exército de reserva
O capital sobre 209-213
população excedente no 193, 194
mulheres no 362-364
escravidão 249, 335
dentro da família 199-201
exército industrial de reserva *Ver* exército de reserva

ÍNDICE REMISSIVO

família
    O capital sobre 197-199
    na sociedade comunista 168, 182
    perspectiva dos sistemas duplos sobre 314-315, 318
    jovem Engels sobre 72
    jovens Marx e Engels sobre 66-69, 72-4, 145-146
    reprodução geracional da força de trabalho na 107-112
    Marx e Engels sobre 54-59
    Engels maduro sobre 223-224, 236-245, 311
    Mitchell sobre 125-127
    Morgan sobre 226-229
    Morton sobre 131
    Quick sobre 233 (nota 11)
    reprodução dentro da 147
    como local de produção da força de trabalho 67-69
    como forma social de substituição geracional 311
    durante a transição socialista 388-389
    como unidade de reprodução 329
    da classe trabalhadora 380
família terrena 96, 170
família punaluana 236
feminismo e feministas 105, 107, 377, 392 (nota 2)
    Bebel sobre 161
    sobre trabalho doméstico 412, 413
    Mitchell sobre 97
Feminismo marxista 87, 105, 115
    distinção do feminismo socialista 58 (nota 1), 391 (nota 2)
    Ver também feminismo-socialista
feminismo-socialista 95, 106, 376
    distinção do feminismo marxista 58 (nota 1), 391 (nota 2)
    sobre trabalho doméstico 57-65
    sobre a dupla posição das mulheres 378-379
    perspectiva de sistemas duplos no 319
    sobre patriarcado e reprodução 145-148
    sobre a renovação da classe dominante 333 (nota 9)
    teoria no 115-118
    sobre a Questão da Mulher no 152-164
feminismo materialista 84, 85, 88
feminismo negro 35, 85, 86, 91
feminismo radical 106, 113, 129, 143-145, 148, 318
Ferguson, Susan 16, 42, 44, 46, 55, 65, 88, 91
Firestone, Shulamith 144, 145, 357, 392

força de trabalho 347-348
        substituição geracional de 400-402
        renovação de 327-328
        mulheres na 109-110, 364
        classe e 332
        como mercadoria 347-348, 367-368, 403, 411
        reprodução geracional da 71-79
        Lenin sobre a reprodução da 316-317
        Marx sobre valor da 330-332
        A definição de Marx sobre 205-208, 397-399
        produzida no trabalho doméstico 138
        reprodução da 322-330, 334-337, 342-346, 395, 399-401
Fourier, Charles 159, 169, 222, 265
Fraser, Nancy 27, 410
Friedan, Betty 59, 109, 110
funcionalismo 60, 70, 90, 128, 129, 335

Gardiner, Jean 68, 148, 379, 414
Gaudemar, Jean-Paul de 366
gênero
        biologia nas diferenças entre 73-76, 331
        divisão do trabalho por 414, 236-239, 339-340
        Engels sobre conflitos entre classes e 240
        dos produtores 329
Gerstein, Ira 99, 137, 324, 328, 359
Gill, Stephen 90
Gimenez, Martha 67, 408, 416
Glazer, Nona 408
Glenn, Evelyn Nakano 415
Goldman, Emma 80
governo
        Engels sobre as origens do 244
        Morgan sobre as origens do 226-227
Gramsci, Antonio 90
Grundrisse (Marx) 191, 192, 195, 196, 210
Guettel, Charnie 160

Harris, Olivia 148, 156, 331, 414
Hartmann, Heidi 60-61, 143, 146-147
Hegel, W.G.F. 93, 167
Hennessy, Rosemary 85, 88, 92
homens
        diferenças biológicas entre mulheres e 329-331

componente mercantil do trabalho necessário 352, 374
na divisão do trabalho por gênero 340
jovem Engels sobre a relação entre mulheres 175-176
jovem Marx sobre a relação entre mulheres e 168-170
Lenin sobre 302
na burguesia média 279
poder sobre as mulheres dentro da família exercido por 80
como proprietários 227-228

A ideologia alemã (Marx e Engels) 56, 159, 180-182, 200, 249, 250
identidade sexual 75
igualdade 168-179, 411-412
interseccionalidade 85-86

Jones, Jacqueline 98
Jovens Hegelianos 167, 169

Katz, Cindi 90
Kautsky, Karl 196, 223, 224
Kelley, Robin D.G. 92
Kelly, Joan 156, 343
Kennedy, John F. 109, 110
Kollontai, Alexandra 80, 302
Kugelmann, Ludwig 217
Kuhn, Thomas 412

legislação
    para preservar a família 77
    protetora 216, 249, 366
legislação protetora 366
    Engels sobre a 249
    Associação Internacional dos Trabalhadores sobre a 216
Lenin, V.I. 290-304, 317, 372-373
liberalismo 161
Liga Comunista 182, 191
libertação das mulheres, Mitchell sobre a história da teoria da 124
luta de classes
    apropriação do trabalho excedente na 244
    donas de casa na 139
    exército industrial de reserva na 364
    Lenin sobre 295
    Marx sobre 267
    opressão das mulheres na 341

patriarcado e 145
reprodução da força de trabalho na 342, 349
Zetkin sobre 283-284
Luxemburgo, Rosa 295
Luxton, Meg 61, 91

Magas, Branka 379
mais-valia
absoluta e relativa 353, 404
exploração por meio da apropriação da 348
na força de trabalho 206
produzida no trabalho do lar (trabalho doméstico) 133-135
produção de 349
maquinaria 196, 202, 222
Malthus, Thomas Robert 179, 193, 194
O manifesto do Partido Comunista (Marx e Engels) Ver *Manifesto Comunista* 159, 183-191
sobre a divisão do trabalho 201
sobre a família proletária 76
Marx, Eleanor (Aveling) 269, 271, 316
Marx, Karl
sobre mais-valia absoluta e relativa 353, 404
Althusser sobre 396-397
Bebel *versus* 266
sobre biologia na reprodução social 337 (nota 12)
O capital por 66, 73
sobre a concorrência dentro do capital 365-366
sobre o trabalho doméstico 403-404
perspectiva dos sistemas duplos e 146
sobre igualdade 367, 389
'Cadernos Etnológicos' por 225-226, 234
sobre a família na sociedade comunista 184-189
no Conselho Geral da Internacional 216
sobre a reprodução geracional da força de trabalho na família 72
A ideologia alemã por 180-181
Grundrisse por 191-192, 195
sobre *A sagrada família* 97-98
na Associação Internacional dos Trabalhadores 214-215
sobre a força de trabalho 68, 206-209, 324, 347, 400
sobre a opressão das mulheres 287
história pessoal de 168
sobre a família proletária 75-76
sobre Proudhon 244

       feministas radicais sobre 144
       sobre a reprodução da força de trabalho 327-328
       sobre a divisão sexual do trabalho 311
       sobre trabalho excedente 322-323, 383
       sobre o valor da força de trabalho 330-331
       sobre os salários 139
       sobre mulheres 158-162
       sobre as mulheres na Associação Internacional de Trabalhadores 217
       Ver também O capital
Marxismo e marxistas 107, 118
       sobre trabalho doméstico 412-413
       sobre o feminismo 415
       feministas radicais sobre 144
       sexismo em 160-161
       feministas socialistas sobre 146-147
marxistas legais 291
O Manifesto Comunista (Marx e Engels) 76, 159, 185
Manuscritos econômicos e filosóficos (Marx) 168-169, 173
       sobre prostituição 173
       sobre o relacionamento entre homens e mulheres 168
materialismo histórico 58, 64, 92, 94, 252, 390
McNally, David 16, 42, 55, 85, 90
mediação 9, 93, 194
mercadoria, força de trabalho como 347-348, 367-368
Meyer, Alfred 159, 169, 217
Mikhailovsky, Nikolay 291, 292
Millett, Kate 144-145
Mitchell, Juliet 97, 124-29, 133, 143, 145, 148, 158, 161, 162
Molyneux, Maxine 60, 137, 141, 156, 213, 331, 348, 360, 388, 395
monogamia 231, 233, 238, 239, 240, 243
Morgan, Lewis H. 244
Morton, Peggy 130-134, 136, 142
mulheres negras 18-20, 24, 32, 36, 41-43, 46, 86, 98, 114
Murdock, George 128, 129
A mulher e o socialismo (Bebel) 257-259, 314-316
Mulher no passado, presente e futuro (Bebel) 224, 257, 259
Mulheres 112
       Bebel sobre 262-267
       diferenças biológicas entre os homens e 331
       gerando filhos 119, 310, 329, 331, 337, 341, 374, 392
       sob o comunismo 299-300
       Lenin sobre o trabalho das 290
       na divisão do trabalho por gênero 339

componente doméstico do trabalho necessário por 351, 374
trabalho doméstico por 365
posição dupla das [mulheres] dentro do capitalismo 376
jovem Engels sobre a relação entre homens e 176-177
jovens Marx e Engels sobre a opressão das 287
jovem Marx sobre o relacionamento entre homens e 168
Fourier sobre 223
no Partido Social-Democrata Alemão 275
Associação Internacional dos Trabalhadores sobre o trabalho das 216-217
na força de trabalho 107-108
falta de igualdade para 376
legislação para limitar o trabalho das 77
Lenin sobre o trabalho das 293
Lenin sobre a opressão das 297-299
Marx e Engels sobre 154
Marx sobre o trabalho das 72-73, 196
Engels maduro sobre 236-243, 250
na burguesia média 278-279
Morgan sobre 229-230
proletariado 282
na classe trabalhadora 362-363
movimento de libertação das mulheres 105-114, 130, 376, 414
    Barrett sobre 323
    movimentos de mulheres burguesas e 378-379, 391 (nota 2)
    Mitchell sobre 97

National Organization for Women [Organização Nacional das Mulheres] (NOW) 109, 391
narodniks 291
neoliberalismo 16, 27, 40, 55, 62
New American Movement [Novo Movimento Americano] (NAM) 106
A origem da família, da propriedade privada e do Estado (Engels) 239-253
    Bebel e 260-261, 271
    a perspectiva dos sistemas duais em 311-313
    teorias da margem em 223-226, 231, 234-239
    feminismo-socialista em 152-156
    perspectiva da reprodução social em 313

Partido Bolchevique (Rússia) 288-290, 300
Partido Social-Democrata Alemão (SPD) 255, 258
    Zetkin sobre 275
Patriarcado 345
    Barrett sobre 62-64

Morgan sobre 229
feminismo-socialista sobre 146-150
Pauperismo 211
perspectiva dos sistemas duplos 60-62, 148-149, 309-317
população
    Malthus sobre 179-181, 193
    Marx sobre leis da 330
    Excedente 211-213
Pós-estruturalismo 63
Pós-modernismo 56-57, 63, 86
Poulantzas, Nicos 351
Poster, Mark 158
Princípios do comunismo (Marx e Engels) 159, 183, 185, 186
procriação 69, 72, 79, 81, 178, 181, 238, 249, 250, 291, 292, 394, 399, 400, 401
produção
    Benston sobre 131-132
    O capital sobre 202-205
    no debate sobre o trabalho doméstico 138-142
    Engels sobre a 249
    trabalho doméstico como 136
    Mitchell sobre 125
    reprodução distinta de 326
proletariado
    Engels sobre o casamento dentro do 240-242
    família dentro do 75-76
    a Questão da Mulher dentro do 276
    mulheres dentro do 278
    Ver também classe trabalhadora
propriedade
    Engels sobre 244-245, 234
    Morgan sobre as origens da 228-232
    opressão das mulheres e 343
prostituição
    Lenin sobre 294
    Marx e Engels sobre 172, 85-187
Primeiro Congresso de Trabalhadores de Toda a Rússia
    Mulheres no 299
Primeira Internacional (Associação Internacional de Trabalhadores) 215-218, 221
Partido dos Trabalhadores Franceses 217
parto (child-birth) 74, 75, 82, 172, 175, 334
Proudhon, Pierre Joseph 245
política sexual 145, 323
Política sexual (Millett) 144

Partido Social-Democrata dos Trabalhadores (Rússia) 291
partidos socialistas 255, 256, 274, 288
perspectiva da reprodução social 309-310, 313, 319
    Feminismo na 64, 87-88, 310
Primeira Guerra Mundial 255, 274, 288

Quick, Paddy 67, 156, 336, 340, 402
Sobre a Questão Judaica (Marx) 168
Questão Social 256, 262, 266, 268, 271, 287, 315
Questão da Mulher 116, 219, 321-322
    Bebel sobre 265, 267
    O capital sobre 66
    Engels sobre 225
    Segunda Internacional sobre 269
    feminismo-socialista sobre 151-164
    partidos socialistas sobre 257
    Zetkin sobre 275-285
Questão da Mulher (Aveling e Aveling) 269-271, 316

raça 75-76
reformismo 125, 224, 265, 273-275, 287, 288, 290, 314, 316, 317, 374, 411
reprodução
    biológica 337 (nota 12)
    da força de trabalho 323-340, 343-344, 347, 394, 400-401
    Marx maduro sobre 192-194
    feminismo-socialista sobre 145-149
    significados variados de 415
    da classe trabalhadora, *O capital* sobre 204-205, 211-213
reprodução social 415
revisionismo 273, 290, 301, 314, 319
Robinson, Lilian 97
Rowbotham, Sheila 146, 185
    Ver também União Soviética
Revolução Russa 289, 290, 303
Revolução Bolchevique 257, 288, 317
Rússia 288-294, 297, 299, 397

sagrada família 96, 170
A sagrada família (Marx e Engels) 169, 173, 222
salário-família 78, 98, 357, 359, 360, 361, 383, 409
salários 64, 348
    jovem Engels sobre 176
    jovem Marx sobre 187

salário-família 359-360
    para trabalhos domésticos 136
    Marx maduro sobre 192
    como valor da força de trabalho 139
"Salário, preço e lucro" (conferências, Marx) 207
Segunda Internacional 217, 255, 309
    campesinato ignorado pela 282
    popularidade de Bebel e Avelings em 269-271
    luta entre o marxismo e o revisionismo na 314-318
    divisões da Primeira Guerra Mundial na 288
    Zetkin na 288
O segundo sexo (Beauvoir) 124
sexismo 14, 21, 23, 28, 87, 106, 157, 160
sexo *Ver* gênero
sexualidade 75
    Bebel sobre 264
    Lenin sobre 302
    Mitchell sobre 124
socialismo utópico
    sobre a abolição da família 388
    de Bebel 265, 224
    jovens Marx e Engels sobre 186-188
    na Primeira Internacional 214
    de Fourier 223
    sobre prostituição 173
    de Proudhon 245
Smith, Barbara 85, 86, 92
Smith, Paul 141, 359, 407
A situação da classe trabalhadora na Inglaterra (Engels) 170, 173, 176, 181
socialismo
    Bebel sobre 263
    trabalho doméstico durante a transição para o 385-389
    feminista 412
    teoria no 116
    movimento de libertação das mulheres e 109
socialismo feminista 413
A sociedade antiga (Morgan) 223, 225, 226, 228, 231, 232, 234, 235, 244
sociedade feudal 325, 334, 335
supremacia masculina 340, 353, 380
    no lar da classe trabalhadora 239

Teorias da mais-valia (Marx) 196
teorias e teorização 394-398
    sobre trabalho doméstico 413-414

Teses sobre Feuerbach (Marx) 170
Thompson, E.P. 93
Thornton Dill, Bonnie 98
trabalho doméstico 82, 379, 403, 414
    no capitalismo 403-408
    como componente do trabalho necessário 350-351, 381
    Dalla Costa sobre 134-136
    debate sobre 58, 136, 359, 394
    feito por mulheres 366
    salário-família para 359-361
    feministas sobre 412
    Lenin sobre 297
    literatura sobre 394
    Marx sobre 74, 209
    Engels maduro sobre 248
    socialização do 355
    durante a transição socialista 385-386
    teorizando sobre 413
    no século XXI 417
    trabalho assalariado *versus* 353-356
    Zetkin ignorando 279
trabalho excedente 332-336
    gravidez e 338
    na perspectiva dos sistemas duplos 310-311
    Marx sobre 383-384, 405
    trabalho necessário e 350
    como trabalho assalariado 347
trabalho necessário 334-335
    componentes do 349
    trabalho doméstico como componente do 81-85, 350-359, 382
    família como local para 339
    Marx sobre 384-385, 405-405
    simplificações sobre o 408
    durante a transição socialista
    por mulheres 344
trabalho do lar 134, 141-142
    como trabalho doméstico 394
    Lenin sobre 296-297
    nas sociedades socialistas 387
    salários para 136
    Ver também trabalho doméstico
trabalho infantil 175-176
    jovem Engels sobre 175

Associação Internacional dos Trabalhadores sobre 202
    legislação para limitar 77
    Lenin sobre 293
    Marx sobre 72, 196
trabalho assalariado 347
    trabalho doméstico e 350, 354-355
Trabalho assalariado e capital (Marx) 187
transferência de trabalho 408

União Soviética 111, 144, 289, 302, 388
    trabalho doméstico na 392 (nota 2)
    Lenin sobre as mulheres na 299-300

valores de uso 47, 68, 84, 130, 134, 138, 139, 141, 206, 324, 342, 399
voluntarismo 90, 125, 126

Wainwright, Hilary 379

Young, Iris 61, 62, 64, 149, 308, 318
Young, Kate 148

Zetkin, Clara 258, 275, 276-287, 290, 302, 304, 316-318
    sobre Lenin 301, 303